Information Judentum

herausgegeben von
Yehuda Aschkenasy, Ernst Ludwig Ehrlich
und Heinz Kremers (gest.)

Band 11

Shemaryahu Talmon

Juden und Christen im Gespräch

Gesammelte Aufsätze, Band 2

Neukirchener Verlag

© 1992
Neukirchener Verlag des Erziehungsvereins GmbH,
Neukirchen-Vluyn
Alle Rechte vorbehalten
Umschlaggestaltung: Kurt Wolff, Düsseldorf-Kaiserswerth
Gesamtherstellung: Breklumer Druckerei Manfred Siegel KG
Printed in Germany – ISBN 3-7887-1348-8
ISSN 0344-4767

Gedruckt mit freundlicher Unterstützung
des Adolf Freudenberg-Fonds und
der Evangelischen Kirche im Rheinland

Die Deutsche Bibliothek – CIP-Einheitsaufnahme

Talmon, Shemaryahu:
Gesammelte Aufsätze / Shemaryahu Talmon. – Neukirchen-
Vluyn: Neukirchener Verl.
NE: Talmon, Shemaryahu: [Sammlung]
Bd. 2. Juden und Christen im Gespräch. – 1992
   (Information Judentum: Bd. 11)
   ISBN 3-7887-1348-8
NE: GT

Inhalt

Vorwort 7

A Zu gemeinsamen Fragen aus biblischer Sicht 9

1 Grundzüge des Offenbarungsverständnisses in biblischer Zeit 11

2 Tora als Begriff und Lebensprinzip in der Hebräischen Bibel 31

3 Die Wertung von ›Leben‹ in der Hebräischen Bibel . 48

4 ›Exil‹ und ›Rückkehr‹ in der Ideenwelt des biblischen Israel 61

5 Die Bedeutung Jerusalems in der Bibel 83

6 Biblische und frühnachbiblische Messias- und Heilserwartungen 98

7 Martin Buber als Bibelinterpret 130

8 Zur Bibelinterpretation von Franz Rosenzweig 145

B Juden und Christen – heute 157

9 Partikularität und Universalismus aus jüdischer Sicht 159

10 Utopie und Wirklichkeit im Denken Martin Bubers . 166

11 Sakralisierung der Geschichte und Säkularisierung des Glaubens im jüdischen Denken als Hintergrund der Gesellschaftsauffassung in Israel 178

12	Das Verhältnis von Judentum und Christentum im Verständnis Franz Rosenzweigs	188
13	Gott und Mensch. Eine zeitgenössische jüdische Sicht	201
14	Kritische Anfrage der jüdischen Theologie an das europäische Christentum	209
15	Wissenschaft vom Judentum und christliche Theologie: Prinzipien und Probleme einer Zusammenarbeit	226

Stellenregister 235

Verzeichnis der Erstveröffentlichungen 241

Vorwort

Meine Teilnahme am christlich-jüdischen Gespräch, in dem sich im deutschen Sprachraum zugleich ein Neubeginn des Dialogs zwischen Deutschen und Juden abzeichnet, findet einen Niederschlag in den in diesem Band gesammelten Aufsätzen. In den ersten acht Beiträgen werden ›Probleme aus biblischer Sicht‹ angeschnitten, bei deren Erörterung ein jüdischer Bibelwissenschaftler die Akzente manchmal anders setzt als christliche Alttestamentler und Theologen. Die gemeinsam unternommene Untersuchung solcher zur Diskussion gestellten Themen fördert beiderseits ein besseres Verständnis der unterschiedlichen Positionen. Man erfährt von neuem, daß selbst bei der Anwendung derselben wissenschaftlichen Methoden in der Interpretation von biblischen Texten sich oft disparate Resultate ergeben, vor allem, wenn es um Fragen geht, die existentielle Stellenwerte direkt tangieren.

Fragen dieser Art werden noch deutlicher in den im zweiten Teil des Bandes enthaltenen Beiträgen gestellt. Bei ihrer Klärung im Gespräch mit Andersdenkenden und Andersgläubigen tritt hell ans Licht, wie viel der interreligiöse Dialog zu dem Eigenverständnis der an ihm Beteiligten beitragen kann. Der Versuch, Gesprächspartnern eine eingenommene Position zu verdeutlichen, verschärft Gedankengänge und trägt zur Fundierung der eigenen Stellung bei. Dank dafür gebührt den zahlreichen hier nicht mit Namen genannten Gesprächspartnern, mit denen ich in diesen Lehr- und Lernvorgang eingebunden war und eingebunden bin.

Der hier vorliegende Text des Beitrages »Biblische und frühnachbiblische Messias- und Heilserwartungen« ist eine völlig überarbeitete Fassung eines Referats, das ich in einem von der Katholischen Akademie in Bayern veranstalteten Gespräch vorlegte. Ich danke Frau Inge Beiersdorf für die Neugestaltung dieses Aufsatzes.

Mein Dank gebührt den Herausgebern und Verlagen der Publikationen, in denen diese Aufsätze ursprünglich veröffentlicht wurden, für die bereitwillig gegebene Erlaubnis zu ihrer Wiederveröffentlichung in diesem Sammelband.

Auf Empfehlung von Herrn Professor Martin Stöhr, dem ehemaligen Leiter der Evangelischen Akademie Arnoldshain, hat der Freudenberg-Fonds die Veröffentlichung dieses wie des ihm vorausgehenden ersten Bandes meiner Gesammelten Aufsätze großzügig unterstützt. Dem Freudenberg-Fonds und meinem Freund Martin Stöhr, der seit Jahrzehnten eine führende Stellung im christlich-jüdischen Gespräch einnimmt, sei hier mein herzlicher Dank ausgesprochen. Ebenso hat die Evangelische Kirche im Rheinland sowohl den ersten Band wie jetzt den zweiten großzügig unterstützt. Dem derzeitigen Präses, Peter Beier, sei dafür ausdrücklich gedankt.

Ich danke dem Neukirchener Verlag für die Aufnahme dieses Bandes in sein Verlagsprogramm und für die gewissenhafte Betreuung der Drucklegung.

Ich widme dieses Buch dem Andenken meiner Eltern und Schwestern, die im Jahr 1942 in einem Vernichtungslager umgebracht wurden, Opfer eines barbarischen Regimes.

Jerusalem, im März 1991   Shemaryahu Talmon

A
Zu gemeinsamen Fragen aus biblischer Sicht

1

Grundzüge des Offenbarungsverständnisses in biblischer Zeit

I

Die Erkenntnis von »Gott, der sich dem Menschen offenbart«, ist der Mittelpfeiler des biblischen Glaubens. Über dieses Prinzip, das Martin Buber konzis umrissen hat, sind sich alle Exegeten und Theologen einig: »Biblia, Bücher, so heißt ein Buch, ein Buch aus Büchern. Es ist aber in Wahrheit ein Buch. All diese Erzählungen und Gesänge, Sprüche und Weissagungen sind vereint durch das Grundthema der Begegnung einer Menschenschar mit dem Namenlosen, den sie, seine Anrede erfahrend und ihn anredend, zu benennen wagte, ihre Begegnung in der Geschichte, im Gang des irdischen Geschehens.«[1] Gleicherweise ist es als eine communis opinio anzusehen, daß die Charakterisierung des jüdischen und des christlichen Glaubens als Offenbarungsreligionen ihren ursprünglichen Haftpunkt in der ihnen gemeinsamen Hebräischen Bibel hat, selbst wenn Offenbarung an sich zum Selbstverständnis jeder Religion gehört[2]. In diesen Grenzen von Grundbegriffen und auch in bezug auf die Methodik der Interpretation, die bei der Eruierung der altisraelitischen Offenbarungsidee aus den biblischen Texten anzuwenden sind, läßt sich kaum ein spezifisch jüdischer von einem spezifisch christlichen Angang abmarkieren. Innerhalb dieser Grenzen beruhen die Divergenzen im Verständnis von »Offenbarung«, die in der alttestamentlichen Fachliteratur im engen Sinne des Wortes in Erscheinung treten, weniger auf der Unterschiedlichkeit eines betont christlichen von einem betont jüdischen Ansatz, als auf der »uneinheitlichen Forschungslage«, die Rolf Knierim auf drei Gründe zurückführt:

1. Ein bestimmtes »Vorverständnis, etwa religionsphänomenologischer, religionspsychologischer oder theologischer Art, unter dem die alttestamentlichen Texte gesichtet werden«.

2. Ein zentrales und durchgängiges »Anliegen, das man aufgrund der Exegese im Alten Testament findet und von dem aus man dann die Gesamtheit der Texte einheitlich interpretieren kann«.

3. Eine unterschiedliche »Verwendung exegetischer Methoden«[3].

---

1 M. Buber, Der Mensch von heute und die jüdische Bibel, in: M. Buber – F. Rosenzweig, Die Schrift und ihre Verdeutschung, Berlin 1936, S. 13.
2 C.M. Edsman, Art. Offenbarung, 1. Religionsgeschichtlich, in: RGG³ IV (1960), S. 1597.
3 R. Knierim, Offenbarung im Alten Testament, in: Probleme biblischer Theologie (FS G. von Rad), hg. von H.W. Wolff, München 1971, S. 206ff.

Die Situation ändert sich, sobald man sich den Fragen nach der »Form« und dem »Inhalt« der biblischen Offenbarung zuwendet. In der Betrachtung dieser Fragen arbeitet der Interpret aus einer Perspektive, die unvermeidlicherweise von Glaubensgrundsätzen und Dogmen geprägt ist, die ihm zu eigen sind. Auch der ernsthafteste Versuch eines Forschers, sich in seinen Untersuchungen am alttestamentlichen Denken selbst zu orientieren[4], wird ihn nicht von den Einflüssen befreien, die aus seiner Selbstidentifizierung als Christ oder Jude emanieren. Ausschlaggebend ist der Umstand, daß für den Juden die Bücher der Hebräischen Bibel – Tanach – allein der Fundus sind, aus dem ein Verständnis der biblischen Offenbarungsidee zu gewinnen ist. Für den Christen stellen sie nur einen Teil seiner Bibel dar – das Alte Testament –, dessen Offenbarungsvorstellungen erst im Neuen Testament zur vollen Blüte und zu der für ihn wesentlichen, vollendeten Ausgestaltung gelangen. In der Sicht eines jüdischen Bibelwissenschaftlers können die Formen und der Inhalt von Offenbarung, die dem Neuen Testament eignen, nicht direkt, und allenfalls nur in bestimmten Teilaspekten, aus der hebräischen Bibel gewonnen werden. Hier gilt, was auch in bezug auf andere theologische Konzeptionen und Ideen Geltung hat. Ihre nachbiblische Entwicklung, vom jüdischen Kanon her betrachtet, ging nicht in völliger Abhängigkeit und in vollem Einklang mit den in der Hebräischen Bibel präzisierten oder angedeuteten Auffassungen vor sich. In den späteren Stadien der Entwicklung des biblischen (alttestamentlichen) Glaubens tritt eine Gabelung zwischen einem christlichen und einem jüdischen Verständnis von »Offenbarung in biblischer Zeit« in Erscheinung, die sich aus den Spezifitäten der beiden Religionen ergibt.

Etwa ein Jahrzehnt vor Knierim beurteilte Rolf Rendtorff die Forschungslage ähnlich: »Das Wort ›Offenbarung‹ ist heute im theologischen Sprachgebrauch zu einer gängigen Scheidemünze geworden. Das zeigt sich auch in den neueren Darstellungen der alttestamentlichen Theologie, in denen es vielfältig begegnet. Dabei ist aber auffallend, wie uneinheitlich das Reden von Offenbarung ist.«[5] Während Knierims Aufsatz über das spezifisch alttestamentlich-exegetische Anliegen hinausgreift, bezieht sich die Übersicht, die Rendtorff bietet, eindeutiger und konzentrierter auf die Vielfältigkeit, die sich intern in der alttestamentlichen Spezialliteratur nachweisen läßt. Das zeigt sich besonders prägnant in den Schlußpassagen dieser beiden ausgezeichneten Untersuchungen. Die Resultate Rendtorffs sind aus der Sicht des Alttestamentlers gewonnen: »... eine Theologie des Alten Testaments, die sich am alttestamentlichen Denken *selbst* (meine Betonung, S. T.) orientiert, wird immer vom israelitischen Geschichtsver-

---

4 Dazu *R. Rendtorff*, Die Offenbarungsvorstellungen im Alten Israel, in: *W. Pannenberg* (Hg.), Offenbarung als Geschichte, Göttingen ²1963, S. 21ff, bes. S. 41.
5 *Rendtorff*, s. o. Anm. 4, S. 21; dazu noch: *R. Schaeffler*, Der Offenbarungsbegriff – die Frage nach Kriterien seines sinnvollen Gebrauches, in: *ders.*, Offenbarung im Denken Franz Rosenzweigs, Essen 1979, S. 9–75, bes. S. 70ff.

ständnis und seinen geschichtlichen Wandlungen ausgehen müssen«. Sie beziehen sich vor allem auf die Offenbarungsvorstellungen des Alten Israel, die sich aufgrund einer oder – besser gesagt – seiner Analyse der alttestamentlichen Schriften eruieren lassen: »Es ist . . . deutlich geworden, daß für das Alte Israel Jahwe in seinen geschichtlichen Taten erkennbar wird, daß er sich in ihnen als er selbst erweist.«[6] Von dieser explizit auf die Hebräische Bibel zielenden Definition von Offenbarung als Geschichte und ihrer Bedeutung für das Verständnis des biblischen Offenbarungsglaubens wird noch zu reden sein[7].

Im Unterschied dazu ist für Knierim die Erforschung des alttestamentlichen Offenbarungsverständnisses nicht ein in sich geschlossenes Problem, sondern die Vorstufe für eine theologische Fragestellung, die weit über die Zielsetzung der gebotenen alttestamentlichen Erwägung hinausgeht. Es wäre zu untersuchen, »was das Gesagte für so alte und spannungsgeladene Verhältnisprobleme wie das von ›natürlicher‹ und ›spezieller‹, von Gottes- und Namensoffenbarung, von Erkennen Gottes in geschichtlichen und ontologischen Kategorien, von Gott in Wort und in der Tat, von Gewißheit und Glauben austrägt«[8]. Mit dieser Fragestellung werden Ansätze geliefert, die eine existentielle, vorwiegend christlich-theologische Zielsetzung haben. Man vermutet, daß ähnliche Ansätze, zugegebenerweise viel gedämpfter, auch im Schlußpassus des Rendtorffschen Aufsatzes angedeutet sind: »Eine Theologie des Alten Testamentes, die sich im alttestamentlichen Denken selbst orientiert . . . wird aber auch voll in Ansatz zu bringen haben, daß in der Zeit des Abschlusses des alttestamentlichen Kanons die Geschichte Jahwes mit Israel und der Welt nicht als abgeschlossen verstanden wurde, sondern daß gerade die spätesten alttestamentlichen Schriften die endgültige Offenbarung Jahwes noch vor sich sahen.«[9]

Auch in einem genuinen Versuch, die altisraelitische Offenbarungsidee aus dem alttestamentlichen Denken *selbst* zu verstehen, kann die Infusion von christologischen Dogmen Resultate hervorbringen, die für im

---

6 *Rendtorff*, s.o. Anm. 4, S. 40f. Damit ist nicht gesagt, daß diese Auffassung von Offenbarung das Alleingut Israels war. Bertil Albrektson hat dargelegt, daß »the Old Testament idea of historical events as Divine Revelation must be counted among the similarities not among the distinctive traits: it is part of the common theology of the Ancient Near East«, in: ders., History and the Gods, Lund 1967, S. 114. Siehe dazu: *J. Barr*, Art. Revelation in History, in: IDB, Suppl.-Bd. (1976), S. 646–649.
7 Der Gedanke, daß im Alten Testament Gott sich vorzüglich in geschichtlichen Taten offenbart, ist in der Forschung oft anzutreffen. Dies bezeugen die von Rendtorff angeführten Literaturhinweise, zu denen noch die von Albrektson und Barr (s.o. Anm. 6) vermerkten hinzugefügt werden können. Aber der von W. Pannenberg, R. Rendtorff, T. Rendtorff und U. Wilckens veröffentlichte Sammelband (s.o. Anm. 4) löste eine besonders intensive Diskussion aus sowohl in der Bibelwissenschaft als auch in der Systematischen Theologie, so daß die Losung »Offenbarung als Geschichte« einen guten Ansatzpunkt für eine Neubetrachtung des Problems bietet.
8 *Knierim*, s.o. Anm. 3, S. 235.
9 *Rendtorff*, s.o. Anm. 4, S. 41.

Judentum wurzelnde Wissenschaftler nicht akzeptabel sind. So z.B. die von W. Pannenberg formulierten Thesen: »Die Offenbarung findet nicht am Anfang, sondern am Ende der offenbarten Geschichte statt«, und: »Die universale Offenbarung der Gottheit Gottes ist noch nicht in der Geschichte Israels, sondern erst im Geschick Jesu von Nazareth verwirklicht, insofern darin das Ende alles Geschehens vorwegereignet ist.«[10] Die Überleitung von auf sprachlichen und geisteswissenschaftlichen Grundlagen fußenden Untersuchungen des altisraelitischen Offenbarungsverständnisses – wie sie von Rendtorff, Knierim, Pannenberg und vielen anderen christlichen Alttestamentlern und Theologen vorgelegt wurden –, also von einer Methodik, die auch eine gemeinsame Arbeit zur Klärung der Frage mit jüdischen Wissenschaftlern ermöglicht, zu christologisch-dogmatischen Aussagen, führt zu einem Scheidepunkt, von dem aus Christ und Jude nur auf getrennten Wegen den alttestamentlichen Offenbarungsglauben verstehen und weiterleben können.

II

Nach diesen einleitenden Bemerkungen kann ich mich der mir gestellten Aufgabe zuwenden, Grundzüge eines jüdischen Verständnisses von Offenbarungsglauben in biblischer Zeit zu umreißen. Ich werde, notabene, von *einem*, nicht von *dem* jüdischen Verständnis sprechen.

Angesichts der sprachlich-literarischen und geistigen Eigenheit der biblischen Schriften, die noch zu erwähnen sein wird, und im Hinblick auf die Mannigfaltigkeit der nachbiblischen jüdischen Geisteswelt, würde es ein zu gewagtes Unterfangen sein, eine für das Judentum allgemeingültige Darstellung des Offenbarungsglaubens in biblischer Zeit zu bieten. Ich möchte also nur Gedanken vorlegen, die dem Interpretationsversuch eines »Alttestamentlers« vom Fach her Ausdruck geben, mutatis mutandis Grundlagen der jüdisch-traditionellen Exegese zur Erhellung der Frage »Offenbarungsglaube in biblischer Zeit« heranzuziehen. Einige Resultate dieses Versuches decken sich mit Hauptmomenten, die von der »Offenbarung als Geschichte«-Schule erarbeitet wurden. Aber das Ziel wird durch eine exegetische Methodik erreicht, die sich von der in der alttestamentlichen Wissenschaft vorherrschenden unterscheidet.

Der biblische Kanon kann als eine Anthologie von antiken hebräischen Schriften betrachtet werden, eine Auswahl von Werken, die in einer Zeitspanne von etwa eintausend Jahren verfaßt wurden (vom zwölften bis zum zweiten Jahrhundert vor der Zeitenwende). Der Kanon gewährt uns also Einblicke in die Gedankenwelt der alten Israeliten in diesem gesamten Zeitraum. Es muß aber betont werden, daß die uns gebotene Auslese

---

10   W. *Pannenberg*, Dogmatische Thesen zur Lehre von der Offenbarung, in: *ders.*, s.o. Anm. 4, S. 91–114, bes. S. 95ff.103ff.

aus der althebräischen Literatur weder eine systematische noch eine umfassende deskriptive Darstellung von »Offenbarung« vermittelt. Das sollte nicht verwundern. Eine gleiche Situation ist in bezug auf andere Glaubens- und Ideengebiete zu beobachten[11]. Keiner der altisraelitischen Autoren lieferte uns eine systematische oder umfassende Konzeption einer Gesellschaftsideologie[12], einer Literaturtheorie oder einer alttestamentlichen Theologie. Nirgends findet sich in der hebräischen Schrift ein philosophischer, phänomenologischer oder theologischer Ansatz, »Offenbarung« sozusagen wissenschaftlich zu umschreiben[13]. Was immer der Leser und Beobachter aus dem hebräischen Kanon an Prinzipien eruieren kann, beruht auf einem Zusammentragen von meist sehr kurzen und nicht detaillierten Berichten über Offenbarungen, die auserwählten Persönlichkeiten oder dem Volk insgesamt zuteil wurden, und auf dem auf dieser Sammlung fußenden Versuch, die Einzelberichte in einen konzeptuellen Komplex einzuordnen. Zusätzlich muß der Umstand in Betracht gezogen werden, daß der biblische Kanon keineswegs einsträngig ist. Die in ihm enthaltenen Erzählungen über Offenbarungen stammen aus verschiedenen Zeiten und verschiedenen geistigen Milieus. Sie sind uns durchweg in Berichten bekannt, die voraussichtlich nicht von Offenbarung erfahrenden Menschen niedergelegt, sondern von Späteren tradiert wurden. Es muß also mit der Wahrscheinlichkeit gerechnet werden, daß wir keine authentischen Selbstaussagen über tatsächliche Offenbarungen besitzen, sondern nur retrospektiv-reflektierende und somit auch interpretierende Fassungen der Tradenten. Diese Fakten sind allgemein bekannt und anerkannt. Sie müssen aber doch zu Beginn unserer Überlegungen unterstrichen werden, selbst wenn man dadurch in den Verdacht kommt, Eulen nach Athen zu tragen.

Das prägnanteste Charakteristikum der modernen Bibelwissenschaft zeigt sich in den unermüdlichen Bemühungen, die verschiedenen literarhistorischen Komponenten nicht nur des gesamten Kanons, sondern eines jeden Buches und vieler Buchteile klar zu umreißen und von-

---

11 Vgl. dazu meine kurzen Bemerkungen bezüglich »Eschatologie und Geschichte im biblischen Judentum«, in: R. *Schnackenburg* (Hg.), Zur Eschatologie bei Juden und Christen (Schriften der Katholischen Akademie in Bayern 98), Düsseldorf 1980, S. 18f.
12 Dazu S. *Talmon*, Kingship and the Ideology of the State (in Biblical Times), in: The World History of the Jewish People – The Age of the Monarchies: Culture and Society, hg. von A. *Malamat*, Jerusalem 1979, S. 1ff.
13 Der Verzicht auf jedweden Systematisierungsversuch ist auch dem nachbiblischen jüdischen Denken eigentümlich. Dies zeigt sich in der Geisteswelt der rabbinischen Weisen. Man hat hervorgehoben, daß unter den ca. 3000 griechischen Lehnwörtern in der rabbinischen Literatur philosophisch-technische Termini sich nicht aufweisen lassen, geschweige denn Versuche, solche griechische Termini ins Hebräische oder Aramäische zu übertragen. Siehe dazu: S. *Lieberman*, Greek in Jewish Palestine, New York 1972. Ein Ansatz zu systematischem Denken und dementsprechenden Formulierungen läßt sich erst in der mittelalterlichen jüdischen Philosophie vermerken, die ein für diesen Zweck notwendiges Vokabular entwickelte.

einander abzugrenzen. Man begnügt sich aber nicht mit der Analyse der in die uns vorliegenden »größeren Einheiten« eingebauten Teilstücke, sondern versucht, durch ihre Neuanordnung eine literarische Folge zu konstituieren, die ein klares Bild des altisraelitischen Offenbarungsbegriffes vermitteln soll. Die augenscheinlichen Unterschiede, die man in den biblischen Beschreibungen von Offenbarungen wahrnimmt, werden verschiedenen ideentragenden Kreisen israelitischer Literaten zugeschrieben und in ein Entwicklungsschema eingebaut. Aufgrund der Analyse und auf der auf ihr aufbauenden Rekonstruktion werden unterschiedliche Offenbarungsauffassungen aus den verschiedenen Quellen oder Dokumenten erarbeitet. Diese finden ihren Niederschlag, so konstatiert man, in einem partikulären Vokabular, das die eine Traditionsschicht von der anderen unterscheidet. Man grenzt z. B. die Offenbarungsterminologie der Priesterschrift (P) von der des Deuteronomisten (D) ab und beide von denen der großen Erzählerstränge des Elohisten (E) und des Jahwisten (J). Da diese Quellen oder literarischen Schichten als datierbar gelten, auch wenn über die exakten Daten keine Einstimmigkeit herrscht, versucht man durch ihre Einordnung in eine Wertskala eine Darstellung der innerbiblischen Entwicklung des israelitischen Offenbarungsglaubens vorzulegen[14].

Dieses Bestreben ist verständlich. Es ist der modernen Denkweise vergleichbar, die sich durch einen Ordnungsdrang auszeichnet, einem Suchen nach Modellen und Schemata, in denen Denken und Gedanken eingefangen und so verständlich gemacht werden können. Hierin mag man das geistige Erbe der Antike erkennen, vermittelt durch die mittelalterliche Philosophie inklusive der Scholastik, das in der modernen Wissenschaft, in dem Streben nach ›Strukturen‹ in der Welt des Geistes, ans Licht tritt.

Es scheint aber, daß die alten Hebräer, und vielleicht darf man sagen: die antiken Semiten allgemein, sich einem solchen ›Systemzwang‹ nicht unterwarfen, ihn sogar offensichtlich ablehnten, wenn er in ihrer Begriffswelt überhaupt eine Rolle spielte.

Im Vergleich mit der modernen Denkweise kann man die der biblischen Literaten als »unmethodisch« charakterisieren. Ich würde annehmen, daß diese Eigenschaft sich auch in dem Fehlen eines jeden Versuches kundgibt, die in der Bibel geschilderten Offenbarungen auf einen theologischen Generalnenner zu bringen. Die Offenbarungen, von denen berichtet wird, resultieren aus Ad-hoc-Anstößen. Man beläßt sie in ihrer Individualität und drängt nicht darauf, sie aus einem Prinzip abzuleiten oder sie auf ein allen gemeinsames Prinzip hinzuführen.

III

Es würde zu weit führen, die wissenschaftliche Diskussion über Offenbarung im Alten Testament hier in Einzelheiten nachzuzeichnen. Es genügt,

---

14 Dazu *Rendtorff*, s.o. Anm. 4.

auf die präzisen Übersichten hinzuweisen, die Rendtorff, Pannenberg, Barr u. a. bieten. Ich möchte nur einige Aspekte in aller Kürze aufgreifen, die meiner Ansicht nach einer neuen Untersuchung bedürfen. Anschließend sollen Thesen vorgelegt werden, die aus einem jüdischen Verständnis des biblischen Offenbarungsglaubens gewonnen werden können.

Die Erfahrung Gottes durch den Menschen in Offenbarungssituationen wird in der Bibel in fast formelhaften, aber nuancierten Wortbildern gezeichnet. Drei Verben spielen hier eine besonders markante Rolle:

1. *galah*, meistens in den auf Gott bezogenen, reflexiven Konjugationen *nif'al* – *niglah* oder *hitpa'el* – *hitgalah*[15];

2. *ra'ah*, entweder in der aktiven, auf den Menschen zielenden *pa'al*-Konjugation *ra'ah* oder in der passiven oder reflexiven *nif'al*-Form *nir'ah*, die sich auf Gott als Offenbarungsurheber bezieht;

3. *jada'*, vorzüglich in der *nif'al*-Form *noda'*, die reflexiv zu verstehen ist[16].

Wie schon gesagt, führt die literargeschichtliche Schule diese verschiedenen Ausdrucksweisen als Beweis für die Annahme an, daß sie verschiedenen Quellen entstammen und unterschiedlichen biblischen Auffassungen von Offenbarung Ausdruck geben. In einer kurzen Zusammenfassung der in der Wissenschaft vorherrschenden Ansicht konstatiert Rendtorff[17]: »Als Offenbarung im strengen Sinne wird ... allgemein die *Selbstoffenbarung* Gottes verstanden ...[18] Aber es finden sich verschiedene Weisen, vom Sich-Zeigen oder Sich-Kundtun Jahwes zu reden ... Der älteste, urtümlichste Sprachgebrauch begegnet dort, wo es heißt, daß die Gottheit ›sich zeigt‹. Das Niphal von ראה ist der Terminus für solche Gotteserscheinungen«, die einen kultätiologischen Charakter haben. Dieser Terminus wird mehrfach von dem Jahwisten verwendet, manchmal losgelöst vom kultätiologischen Schema, dann verbunden mit einer göttlichen Verheißungsrede, aber »nirgends für ... eine kultische Theophanie«. Schließlich »ist der Begriff des Sich-Zeigens Jahwes überhaupt als unangemessen empfunden worden«. Die Priesterschrift substituiert für *ra'ah* »sehen« *jada'* »erkennen«. Das zeigt sich, wenn man die Beschreibung der an die Väter ergangenen Offenbarungen (Gen 17,1 und 35,9 – J) mit dem Wortlaut der Offenbarung vergleicht, die Mose zuteil wurde (Ex 6,3 – P): »Hier wird dem נראה das נודע gegenübergestellt.« Nach Rendtorff, der den wissenschaftlichen Konsens wiedergibt, »kann (es) nicht zweifelhaft sein, daß das in dem durchreflektierten Sprachgebrauch der Priesterschrift sehr bewußt geschieht. Das Erscheinen Jahwes wird einer vorläufigen Stufe zugewiesen; mit Mose beginnt etwas Neues: Jahwe gibt sich *als er selbst* zu erkennen.«[19]

---

15 Dazu H.J. *Zobel*, Art. גלה, in: ThWAT I (1973), S. 1021–1031.
16 Dazu G.J. *Botterweck*, Art. ידע, in: ThWAT III (1980), S. 486–512.
17 S. o. Anm. 4, S. 23ff.
18 Vgl. *Pannenberg*, s. o. Anm. 4, S. 7–20.
19 *Rendtorff*, s. o. Anm. 4, S. 25.

Aber ist dem wirklich so? Ist die Priesterschrift so »durchreflektiert«, daß jedwede Formulierung in ihr auf vorhergehenden, klaren Gedankenprozessen aufbaut, wie man es etwa von einem modernen Interpreten und Theologen erwartet? Werden hiermit nicht der Verfasser der Priesterschrift und mit ihm die Autoren der anderen Quellen unter den Systemzwang gestellt, von dem schon die Rede war, der so schwer auf der modernen Forschung lastet? Ist es methodisch richtig, den oben erwähnten dritten Begriff – *galah* »(sich) enthüllen« – so ziemlich unter den Tisch fallen zu lassen, weil er nicht ganz in das gedankliche Schema paßt, in das die biblische Literatur eingespannt wird? Das griechische Verb *apokalyptein*, mit dem *galah* wiedergegeben wird, bezeugt kein theologisches Verständnis, sondern wird angewandt in der »Grundbedeutung aufdecken, enthüllen, wobei der profane Sprachgebrauch dominiert. Das entspricht dem Befund von גלה, bei dem auch der profane Gebrauch überwiegt. Wo es als theologischer Terminus erscheint, liegt ihm keine einheitliche Vorstellung zugrunde, so daß es als Ausgangspunkt der Untersuchung ungeeignet ist.«[20]

Es ist richtig, daß *galah* und auch *ra'ah* in politischem Hebräisch vorwiegend in Kontexten vorkommen, die einen profanen Charakter haben. In vielen Fällen haben sie sogar eine betont konkrete Bedeutung. »Aufdekken, enthüllen« *(galah)* und »sehen« *(ra'ah)* können sich beide auf sexuelle Tabus und auf Verstöße gegen sie beziehen (z. B. Ex 20,26; Lev 18,6–19; 20,18–21, Dtn 23,1; 27,20; 2Sam 6,20; Jes 47,2; Jer 13,22; Ez 23,18–19) oder im übertragenen Sinn auf das Aufdecken der Blöße (Schwäche) eines Landes (Gen 42,9.12). Daher tauchen *galah* und *ra'ah* als äquivalente Ausdrükke im Parallelismus membrorum auf (z. B. Jes 47,3; Ez 16,36–37; 23,29; vgl. noch Gen 9,21–23) und werden alternativ sowohl in profan-sexuellen Paralleltexten (vgl. Lev 20,11 mit 17) als auch in Kontexten, die von Offenbarung reden, gebraucht (Jes 40,5; vgl. Num 24,3–4.16–17). Auf diesem Hintergrund gesehen, ist die Verbindung der beiden Verben in der in 1Sam 3,21 (vgl. V. 7) geschilderten Offenbarungssituation von Bedeutung, selbst wenn es sich um eine *conflatio* von zwei Lesungen handeln sollte[21]. Gleicherweise ist der Rückverweis durch *niglah* in Gen 35,7 auf die Theophanie, die Jakob in Bet-El erfuhr (Gen 35,16), völlig dem Sprachgebrauch gemäß. Nur wenn man diesen aus dem Auge läßt und den Text den Regeln der literarkritischen Methode unterwirft, kann man sagen, daß »man (hier) nach dem sonstigen Sprachgebrauch נראה erwarten könnte«[22].

Die Doppelanwendung von *galah* und *ra'ah* einerseits in einer sinnlich-profanen, andererseits in einer übersinnlich-sakralen Bedeutung entspricht der biblischen Sprachgepflogenheit und kann nicht als ein Ausnah-

---

20   Ebd., S. 25; vgl. *Pannenberg*, s. o. Anm. 4, S. 12.
21   S. dazu S. *Talmon*, Double Readings in the Massoretic Text, Textus I (1960), S. 144–184. – Nach *Rendtorff*, s. o. Anm. 4, S. 25, Anm. 17 handelt es sich in 1Sam 3,21 um eine Korrektur.
22   Ebd., S. 25, Anm. 17.

mefall angesehen werden. Derselbe Gebrauch läßt sich in bezug auf *jada'* »wissen, erkennen« aufweisen. Es scheint fraglich zu sein, ob sich die Behauptung aufrechterhalten läßt, daß die zunehmende Verwendung dieses Verbums der Kognition – vor allem in P – auf ein höher entwickeltes »durchreflektiertes« Verständnis von Offenbarung zurückzuführen ist. Aufgrund der Betrachtungen über *galah* und *ra'ah* würde ich dazu neigen, diesen Sprachgebrauch nicht mit theologisch-philosophischen Werten zu überladen.

Gleich mit *galah* wechselt *ra'ah* mit *jada'*, auch wenn sich die betreffenden Wortfelder nicht völlig decken. Die beiden Verben finden sich als äquivalente Ausdrücke im Parallelismus membrorum (z.B. Dtn 33,9; Jes 5,12–13; Dtn 29,2; Koh 8,16) und in freieren syntaktischen Konstruktionen (z.B. Gen 18,21; Lev 5,1; 1Sam 18,28; Jes 6,9). Sie können alternativ in Parallelstellen angewendet werden (z.B. Jos 24,31; Ri 2,7) und werden oft zusammen als Hendiadys gebraucht (z.B. 1Sam 14,38; 18,28; 22,17; 23,22 usw. 2Sam 14,13; 1Kön 20,7.22; 2Kön 5,7; Jes 29,15; 41,20; 44,9; Jer 2,19; 5,1; Koh 6,5; Neh 4,5)[23].

Wie *ra'ah* und *galah* bezieht sich *jada'* auf den Geschlechtsverkehr, hat also eine rein sinnliche Bedeutung (z.B. Gen 4,1.17.25; 19,5.8; 24,16; 38,26; Num 31,18.35; Ri 11,39; 19,22.25; 21,11.12; 1Sam 1,19; 1Kön 1,4, vielleicht auch Gen 2,9.17); vergleichbar mit *galah* und *ra'ah* »enthüllen, aufdecken, sehen« – haftet auch *jada'* die ähnliche Bedeutung »(sich) offenbaren, sich zeigen« an. Es wäre zu erwägen, ob nicht die Umschreibung des Bundes Gottes mit Israel durch Wortbilder, die aus dem Liebes- und Eheverhältnis zwischen Mann und Frau entlehnt sind[24], wie ein Bindeglied zwischen der profan-sinnlichen Bedeutung von *jada'* und dem Wortfeld »Offenbarung« wirkt. Auf jeden Fall werden *jada'* und *ra'ah*, ebenso wie *jada'* und *galah*, miteinander in Offenbarungsdarstellungen gebraucht (z.B. Num 12,6). In einigen Fällen treten alle drei Verben zusammen auf, z.B. in der Beschreibung der Machttaten, durch die sich Jahwe der Welt offenbart: »Jahwe tut seine Hilfe kund *(jada')*, vor den Augen der Völker enthüllt er *(galah)* seine (gerechte) Macht ... es sehen *(ra'ah)* alle Enden der Erde die Hilfe unseres Gottes« (Ps 98,2–3)[25]. Eine ähnliche Konstellation ergibt sich, wenn man 1Sam 3,7 zusammen mit 3,21 betrachtet. Dies ist sicher legitim, da ja beide Verse sich auf Samuels Wirken als Jahwes Prophet beziehen: (7) »Samuel kannte *(jada')* Jahwe noch nicht, das Wort Jahwes war ihm noch nicht offenbart worden *(galah)* ... (21) Auch weiterhin ließ sich Jahwe in Schilo erblicken *(ra'ah)*, Jahwe offenbarte sich *(galah)* Samuel in Schilo durch sein Wort.« Man kann weiterhin die Passage vergleichen, in

---

23 Dazu *S. Talmon*, Synonymous Readings in the Textual Tradition of the Old Testament, Scripta Hierosolymitana VIII (1961), S. 340–342.
24 So ist bekannterweise auch das Hohelied allegorisch interpretiert worden.
25 *Zobel*, s.o. Anm. 15, S. 1023 legt vor, daß die Parallelität (von גלה) zu ידע hiph. Ps 98,2 neu ist.

der der Heide Bileam als Seher, dem Gott sich offenbart, vorgestellt wird oder sich so vorstellt²⁶: »Spruch dessen, der Gottes *(el)* Worte hört, der den Höchsten *(ʿelyon)* (er)kennt (jadaʿ)²⁷, der eine Vision des Allmächtigen *(Schaddai)* sieht *(chazah / raʾah)*, der niederfällt mit entschleierten Augen *(galah)*« (Num 24,16; vgl. 24,4 und 22,22–34).

Die obige, gedrungenerweise kurze sprachliche Untersuchung stellt die These in Frage, nach der die Verben *raʾah* und *galah* auf eine »indirekte« Manifestation Gottes in »urschöpferischen oder geschichtlichen Taten« zielen, während *jadaʿ* – *nodaʿ* sich auf eine »direkte Selbstoffenbarung« beziehen²⁸. Nach Zimmerli ist deren Kennzeichen die »Selbstvorstellungsformel – Ich bin Jahwe«²⁹. Mit ihr wird die Frage des Menschen nach der Identität der Gottheit, die er erfährt, beantwortet. Diese theologische Hypothese ist auf dem Hintergrund einer sprachlich-literarischen Analyse der Texte kaum haltbar.

Die für den biblischen Sprachgebrauch nachgewiesene Äquivalenz der Offenbarungstermini legt nahe, daß auch die Verwendung von *raʾah* und *jadaʿ* in Ex 6,3 möglicherweise auf eine stilistische Gepflogenheit zurückzuführen ist, mehr als auf eine »durchreflektierte« Wortwahl der Priesterschrift, die theologische Hintergründe hat: »Ich *erschien* Abraham, Isaak und Jakob als El Schaddai, und unter meinem Namen Jahwe habe ich mich ihnen nicht zu *erkennen* gegeben.« Wenn hier das *nodaʿ* dem *nirʾah* zur Seite und nicht »gegenübergestellt« wird³⁰, wie es die Quellenscheidung postuliert, dann ist vielleicht auch der Gottesname Jahwe nicht als ein Substitut anzusehen, das das in den Vätergeschichten vorherrschende Epithet El Schaddai ablöst, sondern als eine zusätzliche Bezeichnung Gottes, die von der Dornbuschoffenbarung an als die vorzüglichste gilt. Das ist Bubers Verständnis dieser Perikope: »Der Abschnitt, der die Offenbarung im brennenden Busch erzählt (Ex 3,1–4,17), ist nicht als aus verschiedenen Quellenschriften zusammengetragen anzusehen. Man braucht nur ein paar Zusätze auszuscheiden, und wir haben ein einheitliches Bild vor uns; die scheinbaren Widersprüche erklären sich aus mangelhaftem Verständnis des Textes. Dieser Abschnitt ist seinem Stil und seiner Komposition nach das Erzeugnis einer hoch ausgebildeten, dialektischen und er-

---

26 Diese sprachliche Parallelität, die eine inhaltliche Ähnlichkeit bezeugt, ist in der Exegese nicht beobachtet worden und hat zumindest die literaturgeschichtliche Analyse in keiner Weise beeinflußt. Siehe dazu *Rendtorff*, s.o. Anm. 4, S. 25ff und die Kommentare.
27 Der stat. constr. *jodeʿa daʿat ʿeljon* will hier als eine Akk.- und nicht als eine Gen.-Konstruktion verstanden werden (vgl. *daʿat elohim*, Hos 4,1; 6,6; Spr 2,5). Anstelle von »der die Gedanken des Höchsten kennt« (Einheitsübersetzung), könnte der Ausdruck, etwas frei, mit »der Gotteserkenntnis besitzt« wiedergegeben werden.
28 Dazu *Pannenberg*, s.o. Anm. 4, S. 7ff.91ff.
29 W. *Zimmerli*, »Ich bin Jahwe«, in: Geschichte und Altes Testament (FS A. Alt), Tübingen 1953, S. 179–209; *ders.*, Das Wort des Göttlichen Selbstweises (Erweiswort) – eine prophetische Gattung, in: Mélanges bibliques, rédigés en l'honneur de André Robert, Paris 1955, S. 154–164; *ders.*, Ezechiel (BK XIII/1-2), Neukirchen-Vluyn ²1975, S. 55ff.
30 *Rendtorff*, s.o. Anm. 4, S. 25.

zählerischen Kunst; aber von den Elementen, aus denen er aufgebaut ist, tragen wesentliche den Charakter früher Überlieferung ... Indem Mose zu den Midianitern kam, war er in den Lebensbereich der Väter gekommen, und die Erscheinung, die er nun schaut, erfährt er als die des Vätergottes. Wie einst Jakob nach Ägypten (Genesis 46,4), so ist JHWH von Ägypten nach Midian gezogen – vielleicht gar mit ihm, Mose, selbst, den er, offenkundig, wie einst Jakob, behütet hat? Genug, Mose erfährt, wer er ist, der ihm erscheint, er erkennt ihn wieder. So war es ja auch in der Väterzeit gewesen. So hatte Abraham in dem El Eljon des Melchisedek JHWH wiedererkannt, so hatte JHWH sich Abrahams Kebsweib, der ägyptischen Magd, in dem Geist eines Wüstenquells – wohl einem jener divinatorischen Brunnen, an denen schlafend man etwas zu ›sehen‹ bekommt – zu sehen gegeben (16,7.13). Was sich hier wie dort, religionsgeschichtlich betrachtet, vollzieht, ist *Identifizierung*: Der eigene, mitgebrachte, mitgehende Gott wird mit dem an diesem Ort bekannten, an ihm vorgefundenen gleichgesetzt, er wird in ihm wiedererkannt.«[31]

So würde es sich erklären, daß *(El) Schaddai* auch danach in der göttlichen Nomenklatur einen Platz findet. Das ist nicht nur der Fall in Texten, in denen nichtisraelitische Elemente durchschimmern, wie in der Bileamperikope (Num 24,4.17) und dem Hiobbuch (passim), sondern auch in biblischen Schriften, deren israelitische Authentizität über allen Zweifel erhaben ist. So in Rut 1,20–21; noch schwerwiegender in den Prophetenbüchern Jesaja (13,6 = Joel 1,15) und Ezechiel (1,24; 10,5) und in den Psalmen (68,15; 91,1).

IV

Dies ist in der Tat die traditionelle jüdische Ansicht. Die traditionelle Exegese negiert ohne Vorbehalt die in der modernen Bibelwissenschaft und Theologie fast axiomatisch feststehende Scheidung von verschiedenen Konkretisierungen der Gottesidee in identifizierbaren Strängen der alttestamentlichen Literatur und die damit verbundene Demarkierung von Offenbarungsauffassungen, die in bezug auf die Modi der göttlichen Erscheinungen, ihren Inhalt und ihre Metaphorik voneinander unterschieden werden können. Nicht nur für als »vorkritisch« geltende jüdische Exegeten wie S.D. Luzzatto und D. Hoffmann[32], ganz zu schweigen von den mittelalterlichen Kommentatoren, ist eine Quellenscheidung der biblischen Literatur völlig unakzeptabel. Auch kritisch geschulte Forscher wie Benno Jacob[33], Umber-

---

31 *M. Buber*, Moses, Heidelberg 1966, S. 47.54.
32 *D. Hoffmann*, Die wichtigsten Instanzen gegen die Graf-Wellhausensche Hypothese, Berlin 1904.
33 *B. Jacob*, Das erste Buch der Tora – Genesis, Berlin 1934, bes. Anhang – Quellenscheidung, S. 949–1049.

to Cassuto[34] und M.H. Segal[35] lehnen eine Aufspaltung des biblischen Gottesglaubens und Offenbarungsverständnisses in partikuläre Formulierungen eines Elohisten oder Jahwisten, einer priesterlichen, deuteronomistischen, prophetischen oder chronistischen Schule uneingeschränkt ab. Die verschiedenen Gottesnamen und Epitheta, die verschiedenen Formen der Gottesoffenbarung und ihre Inhaltsmannigfaltigkeit werden nicht als Ausdrücke unterschiedlicher Gottesauffassungen angesehen, sondern als Manifestationen des einzigen und alleinigen Gottes, der variabel auf menschliches Tun reagiert und sich den Menschen in einer Vielfalt von Erscheinungen zu erkennen gibt[36], »der nicht in seinem Sein, in seinem Wesen verharrt, sondern sich ins Da-Sein, in die An-wesenheit herniederneigt«[37].

Gottes Erscheinungsformen in der Welt passen sich der Welt des Menschen an. Zu verschiedenen Zeiten und in verschiedenen Situationen erweist sich Gott unter verschiedenen Namen und verschiedenen Selbstdarstellungen. Die Väter erfuhren ihn unter dem Namen *El Schaddai*. Derselbe Gott eröffnete sich Mose unter dem Namen *Jahwe* (Ex 6,3). Unter diesem Namen wurde er der biblischen Tradition nach schon in der Urzeit angerufen (Gen 4,26; 16,13; 21,33). Aber von Moses Zeiten an wurde Jahwe der Hauptname des Gottes Israels. Der Midrasch *Shemot Rabba* benutzt den berühmten Exodusvers 6,3 als Anknüpfungspunkt für eine Zusammenfassung der Inhaltswerte der verschiedenen Gottesnamen. Im Namen des Rav Abba bar Memel (eines palästinensischen Lehrers der ersten Amoräer-Generation) wird überliefert: »Gott sagte zu Mose: Was willst du über mich wissen«, und antwortete sofort selbst auf die offensichtlich rhetorische Frage: »Ich werde nach meinen Taten benannt. Manchmal ruft man mich an als *El Schaddai*, manchmal als *(Elohe) Zebaot*, als *Elohim* oder als *Jahwe*. Wenn ich zu Gericht sitze über die Menschen, werde ich *Elohim* genannt, und wenn ich gegen Sünder (Bösewichte) in den Kampf ziehe, ist mein Name *Zebaot*; wenn ich die Bestrafung eines Menschen für seine sündigen Taten zurückhalte, werde ich *El Shaddai* genannt; wenn ich mich meiner Welt erbarme, werde ich als *Jahwe* angefleht, usw. ... meinen Taten nach werde ich benannt.«[38]

Die im Midrasch angeführte kurze Aufzählung von Gottesnamen, die in der Bibel gängig sind, kann durch eine Reihe von weiteren Namen und Namensverbindungen, mit denen der Gott Israels bekundet wird, er-

---

34 *U. Cassuto*, The Documentary Hypothesis, transl. from Hebrew by I. Abrahams, Jerusalem 1961.
35 *M.H. Segal*, The Pentateuch, its Composition and Authorship, and other Biblical Studies, Jerusalem 1967, Teil I, S. 1–172.
36 Dazu *F. Rosenzweig*, Die Einheit der Bibel, in: *Buber – Rosenzweig*, s.o. Anm. 1, 46–51.
37 *F. Rosenzweig*, Der Ewige, in: ebd., S. 208, vgl. S. 194.
38 S. dazu die Ausführungen von *E.E. Urbach*, The Sages – Their Concepts and Beliefs, transl. from Hebrew by I. Abrahams, Jerusalem 1975, S. 37ff; *N. Leibowitz*, Neue Studien zum Buche Exodus (Hebräisch), Jerusalem 1970.

weitert werden. So etwa: *Jahwe* ist *Elohim* (1Kön 18 passim und bes. V. 39; vgl. Ps 100,3; 72,18; 84,9–12), *Jahwe El* (Jos 22,22; Ps 50,1), um nur einige zu nennen. Die jüdisch-traditionelle Exegese lehnt natürlich die Erklärung ab, daß diese reichhaltige Nomenklatur als Evidenz für die Existenz von synchronisch oder diachronisch voneinander unterscheidbaren literarischen Strängen oder Schichten zu erklären wäre. In der Tat läßt sich eine solche Aufgliederung auch mit den Mitteln der modernen Wissenschaft nicht konsequent und allgemein überzeugend durchführen[39].

In der Insistenz auf der Einzigkeit Gottes in der Mannigfaltigkeit der Epitheta, mit denen er benannt wird, profiliert der Midrasch maßgebende Züge der biblischen Gotteserfahrung:

1. Die Möglichkeit, daß die Gottheit in einer wirklichen Vielfalt erfahren werden kann, wird kategorisch abgelehnt. Im rabbinischen wie schon im biblischen Denken ist diese Abweisung offensichtlich an die polytheistischen Religionen gerichtet. Sie kann aber auch als eine totale Ablehnung von Ansichten verstanden werden, die die Mannigfaltigkeit der Selbstkundgebungen Gottes in der Bibel als Konkretisierungen verschiedener Gottesauffassungen auslegen, die den modernen wissenschaftlichen Theorien unterliegen. Die Manifestationen Gottes in der Geschichte Israels sollten nicht als Zeugnisse eines im Laufe der Zeit sich wandelnden und entwickelnden Gottesbildes verstanden werden, noch erweisen sie Auffassungen, die in einem gegebenen Zeitraum nebeneinander in Israel unterhalten wurden. Lediglich die Anpassungsfähigkeit und der Anpassungswille Gottes an die verschiedenen Situationen des Menschen bewirken die Fülle von Formen, in denen sich Gott im Leben des einzelnen und in der Geschichte Israels offenbart.

2. Die verschiedenen Namen, unter denen sich der biblische Gott zu erkennen gibt, sind als verbalisierte Formulierungen seiner Taten in der Welt zu verstehen. Sie bieten dem Menschen die Möglichkeit, seine Gotteserfahrung zu jeder Zeit mit seinen variablen Lebenserfahrungen in Einklang zu bringen, ohne die Einmaligkeit Gottes in Frage zu stellen, ohne Gott zu pluralisieren.

3. Der sich offenbarende Gott ist erkennbar in einer überraschenden Fülle von fast verstörend wirkenden anthropomorphen Darstellungen. Zugleich ist er *unerfaßbar* und allem Geschöpf *unvergleichbar*[40]: »Mit wem wollt

---

39 Eine Erörterung des Problems ist hier nicht möglich. Der Leser sei auf die neueren Einleitungen in das Alte Testament hingewiesen, in denen der Stand der Forschung dargelegt wird. So z.B. die Einleitungen von O. Eißfeldt (³1964), O. Kaiser (1969), J.A. Soggin (1976), R. Smend (1978), G. Fohrer (1979), B. Childs (1980) und R. Rendtorff (³1988).

40 Die Aussagen über die Unvergleichlichkeit Gottes und die Unmöglichkeit, ihn bildlich darzustellen, enthalten verschiedene Gottesnamen. Sie können also nicht ausschließlich einer bestimmten literarischen Schicht zugeschrieben werden, sondern sollten als Gemeingut des biblischen Glaubens betrachtet werden. Hierin unterscheiden sie sich von Motiven und Wortbildern, die durchgehend mit dem einen oder dem anderen Namen verbunden sind. Dazu M.Z. *Segal*, Die Gottesnamen El, Elohim, Jahwe in den biblischen Schriften, Tarbiz 9 (1939), S. 123–162 (Hebräisch), *ders.*, Tradition und Kritik – Gesammelte Aufsätze zur biblischen Forschung, Jerusalem 1957, S. 31–47.

ihr Gott vergleichen und welche Form ihm zueignen« (Jes 40,18; 44,8; 45,14; vgl. Dtn 3,24; Ex 15,11; 2Sam 22,32 = Ps 18,32; Ps 71,19 und bes. 89,7; 1Chr 17,20; 2Chr 6,14). Mit dieser Erklärung wird der Idolatrie und der mit ihr verbundenen Magie die Spitze abgebrochen (Jes 44,10; 45,22; 46,9 u.ö.). Ein Gott, der nicht darstellbar ist, kann nicht manipuliert werden[41].

Diese kontrahierenden Aussagen über Gott, der unerfaßbar über der Welt des Menschen waltet und dennoch ständig mit ihm in Kommunikation in der Welt ist oder sein kann, stehen in einem augenscheinlich unüberbrückbaren Spannungsverhältnis. Die Spannung muß in ihrer ganzen Härte von Exegeten und Theologen angenommen werden. Sie soll nicht durch die Vermutung entschärft werden, daß sie auf ein Neben- und Nacheinander von ursprünglich unabhängigen, biblischen Offenbarungsauffassungen zurückzuführen ist, die erst in einem relativ späten Entwicklungsstadium der altisraelitischen Literatur miteinander verschmolzen wurden. Mit Recht bemerkt Knierim: »Die Tatsache ... daß der sich in seiner Identität als Jahwe offenbarende Gott immer derselbe ist, bedeutet deshalb noch nicht, daß auch die Art des Offenbarwerdens immer und nur in ein und demselben Verstehenskontext oder derselben Wirklichkeitserfahrung erkannt wird. Der Verstehenskontext ist flexibel, Veränderungen unterworfen. Wenn darum das Alte Testament unsystematisiert ... von einem Ineinander und Beieinander von verschiedenen Weisen (vgl. viele Psalmen) redet, so ist dies theologisch bedeutsam, weil dadurch grundsätzlich das Offenbarwerden Gottes als Jahwe in jeder möglichen Art von Wirklichkeitserfahrung bezeugt wird. An diesem Punkt muß denn auch die Mannigfaltigkeit im Wortfeld, in den verschiedenen Gattungen und Sitzen im Leben, theologisch ernstgenommen werden.«[42]

Sicher lassen sich gewisse Grundlinien aufweisen, die allen oder den meisten Situationen, in denen Gott sich kundgibt, gemeinsam sind. Aber die tradierte Mannigfaltigkeit von Formen der Offenbarung sollte nicht durch eine übereifrige Systemfreude pauschalisiert werden. Die in den Quellen ans Licht tretende Spannung muß als eine Eigentümlichkeit des biblischen Glaubens verstanden werden. Es scheint, daß sich in ihr ein Hauptmoment der altisraelitischen Geisteswelt und des biblischen Offenbarungsverständnisses zeigt[43], das in seiner ganzen Fülle bei einer Betrachtung der Auffassung der Hebräer von Offenbarung mit eingeschlossen werden muß. In dieser Mannigfaltigkeit kommt die Geschichtsbezogenheit der Offenbarungserfahrungen zum Ausdruck, ihre Verankerung in der historischen Wirklichkeit einer lebenden Gemeinschaft.

---

41 Dazu *M. Weber*, Das antike Judentum, Aufsätze zur Religionssoziologie, Bd. III, Tübingen 1921, S. 233–234.279–280.411–412.
42 *Knierim*, s.o. Anm. 3, S. 226.
43 *G. Scholem*, Zur Kabbala und ihrer Symbolik, Zürich 1960, 119; *Urbach*, s.o. Anm. 38.

V

Der Midrasch *Leqaḥ Ṭov* zu Ex 6,3 (ed. S. Buber, 30) bietet einen hervorragenden Ausgangspunkt für eine Betrachtung des jüdischen Verständnisses von Offenbarung im Alten Testament, das über das spezifisch Jüdische hinausragt und einen allgemein heuristischen Wert hat. Die Grundaussage »in meinen Taten werde ich erkannt« verankert »Offenbarung« im »Geschehen«: in der Natur, in außer- oder übernatürlichen Begebnissen und vor allem in der Erfahrung des Volkes Israel. Damit entfällt die in der modernen Theologie gängige Unterscheidung zwischen »Offenbarung in der Schöpfung« und »Offenbarung in der Geschichte«, zwischen Offenbarung in der Natur und »in übernatürlichen Wundertaten«[44]. Alles göttliche Tun ist »Geschehen« und somit »Geschichte«, beginnend mit den Uranfängen der Welt. In jenem Stadium konnte Gott sich dem noch nicht geschaffenen Menschen nicht direkt offenbaren, sondern nur indirekt in den einzelnen Phänomenen der Schöpfung und in dem All des Kosmos: »Er schuf so Großes, es ist nicht zu erforschen, Wunderdinge, sie sind nicht zu zählen« (Hi 9,10; vgl. Jer 10,12-13; Am 4,13; 5,8; 9,5-6; Hi 38-39 u.ö.). Nach der Schöpfung des Menschen zielt Offenbarung in verschiedener Weise auf ihn: auf Adam und Noah in dem anthropologischen Vorstadium der Geschichte Israels, danach auf die Vorväter und die Propheten und auf die Gesamtheit des Volkes. Aber in allen Fällen offenbart Gott nicht seine »Identität«, sondern seine Tätigkeit im Weltall und in der Geschichte.

Selbst für Mose blieb das Wesen Gottes, seine Identität, unerschlossen. Trotz der einmaligen »Vertrautheit«, die zwischen Jahwe und Mose bestand und die die biblische Tradition hervorhebt (Dtn 34,10), sind die Beziehungen zwischen Gott und dem vorbildlichen Propheten (Dtn 18,15.18), nicht ausgewogen. Jahwe »kennt (Mose) mit Namen« (Ex 33,17), d.h. in seinem eigentlichsten Sein (vgl. im Kontrast dazu Ex 6,3). Er erschien ihm »in (offener) Sicht« *(mar'eh)*, in seiner »Gestalt« *(temunah;* Num 12,8). Aber auch ihm offenbarte Jahwe sein Wesen nicht. Die an Jahwe gerichtete Bitte Moses: »Zeige mir deine *kabod* (d.h. dich selbst)« wird ohne Vorbehalt abgewiesen: »Du kannst mein Angesicht *(panim)* nicht sehen; denn kein Mensch kann mich sehen und am Leben bleiben (vgl. Ri 6,22-23) ... Wenn meine *kabod* vorüberzieht, stelle ich dich in den Felsspalt und halte meine Hand über dich (deine Augen), bis ich vorüber bin. Wenn ich dann meine Hand zurückziehe, wirst du meinen Rücken sehen; mein Angesicht *(panim)* kann nicht gesehen werden« (Ex 33,18-23, vgl. 1Kön 19,11-13; Hi 9,11 u.ö.). In diesem Kontext werden *kabod* und *panim* (»Herrlichkeit« und »Antlitz«) als Synonyma verwendet. Beide beschreiben oder, besser gesagt, umschreiben die »Persönlichkeit« Jahwes.

Es muß betont werden, daß im biblischen Hebräisch die Synonymität mit *kabod* nur einen Teilaspekt des Sinngehalts von *panim* ausmacht.

---

[44] S. Knierim, s.o. Anm. 1, S. 224.

Das semantische Feld dieses Nomens ist umfangreicher. In anderen Wortbildern deckt sich *panim* mit dem ganz konkreten Substantiv *peh* »Mund«[45]. Die partielle Synonymität von *panim* in bestimmten Teilaspekten mit *kabod* auf der einen und mit *peh* auf der anderen Seite ermöglichte es den biblischen Autoren, in einem Offenbarungskontext durch *panim* die Unerschließbarkeit Jahwes auszudrücken und in einem anderen mit diesem Begriff einer besonderen Gottesnähe Ausdruck zu geben. So wird die unmittelbare Beziehung zwischen Jahwe und Mose in der Aussage aufgefangen, daß Gott zu ihm *peh el peh* »Mund zu Mund« spricht (Num 12,8) oder *panim el panim* »Antlitz zu Antlitz« (Ex 33,11). In diesen Wendungen bezieht sich *panim* (wie *peh*) auf die Unmittelbarkeit der Begegnung (Gen 32,31; Ez 20,35) und nicht auf das »Wesen« der sich Begegnenden, sollte also nicht im Sinne einer »Selbstvorstellung« oder »Selbstkundgabe«[46] verstanden werden. Da in diesen Texten der Sonderinhalt von *panim* durch die Parallelität entweder mit *kabod* oder mit *peh* bestimmt wird, also verschiedene Teilaspekte des Wortes ins Spiel gebracht werden, sind die Erklärungen »Jahwe sprach zu Mose *panim el panim* (Ex 33,11) und »du kannst mein *panim* nicht sehen« (Ex 33,20) nur scheinbar eine Kontradiktion. In Wirklichkeit besagen sie, daß auch in dem direkten Miteinander-Reden, dessen Mose teilhaft wurde, die Identität Jahwes dem Menschen unerschlossen blieb.

Göttliche Offenbarung ist also nicht »Selbstenthüllung«[47] oder »Selbstoffenbarung«[48], wie in der Forschung oft dargelegt wird. Sie ist immer ein »Machterweis«, wie Rendtorff mit Recht betont[49]. Im Mittelpunkt der Offenbarung steht »God who acts«, der spiritus agens alles Geschehens. Diese von G.E. Wright geprägte Formulierung[50] hat nichts an Bedeutung oder Aktualität verloren, selbst wenn sie gewisser Korrekturen bedarf, die u.a. von Albrektson[51] und Barr[52] vorgelegt wurden. Im Alten Testament ist Offenbarung der in Einzelfällen legitime Durchbruch der ansonsten absolut feststehenden Grenzen, die den Menschen von Gott trennen[53]. Sie ist eine streiflichtartige Aktualisierung der immanenten Gegen-

---

45   Dazu *S. Talmon*, The Textual Study of the Bible – A New Outlook, in: *F.M. Cross – S. Talmon* (Hg.); Qumran and the History of the Bible Text, Cambridge/Mass. / London 1975, S. 350ff.
46   *Zimmerli*, s.o. Anm. 29.
47   *Pannenberg*, s.o. Anm. 4, S. 8.
48   *K. Barth*, Das christliche Verständnis der Offenbarung, TEH 12 (1948).
49   S.o. Anm. 4, S. 32f.
50   *G.E. Wright*, God Who Acts, Biblical Theology as Recital (SBT 8), London 1952; *ders.*, The OT Against its Environment (SBT 2), London 1950; *ders.*, The Old Testament and Theology, New York 1969; vgl. *Y. Kaufmann*, The Religion of Israel – From its Beginnings to the Babylonian Exile, übersetzt und gekürzt von M. Greenberg, Chicago 1960, S. 70–72. 99ff u.a.
51   S.o. Anm. 6.
52   S.o. Anm. 6.
53   *Knierim*, s.o. Anm. 3, S. 212–213; ferner: *Th.C. Vriezen*, Theologie des Alten Testaments in Grundzügen, Wageningen/Neukirchen-Vluyn 1957, S. 198 u.ö.

wart Gottes in der Welt, vor allem in den historischen Ereignissen, die sein Volk Israel betreffen. Offenbarung antwortet nicht auf Fragen nach der Identität der sich kundgebenden Gottheit, sondern ist Bekundung seiner Taten in der Vergangenheit und in der Gegenwart. Und diese Taten haben einen Bestimmungswert für die Zukunft. Gott offenbart sich um des Menschen willen für den Menschen, nicht um Gottes willen in einem Akt der »Selbstvorstellung«. Der Nachdruck liegt auf dem Empfänger, nicht auf dem Initiator der Offenbarung. In dieser Zielsetzung zeigt sich die auf den Menschen, noch mehr auf das Volk gerichtete Einstellung, die die alttestamentliche Geisteswelt allgemein auszeichnet.

In letzter Sicht ist der Adressat der Offenbarung nicht der einzelne Auserwählte, der sie empfängt, sondern die Gemeinschaft, für die er als Mittler zwischen ihr und Gott dient. Im Einklang damit steht, daß mantische, ekstatische und meditative Elemente Nebenerscheinungen in den biblischen Offenbarungsberichten sind, nicht ihre wesentlichen Charakterzüge. Die in der Offenbarung inbegriffene göttliche Botschaft ist essentiell für die Gemeinschaft gedacht. Deshalb kann Offenbarung das Instrument zur Verkündigung von grundlegenden Prinzipien sein, die eine Forderung an die Gemeinschaft stellen, ihre Geisteswelt formativ beeinflussen und ihren Weg in der Geschichte bestimmen sollen. In den meisten Fällen erfolgt Offenbarung ad hominem, ad hoc und ad rem. Aber als Hintergrund dient ihnen eine viel weitere Kulisse – die Geschichte Israels oder der Menschheit allgemein.

Eine nur flüchtige Betrachtung von einigen tradierten Offenbarungsberichten erhärtet diese Fragestellung. Adam und Noah – der zweite Adam – erfuhren göttliche Offenbarung (Gen 3,9ff; 7,1ff; 9,1ff) als Vertreter der Menschheit allgemein, in einem Äon, das vor dem Geschichtshorizont Israels lag, das der Erzähler dem Verlauf der Volksgeschichte als eine Präambel vorausschickt. Schon hier dient Offenbarung dem Zweck der Verkündigung verpflichtender Weisungen und ist nicht als ein privatissimum konzipiert. Noch stärker tritt der »öffentliche« Charakter der Offenbarung in den Vätertraditionen in Erscheinung, die als vorbildlich für die in späteren Zeitstadien auserwählten Persönlichkeiten zukommende Offenbarungen gelten können. Die Traditionen über Abraham (Gen 15,18 u.ö.) und Jakob (Gen 28,11–22; 32,25–33)[54] enthalten in größerem Ausmaße mantische und mythische Elemente als die Offenbarungstraditionen, die sich auf die vorisraelitischen Urväter der Menschheit, Adam und Noah, beziehen. Hierin läßt sich eine Prolepsis von Eigenschaften bemerken, die vorschriftliche Prophetengeschichten charakterisieren und die auch in den Berichten über die Schriftpropheten nicht fehlen. Aber in all diesen an individuelle Persönlichkeiten ergehenden Offenbarungserfahrungen bleibt die Gemeinschaftsbezogenheit ausschlaggebend und damit die Verflechtung der Offenbarung mit dem Verlauf der Geschichte Israels.

---

54 Isaak spielt in dieser wie in anderen Beziehungen eine untergeordnete Rolle.

Mit besonderem Nachdruck gilt dies für die Offenbarungen, die Mose und den Propheten zugeschrieben werden. Sehr treffend drückt dies Y. Kaufmann aus: Das (Selbst)verständnis der alttestamentlichen Sendepropheten »ist in dem Glauben an eine kontinuierliche Offenbarung verankert ... die Grundlage der israelitischen Prophetie ist der Glaube an Offenbarung in der Geschichte«[55].

Diese in meiner Sicht evident richtige Interpretation des biblischen Verständnisses von Offenbarung steht in schroffem Gegensatz zu der von K. Barth aufgestellten These der *Einzigkeit der Offenbarung* Gottes in dem Christusgeschehen, die Pannenberg mit Anerkennung anführt: »Die Einzigkeit der Offenbarung (ist) in ihrem strengen Begriff als Selbstoffenbarung bereits beschlossen ... Sowie man von mehreren Offenbarungen redet, denkt man schon keine Offenbarung in strengem Sinne mehr. Die Behauptung einer Mehrzahl von Offenbarungen bedeutet die Diskreditierung jeder einzelnen von ihnen. Die Gestalt der göttlichen Manifestation ist dann in keinem Falle der einzig adäquate Ausdruck des Offenbarenden.«[56] Man neigt zu der Vermutung, daß die hier gebotene Definition von »Offenbarung« nicht auf einer Analyse der biblischen Offenbarungstraditionen beruht, sondern von einem oder dem zentralen christologischen Dogma abgeleitet und auf es zugeschnitten wird. Die Barthsche These nimmt das Phänomen der Offenbarung – im Sinne von Selbstoffenbarung – ausschließlich für den christlichen Glauben in Anspruch und negiert damit grundsätzlich die Legitimität seiner Verwendung in bezug auf andere Religionen. Diese Behauptung ist für den Religionshistoriker und Soziologen wie auch für den Phänomenologen sicher nicht annehmbar. Es genügt, die kurze Zusammenfassung zu zitieren, die C.M. Edsman bietet: »Offenbarung gehört zum Selbstverständnis jeder Religion, eine Schöpfung göttlicher und nicht menschlicher Art zu sein ... Obgleich es immer gewagt ist, Begriffe aus einem Religionskreis auf einen anderen zu übertragen ... dürfte die Charakterisierung der christlichen O(ffenbarung) durch Barth rein phänomenologisch auch auf entsprechende Erlebnisse, Wirkungen und Vorstellungen nichtchristlicher Religionen zutreffen.«[57]

Ein rigoroses Bestehen auf der These von Barth muß dazu führen, daß bezüglich des Verständnisses von Offenbarung in der hebräischen Bibel der jüdische Interpret und der christliche an einem Scheideweg stehen.

VI

Die wesentliche Ausrichtung der an Persönlichkeiten ergehenden Offenbarungen – ihre Gemeinschaftsbezogenheit und die »Mittlerfunk-

---

55 Die Geschichte der israelitischen Religion, Bd. I, Tel Aviv 1938, S. 730 (hebräisch).
56 *Pannenberg*, s.o. Anm. 4, S. 9f.
57 S.o. Anm. 2, S. 1597.

tion«, die der Offenbarungsempfänger in diesen Begebenheiten erfüllt – tritt voll ins Licht in der Sinaitheophanie. Diese muß in engstem Zusammenhang mit dem Exoduserlebnis betrachtet werden. Im Rahmen unserer Untersuchung können wir die Frage, die in der alttestamentlichen Wissenschaft häufig diskutiert wird, ob die Exodus- und die Sinaitradition ursprünglich selbständige Einheiten waren, die erst nachträglich miteinander verflochten wurden, oder ob sie ab initio in einem Traditionskomplex inbegriffen waren, außer Blick lassen. Ausschlaggebend für die Erörterung des biblischen Offenbarungsverständnisses ist der Umstand, daß die altisraelitischen Autoren sie als aus einem Guß fließend betrachteten[58]. So versteht es auch die traditionelle jüdische Exegese von der Antike bis auf den heutigen Tag[59]. Die Sinaitheophanie und die Exodusüberlieferung umrahmen eine formative oder vielleicht die formativste Epoche in der Geschichte Israels und des biblischen Glaubens. Nur wenn diese beiden Ereignisse als komplementäre Erfahrungen und Werte angesehen werden, ist es berechtigt zu konstatieren, daß »der grundlegende Faktor im alttestamentlichen Glauben die Befreiung Israels aus dem Hause der Knechtschaft ist« und daß »durch diesen Akt Gott sich Israel bekundete«[60]. Die in Ägypten und während des Auszuges aus Ägypten durch Mose an die Volksgemeinschaft vermittelte Offenbarung gestaltet sich in der Sinaitheophanie zu einer ersten, einmaligen Offenbarung, in der sich Jahwe direkt ganz Israel kundgibt. Nur so ist es erklärbar, daß die zuerst nur auf Mose angewandte Formel *panim el panim* in dem Bericht über die Sinaitheophanie in Dtn 5,4 auf Jahwes Begegnung mit seinem Volk angewandt wird. »Antlitz zu Antlitz *(panim el panim)* hat Jahwe mit euch auf dem Berg aus dem Feuer geredet.«

Dieser Bericht über göttliche Offenbarung an das gesamte Volk grenzt zwei Epochen in der biblischen Offenbarungsgeschichte voneinander ab[61]. Er steht zwischen den Traditionen über Offenbarungen, die prominente Persönlichkeiten erfuhren und über die das Buch Genesis berichtet, und denen, die Propheten zuteil wurden, die die späteren Bücher der Bibel verzeichnen. Die Sinaitheophanie ist das Fundament, auf dem die gesamte spätere biblische Auffassung von Offenbarung gründet. Sie »ist die Wortspur eines natürlichen, d.h. eines in der den Menschen gemeinsamen Sinnenwelt geschehenen und ihren Zusammenhängen eingefügten Ereignisses, das die Schar, die es erfuhr, als Gottes Offenbarung an sie erfuhr und so in einem begeisterten, willkürfrei gestaltenden Gedächtnis der Geschlechter bewahrte; dieses So-erfahren aber ist nicht eine Selbsttäu-

---

58 Dazu *N. Leibowitz*, Studies in Shemot – Exodus, Jerusalem 1978.
59 Dazu *Segal*, s.o. Anm. 35, S. 36; *U. Cassuto*, The Book of Exodus, transl. from the Hebrew by I. Abrahams, Jerusalem 1968; *Leibowitz*, s.o. Anm. 38.
60 *G.S. Henry*, in: A Theological Work Book of the Bible, hg. von *A. Richardson*, London 1950, S. 196f: »The fundamental fact of OT faith is the liberation of the house of bondage ... it is by this act that God made himself known to Israel ...«
61 *Kaufman*, s.o. Anm. 50, S. 722.

schung der Schar, sondern ihre Schau, ihre Erkenntnis und ihre wahrnehmende Vernunft, denn die natürlichen Ereignisse sind die Träger der Offenbarung, und Offenbarung ist geschehen, wo der Zeuge des Ereignisses, ihm standhaltend, diesen Offenbarungsgehalt erfuhr, sich also sagen ließ, was in diesem Ereignis die darin redende Stimme ihm, dem Zeugen, in seine Beschaffenheit, in sein Leben, in seine Pflicht hinein sagen wollte.«[62] Die Offenbarung vermittelt Israel objektive Gesetze, in Jahwes subjektive Gebote gefaßt. Das offenbarte Gesetz ist das Fundament des am Sinai offenkundig gemachten Bundes, den Jahwe dort mit seinem Volk errichtete und der forthin den Weg Israels in der Geschichte bestimmen und sich in ihr erweisen soll. So entfalten sich Bund, Gesetz und Offenbarung als Unterkategorien von Geschichte[63]. Die Institutionen, die aus Bund und Gesetz erwachsen, bezeugen die in der Idee ununterbrochen offenbarte Präsenz Gottes in der Geschichte. Die Fusion von Exoduserlebnis und Sinaioffenbarung bewirkt ein neues Phänomen in Israel: *Geschichte als Offenbarung*[64].

---

62 *M. Buber*, Der Mensch von heute und die Bibel, in: *Buber – Rosenzweig*, s. o. Anm. 1, S. 25–26.
63 Dazu *J. Baillie*, The Idea of Revelation in Recent Thought, New York 1956, S. 78: ». . . revelation is always given us through events«; S. 132: »All revelation is given through history«; *L. Köhler*, Theologie des Alten Testaments, Tübingen 1936, S. 4: »Daß Gott sich durch seine Werke, seien es die der Natur, seien es die der Geschichte, offenbart, ist ein durch ungemein viele Beispiele belegtes Theologoumenon.«
64 Vgl. *E. Jacob*, La tradition historique en Israël, Etudes théologiques et religieuses, Montpellier 1946, S. 12: »Yahwe est le Dieu de l'histoire et l'histoire est son plus sûr moyen de révélation.«

2

Tora als Begriff und Lebensprinzip in der Hebräischen Bibel

I

Professor Papandreou hat unser Gespräch als eine akademische Auseinandersetzung zwischen Theologen und Gelehrten verschiedener religiöser Überzeugungen und verschiedener Glaubens- und Denkweisen bezeichnet. Die Zusammensetzung des Kollegiums, das sich hier in Luzern trifft, und vor allem der Umstand, daß dieses Treffen in der Theologischen Fakultät stattfindet, rechtfertigt diese Bezeichnung. Sie ist also im Grunde gesehen durchaus legitim und vielleicht auch angebracht. Lassen Sie mich aber doch eine kleine Korrektur vorlegen, die auf jüdischem Sprachgebrauch fußt und einer Auffassung Ausdruck gibt, die ich in meinen Ausführungen noch weiterentwickeln werde. Nach jüdischer Tradition zielt eine jede *Sichat Talmide Chachamim*, d. h. ein jedes Lehrgespräch zwischen Weisen oder zwischen Jüngern, die Weise werden wollen, nicht nur auf eine Klärung von Theorien, soll also nicht nur in eine scholastische Übung auslaufen, sondern muß, zumindest idealerweise, praktische Folgerungen haben. Gespräche zwischen Weisen sind lebensbestimmend. Sie betreffen das Leben des einzelnen und der Gemeinschaft, selbst wenn auf den ersten Blick der Eindruck entstehen sollte, daß es sich um rein abstrakte Dinge und Gedanken handelt, an denen die Diskutanten ihre Klugheit und ihre Fähigkeit zu Spitzenleistungen in der Tüftelei beweisen wollen. Virtuosität im geistigen Wettstreit wird nicht als ein Ziel angesehen, sondern als ein Mittel zur Klärung von Prinzipien und praktischen Regeln, die der Formung des Alltagslebens und der sich in ihm kundgebenden Haltung der Disputanten und der von ihnen geleiteten Gemeinschaft dienen.

Wir sollten uns hier diese Richtlinien zu eigen machen. Unser Gespräch, ein Gespräch zwischen geschulten Vertretern des orthodoxen Christentums, der römischen Kirche und verschiedener Strömungen im Judentum, darf nicht zur Arena eines geistigen Wettstreits werden, in dem wir uns gegenseitig von den uns aneignenden spezifischen Interpretationen von Glaubenswerten überzeugen wollen, die aus einer gemeinsamen Wurzel sprossen, nämlich aus der Hebräischen Bibel, die im Alten Testament der Kirche einbegriffen ist. Wir können uns auch nicht damit begnügen, daß einer für den anderen die inhaltliche und methodologische Legitimität seiner jeweiligen Auffassung hinsichtlich des zur Untersuchung stehenden Themas *Gesetz* im Judentum und im orthodoxen und römischkatholischen Christentum zur Prüfung stellt. Selbst wenn es uns gelingen wird, was wohl zu erhoffen ist, daß wir, die hier Versammelten, aus dem Gespräch neue Erkenntnisse über die Gedankenwelt des anderen gewinnen und vielleicht ein jeder im Dialog auch neue Einsichten für sein eigenes Glaubenssystem erlangt, so ist damit der Zweck der Übung nicht völlig erschöpft.

Unser Gespräch soll das Fundament für weitere Treffen werden, nicht nur zwischen Akademikern, die verschiedene Glaubensweisen vertreten, sondern zwischen weiteren Kreisen von Juden und orthodoxen Christen.

Eine solche Zwiesprache ist ein dringendes Desideratum. Denn während der Dialog zwischen Juden und römisch-katholischen Christen seit Jahren geführt wird, so hat, bildlich gesprochen, die Zwiesprache zwischen Athen und Jerusalem oder Konstantinopel und Jerusalem kaum begonnen. Im Hinblick auf diese Situation darf ich um Nachsicht bitten, wenn ich jetzt zu Beginn unserer Aussprache kein »Referat« im technischen Sinne des Wortes halte, sondern nur einige Gedanken einbringe, die vielleicht zur Förderung des Gespräches, das sich in den nächsten zwei Tagen entwickeln wird, dienen können. Die Vielfältigkeit und die Vielschichtigkeit der Materie, mit der wir uns zu befassen beabsichtigen, erfordert, daß im Anschluß an unser Treffen die hier angeschnittenen Probleme von anderen Gremien in angemessener Form betrachtet werden, damit die verschiedentlich gelagerten Auffassungen von *Gesetz*, vor allem in bezug auf die alltägliche Praxis, die sich im zeitgenössischen Judentum und im orthodoxen Christentum kundgeben, in adäquater Weise zum Ausdruck kommen können.

Die Vielschichtigkeit der Interpretation von *Gesetz* ist besonders schwerwiegend für uns, die wir hier ›das Judentum‹ vertreten. Ich nehme an, daß unsere Lage schwerer ist als die der christlichen, vor allem der christlich-orthodoxen Freunde, die an diesem Gespräch teilnehmen, da das Judentum auf Grund seiner Geschichte in einem geringeren Maße eine ausschließlich verpflichtende, normative Interpretation entwickelt hat als die römische Kirche und das orthodoxe Christentum. Auf dem Hintergrund einer geschichtlichen Entwicklung, die seit fast einem Jahrtausend dem Entstehen einer allgemein anerkannten, zentralen Autorität in Fragen des Glaubens und des religiösen Lebens entgegenwirkte, befindet sich das Judentum spätestens seit dem hohen Mittelalter in einem Prozeß der gesellschaftlichen Dezentralisation, die sich auch in verschiedenen Strukturen seiner religiös-geistigen Strömungen spiegelt. Daher ist es schwierig oder vielleicht sogar unmöglich, eine »normative« Auffassung dessen darzulegen, wofür *Gesetz* in der jüdischen Theologie und rituellen Praxis heute steht. Man kann bestenfalls gewisse Hauptmomente herausstellen, die im Laufe der Jahrhunderte und im Prozeß der internen Diversifikation verhältnismäßig konstant geblieben sind. Die Auswahl und die unterschiedliche Betonung von solch maßgebenden Prinzipien bleibt jedoch von der Sicht des Beschauers abhängig und kann nicht als objektiv oder verpflichtend dargestellt werden.

Dazu noch eine persönliche Bemerkung. Traditionsgemäß obliegt die Interpretation des *Gesetzes* im Judentum den zu diesem Zweck besonders geschulten und in der Anwendung des Gesetzes auf Lebenssituationen besonders zuständigen Rabbinen. Dieser Umstand weist wiederum auf die unzertrennliche Verflechtung von Gesetz als Begriff, als Prinzip und Prinzipiensystem mit dem Alltag, d. h. mit seinem den Alltag und nicht nur das kultische Leben bestimmenden Charakter. Nicht der Theologe, der Akademiker entscheidet über das Verständnis des *Gesetzes*, sondern der in der Faßbarkeit des Gemeindelebens stehende und das Gemeinschaftsleben entscheidend beeinflussende Rabbiner. Man wird mir vorhalten, daß sich dies wesentlich geändert habe. Dieser Einwand ist berechtigt, soweit er sich auf die heutige Situation bezieht, ist aber nicht ausschlaggebend für unsere oder meine Belange, bei denen es um grundsätzliche Auffassungen geht. Ich sehe mich daher verpflichtet hervorzuheben, daß ich, Akademiker von Beruf und vielleicht auch Überzeugung, keine normative, im heutigen Judentum in irgendeiner Weise offiziell anerkannte Interpretation von *Gesetz* vorlegen kann. Was Sie hören werden, ist der Versuch eines Juden, der sich *cum studio* bemüht, sich ein existentielles Verstehen von *Gesetz* in der jüdischen Geisteswelt zu erarbeiten und dieses mit den jeder persönlichen Konzeption obliegenden Beschränkungen darzubieten. Der Versuch zielt darauf ab, Grundlagen und Grundbegriffe zu beleuchten, die mit mehr oder weniger Betonung in allen auf dem *Gesetz* fundierenden Interpretationsströmungen im Judentum ans Licht treten. Dabei muß, den Umständen gemäß, in Betracht gezogen werden, daß ich *nolens volens* in mancher Hinsicht Gedanken aufgreifen werde, die in dieser oder jener Form vielen Teilnehmern an unserem Gespräch sicher geläufig sind. Da es mir aber übertragen wurde, den Start für unser Treffen zu geben, ist es unvermeidlich, daß ich manchmal auf schon Bekanntes zurückgreifen muß, wo dies das Gespräch zwischen Menschen fördern kann, die sich gegenseitig helfen wollen, das geistige Milieu des anderen besser zu verstehen. Im Verlauf unserer Tagung werden die Lücken in unserem gegenseitigen Wissen voneinander deutlicher ans Licht treten, und damit sollte der Weg für eine gezieltere Diskussion in der Zukunft klargelegt werden.

II

Meinen Reflektionen über »Gesetz in der Hebräischen Bibel« oder im *Tanach* möchte ich einige vorbereitende Bemerkungen vorausschicken. Die Aufteilung des umfassenden Themas »Gesetz im Judentum« in seine Betrachtung innerhalb der biblischen Gedankenwelt einerseits und der nachbiblisch-jüdischen andererseits hat natürlich eine historische und auch eine praktische Berechtigung. Sie weist auf den Umstand hin, daß das Judentum, wie jeder Glaube und jede Religion, im Laufe seiner Geschichte Entwicklungen unterstand, die eine Betrachtung des Phänomens »Gesetz«

von den unterschiedlichen Aspekten »biblisch« und »nachbiblisch« hier durchaus als berechtigt erscheinen lassen. Parallel zu dieser Entwicklung hat sich auch die Welt der Denker und der Fachexperten geschichtet. Der jüdische Bibelwissenschaftler, der sich hauptsächlich mit dem *Tanach* beschäftigt, kennt sich wohl in der rabbinischen Literatur aus, wird sich aber nicht als fachlich zuständig für eine Analyse und umfassende Darstellung des Verständnisses von »Gesetz« in der rabbinischen Gedankenwelt betrachten. Eine ähnliche Demarkationslinie trennt den Alttestamentler vom Neutestamentler und vom Systematischen Theologen. Vielleicht darf man sagen, daß in der christlichen Welt diese Grenze markanter ist als im Judentum, und zwar wegen des prinzipiell verschiedenen Stellenwertes des Alten und des Neuen Testamentes in der Formulierung des christlichen Glaubens seit der Zeit der Kirchenväter. Das Urerlebnis der Christen und der Christenheit wurzelt in Golgatha, fundiert auf den Evangelien des Neuen Testaments, für die die Schriften des Alten Testaments als eine *präparatio* angesehen werden. Das Judentum, in allen seinen späteren Entwicklungsstadien, wurzelt in der Geschichte des biblischen Israel. Seine vorbildliche Urzeit sind die Tage der Väter und des Mose, des davidischen Königshauses und der in der Königsepoche wirkenden Propheten. Die Haftpunkte des Judentums sind Sinai und der Berg Zion, die ursprünglichen loci, an denen Gott »das Gesetz« verkündete und von denen seine Wirksamkeit ihren Ausgang nahm. »Das Gesetz«, oder besser, wie noch darzulegen ist, »die Tora« wurde nach jüdischer Auffassung in einer ununterbrochenen Traditionskette von Mose über Josua, David, die Propheten, Esra und die Schriftgelehrten den Rabbinen überliefert, bis in die Gegenwart hinein. Das am Sinai gegebene Gesetz lebt und wächst in der Interpretation der Tradition, gebunden an die Geschichtsgegebenheiten des jüdischen Volkes. Was der jüngste Schüler der Weisen an »Neuerungen« in der Auslegung des Gesetzes vorlegen kann, wurzelt in der von Mose am Sinai gegebenen Tora, der Weisung, die das Gesetz umschließt. Für den jüdischen Denker bezeichnen die Begriffe »biblisch« und »jüdisch« oder »nachbiblisch« nicht zwei grundsätzlich verschiedene Größen, sondern zwei, historisch gesehen zwar unterschiedliche, geistesgeschichtlich betrachtet aber verwandte und miteinander verknüpfte Entwicklungsetappen einer umgreifenden Ideenwelt, die als ein einheitliches Ganzes zu erfassen ist. Dieses Kontinuum fällt in seiner Gesamtheit entweder unter den Begriff und den Namen »Israel« oder wird mit demselben Recht als »Judentum« bezeichnet. Von daher ergibt sich eine interne Einheit, die die historische Existenz und Ideenwelt des Judentums vom Beginn der biblischen Epoche an bis in die Neuzeit charakterisiert. Sie bringt eine Konzeption zum Ausdruck, die von der in der modernen Bibelwissenschaft und Theologie vorherrschenden entscheidend abweicht, in der sich eine tiefe Aufspaltung in »biblisches« oder »alttestamentliches Israel« und »nachbiblisches« oder »rabbinisches Judentum« durchgesetzt hat. Diese Zweiteilung, die die moderne christliche Bibelwissenschaft fast uneingeschränkt beherrscht, auch wenn man sich nicht einig ist, wo die genaue Grenzlinie zwischen den beiden angeblich grundverschiedenen Phasen zu ziehen ist, beruht mehr auf theologisch-dogmatischen als auf historisch-wissenschaftlichen Überlegungen.

Jüdische Denkweise, wie sie z. B. in den Werken des zeitgenössischen israelischen Historikers J. Baer und des Talmudwissenschaftlers E.E. Urbach (The Sages – Their Concepts and Beliefs, Jerusalem 1971), aber auch in den Schriften von jüdischen Gelehrten in der Diaspora zum Ausdruck kommt, erfaßt den rabbinischen Glauben und das ihm inhärente Verständnis von »Gesetz« als eine direkte Entwicklung der vor- und nachexilischen biblischen Auffassung. Diese Entwicklung wird wahrlich nicht als einheitlich dargestellt. Eine solche Darstellung würde durch die bereits im nachexilischen biblischen Israel erkennbaren internen Differenzen in der Interpretation des jüdischen Glaubens und Gesetzes widerlegt. Es geht vielmehr darum, die Verwurzelung der rabbinischen Auffassung von Gesetz, die sich in der Zeit des Zweiten Tempels, also etwa seit der hellenistischen Epoche, entwickelte, im Boden des biblischen Glaubens zu erweisen. Dabei handelt es sich nicht um Versuche, systematisch eine jüdische Theologie zu erarbeiten. Dies wäre im Hinblick auf die unsystematische Denkweise der biblischen Autoren als auch der rabbinischen Lehrer ein unerreichbares Ziel. Man versucht vielmehr, die interne Entwicklung und die Anwendung von biblischen Konzeptionen zu verfolgen, die sich in der Auffassung von »Gesetz« in der nachbiblischen jüdischen Literatur widerspiegeln, ohne sie notwendigerweise in ein System zu verflechten.

Wenn ich von »jüdischer Sicht« spreche, beziehe ich mich im wesentlichen auf Einstellungen, die in der Bibelwissenschaft und Theologie etwas abschätzig als »traditionell«, »un-« oder »vorkritisch« und daher »apologetisch« bezeichnet werden. Mit Vorbehalt möchte ich die Bezeichnung »traditionell« zunächst stehen lassen, ohne aber das damit verbundene Werturteil zu übernehmen. Was diese traditionelle Einstellung bezeichnet, ist die Auffassung des Gesetzes als einer Einheit in der Kontinuität, trotz aller Wandlungen im Laufe der Zeiten und trotz oft gleichzeitiger unterschiedlicher Interpretationen. Die Entwicklungen, die sich aufzeigen lassen, werden als in einer ununterbrochenen Traditionskette stehend gesehen, die als ein einheitliches Ganzes erfaßt werden will.

Die Konzeption von »Gesetz« und des auf ihm fundierenden Glaubens in der nachbiblischen Zeit ist mit der in der biblischen und vor allem in der vorexilischen Zeit vorherrschenden nicht unbedingt identisch. Aber die Kernschichten und Begriffe werden auch in ihren Mutationen als prinzipiell konstant angesehen. Eine hyperbolische Aussage der Rabbinen postuliert, daß es im »Gesetz« keine grundsätzlichen oder grundsätzlich keine Neuerungen gibt. Jedes »spätere«, im Lehrhaus erarbeitete neue Verständnis des Gesetzes eines Gelehrten oder eines seiner Schüler ist der Idee nach nur eine Verbalisierung von Gedanken, die latent schon in der von Mose verkündeten »Tora«, also im jüdischen Grundgesetz, vorliegen (jMeg 4,1 [74b]). So erwächst das Verständnis des Gesetzes in der Welt der Rabbinen auf dem Boden der biblischen Urzeit.

Noch eine Vorbemerkung, die sich auf die existentielle Situation des heutigen Judentums bezieht, die natürlich grundverschieden ist von der eines biblischen Juden oder eines Juden in der rabbinischen oder mittelalterlichen Epoche. Ich sprach von einem Kontinuum im Wesen des Gesetzes. Wie aber ist dieses Kontinuum auf die sich ewig ändernden Lebensumstände des einzelnen und der Gemeinschaft anzuwenden? Gesetz soll der Struktur und den Auffassungen einer lebendigen Gemeinschaft Ausdruck geben und kann, nein darf deswegen nicht starr und unveränderlich sein. Es muß eine Flexibilität bewahren, die es neuen Umständen anpassungsfähig macht und dadurch lebenstragend für eine sich stetig entwickelnde Gesellschaft. In dieser Hinsicht wurden das jüdische Volk und sein »Gesetz« sozusagen von der Geschichte überrannt. Die sich aus den wechselnden Lebenssituationen ergebenden Änderungen, denen auch das Gesetz unterlag, konnten seit Jahrhunderten nicht mehr autoritativ aufgefangen werden. Seit dem hohen Mittelalter fehlte es dem Judentum an allgemein anerkannten führenden Autoritäten, die das »Gesetz« verpflichtend interpretieren und neue Interpretationen kodifizieren konnten, die Juden überall als bindend ansehen würden. Das ausschlaggebende Ereignis in dieser Entwicklung ist nicht die Zerstörung des Zweiten Tempels im Jahre 70 d. Z. oder die Auflösung des Synhedriums, des obersten jüdischen Gerichtshofes, zwei oder drei Generationen nach dem Fall Jerusalems, wie gewöhnlich dargelegt wird. Es ist zwar korrekt, auf diese Umstände das geschichtliche Ende von weitgehend anerkannten internen Autoritätsinstanzen im Judentum zurückzuführen, deren Entscheidungen allgemeine Gültigkeit besaßen. Aber solange das Judentum in nur zwei großen Komplexen existierte, in Palästina und Babylonien, war eine Kohärenz in der Auffassung von »Gesetz« in großem Maße gewahrt, auch nach der Zerstörung des Tempels und des Verlustes der staatlichen Souveränität. Ein intensives Gemeinschaftsleben, vorwiegend in Abgeschlossenheit von der Umwelt, und eine Gesellschaftsstruktur, die auf einem Gerüst von Gesetzeslehrern basierte, deren Autorität freiwillig anerkannt wurde, garantierten eine fortgehende nuancierte Interpretation des Gesetzes mit Rücksicht auf sich ändernde soziale und geschichtliche Umstände, ohne daß dies zu kodifizierten Gesetzesreformen führte.

Eine grundlegend andere Situation entwickelte sich einige Jahrhunderte später. Damals spaltete sich das jüdische Volk infolge gegensätzlicher historischer Faktoren in eine immer stärker wachsende Anzahl von in weitem Maße voneinander unabhängigen Zentren, die sich dann unterschiedlich entwickelten. Diese sozial-historische Differenzierung fand ihren Ausdruck in unterschiedlichen Interpretationen von diversen Aspekten des Gesetzes, in der Anerkennung des Gesetzes als das das jüdische Leben bestimmende Prinzip, ja in der Einstellung zum Gesetz an sich. In mancher Hinsicht erweist sich in dieser Entwicklung im Lebensraum des jüdischen Volkes und im jüdischen Glauben eine gewisse Parallelität mit Prozessen, die sich im Christentum entfalteten. Die Parallelität zeigt sich zuerst in der Kristallisierung einer östlichen vis-à-vis einer westlichen Kirche und danach in weiteren Diversifikationen, die auf geographischen, sprachlichen, sozialen und anderen Umständen beruhen und natürlich auch in unterschiedlichen Riten und Einstellungen zum Gesetz in Erscheinung treten.

Die Juden, die heute in Israel leben, in dem Land, in dem ein neuer, zum großen Teil aber noch nicht völlig geglückter Versuch gemacht wird, wieder ein geeintes Judentum zu schaffen, erleben die Problematik des jüdischen Gesetzes, die aus der Zerstreuung des jüdischen Volkes erwachsen ist: Wie wendet man dieses Gesetz, das sich Hunderte von Jahren nicht autoritativ weiterentwickelt hat, auf eine moderne Gesellschaft an, deren Existenz von anderen Bedingungen bestimmt ist als die des mittelalterlichen Juden oder des Juden der Römerzeit? Welche der Traditionen, durch die das Gesetz im Laufe der Zeiten interpretiert wurde, ist heute ausschlaggebend: (1) die orientalische, die sich im Judentum der arabischen Länder entwickelte, im Einflußbereich des Islam, (2) die westliche, die sich vor allem in Mittel- und Osteuropa kristallisierte, im Ausstrahlungsbereich des Christentums, oder (3) die Tradition der spanischen Juden – die sephardische –, die meistens mit der orientalischen identifiziert wird, aber doch in manchem von ihr unterschieden ist? Da im Staate Israel eine selbständige jüdische Gesellschaft von neuem ihren Weg zum jüdischen Gesetz finden muß, wiegt das Problem dort viel schwerer als in der Diasporajudenheit, deren Lebensstil und Gesellschaftsstrukturen nicht so radikalen Umstürzen unterworfen waren.

Das jüdische Gesetz hat seine Entwicklung in den letzten zwei Jahrtausenden, soweit es sich weiterentwickelt hat, unter den Bedingungen einer sich nicht selbsttragenden Diasporagemeinschaft erfahren und hat in diesem Prozeß in sich eine Orientierung auf Gesellschaftsverhältnisse gefördert, die wenig mit denen eines souveränen Staates gemeinsam haben. Auf der Suche nach einer vergleichbaren Situation, in der das jüdische Gesetz einst wirksam war, muß man notgedrungen über die letzten zweitausend Jahre hinaus zurückgreifen, also den Blick auf die biblische Periode richten. Das grundlegende biblische Gesetz gewinnt damit erneut an Aktualität, vor allem die Auffassung des Gesetzes, die sich in der biblischen Literatur der nachexilischen und der spätbiblischen Periode darbietet. Man wird damit in eine Zeitspanne zurückversetzt, die den Hintergrund für die interne Diversifikation des Judentums bildet, die schließlich in der Trennung von Judentum und Christentum ihren wesentlichen Ausdruck fand.

Hiermit kommen wir wieder zu der Frage, der unser Gespräch gewidmet ist, zu den verschiedenen Auffassungen von »Gesetz« in den Traditionen des Judentums und des Christentums. Es wurde schon darauf hingewiesen, daß man in der Betrachtung dieser Frage allgemein auf eine meines Erachtens überspitzte Aufteilung in zwei sich gegenüberstehende und einander ausschließende Einstellungen stößt. Es wird dem Judentum untergeschoben, daß es nach der Rückkehr aus dem babylonischen Exil, also seit dem Ende des sechsten oder der Mitte des fünften Jahrhunderts vor der Zeitrechnung, ein religiöses Selbstverständnis entwickelt habe, das unter dem Schlagwort »Gesetzesreligion« stehe. Implizit und auch explizit wird damit eine Polarität dem Christentum gegenüber aufgewiesen, für das ein gesetzesfreier oder vom Gesetz befreiter »Gnadenglaube« in Anspruch genommen wird. So dargestellt, wird die Dichotomie zwischen Judentum und Christentum, die sich nach der Zerstörung des Zweiten Tempels und durch die Entwicklung der Kirche in und nach der paulinischen Zeit noch mehr erhärtete, zu einem unüberbrückbaren Graben. Doch wissen wir heute, daß eine solch krasse Polarisierung historisch und konzeptionell nicht zu rechtfertigen ist. Es läßt sich leicht verstehen, daß sie gern in Disputationen angewandt wurde und noch wird, manchmal auch in Diskussionen, in denen es nicht um ein Verständnis der Frage geht, sondern um ein dogmatisches Übertrumpfen des anderen. Lebendige Gemeinschaften lassen sich nicht in exklusive dogmatische Prinzipien einfangen. Jeder Versuch, das nachexilische Judentum auf nur »Ritual-Gesetz« zu reduzieren und für das Christentum das ausschließliche Erbe des moralischen Prophetenglaubens in Anspruch zu nehmen, der durch das Martyrium Jesu endgültig vom »Gesetz« befreit wurde, schneidet existentielle historische Prozesse, die diese beiden aus der Welt der Hebräischen Bibel fließenden Hauptströmungen in ihrer Entwicklung bestimmten, auf Schablonen und Klischees zu. Gemeinschaftsleben ohne »Gesetz«, also ohne Normen, ist undenkbar. Dies wußten auch die frühen Christen. Vor ihnen wußten es die biblischen Propheten, die das »Gesetz« als selbstverständlich voraussetzen und auf dieses Fundament ihre Forderung nach einer »moralischen Glaubenshaltung« gründen, durch die das objektive Gesetz verinnerlicht wird und so den Wert einer persönlichen Verpflichtung gewinnt. Die polarisierende Gegenüberstellung eines »gesetzesfreien Prophetenglaubens«, der sich angeblich im Christentum fortpflanzte, und einer »ritualistischen Gesetzesreligion«, die in der Ideologie des nachexilischen Judentums wurzelt und im rabbinischen Judentum zu voller Blüte gelangte, ist entweder als naiv oder als polemisch und daher als unverfechtbar zu charakterisieren.

III

Wir können uns jetzt der Klärung einiger Begriffe zuwenden, die von entscheidender Bedeutung für unser Gespräch sind. Ich habe mein Referat unter dem Titel »Tora und Tanach« angekündigt, nicht unter »Gesetz im Alten Testament«. Wie allgemein bekannt ist, gilt für Juden nur die Hebräische Bibel, bestehend aus *Tora*, *Nebiim* (Prophetenbücher) und *Ketu-*

bim (Paralipomena), abgekürzt *TaNaK* (= Tanach) als Heilige Schrift. Das Judentum, das kein Neues Testament besitzt, kann logischerweise auch kein Altes Testament haben. Wichtiger ist der Begriff *Tora*, den ich anstelle von *Gesetz*, englisch *law*, französisch *loi* gebrauche, die sämtlich die griechische Vokabel *nomos* wiedergeben. Sie alle sind einschränkende Übersetzungen des hebräischen Wortes *tora*. Diese Fehlleistung wurde vielleicht schon von den hellenistischen Übersetzern der hebräischen Bibel begangen oder muß aus der Zeit stammen, in der die frühe Kirche absichtlich unterschiedliche Merkmale zwischen Christentum und rabbinischem Judentum so deutlich wie möglich hervorheben wollte. *Nomos* bzw. *Gesetz/law/loi* wurden und werden als Begriffe aufgefaßt, die auf rein formelle Anordnungen sozialer und vor allem ritualer Natur hinweisen, denen das Leben des einzelnen und der Gemeinde oder der Gemeinschaft unterliegen. Sie lassen sich verhältnismäßig leicht *nur* auf das Formelle, fast Mechanische in Lebensformen beziehen. Ob beabsichtigt oder nicht, und meistens doch gewollt, erwecken diese Begriffe den Eindruck, daß sie eine Religion charakterisieren, der es an *Geist* fehlt und an *Liebe*, an *Ethos* und *Barmherzigkeit*, eine Religion, die sich ausschließlich mit einem sturen Ritualismus begnügt. Diese verfehlte Übersetzungsinterpretation hatte verhängnisvolle Folgen, da sie zum Schlagwort der Unterscheidung wurde zwischen dem Juden und dem Christen, hier ein homo *non* religiosus, dort ein, nein *der* homo religiosus. Ein besseres Verständnis des Grundbegriffes *Tora* und weniger polemisierende Übersetzungen hätten viel Blutvergießen in Disputationen und Dialogen nicht nur in abstractu, sondern auch realiter in der Geschichte des Judentums verhütet.

Im Selbstverständnis des Judentums drückt *Tora* eine umfassende Lebenswirklichkeit aus. *Tora* zielt auf die Gestaltung dieser allumfassenden Lebenswirklichkeit hin. *Tora* ist Weisung, Lehre und Belehrung und bezieht sich auf das gesamte Spektrum menschlichen Lebens; aus der Sicht des einzelnen wie aus der Sicht der Gemeinschaft. In *Tora* ist auch *Gesetz* einbegriffen, wie ich schon betonte, unumgänglich benötigt zur Regelung des menschlichen Lebens. Aber die *Tora* umfaßt weitere Gebiete. In Gestalt des Pentateuchs ist sie eine Darstellung der Geschichte Israels, von der Weltschöpfung bis zu der Eroberung des verheißenen Landes, in die auch »Gesetze« eingeschlossen sind, weil sie der biblischen Auffassung nach grundlegend geschichtsgebunden sind. Was in den ersten vier dieser fünf Bücher an Geschichte und Geistesgeschichte in bezug auf Israel und Israels Beziehungen zu den Völkern dargelegt ist, wird im fünften Buch noch einmal gedrängt umrissen. Dementsprechend wird dem fünften Buch Mose der hebräische Beiname *mischneh tora* gegeen. Es wird als eine Rekapitulation der *Tora* in allen ihren Aspekten angesehen und nicht, wie in dem griechischen Namen »Deuteronomium« impliziert, als eine Rekapitulation von nur *Gesetz*. Zweifellos bestehen Varianten zwischen den beiden literarischen Komplexen, die in der modernen Bibelforschung besonders betont werden und die, zumindest teilweise, auf zeitliche Unterschiede in ihrer Redaktion oder auf Diskrepanzen in der Ideenwelt der Redaktoren zurückzuführen sind. Für unsere Zwecke können sie aber außer Betracht bleiben, da für uns die beiden Komplexen unterliegende Grundkonzeption von »Weisung« ausschlaggebend ist. In Parenthese möchte ich hinzufügen, daß ähnlicherweise das Buch der Chronik als *Deutero-biblia* bezeichnet werden könnte, im Hebräischen als *mischneh mikra* (Tanach). Es ist nämlich als ein Versuch anzusehen, die gesamte Geschichtserfahrung Israels, von der Weltschöpfung, also von Adam her, mit dessen Erwähnung die Chronik beginnt (1Chr 1,1), bis zur erneuten Landnahme nach dem babylonischen Exil, auf die sich das letzte Wort *weya'al* – »er ziehe hinauf« bezieht (2Chr 36,23), nochmals zu umreißen. Wiederum finden wir in dieser Rekapitulation »Gesetze« und »Anordnungen«, zum Teil in neuen Formulierungen, wie es auf Grund der oben dargestellten jüdischen Auffassung nicht anders zu erwarten ist.

Das jüdische Selbstverständnis erschöpft sich also nicht in *Nomos* bzw. *Gesetz*, sondern in der von Israel erfahrenen Begegnung von Volk und Gott im Ablauf der Geschichte, die unter dem Zeichen des gottgegebenen Gesetzes steht. Dieses Gesetz hat seinen hervorragenden Haftpunkt, wie das Volk selbst, im Lande Israel und seinen sozialen, politischen und landwirtschaftlichen Eigentümlichkeiten, um nur einige der wichtigsten Aspekte zu nennen. Das Land Israel ist der ideale Ort, an dem die Ausführung des Gesetzes in einer konstituierten Volksgemeinschaft aufs Vollkommenste erreicht werden kann, auf dem Boden, auf dem der Glaube Israels fundiert.

Ich möchte die bisherigen Darlegungen noch einmal kurz zusammenfassen, und zwar durch die Betrachtung einer These von Martin Buber, der »Offenbarung« und Offenbarungserfahrung den Vorrang vor »Gesetz« gab. Er konstatiert: »Die Thora umfaßt Gesetze, aber die Thora ist wesentlich kein Gesetz« (Zwei Glaubensweisen, in: ders., Werke, Bd. I: Schriften zur Philosophie, Heidelberg 1962, 56). Dem ersten Teil dieser Aussage kann man ohne Vorbehalt zustimmen, der zweite dagegen drückt eine anomistische Interpretation des Judentums aus, die bezeichnend für Buber ist, aber nicht für die traditionelle Selbstauffassung des Judentums. Dieser kommt der Buberschüler Nachum Glatzer entschieden näher, wenn er der Buberschen These die seine gegenüberstellt: »Thora ist mehr als Gesetz, aber im Gesetz ist Thora« (*N.N. Glatzer*, Buber als Interpret der Bibel, in: *P.A. Schilpp – M. Friedman*, Martin Buber, Stuttgart 1963, 361).

IV

Die Behauptung, daß *Tora* mehr als *Gesetz* ist und daß in der biblischen Sicht *Gesetz* nicht als ein in sich selbst geschlossenes Ganzes von nur ritualen Regelungen und Vorschriften aufgefaßt wurde, sondern als ein Netzwerk von Richtlinien, das das Leben des Juden insgesamt durchzieht, inklusiv dessen, was wir als »geistiges Leben« bezeichnen würden, läßt sich durch eine quantitative Untersuchung des Pentateuchs, der *Tora* par excellence, und eigentlich des gesamten *Tanach* erhärten. Die Gesetzespartien, im technischen Sinne des Wortes, stellen einen nur verhältnismäßig kleinen Teil der *Tora* und des *Tanach* dar. Des weiteren muß betont werden, daß diese Gesetzesstücke nicht als separate Kodexe in Erscheinung treten, sondern als in die Darstellung der Geschichte Israels und der Welt integrierte Texteinheiten. Die Geschichts- und Lebensbezogenheit von *Tora/ Gesetz* in allen Situationen und Umständen wird dadurch handgreiflich gemacht. Es scheint, daß die Autoren oder der »Redaktor« des Pentateuch und gleicherweise die Autoren oder Redaktoren der biblischen Bücher und der gesamten Büchersammlung des *Tanach* absichtlich keine Grenze zwischen Geschichts- und Gesetzesliteratur gezogen haben. Natürlich ist die Verteilung der Gesetzeskomplexe auf die verschiedenen Bücher des *Tanach* oder die verschiedenen Komponenten des Pentateuch nicht einheitlich. In Büchern, die man zur Weisheits- oder zur liturgischen Psalmenliteratur rechnet, finden sich *Gesetze* überhaupt nicht. Auch in den prophetischen Büchern treten sie nur in der Form von Anspielungen oder Hinweisen auf gesetzliche Richtlinien auf, von denen der einzelne und das Volk sich in der Praxis des Lebens entfernt und es dadurch »entheiligt« oder, wie wir heute sagen würden, »säkularisiert« haben. Anderseits ist die Gesetzesliteratur besonders stark im Pentateuch vorhanden. Zum Teil handelt es sich hier um Anordnungen, die eindeutig die Gesellschafts- und Wirtschaftsstruktur einer seßhaften Land- oder Stadtbevölkerung widerspiegeln. Diese sind sicher nicht in der Epoche vor der Landnahme, von der der Pentateuch berichtet, konzipiert worden. Aber hier kommt ein weiteres Prinzip ins Spiel, nach dem Mose als der vorbildliche und eigentlich einzige Gesetzgeber Israels in der biblischen Epoche angesehen wird. Aus diesem Grunde mußte die gesamte Gesetzgebungstätigkeit sozusagen in die mosaische Zeit zurückverlegt werden und in ihr ihre geschichtlichen Haftpunkte finden.

Auch im Pentateuch sind Gesetzespartien von ungleichem Umfang auf die einzelnen Bücher verteilt. Die Genesis enthält nur sehr wenige Gesetze, vor allem solche, die als verpflichtend für die Menschen allgemein angesehen werden – die sieben Gesetze der Noachiden – und eigentlich vorisraelitisch sind. Aber doch wird hier für das jüdische Volk die grundlegende Vorschrift der Beschneidung angeführt (Gen 17,9–14), und zwar wiederum in einer direkten Verbindung mit einer »geschichtlichen« Situation, der Beschneidung Ismaels und aller männlichen Mitglieder des Haushaltes Abrahams und natürlich auch des Isaak (Gen 21,4). Auf dieses Gesetz wird später noch einmal hingewiesen in der Episode, in der eine gesellschaftliche Verbindung der Sichemiten mit den Israeliten von deren Beschneidung abhängig gemacht wird (Gen 34). Von größerem Umfang sind die Gesetzessammlungen im Buche Exodus, die detaillierte Vorschriften enthalten, durch die diverse Aspekte des menschlichen Lebens geregelt werden. Sie betreffen das Familienleben genauso wie das Verhältnis des einzelnen zu seiner Gesellschaft. Sie sprechen von Verhaltensbestimmungen, die sich auf Kleidung und Speisen, auf Geburt und Tod, auf Festtage und den Alltag beziehen. Dabei handelt es sich nicht nur um technische Statuten, sondern im Rahmen des *Gesetzes* eingeschlossen sind Anweisungen, die Gerechtigkeit zum Gebot machen, Liebe für den Nächsten und für Gott und ethisches Verhalten selbst Feinden gegenüber. Zum Teil sind es auch Ritualgesetze, denen wir da begegnen: Statuten, die den Opferdienst betreffen sowie Abgaben an die Priester und das Heiligtum, im einzelnen ausgeführte Reinheitsgesetze in bezug auf Menschen und ihre Kleidung, Geräte und Behausung. Diese Gesetze sind wiederum durch eine erzählende Einleitung (Ex 1–20) in einen Geschichtsrahmen eingebaut, der sie als in der Periode der Wüstenwanderungen verankert darstellt. Ganz ähnlich ist das fünfte Buch Mose, das Deuteronomium, aufgebaut. Es ist, wie schon gesagt, eine Rekapitulation der in den voranstehenden vier Büchern enthaltener Stoffe. Die Geschichtsgebundenheit und das existentielle Ethos werden hier im gleichen Maße wie im Buche Exodus betont.

Vor diesem Hintergrund müssen auch die Heiligkeitsgesetze betrachtet werden, die das Gros des vierten Buches, Numeri, ausmachen, und der Priesterkodex, mit dem das dritte Buch, Leviticus, identisch ist. Es sind vor allem die in diesen beiden Büchern enthaltenen Gebote, derentwegen der jüdische Glaube zu einer *Ritualreligion* gestempelt und fast verpönt wurde, einer Religion, die sich von dem als Höchstleistung dargestellten ethischen, von Gottesliebe und Gotteserkenntnis durchzogenen, Glauben des Christentums negativ abhebt. In dieser Charakterisierung des Judentums und seines Glaubens wird das *Gesetz* und vor allem das *Ritualgesetz* wohl nicht nur zufällig von seinem Sitz im Leben und in der Geschichte völlig abstrahiert. Diese Isolierung des *Rituals* und die es regelnden Gesetze von all den anderen Aspekten einer Lebenspraxis, die auf einem Glaubensethos fußen soll, ist entschieden unjüdisch. *Ritual* und *Ritualgesetze* werden nicht als Zweck in sich aufgefaßt, sondern als Mittel, ein Leben zu formen, in dem der Mensch seinem Blick auf Gott in der tagtäglichen Praxis faßbar Ausdruck gibt. Der so geregelte Dienst an Gott wird als Gerüst der *Weisung* angesehen, die *Tora* ist, durch die der Mensch auf allen seinen Wegen geleitet werden soll. Ritus und Ritual sind als Brücken gedacht, die zu einer tiefen Begegnung zwischen Mensch und Gott führen können und sollen. Eine jede rituelle Handlung hat einen religiösen Wert in sich und wird durch eine mit ihr verbundene Benediktion so gekennzeichnet. Gleichzeitig wirken die Rituale als ein fester Rahmen, der dem Menschen hilft, sich seiner Abhängigkeit von Gott stündlich und tagtäglich bewußt zu werden.

Auch die Ritualgesetze haben ihren ideellen ersten Haftpunkt in historischen Situationen. Sie ankern in völkischen Geschichtserfahrungen und im Bestreben, bestimmte einmalige Begebnisse zur Grundlage einer immer von neuem erfahrenen Identifizierung mit der Geschichte Israels zu machen und dadurch eine wiederbelebte Beziehung zu dem in der Geschichte wirkenden Gott Israels zu erreichen. Ein typisches Beispiel dieser ideologischen Geschichtsverankerung eines Gesetzes läßt sich an Hand der Episode des Mannes, der am Sabbat Holz sammelte und für dieses Vergehen von Mose zum Tod verurteilt wurde, anführen (Num 15,32–36). Die Historizität dieses Vorfalls wird mit Recht bezweifelt. Aber uns beschäftigt hier nicht die Frage seiner Faktizität, sondern der Umstand, daß mit Hilfe dieser »Novelle« das Gebot der Sabbatruhe soziologisch-historisch begründet wird (vgl. Dtn 5,12–15) und nicht kosmologisch oder theologisch, wie das im Buche der Genesis der Fall ist, wo es vom Wirken des Weltschöpfers abgeleitet wird, der am siebenten Tage von seinem Werke ruhte (Gen 2,1–3, vgl. Ex 20,8–11, 31,12–17).

Tora ist glaubensrichtend für den einzelnen und die Gemeinschaft und zugleich existentiell-regulativ. Ein auf *Tora* gründender Lebensstil schützt vor religiösem und gesellschaftlichem Anarchismus. *Tora* ist offenbarte göttliche Antwort auf des Menschen Ruf, nicht Ausdruck eines erstarrten Legalismus. Sie ist das Zeugnis von Gottes Bündnis mit Israel. Insofern umschreibt *Tora/Gesetz* das Partikuläre in der jüdischen Selbstauffassung, da hiermit die Aufgabe Israels umrissen wird, ein heiliges Volk zu sein, abgesondert und unterschieden von anderen Völkern. Der wahre Sinn von *Tora/Gesetz* liegt in dem Bestreben, durch sie dem Leben des einzelnen, des Volkes und der Welt Form und Ordnung zu verleihen. Aus dieser biblischen Auffassung entwickelt sich die rabbinische Lehre von *Gesetz* als *Halacha*, d. h. als ein System von wegweisenden Anordnungen, die den Lebensstil des Juden prägen und den Lebensstil der jüdischen Gemeinschaft. Das System geht weit über das hinaus, was in der Bibel klar niedergelegt wurde. Und doch wurzelt es in der Bibel. Die Verzweigung erfolgt auf Grund einer Interpretation, deren Beginn wir schon in den nachexilischen biblischen Büchern finden, wie z. B. bei Esra und Nehemia, die aber erst in der nachbiblischen Epoche vollkommener entwickelt wurde. Vor allem wurde die Interpretation darauf angewandt, die biblische *Tora* der sehr verschiedenen Gesellschaftsstruktur des rabbinischen Judentums anzupassen. Es ging darum, den neuen Gesellschaftsformen, die an die Stelle der biblisch-staatlichen traten, eine gesetzliche Basis zu verleihen. *Tora* war das Fundament der religiös-soziologischen Institutionen, die dem Judentum als Volk und als Glaubensgemeinschaft die Kraft verliehen, seine Eigentümlichkeiten zu bewahren. Dieser zentrale Aspekt des jüdischen Selbstverständnisses wurde besonders treffend von Moses Hess in dem Schlagwort umrissen: Israel dient Gott in seinen Institutionen. Es muß betont werden, daß damit die persönliche Verbundenheit des Menschen mit Gott durchaus nicht beeinträchtigt wird. Das Leben auf Grund der *Tora* und der in ihr enthaltenen Gesetze ist der faßbare Ausdruck des »Hörigseins« dem Gesetzgeber gegenüber. In diesem »Hörigsein«, im Wandeln in den Verpflichtungen, die dem jüdischen Menschen und seiner Gemeinschaft auferlegt sind, drückt sich der Bund Gottes mit seinem Volk aus als Antwort auf die Forderung, daß Israel eine »heilige Nation« sein soll.

Diese Auffassung ist in dem Spruch zusammengefaßt: »Ihr sollt mir von allen Völkern auserwählt sein (ein Kleinod sein)« (Ex 19,5), der sofort anschließend nochmals in den Worten *we'atem tihju li mamlechet kohanim* (V. 6) aufgenommen wird. Dieser letzte Vers sollte nicht durch »Ihr sollt mir ein Königreich von Priestern und ein heiliges Volk« wiedergegeben werden, wie man es allgemein tut. Der Bezug auf ein »Königreich von Priestern« bestärkt den Betrachter in der weitverbreiteten Ansicht, daß hier der »ritualgesetzliche« Charakter des Judentums als Ideal beschrieben wird. »Priester« wie »Rabbinen«, »Pharisäer« und «Schreiber« bewirken eine ablehnende Einstellung, da sie sofort Begriffe wie »Tüftelei«, »Haarspalterei« und dergleichen heraufbeschwören. Es kann aber gar kein Zweifel daran bestehen, daß jene Übersetzung und die mit ihr verbundenen antagonistischen Definitionen des Judentums dieses in einem völlig verfälschten Licht darstellen. Das Judentum hat niemals Priester oder den Priesterstand als ein Ideal betrachtet, dem anzugleichen man sich bemühen sollte. Im biblischen Israel erfüllte das durch sein »Amtscharisma« ausgezeichnete Priestertum eine klar umrissene Funktion im Tempeldienst und in gewissen anderen kultisch-religiösen Gebieten, wie z.B. in Fragen von Hygiene und im Heilen von Krankheiten. Aber die Hauptfiguren in der biblischen Gesellschaft sind König und Prophet, die sich durch ein »persönliches Charisma« auszeichnen, obgleich es in der davidischen Dynastie dann doch als vererbbar angesehen wird. Ein Mann wie David konnte als Idealtypus dargestellt werden (1Sam 16,18), der inspirierte Prophet als ein Mensch, der aufs vorzüglichste den wahren Jahweglauben verkörperte. Die angestrebte Gesellschaftsstruktur, auf die der oben erwähnte Vers Ex 19,6 hinzielt, ist die eines »geheiligten Königreiches«, das auf *Tora/Gesetz* fundiert.

Es ist diese, auf *Tora/Gesetz* gründende Heiligkeit, die im täglichen Morgengebet gepriesen und gelobt wird. Auf sie bezieht sich die Benediktion »Gelobt seist Du, Herr, unser Gott, König der Welt, der uns mit seinen Geboten geheiligt hat und uns die Worte (zu verstehen als: Lehren) der Tora befohlen hat«. Die Tora gewährt ewiges Leben, sie ist also nicht nur Ritualgesetz. Das Einhalten der in ihr festgelegten Gebote und Regeln wird als Vorbedingung für ein geistiges Leben und für die Zukunftshoffnungen des einzelnen und der Gemeinschaft angesehen. Diese Auffassung findet einen deutlichen Ausdruck in dem Segensspruch, mit dem das dazu bestimmte Gemeindemitglied die Lesung eines Toraabschnittes im synagogalen Gottesdienst abschließt: »Gelobt seist Du, Herr, unser Gott, König der Welt, der uns die wahre Tora gegeben und dadurch ewiges Leben in uns gepflanzt hat.« Der Bund Gottes mit seinem Volk besteht in dem Gesetz, das das tagtägliche Leben des Menschen und der Gemeinschaft regelt und durch diese Regelung die Verbindung mit Gott sichert, die wiederum ein ewiges Leben in Aussicht stellt.

Hier überschneiden sich in dem jüdischen Verständnis des *Gesetzes* zwei anscheinend paradoxe, aber in Wirklichkeit komplementäre Auffassungen. Ich wies schon auf die Geschichtsgebundenheit hin, die das Gesetz und die Gesetze charakterisiert. Die *Tora* wurde demnach in einer ganz bestimmten historischen Situation offenbart. Aber diese Situation, die vor allem in den Historien des zweiten und fünften Buches Mose dargestellt wird, ist in den weiteren Rahmen des Pentateuch eingebaut, der die Geschichte Israels von der Weltschöpfung bis zur Landnahme darstellt. Damit wird *Tora/Gesetz* eine Dimension verliehen, die über das Historische hinausreicht. Sie erlangt einen kosmisch-universalen Wert. So wird die Konzeption des Gesetzes zu einem Bestandteil der Schöpfung, obwohl seine Offenbarung erst in den Tagen Mose erfolgte. Ebenso wie die Schöpfungszeit und die Ära der Väter wird auch die Zeit Moses als eine über die beschränkt-geschichtliche hinausragende konstitutive Periode betrachtet. Alle in ihr wurzelnden Erfahrungen und die mit ihnen verbundenen oder aus ihnen erwachsenen Regelungen, d. h. Gesetze, sind nicht zeitgegeben und zeitbeschränkt, sondern werden als »ursprünglich« angesehen und als »ewig« während. Alles Spätere ist Interpretation.

Es kann kein Zweifel daran bestehen, daß ein großer Teil der Gesetze, die im Pentateuch enthalten sind, nicht aus der Wüstenzeit stammen und nicht auf Mose zurückgeführt werden können. Viele spiegeln die konkreten Bedingungen eines landsässigen Bauernvolkes und einer gesellschaftlichen Struktur wider, die sich erst in den auf die Landnahme folgenden Jahrhunderten entwickeln konnten. Aber uns geht es hier nicht um die historische Exaktheit der Traditionen, sondern um den Sinn, der in der Verankerung der Gesetzgebung in der Frühzeit der israelitischen Geschichte gegeben ist. Jene Epoche wurde als vorbildlich für alle Ewigkeit angesehen. Was sich in ihr abspielte, wurde als verpflichtend auch für spätere Generationen angesehen. Jene konstitutive Zeit kulminierte in Mose, dem einzigen Menschen, der eine unvermittelte Beziehung zu Gott besaß, ihn »Antlitz zu Antlitz« erblickte (Ex 33,11; Dtn 34,10), der bildlich-eindeutig und nicht in Visionen sah und mit dem Herrn in direkter Zwiesprache stand (Num 12,7f). Das durch Moses verkündete Gesetz soll es dem Volk ermöglichen, den Bund mit Gott zu jeder Zeit zu aktualisieren.

Diese Aktualisierung des Bundes tut sich im Lebenszyklus des Menschen kund, nicht nur in Höchstleistungen des Glaubens, sondern ununterbrochen im Ablauf seiner täglichen Tätigkeiten. Daher bezieht sich ein Großteil der Gesetze, die in der rabbinischen Halacha weiterentwickelt und konkretisiert wurden, auf praktische Dinge, die den Lebensrhythmus beeinflussen, viel mehr als auf Rituale im beschränkten Sinn des Wortes. Die Vorschriften der *Tora* regeln Verhalten und Arbeit, Wochen- und Feiertage. Sie betreffen Landwirtschaft und Handel, Gerichtsverfahren und Hygiene. Im Grunde ist die *Tora* ein Sozialgesetz, das die Beziehung von Mensch zu Mensch bestimmt wie auch von Mensch zu Gott und zugleich das Leben in der Gemeinschaft ordnet. Es will, wie z. B. durch die Vorschriften des Sabbat- und des Jobeljahres, protzenden Reichtum und bittere Armut verhindern, ohne aber in eine utopistische Ideologie auszuschweifen, die in dieser Welt nicht realisierbar ist. Daher zielt das Gesetz nicht auf eine ideale Gesellschaftskonstitution, sondern bleibt immer wirklichkeitsgebunden: Es versucht nicht, Armut und Reichtum, Sklaverei und Herrentum grundsätzlich zu unterbinden, sondern sie in annehmbaren Grenzen zu halten. Die prinzipielle Bejahung eines realen und daher von vornherein nicht idealen Gemeinschaftslebens in einer erfahrenen und erfahrbaren Geschichte, die das *Gesetz* auszeichnet, findet sich auch in anderen biblischen Gattungen, vor allem in der prophetischen Literatur. Die Propheten erkennen die Notwendigkeit einer geordneten Gesellschaftsstruktur vorbehaltlos an. Ihre Kritik wendet sich gegen Gesetzlosigkeit und Anarchie im kultischen wie im politischen und sozialen Leben. Der Prophet Jesaja interpretiert Anarchie und politische Wirren als Strafe für Rechtsbruch und Missetaten, durch die das Volk dem gottgegebenen Gesetz untreu geworden war (Jes 3).

Die Propheten wollten Israel als »heiligen Samen« sehen (Jes 6,13; vgl. Esr 9,2), aus dem jene »heilige Nation« ersprießen kann, von der die Sinaiperikope spricht (Ex 19,5f). In der nachbiblischen Zeit, in der Israel nicht mehr staatlich-politisch umschrieben werden konnte, entwickelte sich der Parallel- oder Ersatzbegriff *kehillah kedoschah* = »heilige Gemeinde«, eine Gemeinde, die durch die göttliche *Tora* geheiligt ist.

Die *kehillah kedoschah*, die »heilige Gemeinde«, fußt auf denselben Prinzipien wie die biblische »heilige Nation«. Auch für sie gilt als Richtlinie der Ausspruch, mit dem Israel am Sinai das Gesetz entgegennahm – *naʿaseh wenischmaʿ* (Ex 24,7), was etwas frei übersetzt lauten würde: »Wir werden (folgsam) tun, was wir hören.« Dieser Vers wurde von den Rabbinen so interpretiert, daß er auf die Bereitschaft hinweist, das Gesetz ohne Vorbehalt, intuitiv und in voller Hingegebenheit anzunehmen. Es ist, als ob dem »Tun«, also der Praxis, Vorrang gegeben wird gegenüber dem »Wort«, also der Theorie. Auf der Praxis beruht Gemeinschaft. Nicht immer kann die Praxis aus Reflexion fließen. Oft trägt Reflexion dazu bei, daß es zur Tat nicht kommt. Der Mensch, der in einer konstituierten Gemeinschaft lebt, muß tun, aktiv sein und sich einer bindenden und verbindenden Praxis unterwerfen, ohne in jedem Fall sein Verhalten begründen zu können oder zu wollen, ohne nach einer Ratio zu suchen und ohne auf eine göttliche Anrede zu warten, die ihm das »Tun« erneut und persönlich anbefiehlt. Gesetz schließt Ausübungszwang ein und Reglement, dessen Verbindlichkeit nicht von »Verstehen« und Ad-hoc-Annahme abhängig gemacht werden kann. Die Möglichkeit einer Verinnerung bleibt immer offen und wird immer erhofft. Aber sie kann nur aus einer praktizierenden Hörigkeit erwachsen, dem *naʿaseh wenischmaʿ* der Bibel.

Zusammenfassend möchte ich sagen: *Tora* und *Gesetz*, wie es die hebräische Bibel und das Judentum verstehen, sind die allumschließenden Klammern, die den Zusammenhang von Gott und Mensch, von Mensch und Mensch, von Peripherie und Mitte der Gemeinschaft gewährleisten. Gott hörig sein heißt, seinen Anordnungen zu folgen, die im Leben der Gemeinschaft ihren faßbaren Ausdruck finden. »Gott suchen« wird von dem Propheten Amos gleichgesetzt mit »suchen des Guten und des Rechten«, das die Gesellschaftsordnung bestimmen muß. Beides führt zu »Leben«: *dirschuni wichju* (»suchet mich – so werdet ihr leben« [Am 5,4]) und *dirschu tovwichju* (»sucht das Rechte – so werdet ihr leben« [V. 14]). So interpretiert Israel seinen »Nomismus«.

Lassen Sie mich zum Schluß nochmals auf die Verinnerung und die Verinnerungsmöglichkeit des Gesetzes hinweisen, das in den Verruf der »reinen Äußerlichkeit« gekommen ist. Ich möchte dies an Hand eines Wortes tun, das einem chassidischen Meister zugeschrieben wird, dessen Name mir unbekannt ist. Es bezieht sich auf eine fundamentale biblische Perikope, das *schema'*, die später daraufhin interpretiert wurde, sich tagtäglich durch das Auflegen der Phylakterien an die immerwährende Relevanz des Gesetzes zu erinnern. Der Rabbi fragte: »Warum befiehlt die Tora: ›Diese Worte, die ich dir heute gebiete, sollen *auf* deinem Herzen sein‹ (Dtn 6,6)? Wäre es nicht passender zu sagen: ›*in* deinem Herzen‹?« Und er antwortete: »Der Mensch kann sich dem Gesetz unterwerfen und es beobachten. Aber er kann es nur *auf* sein Herz legen. Mit Gottes Güte wird es dann auch *in* sein Herz eindringen und sein Sein durchdringen.« So kann und soll das Gesetz den Weg für den Glauben bereiten und zu Glauben führen.

3
Die Wertung von ›Leben‹ in der Hebräischen Bibel

I

Einleitende Bemerkungen:
Jede Untersuchung des Stellenwertes eines Begriffes oder einer Konzeption im Rahmen der altisraelitischen Ideenwelt wird durch ein Charakteristikum erschwert, das dem Kanon der hebräischen biblischen Bücher eigen ist: Nirgendwo in dieser Literatur läßt sich eine systematische oder halbwegs systematische Darstellung finden, die einen synoptischen Überblick über den Stellenwert eines Begriffes oder einer Idee im biblischen Denken liefert. Ich möchte diese Aussage durch den Hinweis auf einige spezifische Fälle erhärten: In der biblischen Literatur läßt sich kein Ansatz zur Entwicklung einer Geschichtsphilosophie, einer Literaturtheorie oder auch einer umfassenden Theologie aufweisen. Es scheint, daß die biblische Denkweise Ideen nicht systematisch-theoretisch umreißt, sondern sie vielmehr durch die Akkumulation von Einzelgedanken, die in bestimmten Situationen vorgebracht werden, zum Ausdruck kommen läßt. Der Interpret, dessen Anliegen es ist, die gedanklichen Grundlagen, zum Beispiel der biblischen Gesellschafts- oder Staatsauffassung, zu eruieren, muß sich notgedrungen dieser Eigenart der biblischen Literatur anpassen. Er kann nur Einzelaussagen und Gedankenelemente sammeln, die sich aus Beschreibungen von Ereignissen herauskristallisieren lassen. Aus diesem zusammengetragenen Material kann dann der Versuch erwachsen, die oft unterschiedlichen und manchmal auch kontroversen Elemente in ein Mosaik einzuordnen, das einen Gesamteindruck von der zur Diskussion stehenden Idee vermittelt. Bei einem solchen akkumulierenden Vorgehen muß von vornherein in Betracht gezogen werden, daß das resultierende Bild immer lückenhaft bleiben wird, daß die definitive Anordnung der Einzelstücke einem Maß von Subjektivität unterliegt und daher niemals oder selten allgemeine Zustimmung finden wird[1].

All dies bezieht sich natürlich auch auf eine Untersuchung des Stellenwertes von »Leben« in der biblischen Literatur. Im Rahmen meiner Darlegungen ist es unmöglich, eine ausreichend detaillierte Untersuchung vorzulegen, wie sie Lorenz Dürr in seinem Buche »Die Wertung des Le-

---

[1] Vgl. S. *Talmon*, Königtum und Staatsidee im biblischen Israel, in: *ders.*, Gesellschaft und Literatur in der Hebräischen Bibel. Gesammelte Aufsätze, Bd. 1 (Information Judentum 8), Neukirchen-Vluyn 1988, S. 11–43.

bens im Alten Testament«[2] geliefert hat. Zusätzlich muß festgehalten werden, daß im Hinblick auf die vielfältige Schichtung der biblischen Literatur verschiedene Entwicklungsphasen oder auch kontemporäre, parallele und sogar gegensätzliche Auffassungen von »Leben« ans Licht treten können. Es wäre eigentlich verwunderlich, wenn dies nicht der Fall wäre. Schließlich und endlich ist ja die Bibel als eine Anthologie des frühen hebräischen Schrifttums anzusehen, die über eine Zeitspanne von ungefähr eintausend Jahren wuchs. In dieser Literatur sind die Ansichten von unterschiedlichen Denkerkreisen, die in verschiedenen Epochen im alten Israel aktiv waren, reflektiert. Daher darf ab initio angenommen werden, daß nicht alle in den biblischen Büchern enthaltenen Aussagen über »Leben« unter einen Generalnenner gebracht werden können. Es genügt, darauf hinzuweisen, daß bezüglich dieser Fragen – wie auch vieler anderer Aspekte des biblischen Denkens – die Gattung der Weisheitsliteratur voraussichtlich nicht den gleichen Tenor aufweisen wird wie andere literarische Genres, die man im biblischen Schrifttum zu identifizieren sucht. Wir müssen uns also damit begnügen, einige Hauptlinien zu skizzieren, die sich in dem Gros der Schriften, wenn auch verschieden akzentuiert, abzeichnen. Um den Nachweis zu liefern, daß es sich in der Tat um Hauptlinien handelt, sollen Textbelege aus einer Vielheit von Büchern und literarischen Schichten angeführt werden, also nicht nur aus den Propheten und den Psalmen, wie es in theologischen Betrachtungen oft Brauch ist, sondern auch aus Erzählungen, historischen Berichten, Gesetzes-Passagen und anderem.

Eine letzte Vorbemerkung: Meine Darlegungen werden nicht auf das zentrale Thema der Vollversammlung des Weltkirchenrates in Vancouver »Jesus Christus – das Leben der Welt« ausgerichtet sein. Es muß betont werden, daß diese Formulierung für einen Juden nicht akzeptabel ist, auch nicht im Rahmen eines christlich-jüdischen Gespräches. Die Hebräische Bibel ist ein in sich geschlossenes gedankliches Ganzes, das nicht nur als Ausblick auf das noch Kommende zu verstehen ist. Es ist auch nicht einfach rückblickend zu bewerten, etwa auf dem Hintergrund späterer geistiger Entwicklungen, die sich im Neuen Testament niedergeschlagen haben. Eine für einen Juden akzeptable Formulierung müßte lauten: »Gott – Leben der Welt«.

II

Nun zur Sache selbst. Schon eine flüchtige Einsicht in relevante Bibel-Passagen muß zu der Einsicht führen, daß die altisraelitische Einstellung zu »Leben« prinzipiell positiv war: »Leben« an sich ist ein Wert, eine Gottesgabe, die nicht vergeudet werden darf. Die Erhaltung von Leben

---

2 L. Dürr, Die Wertung des Lebens im Alten Testament und im Alten Orient, 1926.

hat den Stellenwert einer *mitzwah*, ja wird zum Range eines Gesetzes erhoben.

1. Die Grundidee ankert in der Schöpfungsgeschichte. Gott verlieh allen Geschöpfen »Leben«, schuf sie als *nefesch chajah* (Gen 1,20). Aber die Bibel unterscheidet klar zwischen dem Leben der Tiere und dem Leben des Menschen[3]. Man möchte vermuten, daß die differenzierte Darstellung der Schöpfertätigkeit Gottes in bezug auf die Tierwelt und auf den Menschen darauf zielt, einen Wertunterschied zwischen tierischem und menschlichem Leben zu konstatieren.

a) Die Tradition berichtet über die Schöpfung der tierischen Lebewesen in einer »neutralen Formulierung«: Wasser und Erde zeugen aus sich de facto »lebende Wesen«, deren Anspruch auf »Leben«, sozusagen nachträglich de jure, von Gott bestätigt wird:

»Dann sprach Gott: »Das Wasser [Meer] bringe hervor[4] wimmelnde Lebewesen, und Vögel sollen über dem Land am Himmelgewölbe dahinfliegen. Gott schuf die großen *taninim* (paganisch-mythologische Urtiere) und alle Arten von wimmelnden Lebewesen, die das Wasser hervorgebracht hatte, und alle Arten von gefiederten Vögeln ... Dann sprach Gott: Die Erde bringe alle Arten von lebendigen Wesen hervor, alle Arten von Vieh, Kriechtieren und Tieren des Feldes ... Gott macht alle Arten von Tieren des Feldes, alle Arten von Vieh und alle Arten von Kriechtieren auf dem Erdboden ...« (Gen 1,20–25; vgl. 8,17; Lev 11,29–46).

b) Im Unterschied dazu wirkt Gott direkt und allein als Schöpfer des Menschen. Im ersten Schöpfungsbericht: »Gott schuf den Menschen als sein Abbild; als Abbild Gottes schuf er ihn – als Mann und Weib [oder: männlich und weiblich] schuf er sie« (Gen 1,27). Noch eindeutiger und plastischer wird der Mensch als das direkte Produkt von Gottes Schöpferkraft in dem zweiten Bericht vorgestellt:

»Gott formte den Menschen aus Staub des Erdbodens und hauchte ihm Lebensatem ein; so wurde der Mensch zu einem lebendigen Wesen« (Gen 2,7f; vgl. Sach 12,1).

Wie ein Töpfer seine Gefäße formt (vgl. Jer 18,1ff), formte Gott [mit seinen Händen] den Menschen aus einem Erdkloß, belebte ihn mit dem ihm eigenen Lebensatem. Kein anderes Detail der Schöpfung wird mit einer solch physisch-faßbaren Plastizität dargestellt.

Das Bild spiegelt eine Nähe zwischen Gott und Mensch, an der andere Geschöpfe keinen Anteil haben. Es wurde in seiner ganzen Konkretheit

---

3 Dieser Gedanke wird in einem liturgischen Stück im Schlußgebet des Versöhnungstages aufgegriffen: אתה הבשלת אנוש מראד תבחרהו לעמוד לפניך – »du hast den Menschen von Anfang an [von anderen Geschöpfen] unterschieden und hast ihn auserkoren, vor dir zu stehen [oder: dienen]«.
4 Meines Erachtens muß das hebräische Verb hier und in V. 21 transitiv verstanden werden, parallel zu den Verben in V. 11.24.

in die nachbiblische Qumran- Literatur übernommen[5] und findet seinen Niederschlag auch in der mittelalterlichen synagogalen Liturgie[6]. Schon in der biblischen Literatur wird es auf die einmalige Beziehung zwischen Gott und seinem Volk übertragen (z.B. Jes 43,1.21; 44,2.24; 45,11; 49,8).

c) Der besondere Stellenwert, der dem menschlichen Leben zukommt, scheint auch darin angedeutet zu sein, daß nur in bezug auf die Schöpfung des Menschen der Begriff *nischmat chajjim* = Lebensodem, lebendige Seele angewendet wird, während in bezug auf die Schöpfung anderer Lebewesen die Wortverbindung *nefesch chajah* dient (Gen 1,20.21.24.30; 2,19; 9,10.12.15.16; Lev 11,10.46; Ez 47,9). Der Begriff *nefesch* kann in der biblischen Literatur auf das Tier wie auf den Menschen bezogen werden. Der Ausdruck *neschamah* bezieht sich nur auf Gott (2Sam 22,16 = Ps 18,16; Jes 30,33; 42,5; Hiob 4,9; 32,8; 33,4; 37,10) oder den Menschen (s. bes. Jes 2,22; 57,16; Prov 20,27; vgl. Gen 7,21b–22a[7]; ferner Dtn 20,16; Jes 42,5; Hiob 27,3; 34,14; Dan 10,17 u.a.). Der Mensch ragt über alle anderen Geschöpfe hinaus, weil er Anteil an der Gott eigenen *neschamah* hat. Er wird Gott ähnlich. Aber doch werden ihm Grenzen gesetzt, denn »in ihm ist nur [derivativer] Lebensatem« (Jes 2,22), der überdies »nicht für immer im Menschen bleiben soll« (Gen 6,3).

d) Die biblische Losung lautet also: Gott ist Leben und Lebensspender. Er ist der positive Pol, der dem negativen Pol Tod gegenübersteht. Dies macht verständlich, daß kurz nach der Schöpfungsgeschichte das Verbot des Tötens angekündigt wird, eingebettet in die Tradition über Noah, den »zweiten Adam«. Es bezieht sich nur auf den Menschen und nicht auf andere Lebewesen, die dem Menschen zur Verfügung stehen (Gen 9,5–6; 9,2–4; vgl. 1,28). Das Verbot dient als Korrektiv für die Ermordung Abels durch seinen Bruder Kain, der die von Gott bei der Schöpfung festgesetzte Lebensordnung in Frage gestellt hatte (Gen 4,1ff).

e) Man kann konstatieren, daß sich schon in der »erweiterten« Schöpfungsgeschichte, d. h. in den kombinierten Adam- und Noah-Traditionen (Gen 1–10), Prinzipien aufweisen lassen, die als Richtlinien für die Eruierung der Bewertung von »Leben« in der biblischen Ideenwelt dienen können.

---

5 Vgl. 1QS XI, 21f, in: E. Lohse (Hg.), Die Texte aus Qumran, Darmstadt 1971, S. 43: »... der vom Weib geborene ... seine Form[ierung] ist aus Staub ... geformter Lehm ... was soll der von der Hand Geformte [dir] erwidern«; vgl. 1QH I,21, in: ebd., S. 113: »Ich bin ein Gebilde von Lehm und mit Wasser Geknetetes«.

6 Unter de Piyyutim, die am Vorabend des Versöhnungstages vorgetragen werden, findet sich einer, der auf Jer 18,6 aufbaut: ... די הנה כחומר ביד היוצר ... כן אנחנו בידך – »wie der Ton in des Töpfers Hand ... sind wir in deiner Hand«.

7 Die letzten zwei Worte in V. 21, וכל האדם, sollten eigentlich V. 22 eröffnen: ... וכל האדם (כל) אשר נשמת רוח חיים באפיו.

III

1. »Gott ist ewiges Leben«. Um Gott ähnlich zu werden, strebt auch der Mensch danach, das ewige Leben zu erreichen. In dem Bild vom »Baum des Lebens«, der im Paradiesgarten stand (Gen 2,9), nimmt die Bibel bekanntlicherweise ein Ideenmotiv auf, dessen mythopoetische Wurzeln in der altorientalischen Literatur aufweisbar sind und das z. B. im Gilgamesch-Epos seinen Ausdruck findet. In der altmesopotamischen epischen Tradition raubt die Schlange dem Utnapischtim das Lebenselixier, das er gefunden hatte. In der biblischen Erzählung unterbindet die Vertreibung des Menschen aus dem Paradiesgarten die Möglichkeit, »daß er ... vom Baum des Lebens nimmt, davon ißt und ewig lebt« (Gen 3,22.24). Ewiges Leben ist das absolute Prärogativ Gottes (vgl. Gen 6,3).

a) Im Unterschied zu dem mesopotamischen Mythos, in dem die Schlange das Lebenselixier an sich reißt und somit sein Besitzer wird, konzipiert die biblische Tradition Gott allein als Herrn des Lebens (Dtn 5,26; Jos 3,10; 1Sam 17,26; 2Kön 19,4.16; Jer 10,10; Hos 2,1; Ps 42,3; 84,3) und als lebensspendende Kraft: »Denn bei dir ist die Quelle des Lebens, in deinem Licht schauen wir Licht« (Ps 36,10; vgl. Jer 2,13; 17,13). Das Wandeln in den Wegen Gottes garantiert daher Leben (Am 5,6.14), vermittelt durch seine Lehre (Prov 3,18; 11,30; 15,4).

b) Wenn auch dem Menschen das nur Gott zustehende »ewige Leben« verwehrt ist (Hi 14,1–2.7–14; Koh 3,20.21; 9,5), wird ihm doch Anteil an der Schöpfungskraft Gottes gewährt, indem ihm Lebenszeugungskraft zugeteilt wird. Als Eva den Kain, ihren ersten Sohn, gebar, erklärte sie: »Ich habe einen Menschen geschaffen wie Gott«[8] (Gen 4,1), denn durch diese Geburt wurde sie »die Mutter alles Lebens [oder: Lebendigen]« (Gen 3,20).

c) Von Gott gespendetes Leben ist Segen, Tod ist Fluch. Leben ist positiv, Tod ist negativ: »Sieh, ich lege dir heute das Leben und das Gute vor, den Tod und das Böse« (Dtn 30,15); »Leben und Tod lege ich Dir vor, Segen und Fluch« (Dtn 30,19). Zwischen ihnen muß der Mensch wählen: »Seht, den Weg des Lebens und den Weg des Todes stelle ich euch zur Wahl« (Jer 21,8), wobei die Entscheidung offensichtlich ist: »Wähle das Leben« (Dtn 30,19; vgl. Jer 8,3), denn: »Der Pfad der Gerechtigkeit führt zum Leben, der Weg des Übels zum Tod« (Prov 12,28).

Es ergeben sich folgende Antithesen: ›Gott – Leben – Recht‹ steht in Opposition zu ›Fremdgöttern – Tod – Unrecht‹: »Haßt das Böse, liebt das Gute, und bringt bei Gericht das Recht zur Geltung ... sucht das Gute,

---

8 Die Einheitsübersetzung »Ich habe einen Mann vom Herrn erworben« verfehlt total den Sinn des Passus. Eine Mutter »erwirbt« nicht Söhne, sondern gebiert, »schöpft« sie. In dieser Bedeutung findet sich das Verb קנה im biblischen Hebräisch (Gen 14,19.22; Dtn 32,6; Ps 78,54; 139,13; Prov 28,2) wie im Ugaritischen.

nicht das Böse, dann werdet ihr leben ... suchet mich, dann werdet ihr leben. Sucht nicht Bet-El auf, geht nicht nach Gilgal, zieht nicht nach Beerscheba ... suchet Gott, dann werdet ihr leben« (Am 5,15.14.4–6).

d) »Tod« ist also nicht nur die Antithese zu »Leben«, sondern auch zu *elohim chajjim*, zu dem »Gott des Lebens« (Dtn 5,26; 1Sam 17,26; Jer 10,10; 21,8; Dan 6,21.27); nicht: dem »lebendigen Gott«[9]. Tod setzt der realen Existenz des Menschen ein Ende, entfernt ihn also noch mehr von Gott, von der Quelle des »ewigen Lebens« (Ps 36,10; vgl. Prov 14,27). Der Tod wird in der Bibel durchgehend mit Furcht und Schrecken betrachtet und wird immer als ein Übel angesehen, mit dem implizierten Verständnis, daß er den Menschen als Strafe für seine bösen Taten erreicht. Eine Illustration dieser Auffassung bietet der Dialog zwischen dem Propheten Jesaja und dem König Hiskija, der schwerkrank und dem Tode nahe war. Jesaja kam zu ihm und sagte:

»So spricht Gott: Bestell dein Haus; denn du wirst sterben, du wirst nicht am Leben bleiben. Da drehte sich Hiskija mit dem Gesicht zur Wand und betete zu Gott: Ach, Gott, denk daran, daß ich mein Leben lang treu und mit aufrichtigem Herzen meinen Weg vor dir gegangen bin und daß ich immer getan habe, was dir gefällt« (2Kön 20,1ff = Jes 38,1ff; vgl. Ez 28,8; ferner Jes 14,4ff, bes. 11.15).

e) Der biblische Mensch weiß, daß sein Tod unvermeidlich ist: »Wo ist der Mann, der ewig lebt und den Tod nicht schaut?« (Ps 89,49). Doch sein innigster Wunsch ist zu leben und nicht zu sterben. Er wird alles unternehmen, was in seinen Kräften steht, um das »nackte Leben« zu erhalten. Als Jakob erfuhr, daß es in Ägypten Getreide zu kaufen gab, sagte er zu seinen Söhnen: »Zieht hin und kauft dort für uns Getreide, damit wir am Leben bleiben und nicht sterben« (Gen 42,1f). Diese Worte sind ein Leitmotiv, das nicht nur die Jakob- und Vätertraditionen allgemein durchzieht (Gen 43,8; 47,19; Dtn 33,6), sondern auch in anderen Schichten der biblischen Literatur zum Ausdruck kommt (z.B. 2Kön 18,32).

f) In den Vätergeschichten wird wiederholt die erwartete »reale« Lebensdauer eines Menschen erwähnt. Auf Pharaos Frage nach seinem Alter erwidert Jakob, daß er 130 Jahre alt sei und die Anzahl seiner Lebensjahre nicht an die seiner Väter heranreiche (Gen 47,8f). In der Tat berichtet die Bibel, daß Abraham 175 Jahre alt geworden war (Gen 25,7) und Isaak 180 (Gen 35,28). Sara starb im Alter von 127 (Gen 23,1) und Ismael von 137 Jahren (Gen 25,17). Hiob, der nach dem Vorbild von Abraham gezeichnet ist, werden nach seiner »Restitution« 140 Lebensjahre zugeschrieben (Hi 42,16), der Priester Jehojada lebte 130 Jahre (2Chr 24,15). Jo-

---

9 Für den gläubigen Menschen ist die Übersetzung »lebendiger Gott« (Einheitsübersetzung) eine Tautologie. Ebenso ist *mekor chajjim* mit »Lebensquell« zu übersetzen und nicht mit »lebendige Quelle« (Ps 36,10; Prov 10,11; 13,14; 14,27; 16,22). Dasselbe gilt für andere Genitivkonstruktionen mit *chajjim*, wie *etz-, ruach-, derech-, orach-, or-, sefer chajjim* (Ps 69,29; vgl. Ex 32,32; Jes 4,3; Mal 3,16; Ps 139,16; Dan 12,1).

sef und Josua wurden 110 Jahre alt (Gen 50,26; Jos 24,29). Im Vergleich zu den sich auf Hunderte von Jahren belaufenden Lebensaltern der Ur-Generationen (Gen 5–11) bezeugen diese reduzierten Zahlen, daß hier die biblische Tradition »reale« Lebensalter vorzulegen beabsichtigt. Die maximale Lebenserwartung eines Menschen wird schematisch auf 120 Jahre festgelegt (Gen 6,3). Genau in diesem »idealen« Alter stirbt Moses (Dtn 34,7). Wer dieses Alter nicht erreicht, stirbt vorzeitig. Sein Tod wird als Strafe angesehen: »Wer als Hundertjähriger stirbt, gilt noch als jung, und wer nicht hundert Jahre alt wird, gilt als verflucht« (Jes 65,20).

g) Der Mensch wünscht sich, einen vollen Lebenslauf erfahren zu dürfen, »in hohem Alter, betagt und lebenssatt« mit seinen Vorfahren vereint zu werden (Gen 25,8; 35,29). Dieser Umstand wird von den biblischen Autoren in ihren Berichten über positiv eingeschätzte Persönlichkeiten hervorgehoben, so z. B. in bezug auf Gideon (Ri 8,32), Hiob (Hi 42,17), David (1Chr 23,1) und Jehojada (2Chr 24,15), selbst wenn jemand nicht eines natürlichen Todes, sondern durch einen Unglücksfall starb wie Eli (1Sam 4,18), und obwohl man weiß, daß der Mensch nach dem Ablauf der ersten zwei Drittel der »idealen« Lebenszeit, d. h. nach 80 Jahren, keine volle Lebensfreude mehr haben kann: »Unser Leben währt 70 Jahre, und wenn es hoch kommt, sind es 80. Was darüber hinaus geht, ist nur Mühsal und Beschwer, rasch geht es vorbei« (Ps 90,10; vgl. 92,15; Prov 16,31; 20,29).

h) Wie in anderen Kulturen, z. B. in der griechischen, wird auch in der biblischen Bildersprache die Lebensspanne als »Lebensfaden« dargestellt. Solange der Faden weitergesponnen wird, lebt der Mensch. Das Abreißen oder Abschneiden des Fadens bedeutet Tod. So klagte der König Hiskija auf seinem Krankenbett: »In der Mitte meiner Tage muß ich hinab zu den Pforten der Unterwelt, mein Lebensfaden wurde abgeschnitten[10] ... wie ein Weber hast du mein Leben zu Ende gewoben, du schneidest mich ab wie ein fertig gewobenes Tuch« (Jes 38,9f.12). Ähnlich klagte ganz Israel nach der Zerstörung des Tempels: »Ausgetrocknet sind unsere Gebeine, unser [Lebens-]Faden[11] ist abgerissen, wir sind verloren« (Ez 37,11). Demgegenüber wird die Hoffnung, die dem einzelnen und dem Volk offensteht, durch das Bild des ununterbrochen weitergesponnenen Fadens ausgedrückt. Das Wissen, daß »sicher es eine Zukunft [Nachkommenschaft][12] gibt, der [Lebens-]Faden nicht abgeschnitten wird« (Prov 23,18; vgl. 24,14), bewahrt den einzelnen ebenso vor Verzweiflung wie das Volk: »Ich habe Pläne für euch, spricht Gott, Pläne des Heils und nicht des

---

10 Die Einheitsübersetzung verfehlt mit »man raubt mir den Rest meiner Tage« die Plastizität des biblischen Wortbildes. Zu *jeter* = Faden, Seil, Strick vgl. Ri 16,7–9; Ps 11,2; Hi 4,21; 30,11.
11 Zu *tikwah* = Faden, Schnur vgl. Jos 2,18.21.
12 So muß *acharit* in vielen, vielleicht in den meisten Fällen verstanden werden; vgl. *S. Talmon,* Eschatologie und Geschichte im biblischen Judentum, in: *R. Schnackenburg* (Hg.), Zukunft – Zur Eschatologie bei Juden und Christen (Schriften der Katholischen Akademie in Bayern 98), Düsseldorf 1980), S. 27–30.

Unheils; ich will euch eine Zukunft [Nachkommen] geben und euren [Lebens-]Faden weiterführen« (Jer 29,11), »dein [Lebens-]Faden wird in deinen Nachkommen [weitergesponnen werden]« (Gen 31,17).

i) Dem von Gott gegebenen Leben darf der Mensch nicht selbstherrlich ein Ende setzen. Daher kennt die biblische Welt keinen Selbstmord. Mit einer einzigen vermutlichen Ausnahme. Als David dem Vorschlag seines Hofrates Ahitofel nicht folgte, »bestellte er [Ahitofel] sein Haus und erwürgte [oder: erhängte] sich« (2Sam 17,23). Selbst in tiefster Verzweiflung bittet Hiob nicht um seinen Tod (Hi 1,21f), sondern wünscht, daß er nie geboren wäre (Hi 3,1ff). Ein negatives Exempel, das die Regel bestätigt, ist Jona, den ein wahrlich geringfügiges Mißgeschehen dazu bewegen konnte, sich den Tod zu wünschen: »Es ist besser für mich zu sterben als zu leben« (Jon 4,3.8; im Gegensatz dazu Dtn 33,6).

2. Das »reale« Leben, von dem die biblischen Autoren sprechen, ist ein vollwertiges Leben – heil, gesund und glücklich. So betet Hiskija zu Gott: »Herr . . ., mach mich gesund und laß mich wieder genesen [zu einem vollen Leben von] *schalom*« (Jes 38,16f), wobei *schalom* = »Frieden« für »vollwertiges Leben« steht. Eine ähnliche, vollwertiges Leben spendende Kraft wird in der Spruchliteratur der Weisheit zugeschrieben: »Langes Leben hält sie in ihrer Rechten, in ihrer Linken Reichtum und Ehre; ihre Wege[13] sind Wege der Freude, alle ihre Pfade führen zu *schalom*« (Prov 3,16f).

a) Der Bund, den Gott mit seinem Volk geschlossen hat, ist ein Bund des Lebens, was besonders an dem Bund mit dem Stamme Levi exemplifiziert wird: »Mein Bund war mit ihm, einen Bund von Leben und Frieden gab ich ihm, einen Bund von heilem und vollkommenem Leben« (Mal 2,5).

b) Leben liegt in Gottes Hand, er gewährt es, und er kann es verwehren. Wie Hiskija von seiner Krankheit geheilt wurde, so kann und wird Gott sein Volk wieder von dem Unglück herstellen, das er seiner Sünden wegen über es gebracht hatte: »Kommt, wir kehren zu Gott zurück! Denn er hat [uns] zerrissen, er wird uns auch heilen; er hat verwundet, er wird auch verbinden. Nach zwei Tagen gibt er uns das Leben zurück, am dritten Tag richtet er uns wieder auf, und wir leben vor seinem Angesicht« (Hos 6,1f). So sieht auch der Psalmist die Dinge: »Wir wollen dich nicht mehr verlassen, erhalte uns am Leben, dann wollen wir deinen Namen anrufen« (Ps 80,19), »du wirst uns sicher wieder beleben [herstellen], so daß dein Volk sich an dir freuen kann« (Ps 85,7).

c) Als eine Zwischenbilanz kann man konstatieren, daß in der biblischen Geisteswelt »Existenz an sich« uneingeschränkt bejaht wird. Erwünscht ist ein gutes, heiles und glückliches Leben. Aber auch Fehlschläge und Leiden werden hingenommen, solange Leben erhalten bleibt. So gese-

---

13 Vgl. o. S. 52.

hen ist es verständlich, daß die biblischen Denker »Leiden« niemals idealisieren. Man registriert mit Bedauern, daß »Leben« auch negative Aspekte hat, aber mißt ihnen keinen positiven Wert bei.

IV

Gott ist Ursprung alles Lebens, und Gott erhält Leben, sowohl des einzelnen als auch der Gemeinschaft. Er errettet den Menschen aus seinen Nöten, er verhindert Tod durch Kummer, Krankheit und Feinde: »Gott behütet [seinen Getreuen], erhält ihn am Leben ... und gibt ihn nicht in die Hände seiner Feinde. Auf dem Krankenbett stärkt [oder: belebt] er ihn« (Ps 41,3f); »Gottes Auge ruht auf denen, die ihn fürchten und ehren ..., um sie dem Tode zu entreißen und ihr Leben in der Hungersnot zu erhalten« (Ps 33,19). Der Psalmist bittet Gott um seine lebenserhaltende Rettung: »Du ließest mich viel Angst und Not erfahren. Belebe mich wieder und entziehe mich der Unterwelt« (Ps 71,20), und dankt ihm für die Rettung: »Herr, du hast mich herausgebracht aus dem Reich des Todes *(scheol)* ..., hast mich wieder belebt« (Ps 30,4).

1. Wie der einzelne preist auch die Gemeinschaft Gott: »Du wirst uns wieder beleben, so daß dein Volk sich an dir freuen kann« (Ps 85,7) und bittet: »Erhalte uns am Leben! Wir werden nicht von dir weichen, und dich [deinen Namen] anrufen« (Ps 80,19). In diesem Kontext muß der Begriff »Namen Gottes« als Hypostase der Funktion Gottes als »Lebenserhalter« aufgefaßt werden. Darum fleht der Beter: »Um deinetwillen [wörtlich: um deines Namens willen], Herr, erhalte mich am Leben und führe mich aus der Not in deiner Gerichtsmacht«[14] (Ps 143,11).

a) Die stets hervorgehobene Beziehung zu Gott verleiht dem von ihm gewährten Leben seinen besonderen Inhalt, erhöht es über das Wesen einer puren Existenz. Anrecht auf Leben heißt mit oder vor Gott wandeln. Leben soll gottgefällig sein. Sein Inhalt erfüllt sich nur, wenn es von Gottes Glauben geprägt ist. Das Zeichen dieser Auffassung wird schon in den Erzählungen über die vorisraelitischen Ur-Generationen gesetzt: »Henoch ging seinen Weg mit Gott« (Gen 5,22) ebenso wie Noah (Gen 6,9). Dafür wurde er zum Leben auserkoren. Dies war die Lebensführung der Vorväter. Gott erschien Abraham und sagte ihm: »Geh deinen Weg vor mir ..., und ich will einen Bund zwischen dir und mir stiften ...« (Gen 17,1f). Abraham folgte diesem Gebot und konnte deswegen erwarten, daß seine Hoffnung in Erfüllung gehen würde, in seinem Sohn die Fortsetzung seines eigenen Lebens zu sehen. So kann er seinem Diener und Vertrauten

---

14 Die Übersetzung »Gerechtigkeit« ist unzureichend, da sie nicht den vollen Inhalt des hebräischen Wortes ṣedakah wiedergibt. Dazu: *S. Talmon*, Der Gesalbte Jahwes, in: Jesus – Messias? (Schriften der Katholischen Akademie in Bayern), Regensburg 1982, S. 39ff.

Die Wertung von ›Leben‹ in der Hebräischen Bibel 57

Eliezer, den er ausschickt, eine Frau für seinen Sohn Isaak zu finden, versichern: »Gott, vor dem ich meinen Weg gegangen bin, wird . . . deine Reise gelingen lassen. Du wirst eine Frau für meinen Sohn mitbringen . . .« (Gen 24,40). Rückblickend kann dann Jakob, der letzte der drei Erzväter, sagen: »Gott, vor dem meine Väter Abraham und Isaak ihren Weg gegangen sind, Gott, der lebenslang mein Hirte war, der mich erlöst hat von jeglichem Unheil, er segne die Knaben [die Söhne Josefs]. Durch sie werde ich [wörtlich: mein Name] weiterleben und der Name meiner Väter Abraham und Isaak« (Gen 48,15f).

b) »Wandeln vor Gott« ist die Losung aller späteren biblischen Denker (z.B. Ps 26,3): »Du hast mein Leben dem Tod entrissen . . ., damit ich meinen Weg vor [dir] Gott gehen kann unter den Lebenden [wörtlich: in den Ländern des Lebens]« (Ps 56,14; 116,9; 1Sam 2,30; Sach 10,12).

V

»Leben mit Gott« kristallisiert sich in der biblischen Weltanschauung in einem »Leben auf Grund der Tora«, d.h. entsprechend der Lehre, die das Leben des Menschen formen soll. Das Einhalten der Gesetze, die die Tora vorschreibt, gilt als die Grundlage von »gerechtem Leben«, was wiederum eine Vorbedingung für die Sicherung der Existenz des Menschen ist. Von den vielen Textpartien, die diesem Gedanken Ausdruck geben, soll hier nur eine Perikope zitiert werden, in der all die Prämissen zusammengefaßt sind, die wir bis jetzt erwähnt haben. Es handelt sich dabei um eine Passage aus dem Buche Deuteronomium, dessen endgültige Abfassung von der modernen Bibelwissenschaft in einem verhältnismäßig späten Stadium der Entwicklung der biblischen Literatur angesetzt wird. Die exakte Datierung dieser Perikope ist für unser Anliegen belanglos. Der Autor bietet in einer prägnanten Form eine Zusammenfassung der biblischen Auffassung von Leben, wobei er die bisher betrachteten Aspekte vollkommen im Auge behält. Etwas frei übersetzt lautet der Text folgendermaßen: »Siehe, ich stelle dich heute vor die Wahl zwischen glücklichem Leben [= Segen] und unglücklichem Tod [= Fluch]. Wenn du auf die Gebote deines Gottes, auf die ich dich heute verpflichte, hörst, Gott zu lieben und in seinen Wegen zu gehen, seine Anordnungen, Gesetze und Rechtsvorschriften zu achten – dann wirst du leben und dich vermehren, und dein Gott wird dich in dem Lande segnen, in das du ziehst, um es in Besitz zu nehmen« (Dtn 30,15ff); »Gerechtigkeit sollst du üben, damit du in dem Lande leben wirst, das dir Gott zu Besitz gegeben hat« (Dtn 16,20; vgl. 4,1; 5,16.33; 8,1; 10,8f; 11,31f; 12,1).

1. Das Recht auf Leben ist bedingt durch Gerechtigkeit. Diese Feststellung bezieht sich auf das Leben des einzelnen (Ez 18,20–24; 33,10–20; Hab 2,4): »Wer Recht und Wohlwollen übt, dem stehen Gerechtigkeit und

ein ehrenvolles Leben zu« (Prov 21,21). Das gleiche gilt für die Volksgemeinschaft zu jeder gegebenen Zeit in der Folge der Generationen. Ein sicheres Leben in dem von Gott Israel zugesicherten Land ist bedingt durch die Einhaltung seiner Gebote, die Gerechtigkeit gewährleisten: »Ihr sollt auf meine Satzungen und meine Vorschriften achten. Wer sie einhält, wird durch sie leben« (Lev 18,5; Ez 13,22; 20,11; vgl. Dtn 4,1; 5,33; 8,1; 11,31f; 12,1; 30,16).

a) Übertragen auf die »Weisheit« wird diese Maxime sprichwörtlich kurz so formuliert: »Folge meinen Geboten, dann wirst du leben« (Prov 4,4; 7,2); »Achte auf meine Worte ..., denn sie bringen dem Leben, der sich an sie hält« (Prov 4,22, vgl. 8,35). Der Mensch, der »sich nach den Gesetzen richtet, die zum Leben führen, kein Unrecht tut, wird gewiß am Leben bleiben und nicht sterben« (Ez 33,15), denn »das Gebot ist eine Leuchte, die Lehre ein Licht, Mahnung und Zucht führen zum Leben« (Prov 6,23). Darum rät der Weise: »Geh auf dem Weg der Guten, halte dich an die Pfade der Gerechten«, denn wer sich nicht an sie hält, »findet nie die Pfade des Lebens« (Prov 2,19f), »die Gott dem Menschen gewiesen hat« (Ps 16,11).

b) Der Mensch kann die Lehre Gottes und seine Gebote nur wahren, ihn loben und preisen, solange er lebt: »Ich werde nicht sterben, sondern leben; dann werde ich die Taten Gottes verkünden (können)« (Ps 118,17; vgl. Ps 56,14; 116,9; 142,6; 6,6). Tote können dies nicht tun. Sobald des Menschen Lebensfaden abgerissen ist, verstummt sein Gebet: »Tote können Gott nicht loben, keiner, der in das [Reich von] Schweigen hinabfuhr. Wir aber [die Lebenden] preisen den Herrn, nun und immer« (Ps 115,17f; solange »du uns am Leben hältst, werden wir dich anrufen« (Ps 80,19). Denn »in der Unterwelt dankt man dir nicht, die Toten loben dich nicht; wer ins Grab gesunken ist, kann nichts mehr von deiner Güte erhoffen. Nur der Lebende kann dir danken ... wir wollen singen und preisen im Hause Gottes, solange wir leben« (Jes 38,18–20).

c) In diesem Gedankengang tritt die im biblischen Schrifttum vorherrschende Meinung ans Licht, daß der Tod ein absolutes Ende bedeutet: »Tote werden nicht leben, Verstorbene stehen nie wieder auf« (Jes 26,14). Die weitaus größere Anzahl der biblischen Autoren vertritt die Ansicht, daß es kein Weiterleben in der Form einer Wiederauferstehung nach dem Tode gibt.

d) Eine direkte Extension seiner persönlichen Existenz kann der Mensch nur in seinen Nachkommen erfahren. In ihnen besteht »sein Name« auch nach seinem Tode. Wer keine männlichen Nachkommen gezeugt hat, muß sich oder seinen Namen auf folgende Art und Weise fortsetzen. Der von seinem Bruder (Dtn 25,5f) oder seinem Verwandten mit seiner Witwe gezeugte erste Sohn erhält den Namen des Verstorbenen und führt damit dessen Leben fort.

e) In Fällen, in denen eine Leviratsehe nicht ausgeführt wurde oder nicht ausführbar war, ersetzt ein Zeichen oder Denkmal die Nachkommen aus Fleisch und Blut[15]. Ein solches Denkmal stellte sich der kinderlose Absalom auf (2Sam 18,18), und ein ähnliches Zeichen verspricht ein anonymer nachexilischer Prophet den kinderlosen Gerechten, die Gottes Gebote einhalten (Jes 56,3–5).

f) Der biblische Mensch kann kaum ein größeres Unglück erfahren, als daß nicht nur sein eigenes Leben ein Ende nimmt, sondern auch das seiner Nachkommen, so daß damit sein »Name« sich endgültig verliert. Seine Feinde fragen: »Wann stirbt er endlich, und wann vergeht er [wörtlich: sein Name]?«, denn »wer einmal [im Grabe] liegt, steht nicht mehr auf« (Ps 41,6–9).

g) Die vorgelegte Behauptung, daß in der biblischen Literatur die Ansicht vorherrscht, daß der physische Tod endgültig ist, kann auch nicht durch die verhältnismäßig wenigen Ausnahmen widerlegt werden, die eine andere Auffassung bekunden. Ein Glaube an eine mögliche Wiederbelebung zeichnet sich in der Tat in einigen Wundererzählungen ab, z.B. in der Perikope über die Wiederbelebung des Sohnes jener Witwe aus Sarepta durch Elia (1Kön 17,17ff) oder des Sohnes der angesehenen Frau aus Schunem durch Elischa (2Kön 4,18ff), ebenso in der Wiederbelebung eines unbekannten Toten durch die Berührung seiner Gebeine mit den Gebeinen Elischas, als dessen Körper in das Grab des Propheten geworfen wurde (2Kön 13,20f). Eine philologisch-exegetische Untersuchung legt nahe, daß in den meisten dieser Fälle das hebräische Verbum *chajah* = »beleben« mit *rafa'* = »heilmachen« gleichzusetzen ist: »Ich bin es [sagt Gott], der tötet und lebendig macht; ich habe verwundet, ich werde heilen« (Dtn 32,39; vgl. 2Kön 20,5.7; Jes 38,9–21; Ps 30,4; 71,20).

h) Vereinzelte eindeutige Anspielungen auf ein Wiederauferstehen nach dem Tode finden sich nur am Rande, in späteren Schichten der biblischen Schriften, in Jes 26,19: »Deine Toten werden leben, die Leichen stehen wieder auf; wer in der Erde liegt, wird erwachen und jubeln« und in Dan 12,2: »Viele von denen, die (im Staub) der Erde schlafen, werden wieder erwachen, die einen zu immerwährendem Leben, die anderen zur Schmach, zu ewigem Abscheu« (vgl. Ez 37,14).

i) Zusammenfassend kann gesagt werden: Die biblische Literatur bezeugt insgesamt eine hohe Einschätzung des physischen Lebens, der menschlichen Existenz hic et nunc. Die vorherrschende Auffassung ist durch und durch realistisch. In der altisraelitischen Ideenwelt hat »Leben an sich« einen dezidiert positiven Stellenwert. Der biblische Mensch hat Freude am Leben, an einem heilen und guten Leben, das er voll und ganz auskosten will.

Tod und Leiden werden durchaus ablehnend beurteilt. Sie werden immer als Strafe für Vergehen und als eine unvermeidliche Beschränkung der menschlichen Existenz angesehen. Sie sind die negative Folie von Le-

---

15 Vgl. *S. Talmon, Yad waschem,* in: Essays in memoriam U. Cassuto, hg. von *H. Beinart – D. Cassuto,* Jerusalem 1982 (hebräisch).

ben und Glück. Der Tod setzt menschlichem Sein einen endgültigen Schluß.

Das Individuum kann ein Weiterleben nur in seinen Nachkommen erfahren, also in der Verschmelzung seiner Persönlichkeit mit einer Gemeinschaft – Familie, Stamm, Volk.

Das Leben, das die Bibel propagiert, ist rechtes und gerechtes Leben in der Gesellschaft, die sich in dem von Gott zugesagten und daher heiligen Land konstituiert, ausgerichtet auf die göttliche Lehre – die Tora.

4

›Exil‹ und ›Rückkehr‹ in der Ideenwelt des biblischen Israel

I

Exil – Diaspora – Rückkehr, die drei Begriffe, deren soziologischem, geschichtlichem und religiösem, kurz: deren ›existentiellem‹ Verständnis wir nachgehen wollen, gehören – jeder für sich betrachtet – in die Erfahrungswelt des Menschen schlechthin; sie sind nicht das partikuläre Eigengut besonderer Individuen oder Gesellschaften in bestimmten, einmaligen historischen Situationen.

Exil, ein Wort, das aus dem Lateinischen stammt, bezeichnet die gewaltsame Entfernung von Menschen, einzelnen oder Gruppen, aus ihrem Heimatland. Im entsprechenden griechischen Wort *ap-oikia* ist die daraus folgende Situation des Nicht-mehr-zu-Hause-Seins sehr treffend ausgedrückt. Die biblisch-hebräische Vokabel, die den Zustand des Exils, der *apoikia* oder *metoikia* wiedergibt, ist *golah* oder *galut*. Dieses Substantiv ist abgeleitet von dem Verbum *glh*, das ursprünglich ›entblößen‹, dann auch ›entfernen‹ bedeutet. *Golah* bezeichnet nicht nur eine Gemeinschaft, die durch die erzwungene Auswanderung ihres Landes, sondern auch das Land, das seiner Bevölkerung beraubt ist. Die natürliche Verbindung von Mensch und Land wird gewaltsam zerbrochen. Durch Krieg und Vertreibung verödet das Land; der Mensch verliert mit der heimatlichen Landschaft auch angestammte Werte wie Muttersprache, vertraute Sitten und Gebräuche.

Exil (*galut*) zerschneidet physische, seelische und gesellschaftliche Bande. Eine Gemeinschaft erfährt Exil als Resultat eines historischen Umbruchs, in der Folge von Krieg und Niederlage. Den einzelnen kann Exil – biographisch, nicht historisch – in ontische Verzweiflung stürzen, denn es bedeutet Bruch mit dem Erfahrenen und Bewährten und versetzt ihn in die klaffende Leere einer unbekannten Situation. Exil – Deportation resultiert in Diaspora, in Zerstreuung. Immer von einer Gemeinschaft (Sippe, Stamm, Gemeinde oder Volk) erfahren, ist Diaspora ein gesellschaftliches Phänomen. Sie ist das Gegenstück zu der einstigen geschichtlich-geographischen Kohärenz, aus der die Gemeinschaft durch die Zerstreuung gerissen wurde. Diaspora-Existenz ist fragmentarisch, ein Leben in Abhängigkeit, am Rande einer souveränen Majorität. Solange eine Diaspora-Gemeinde auf ihrer Eigenheit zu bestehen versucht, wird sie gegenüber ihrer direkten Umwelt unwillkürlich in die Defensive gedrängt. Andere Sprache, anderer Glaube, besonderer Lebensstil, Unterschiede in Kleidung,

Geschmack und Geruch lassen eine Diaspora in der neuen Umgebung immer als Fremdkörper erscheinen.

Diaspora entsteht aber nicht nur durch Zwangsverschleppung, sie kann auch durch den eigenen freien Entschluß einer Gesellschaft zustande kommen. Wirtschaftliche Not, Dürre oder Bevölkerungsüberschuß, Handelsinteressen, Wissensdrang gepaart mit Abenteuerlust führen zu von Stämmen oder Staaten geplanter Zerstreuung.

Während zwangsweise Zerstreuung einen Zustand der zum Teil von außen aufgezwungenen, zum Teil von innen her gewollten Absonderung erzeugt, eine Gettoisierung, entwickeln sich freiwillige Diasporagemeinden oft zu eigenständigen sozialen und politischen Einheiten, die im Lauf der Zeit ihr Diasporabewußtsein und damit auch den geschichtlichen und gefühlsmäßigen Zusammenhang mit dem Mutterland verlieren. Diaspora etabliert sich dann als Kolonie, und Kolonie kann Eigenstaatlichkeit erlangen.

So manche Völker und Nationen in Antike, Mittelalter und Neuzeit haben Diaspora erlebt: Aramäer und Phönizier, Griechen und Hellenen im nahen und mittleren Osten, wiederum Griechen und Armenier in Osteuropa, Inder und Chinesen im fernen Osten; die Literatur von und über schwarze Amerikaner spricht von einer »schwarzen Diaspora«. In all diesen Fällen wurde und wird die Zerstreuung fast durchweg als ein Geschehen betrachtet, das sich aus dem Zusammenwirken von politischen und sozialen, bisweilen religiös-sozialen Faktoren ergibt. Da sich Widerstand gegen die aufgezwungene Zerstreuung meist als nutzlos erwies, fanden sich die Betroffenen in der Regel mit ihr ab. Sie gaben mit dem äußeren auch den inneren Widerstand auf und verwandelten die negativen Züge der Diaspora-Existenz in positive. Leben in der Fremde und mit Fremden bedeutet nicht nur Entfremdung vom Vertrauten, sondern kann zu Aufgeschlossenheit für neue Werte und Ideen führen, zu einer Erweiterung des geistigen Horizonts, angesichts derer die Geborgenheit des Mutterlands als Enge erscheint. Diaspora erwirbt einen Eigenwert, wenn die bittere Erfahrung der Zerstreuung sich mit dem Gedanken einer Sendung verbindet, wie es etwa im alexandrinischen Judentum und im Christentum der Fall war. Dann wird Diaspora zum Boden, in dem die Saat des verpflanzten Glaubens ein neues, reicheres Wachstum erfahren kann. Die Diaspora-Gemeinde wird Träger einer Mission, ein »Licht für die Völker«.

Solange Diaspora als aufgezwungene Zerstreuung empfunden wird, birgt sie die Hoffnung auf Rückkehr in sich sowie die latente Forderung an den Exulanten, diese durch sein Verhalten und seine Taten möglich zu machen. Durch Veränderung der politischen Umstände kann die erhoffte Rückkehr ins Stadium der Realisierbarkeit treten, und jeder einzelne ist aufgerufen, diesen Moment wahrzunehmen und gegebenenfalls sogar durch tatkräftiges Eingreifen in die Geschichte herbeizuführen.

Die jüdische Diaspora gehört historisch und soziologisch in diesen allgemeinen Rahmen. Sie ragt insofern darüber hinaus, als Israel Exil, Diaspora und Rückkehr nie als ausschließlich machtpolitisch bedingte Vorgänge, sondern gleichzeitig in metaphysischem Zusammenhang gesehen hat. Wegführung von Teilen des Volkes in die Fremde, in die Länder der siegreichen Feinde, wurde als göttliche Strafe für die Verfehlungen einzelner und der Gemeinschaft gedeutet, »Exil ist Verbannung des Volkes nicht nur aus seinem eigenen Lande, sondern auch aus seiner Aufgabe. Auch die *Schechina*, die dem Menschen einwohnende göttliche Gegenwart, geht ins Exil«[1].

Die geschichtliche Erfahrung von Exil und Diaspora kann im Judentum auf ein prinzipiell neues Bedeutungsniveau erhoben werden, weil sich nach jüdischem Selbstverständnis Gott seinem Volk in der Geschichte kundgibt. Exil bezeichnet daher nicht nur die physisch-geographische Entfernung vom eigenen Land, sondern auch Ferne von Gott. Diaspora ist nicht nur historisch und gesellschaftlich ein peripherer Zustand, sondern auch vom Glauben her gesehen, von der Zentralität der jüdischen Gotteserkenntnis, die ihren markanten Haftpunkt im Zentrum des heiligen Landes hat. In aller Zerstreuung liegt die Gefahr, den Kontakt zur Mitte, zum wesentlichen Kern des Glaubens und der völkischen Existenz zu verlieren. Zerstreuung zerreißt nicht nur die Einheit von Stamm, Gemeinschaft und Staat, zerstört nicht allein die Bindung des Volkes an sein Land, sondern sprengt auch die Zusammengehörigkeit von Mensch und Gott. In jüdischer Sicht können die Leiden von Exil und Diaspora, an denen das Volksganze krankt, nur durch Rückkehr ins heilige Land *(schiwa)* und gleichzeitige Umkehr des Menschen zu Gott *(teschuwa)* geheilt werden. In der Rückkehr aus der Galut sind »stets Völkliches und Menschliches, Befreiungsverlangen und Erlösungssehnsucht, das Streben nach dem eigenen Lande und das Streben nach der wahren Gemeinschaft verschmolzen... sie sind die Zuflucht der Verwirklichungstendenz«[2].

Israels Verbundenheit mit seinem Land hat sich auch im Sprachgebrauch niedergeschlagen: Entfernung aus dem Land wird immer als *jeridah* (»Abstieg oder Niedergang«) bezeichnet, die Rückkehr ins Land dagegen als *alijah* (»Aufstieg«), unabhängig von den jeweiligen geographischen Bedingungen, unter denen sich der Prozeß vollzieht. Die Begriffe »hinauf« und »hinunter« haben in diesem Zusammenhang schon in der biblischen Sprache einen mehr als nur räumlichen Sinn. Sie spiegeln die innere Erhöhung oder Erniedrigung wider, die der jüdische Mensch in seiner Beziehung zum Heiligen Land erfährt. In der späteren jüdischen Gedankenwelt, vor allem in der jüdischen Mystik, wird der Sinnbereich dieser Begriffe noch stärker ausgeweitet, und ihre Interpretation nimmt eine existentielle, sogar ontische Färbung an.

Exil und Rückkehr sind also ursprünglich räumliche Konzeptionen, die in Israels Beziehung zu seinem Land den negativen und den positiven

1 M. Buber, Der heilige Weg, Frankfurt a.M. 1920, S. 51f.
2 Ebd., S. 72.

Pol darstellen. Diaspora ist die raumlose Zeitspanne, die sich zwischen diesen beiden Polen erstreckt, ausgehend vom negativen: Exil, linear hinzielend auf den positiven: Rückkehr. Die ausschließlich zeitbestimmten Phasen der Diaspora sind nicht in einer wirklich erfahrenen Gegenwart, sondern nur durch die Hoffnung auf Rückkehr in einer unterschiedlich zu bestimmenden Zukunft an den konkreten Raum des Landes gebunden. Solange die Peripherie der Diaspora durch den Hoffnungsstrang der Rückkehr mit der Mitte, dem Land, verknüpft ist – selbst wenn keine unmittelbar bevorstehende Realisierung in Betracht gezogen wird –, solange sie also eine historische Beziehung einhält, kann sie der durch die zentrifugalen Kräfte des Exils verursachten Auflösungs- oder Selbstauflösungsgefahr widerstehen. Übermäßige Abschwächung der Rückkehrerwartung und Rückkehrhoffnung und die mit ihr verbundene Abwendung vom Historischen zum Kosmischen hat im Judentum immer zu einem Zerfall und schließlichem Verfall der Diaspora geführt. Deutlich faßbar ist dieser Zusammenhang im 19. Jahrhundert in Deutschland, wo die Assimilation ein noch nie dagewesenes Ausmaß erreichte und konsequenterweise die Bitte um Rückkehr nach Zion aus den Gebetbüchern besonders stark assimilierter Gemeinden getilgt wurde. Aber dies waren und sind Ausnahmen. In den Hauptströmungen und in der Gedanken- und Gefühlswelt der weitaus meisten Juden erlosch nie der Funke der Sehnsucht nach dem gelobten Land. *F.W. Marquardt* hat diesen Umstand treffend gezeichnet: »Grundsätzlich gibt es auch für den Welt-Juden einen bewußten oder heimlichen Zug zum Land, die Welt ist ihm seelisch oder geistig die ›Fremde‹, und das Heimatlose des jüdischen Geistes – wenn es so etwas wie einen Volksgeist überhaupt gibt – enthält ein letztes Wissen um die Heimat anderswo. Umgekehrt weiß auch der im Lande befindliche Jude, angefeuert durch das geschriebene und ungeschriebene Gesetz eines Lebens im Lande, daß er dort keineswegs in nationaler Selbstbezogenheit sich erschöpfen kann . . .«

Viel zu einseitig hat die christliche Geschichtsschreibung und Theologie diese Wirklichkeit des jüdischen Volkes übersehen. Von hier ergibt sich, nach Marquardt, »eine besondere christliche Blindheit für die volle Wirklichkeit des Judentums . . . Der Blick für die bleibende Bedeutung des jüdischen Volkes und des jüdischen Landes, die unabdingbar zum Wesen des Judentums dazugehören, ging verloren«[3].

II

Wie spiegeln sich diese allgemeinen Beobachtungen in der Ideenwelt der Hebräischen Bibel?

Dem Versuch, diese Frage aufgrund einer Analyse von Exil, Diaspo-

---

3   *F.W. Marquardt*, Die Juden und ihr Land, Hamburg 1975, S. 62f.

ra-Zerstreuung und Rückkehr als Begriff und als erfahrene Wirklichkeit im biblischen Schrifttum und in der biblischen Geschichte zu beantworten, müssen einige Bemerkungen zur angewandten bzw. anzuwendenden Methode vorausgeschickt werden. Die Schriften der Hebräischen Bibel enthalten hinreißende Darstellungen von Begebenheiten realhistorischer und glaubensmäßig-visionärer Natur. Mit Recht werden die biblischen Autoren für ihren erstaunlich nuancierten, dramatisch effektvollen Erzählstil gerühmt. Die Bücher der Hebräischen Bibel beschreiben das Wirken Gottes in der Geschichte seines Volkes und der Völker und bringen es dem Leser lebendig nahe. Dieses Schrifttum wirkt auf den Leser durch die umfassende Synthese von Glauben und Geschichte, von Glauben in Geschichte, die es darbietet, nicht durch eine Analyse von Begriffen und Thesen, die dem Gesamtbild zugrunde liegen. Tatsachen, Umstände und Erscheinungen werden erzählt, »wie sie waren« oder wie sie der Erzähler sah. Zuweilen werden sie interpretiert, selten oder nie analysiert. Die biblischen Erzählungen haften am Konkreten, sie abstrahieren nicht. Deshalb finden sich in der Hebräischen Bibel keine gedanklichen Systeme, denn für systematisches Denken sind Abstraktionen eine *conditio sine qua non*. Entsprechend stoßen die systematischen Fragestellungen eines modernen Forschers oder Denkers dort auf kein Echo.

Dazu kommt, daß die biblische Literatur nicht chronologisch angeordnet ist. Die biblischen Bücher in ihrer kanonischen Reihenfolge geben nicht unbedingt aufeinanderfolgende Stadien in der Entwicklung der althebräischen Gedankenwelt wieder. Jeder Versuch, die interne Entwicklung eines Gedankens, eines Begriffs und der ihm zugrundeliegenden Konzeption aufzuzeigen, ist daher eher eine – je nach Vermögen des jeweiligen Betrachters – mehr oder weniger gelungene Rekonstruktion als die Darlegung eines Vorgangs, der sich in biblischer Zeit mit Sicherheit so abgespielt hat. Wir müssen uns darüber im klaren sein, daß die Ergebnisse einer solchen Untersuchung die Ideenwelt des Wissenschaftlers oder Betrachters des biblischen Schrifttums in keinem geringeren, sondern vielleicht sogar in größerem Maße als die Ideenwelt der Bibel selbst widerspiegeln.

Damit sind wir beim Thema angelangt, das hier zur Debatte steht. Exil, Diaspora und Rückkehr sind für das biblische sowie für die Hauptströmungen des nachbiblischen jüdischen Denkens grundsätzlich konkret erfaßbare historische Realitäten, nicht durch Abstraktion gewonnene Ideen. Ebenso wie Land und Volk zeichnen sich Exil, Diaspora und Rückkehr durch ihre Dinglichkeit aus. Diese Phänomene werden von ihrer geschichtlich erfahrenen Realität her erfaßt; ihre Übertragung in eine begrifflich-abstrakte Interpretation hat vor allem in der christlichen Theologie stattgefunden. Ansätze dazu, die sich allerdings nicht durchsetzten, sind auch in späteren Gedankenrichtungen innerhalb des Judentums zu finden.

Gewisse Schichten der biblischen Literatur legen den Schluß nahe, daß die Bindung Israels an sein Land von vornherein als Rückkehr aufgefaßt wurde. Auf den ersten Blick scheint das göttliche Gebot an Abraham, den Stammvater der Hebräer: »Gehe du aus deinem Land, deinem Geburtsort und deines Vaters Haus in das Land, das ich dir zeigen werde« (Gen 12,1) keinen Rückkehr-Gedanken zu enthalten. Ein solcher tritt weder terminologisch noch motivisch auf. Aber dieser Abschnitt darf nicht isoliert betrachtet werden, sondern muß im Zusammenhang mit anderen Aussagen über Volk und Land gesehen werden. Besonders in poetischen Texten der Hebräischen Bibel wird die Vorstellung betont, daß die Landverheißung an Israel schon mit der Schöpfung gegeben war. Nach dem Mose-Lied (Dtn 32,7f) hatte der Schöpfer bereits bei der ursprünglichen Aufteilung der Welt unter die Völker Israels Anspruch und Recht auf das Land, Gottes eigenes Land, festgelegt. Ähnliche Vorstellungen finden sich auch im Schilfmeerlied (Ex 15,13.17). Von daher gesehen ist das Verweilen von Abrahams Vorfahren in Mesopotamien, im Ur der Kaldäer, nicht ein ursprünglicher Zustand, sondern hat den Charakter einer Unterbrechung zwischen der Landzueignung im Anbeginn und Abrahams Rückkehr dorthin nach einer nicht beschriebenen und theologisch nicht erklärten ›Exilszeit‹ in der Fremde, im Land der Chaldäer. Der später für Israel charakteristisch gewordene Zyklus von Land – Exil – Rückkehr findet sich hier also im wesentlichen schon angedeutet, bevor er historische Realität wurde. Exil wird aber nicht, oder noch nicht, als göttliche Strafe für Israels Verfehlungen aufgefaßt, sondern als ein vorgeschichtlich bestimmtes Faktum, das keiner Begründung oder Erklärung bedarf.

Eine ähnliche Auffassung gibt sich in der Darstellung der ägyptischen Sklaverei kund. Weder in den grundlegenden Traditionen des Buches Exodus noch in der Mehrzahl der Reminiszenzen an die Knechtschaft in Ägypten in späteren biblischen Büchern wird das ägyptische Exil als Strafe interpretiert. Dasselbe gilt für die Rückprojizierung dieser Tatsache in den Bundesschluß Gottes mit Abraham in Gen 15.

Die Landzueignung – »deinem Samen gebe ich dies Land vom Strom Ägyptens bis zum großen Strom, dem Euphratstrom« (Gen 15,18) – folgt unmittelbar, ohne jegliche Erklärung oder Begründung, auf die Ankündigung der ägyptischen Knechtschaft: »Wissen sollst du, daß dein Same fremd sein wird in einem Land, das nicht sein ist; da werden sie dienen müssen, man wird sie bedrücken vierhundert Jahre lang. Aber das Volk, dem sie dienen müssen, will ich richten; danach werden sie ausziehen mit reicher Habe« (Gen 15,13f). Die Formulierung dieser Verheißung spielt deutlich auf Ex 12,35–38 an: »... (die Israeliten) erbaten sich von den Ägyptern silberne und goldene Geräte und Kleidungsstücke ... Und der Herr gab dem Volk Gunst in den Augen der Ägypter, so daß sie ihnen die Bitte gewährten ... Die Israeliten brachen von Ramses auf ... mit Kleinvieh und Rindern, ein sehr großer Viehbesitz« (ähnlich Ex 11,2.3a; parallele Motive und Ausdrücke finden sich in der Beschreibung der Heimkehr aus der babylonischen Gefangenschaft Esr 1,4–6). Die Verknüpfung der

Knechtschaft in Ägypten mit der göttlichen Landeszueignung im Abrahams-Bund hebt den Zyklus Exil – Fremde – Rückkehr aus dem Rahmen einer einmaligen aktuellen Geschichtserfahrung heraus und erhebt ihn in den Rang eines Grundmotivs, das Israels Schicksal durch seine gesamte Geschichte bestimmt und ihm Ausdruck verleiht.

Es ist von Belang, daß erst in viel späterer Zeit, beginnend etwa mit dem Propheten Ezechiel, während oder nach der Zeit des babylonischen Exils, die Sklaverei Israels in Ägypten als Strafe für die Verfehlungen des Volkes dargestellt wird. Die Beschuldigung, daß Israel in Ägypten fremden Göttern diente und daher dort zu Recht von Gott in seinem Zorn vernichtet werden sollte (Ez 20,7–9), ist eine Innovation des Propheten, für den Exil und Diaspora unzertrennbar mit Schuld und Strafe verbunden sind. Mit dieser Umwertung wird nicht nur Gottes grenzenlose Güte hervorgehoben, sondern eine Theodizee erreicht. Die ursprünglich unbegründete Knechtschaft Israels in Ägypten, die Fragen und Zweifel an Gottes Wirken in der Geschichte hervorrufen mußte, wurde durch eine Neuinterpretation dem normalen Verlauf der Beziehungen zwischen Gott und seinem Volk angepaßt: Exil und Diaspora resultieren immer aus Verfehlungen Israels. So begann nach Ezechiel die Geschichte Israels in der Vorzeit und erfuhr am Ende der Königszeit eine neuerliche Exils-Unterbrechung: »Auch erhob ich meine Hand wider sie in der Wüste, sie zu versprengen unter die Völker, sie zu zerstreuen in die Länder, darum daß sie meine Gebote nicht gehalten, meine Rechte verachtet und meine Sabbate entheiligt haben, und nach den Götzen ihrer Väter gingen ihre Augen« (Ez 20,23f).

Der Auszug aus Ägypten, mit dem die Landnahme begann, war somit nicht nur Auftakt für die Eroberung Kanaans nach der als Läuterungsprozeß verstandenen Wüstenwanderung, sondern wurde zum Ur-Symbol der Heimkehr. Gleicherweise wird Israels Geschichte nach der Zerstörung des Tempels und des Staates als eine Wiederbelebung erfahren, wenn Gott sein Volk aus allen Völkern, unter die es zerstreut war, wieder hinausführen wird »mit starker Hand und ausgestrecktem Arm und glühendem Zorn« (Ez 20,34), um es nach einer erneuten Katharsis zurück in sein Land zu führen (Ez 20,41), wo es »in Sicherheit« (Ez 38f, bes. 38,8.11f und 39,26–29) ihm dienen wird. Ideenmäßig schließt sich ein Kreis israelitischer Geschichte, wenn am Ende des zyklischen Ablaufs Exil – Diaspora – Rückkehr Gott sein Volk »auf den Boden Israels zurückbringt, in das Land, das ich euren Vätern zugeschworen habe« (Ez 20,42).

Die gesamte biblische Geschichte wird in der Form einer Ringkomposition von zwei Beziehungen auf Landnahme nach einem Exil umrahmt. Ich zitierte vorhin den Spruch an Abraham in Gen 12,1: »Gehe du aus deinem Land, aus deinem Geburtsort und deines Vaters Haus in das Land, das ich dir weisen werde«, das Land, das dort noch »Kanaan« genannt wird und nicht »Land Israel«, wie es nach Beginn der Königszeit der Fall sein wird. Den Begriff »Land Israel« finden wir erst im Buch Samuel. Das Land mußte sozusagen israelisiert werden, und dieser Prozeß zog sich einige Jahrhunderte hin. Aber nachdem »Kanaan« das »Land Israel« wurde, entwickelte sich eine Auffassung, nach der es von jeher Israel von Gott zugesprochen war und deshalb ihm ewig angehört. In dem Aufruf an Abraham, der den Beginn der Geschichte der Hebräer symbolisiert, glaube ich die ersten Striche einer *magna charta* zu erkennen, deren Zweck es ist, dem Landesbesitz *de facto* eine Basis *de iure* zu verleihen. Ein Faktum der Geschichte wird somit religiös-ideologisch unterbaut.

Als letzte Zeile dieser imaginären *magna charta* möchte ich den Schlußvers der Hebräischen Bibel ansehen. Das zweite Buch der Chronik, das letzte Buch im jüdischen Kanon, rekapituliert die Geschichte der Königszeit von den Tagen Davids bis zur Zerstörung des Tempels und des Reiches Juda im Jahr 586 v. Chr. (2Chr 36,20). Diesem Abschluß wird noch eine kurze Notiz angehängt, die sich auf die jeremianische Weissagung einer Rückkehr ins Land nach einem siebzig Jahre währenden Exil bezieht (2Chr 36,21). Dann folgt ein weiteres Stück (2Chr 20,22f), das wir wortwörtlich auch zu Beginn des Buches Esra finden (Esr 1,1–3b). Es ist dies der erste Teil des Edikts des Perserkönigs Kyros, dessen Geist Gott »erweckt« hatte, und der im Jahr 538 v. Chr. an die Judenschaft im Perserreich die Aufforderung richtete, in ihr Land heimzukehren. Wiederum hören wir den Ruf »zieht hinaus« und »zieht hinauf«, diesmal nicht direkt aus Gottes Mund, sondern vermittelt durch »seinen Gesalbten Kyros« (Jes 45,1), zweifellos ein Echo des göttlichen Spruches an Abraham (Gen 12,1): »So hat Kyros, der König von Persien, gesprochen: Alle Reiche der Erde hat Jahwe, der Himmelsgott, mir gegeben, und er hat mir aufgetragen, ihm in Jerusalem, das in Juda liegt, ein Haus zu bauen. Wer immer unter euch, seinem Volk, dazu bereit ist: Mit ihm sei Gott, und er ziehe hinauf.« Das letzte Wort der Hebräischen Bibel ist also *weyaʻal* – ›er ziehe hinauf‹. Es fordert zur *alijah* auf, zur Rückkehr nach Jerusalem, nach der Stadt, die äquivalent ist mit »Land Israel«, von Gott seinem Volk angelobt.

Es scheint mir nicht zu gewagt zu behaupten, daß diese Umklammerung der hebräischen Geschichte zu Beginn durch die Weisung an Abraham: »Ziehe aus deinem Land ... und gehe in das Land, das ich dir zeigen werde« und zum Schluß durch die gleichlautende Aufforderung durch Kyros: »Zieht hinauf« ganz bewußt auf einen Leitgedanken in der biblischen Geschichtsauffassung hinweist. Diese Ringkomposition deutet an, daß in jedem Stadium der Geschichte, und sich immer wiederholend, Exil durch Rückkehr aufgelöst werden muß. Exil kann und darf nicht ein Endpunkt sein, sondern nur Teilabschnitt einer Bewegung, die über Diaspora in Rückkehr einmündet.

Daher konnte man die biblische Epoche nicht mit der Zerstörung des Tempels und des Staates in 2Chr 36,20 enden lassen, sondern eröffnete durch den Zusatz 2Chr 36,21–23, also durch die befreienden Kyros-Worte, die nächste Phase der Geschichte Israels in seinem Land, beginnend mit der Rückkehr aus dem babylonischen Exil.

Kurz zusammenfassend könnte man sagen, daß das, was das Judentum vor allen anderen Völkern auszeichnet, die Exil existentiell erfahren haben, nicht die Exilserfahrung an sich ist, sondern das Bestehen auf einer in historischer Zukunft erwarteten und immer wieder realisierten Rückkehr in das Land Israel. In der Stunde des faktischen Exils wird für das jüdische Volk zugleich der Same der Rückkehr gesät.

III

Wie gestaltet sich für Israel die Erfahrung von Exil – Diaspora und Rückkehr realgeschichtlich? Eine Exilssituation im konkreten Sinn des Wortes wurde vom jüdischen Volk zum erstenmal nach der Eroberung Samarias, des biblischen Nordreichs, durch die Assyrer im Jahre 722 v. Chr. erlebt. Damals verlor Efraim seine souveräne politische Existenz nach einer Zeitspanne von ungefähr 180 Jahren. Im Gegensatz zu anderen Mächten, die bei der Eroberung von Territorien die autochthone Bevölkerung gewöhnlich in ihrem Land belassen hatten und sich mit Tribut und Steuerauflagen begnügten, führten die assyrischen Imperatoren seit ihrem Auftreten um ca. 850 v. Chr. eine neue Kriegstaktik und Technik in die Welt des Vorderen Orients ein. Sie verschleppten einen Teil der besiegten Bevölkerung, meistens die Oberschicht, die allein die Möglichkeit hatte, einen Widerstand gegen die fremden Herrscher zu entfachen. Im Land verblieb das führungslose Gros der Bevölkerung. Dagegen war die Exilgemeinde aus einer hochqualifizierten Minorität zusammengesetzt, die sich aber wegen ihrer verhältnismäßig kleinen Anzahl und der erschwerenden Bedingungen des Metoikentums selten zu einem politischen Aktivismus aufraffen konnte. Im Falle der efraimitischen Diaspora wurde die Passivität durch einen weiteren Umstand vertieft, in dem sie sich, wie noch aufzuweisen ist, besonders von der judäischen Diaspora in Babylon nach der Zerstörung des ersten Tempels unterschied. Die biblischen Quellen, die allerdings nicht als völlig objektiv angesehen werden dürfen, da sie ja schließlich und endlich im wesentlichen von Judäern verfaßt worden sind, geben uns keinen Grund für die Annahme, daß sich im Nordreich jemals eine Restitutionstheologie und eine Rückkehrhoffnung entwickelt hatten, die im Südreich, in Juda, zu den Grundfesten der politisch-theologischen Ideologie gehörten. Ohne die Argumentation des hier behandelten Themas überspitzen zu wollen, dürfte man doch sagen, daß das Fehlen dieser Ideen im geistigen Horizont der Samarier, sowohl der im Lande Zurückgebliebenen als auch der Deportierten, einer der Hauptgründe für das Verschwinden der zehn Stämme von der Bühne der Geschichte war, aus denen sich die Bevölkerung Samarias rekrutierte. Das Judentum war in der zweiten Tempelepoche und ist bis auf den heutigen Tag ausschließlich von Nachkommen der ehemaligen Einwohner des Staates Juda konstituiert, die seit dem Erstehen der davidischen Dynastie eine mit der Rückkehrtheologie zutiefst verbundene Messiasideologie entwickelten, beides verknüpft mit der immanenten Hoffnung auf eine historische Restitution eines eigenständigen sozialen Gebildes. Der Bevölkerung des Nordreichs fehlten diese Ideen- und Glaubensstützen und mit ihnen die Möglichkeit, erfolgreich einer Assimilation an die Umgebung zu widerstehen, sei es im Land Israel selbst, sei es in der assyrischen Diaspora.

IV

Grundsätzlich anders stellt sich die Situation in Juda dar. Im Jahr 586 v. Chr., ungefähr 150 Jahre nach dem Untergang des Nordreichs, fiel Jerusalem in die Hände der Babylonier. Der Tempel wurde geschleift und der staatlichen Souveränität ein Ende gesetzt. Auf einen Schlag brachen die Pfeiler zusammen, die das religiös-soziale Gebäude des biblischen Judentums seit den Tagen Davids, also über eine Zeitspanne von fast 500 Jahren hin, getragen hatten. Der Fall Jerusalems verdeutlichte den Umbruch, der alle Volksschichten und alle Aspekte des nationalen und religiösen Selbstbewußtseins bis ins Mark traf. Trotz der prophetischen Mahnreden, in denen das Debakel mehr angedroht als angekündigt worden war, stand das Volk geistig und physisch völlig unvorbereitet vor der neuen Lage. Die verschieden gestalteten Versuche, mit dieser Situation fertig zu werden, ihrer Herr zu werden, gaben den Anstoß zu einer inneren Differenzierung des Judentums, deren Auswirkungen noch in unserer Zeit zu beobachten sind.

Ich möchte diesen verhängnisvollen Umbruch, der das Judentum mit dem Fall Jerusalems und den sich danach entwickelnden historischen Umständen betraf, zeitgedrungen kurz, unter einigen markanten Gesichtspunkten, betrachten. Den ersten von diesen, und diese These wird wohl Kritik hervorrufen, möchte ich als den Prestigeverlust der Prophetie bezeichnen, der daraus resultierte, daß es den Propheten nicht gelungen war, das von ihnen angedrohte Unheil – Zerstörung des Tempels und Untergang des Staates – durch ihr Wirken zu verhindern. Wir dürfen hier nicht rückblickend die Geschichte richten und unser Urteil über das Wesen und die Größe der Propheten auch ihren Zeitgenossen unterschieben. Wir haben uns zu fragen, wie die Menschen, die jene verhängnisvollen Ereignisse miterlebten, auf sie reagierten und wie sie sich zu denen stellten, denen es auferlegt war, das Volk in seinem gesellschaftlichen, politischen und religiösen Leben zu leiten. Das ist wahrlich keine leichte Aufgabe. Unser Vermögen, die geistige Atmosphäre einer längst vergangenen Epoche zu rekonstruieren, ist natürlich sehr beschränkt. Eine gewisse Einfühlungsmöglichkeit wird durch die Interpretation der uns zur Verfügung stehenden biblischen Schriften ermöglicht. Dabei muß aber zugegeben werden, daß eine solche Interpretation nicht völlig objektiv sein kann. Im vollen Bewußtsein dieses Vorbehalts können wir sagen, daß der angedeutete Prestigeverlust der Prophetie nach dem Fall Jerusalems aus ihrem eigensten Wesen eruiert werden kann. Die tiefste Aufgabe des biblischen Propheten war es nicht, zukünftige Geschehnisse ohne Einschränkung vorauszusehen und vorauszusagen, sondern ganz im Gegenteil: Ihre Voraussagungen waren *per definitionem* bedingt. Sie sind immer konditional: »Wenn ihr dies tut, dann wird euch so geschehen, wenn ihr aber das tut, dann ...« Das Volk wurde vor eine Wahl gestellt. Der Auftrag des Propheten war es nicht, diese Wahl und die aus ihr resultierenden Folgen vorherzuwissen, sondern eine falsche Wahl zu verhüten. Die zu erwartende Strafe für religiöses Vergehen und für soziale Missetaten wurde nicht *angesagt*, sondern *angedroht*, verbunden mit der Erwartung, daß es dem Propheten gelingen wird, sie durch sein Wirken abzuwenden. Der Erfolg des Propheten liegt also darin, daß das, was er bedingt angekündigt hat, in Wirklichkeit nicht eintrifft. Tritt es ein, das heißt, kommt es zu einer Bestrafung der Volksgemeinschaft, so kann diese zwar als Beweis für die göttliche Sendung des Propheten angesehen werden, aber zu gleicher Zeit auch als Zeichen dafür, daß er seine Hauptaufgabe verfehlt hat, weil es ihm nicht gelungen ist, Israel zur Umkehr zu bringen. Diesen Schluß hat zumindest ein Teil der Zeitgenossen Jeremias gezogen. Auch nachdem seine Drohworte mit der Zerstörung des Tempels Wirklichkeit geworden sind und so seine Inspiriertheit sich erwiesen hat, fliehen sie nach der Ermordung Gedaljas nach Ägypten, gegen den Rat Jeremias, im Land zu verbleiben (Jer 41–43). Dort in Ägypten hören wir, vielleicht zum erstenmal in der Geistesgeschichte des Judentums, von einer grundsätzlichen Absage von Juden an den Propheten und an den Gott Israels, der ihn gesandt hat. Zu einer Zeit, in der alles, was er vorausgesehen hatte, sich erfüllt hat, wird Jeremia gesagt: »Was das Wort anlangt, das du da im Namen Jahwes zu uns geredet hast, so hören wir nicht auf dich. Sondern jetzt tun wir erst recht, was wir beschlossen haben, (nämlich) der Himmelskönigin (Astarte) zu opfern und ihr Trankopfer darzubringen ... (denn) seit wir aufgehört haben, der Himmelskönigin zu opfern und ihr Trankopfer darzubringen, sind wir in großem Mangel, und durch Schwert und Hunger sind wir umgekommen« (Jer 44,15–18). Es geht hier nicht darum, wie die Handlungsweise jener jüdischen Menschen einzuschätzen ist. Es ist leicht für uns, sie in einem historischen Rückblick her zu verurteilen. Ausschlaggebend ist, daß sich eine solche Einstellung zum Propheten in jener Situation überhaupt entwickeln konnte. Denn in ihr liegt der Beweis für die These, daß unter dem Eindruck der Tempelzerstörung Propheten und Prophetie nicht an Glaubwürdigkeit gewonnen, sondern im Gegenteil eingebüßt haben. Ist es reiner Zufall oder nur ein Mangel an Information, daß der Prophet Jeremia nach dieser Konfrontation mit den nach Ägypten geflüchteten Judäern von der Bühne verschwand, ohne daß irgendwelche Berichte über die damit verbundenen Umstände vorliegen? Oder sollte vielleicht hierdurch, fast symbolisch, der stille Ausklang der Prophetie angedeutet werden?

Die Annahme, daß man damals die Zerstörung des Tempels und das Ende der politischen Souveränität als einen Fehlschlag der Prophetie ansah, läßt sich durch spätere geistige Entwicklungen im Judentum erhärten.

In der rabbinischen Literatur finden sich Aussagen, die natürlich erst einige Jahrhunderte später formuliert wurden, die darauf hinweisen, daß man das Ende der Prophetie nicht als einen nur historisch bedingten Umstand betrachtete, sondern als den prinzipiellen Abschluß einer Phase in der jüdischen Geistesgeschichte. Die persönliche Inspiration der Propheten, der ein Element der Subjektivität anhaftet, durch die sich Gott bis zum Ende der Epoche des ersten Tempels seinem Volke kundgegeben hatte, wurde jetzt abgelöst durch die rationale Interpretation der göttlichen Weisungen, die den dafür geschulten Gesetzeslehrern oblag. Im Gegensatz zur persönlichen Inspiration der Propheten unterlag die Interpretation der Weisen objektiven Maßstäben, die von jedem erlernt und darum auch überprüft werden konnten. Die Vermittlung des Gotteswortes wurde somit institutionalisiert und demokratisiert. Sprüche der Rabbinen, von denen hier nur zwei angeführt werden sollen, geben dieser Wendung der jüdischen Auffassung zum Ausgang der alttestamentlichen Epoche fast schlagwortartig Ausdruck: »Nach dem Tod der letzten Propheten, Haggai, Sacharja und Maleachi, wurde die (prophetische) Inspiration von Israel genommen« (tSot 13,2 [Edition Zuckermandel, S. 318, 21–23]; Sot 48b; Yom 9b; San 11b). Als Ergänzung dazu bringt eine spätere Quelle, die aus dem 5. oder 6. Jahrhundert n. Chr. stammt, folgendes, und zwar im Anschluß an die Auslegung von Dan 8,21, wo eine etwas nebulöse Bezeichnung in dem Bibelvers auf Alexander den Großen von Makedonien bezogen wird, »bis zu dessen Zeit die Propheten unter Inspiration (wörtlich: im Geist Gottes) prophezeit haben. Von damals an neige dein Ohr und höre auf die Worte der Weisen« (SOR par 30). Ich habe diese Änderung in der rabbinischen Einstellung zur Prophetie, deren Wurzeln meiner Ansicht nach schon im 5. und 6. Jahrhundert v. Chr. zu finden sind, mit einiger Ausführlichkeit dargestellt, weil sie eine wichtige Rolle in der internen Aufspaltung des Judentums in den letzten vorchristlichen Jahrhunderten spielt, vor allem in den unterschiedlichen theologischen Prämissen, die der Spaltung von Judentum und Christentum zugrunde lagen. »Hie Inspiration, hie Interpretation« wird zu einer, zweifellos überspitzten, Losung, die das eine vom anderen trennt.

Gleichzeitig mit dem ›Prestigeverlust‹ der Propheten läßt sich ein ›Prestigegewinn‹ der Priesterschaft feststellen. Die Infragestellung des persönlichen Charismas der Propheten, um hier Max Webers Terminologie zu gebrauchen, betraf nicht das erbliche Amtscharisma der Priester. Trotz des Verlustes des Tempels bleibt das Volk weiterhin der Hoffnung einer baldigen Wiederherstellung seines Heiligtums verbunden. Der in der Idee nur zeitweilig aufgehobene Opferdienst verliert nichts von der Einschätzung, die ihm prinzipiell entgegengebracht wurde. Die Priester, die »Virtuosen« des Rituals (Max Weber), konnten zwar ihren Amtspflichten nicht nachkommen, aber dies wurde als eine nur notgedrungene Unterbrechung, nicht als ein völliges Abschaffen des Opfergottesdienstes aufgefaßt.

V

Zu diesem Umbruch in der Stellung der Schichten, die dem Volksganzen in der ersten Tempelepoche als Wegweiser vorstanden, kommt ein weiterer Faktor, der weitgehende soziale und auch religiöse Folgen hatte, besonders in bezug auf das hier zur Untersuchung stehende Thema. Zum ersten Mal in seiner Geschichte wurde damals auch Juda von jener Exilserfahrung betroffen, die 150 Jahre vorher das Los der Bevölkerung von Samaria gewesen war. Es besteht aber ein grundlegender Unterschied. Wie schon gesagt, versickerte die aus Samaria deportierte Bevölkerung in der fremden Umgebung. Zumindest darf gesagt werden, daß weder die biblischen noch die außerbiblischen Quellen von einer Gemeinde oder von Gemeinden in Mesopotamien berichten, die im 8. oder 7. Jahrhundert v. Chr. von aus Samarien vertriebenen Israeliten gebildet wurden. Im Gegensatz dazu führte die Deportation der Judäer, wie gering sie zahlenmäßig auch gewesen sein mag (2Kön 25; vgl. Jer 39,1–10; 52,1–16 und besonders 52,24–30), zu der Errichtung eines neuen jüdischen Zentrums in Babylonien und eines weiteren in Ägypten. Diese Pluralität von konstituierten Einheiten war ein Phänomen, desgleichen Israel nie erfahren hatte. Die gesamte biblische Geschichte bis 586 v. Chr. stand unter dem Zeichen einer geographischen Einheit und grundsätzlichen Einheitlichkeit im Land Israel – trotz der Aufspaltung in zwei politische Größen, das Süd- und das Nordreich. Nicht weniger als die Zerstreuung selbst erforderte die nun entstehende Pluralität der Gruppen, die Israel repräsentierten, eine Neuorientierung, ja eine erneute Definition von durch Lebenserfahrung und Tradition gefestigten Werten im Bereich des Glaubens und des soziologisch-historischen Selbstverständnisses. Es erhoben sich brennende Fragen: Wie identifiziert man sich als Jude? Wer und was bestimmt die Identifikation? Wie dient man seinem Gott, nachdem die von alters her geheiligten Mittel und Wege nicht mehr vorhanden sind? Ja, wie dient man überhaupt einem Gott, der die Zerstörung seines eigenen Heiligtums zugelassen hatte?

Diese Fragen waren schon in der Zeit des Exils schwerwiegend, als weitgehend unabhängige jüdische Gemeinschaften, nur lose miteinander verknüpft, im Land Israel und in der babylonischen Diaspora nebeneinander bestanden. Sie wurden besonders dringend, als nach einer Zeitspanne von ungefähr 50–100 Jahren eine direkte Verbindung der Diaspora mit dem palästinischen Zentrum wiederhergestellt wurde. Die unterschiedlichen Entwicklungen dieser verschiedenen Komponenten des Judentums kamen nun klar ans Licht und riefen scharfe Debatten hervor. Diesen Entwicklungen kann hier nur in beschränktem Umfang nachgegangen werden.

Die zahlenmäßig wohl geringste und in historischer und ideengeschichtlicher Sicht am wenigsten interessante Gruppe entstand in Unterägypten, in der Form einer jüdischen Militärkolonie, die uns in verhältnismäßig vielen Einzelheiten durch die Papyrusfunde aus Elephantine und Assuan bekannt ist. Diese Dokumente beziehen sich auf Ereignisse der letzten zwei Jahrzehnte des 5. Jahrhunderts v. Chr. Wir dürfen aber annehmen, daß jene Kolonie zumindest seit dem Beginn der persischen Epoche bestand, das heißt ungefähr seit der Mitte des 6. Jahrhunderts v. Chr. Vermutlich ist sie noch älter und geht auf den Untergang des jüdischen oder vielleicht sogar des efraimitischen Königreichs zurück. Das Verschwinden der Elephantine-Judenheit ist wohl in der ersten Hälfte des 4. Jahrhunderts anzusetzen. Diese Gruppe konnte dem Druck nicht widerstehen, den die ägyptische Bevölkerung, die sie als einen Fremdkörper betrachtete, auf sie ausübte, vor allem deswegen, weil sie von innen geschwächt war durch eine Armut an Glaubenswerten und Ideen, die ein Standhalten hätten ermöglichen können, wie es, und davon ist noch zu sprechen, in der babylonischen Diaspora der Fall war. Nichts in den in Elephantine und Assuan aufgefundenen Urkunden weist darauf hin, daß in dieser jüdischen, wohl durch die Perser errichteten Militärkolonie eine Rückkehrhoffnung oder eine aus dem davidischen Königshaus entsprossene Messiaserwartung lebendig war. Das Leben in der Fremde war so selbstverständlich geworden, daß sogar von einem Heiligtum die Rede ist, das noch vor der Eroberung Ägyptens durch den Perserkönig Kambyses (525 v. Chr.) gebaut worden war und das im Jahr 408 v. Chr. von einer ägyptischen Soldatengruppe zerstört wurde. Dieses Heiligtum war, so geht aus den Urkunden hervor, Israels Gott Jhwh gewidmet. Aber die Verehrung anderer Götter neben Jhwh und die Fusion des Namens Jhwh mit dem Namen fremder Götter sind genügender Beweis für die Annahme, daß in Elephantine ein Synkretismus zu Hause war, der vielleicht eine Abart des Mischkultes darstellt, wie er im biblischen Israel in der Epoche des ersten Tempels um sich gegriffen hatte. Notabene, nicht von einer Synagoge in Elephantine sprechen unsere Quellen, sondern von einem Jhwh geweihten Heiligtum mit einem, soweit wir es überblicken können, Weihrauch- und Opfergottesdienst ähnlich dem, der im Tempel zu Jerusalem die Regel gewesen war. Mit dem Bau dieses Heiligtums in Ägypten weniger als fünfzig Jahre nach der Zerstörung des Tempels in Jerusalem wurde die Einmaligkeit jenes Heiligtums, die die biblischen Schriften predigten, grundsätzlich in Frage gestellt. Das Bestehen eines lokalen Heiligtums, das erste jüdische außerhalb des Landes Israel, und das absolute Fehlen jeden Hinweises auf eine Hoffnung auf Restitution oder auf Rückkehr nach Israel lassen eine Diasporamentalität erkennen, die sich mit dem Exil, dem In-der-Fremde-Leben, endgültig abgefunden hat. Und so verliert sich auch die Gemeinde von Elephantine in ihrer Umwelt, ein verdorrter Zweig des jüdischen Volkes. Elephantine illustriert das Los einer Emigranten-Diaspora, die zerfließt, weil ihr die zusammenraffende Kraft der Hoffnung auf eine Rückkehr in die alte Heimat verlorengegangen war.

Ausschlaggebend für die spätere Entwicklung des Judentums sind die anderen zwei Zentren. Die Mehrheit der Einwohner Judas blieb auch nach der Eroberung des Staates durch die Babylonier im Heimatland zurück. Die Bevölkerung wurde durch Krieg und Pestilenz dezimiert und durch Deportation der Oberschichten ihrer führenden Persönlichkeiten beraubt. Die Zurückgebliebenen litten unter wirtschaftlicher Not und standen unter der Furcht vor den Eroberern (Jer 40f; Klagelieder). Aber ihr Lebensstil änderte sich nicht wesentlich. Wir haben Grund, annehmen zu dürfen, daß auch der herkömmliche Tempelgottesdienst in Jerusalem in rudimentärer Form weitergeführt oder erneuert wurde (Jer 41,4f; Esr 4,2). Die Ackerbauern und Winzer, die die babylonischen Truppen im Land Israel belassen hatten (2Kön 25,12; Jer 39,10; 52,16), lebten weiterhin auf ihrer Scholle, wenn auch ohne die Gegebenheiten einer Eigenstaatlichkeit. Sie verkörpern den autochthonen Teil des jüdischen Volkes, dessen Rückhalt am Land niemals durch Deportation auf die Probe gestellt wurde. An religiösen Einsichten und intellektuellen Errungenschaften waren sie arm, ein Landjudentum, an den Synkretismus gebunden, der sich seit der Eroberung Kanaans unter Josua und den Richtern, also seit etwa 1200 v. Chr., entwickelt hatte. Dieser beruhte auf der Fusion des israelitischen monotheistischen Jhwhglaubens mit den Kulturbräuchen des lokalen polytheistischen Baalismus, den die biblischen Autoren und vor allem die Propheten völlig ablehnten. Dieses Tendieren jener frühen israelitischen Landbevölkerung, die sich von Kleinviehzucht und Hirtenleben auf Seßhaftigkeit und Ackerbau umstellen mußte, zu den Fruchtbarkeitsriten ihrer kanaanäischen Nachbarn muß auf dem Hintergrund ihrer neuen Situation verstanden werden. Wie schon Friedrich Heer darlegte, hängen Kultivierung und Ackerkultur nicht nur etymologisch mit Kult und Kultus zusammen. In der Auffassung der israelitischen Bauernschicht konnte eine Kultivierung des Bodens keine Früchte hervorbringen, wenn sie nicht von kultischen Akten begleitet wurde, die dazu angetan waren, das Wohlwollen der Götter hervorzurufen, von denen die Fruchtbarkeit des Ackers abhing. Dem palästinischen Landjudentum mangelte es an der geistigen Gärung, die die Vertreibung unter den Exiljuden in Babylonien hervorbrachte. Aber die »einfachen Leute von Palästina sorgten dafür, daß die Geschichte Israels nicht nur Geschichte des Exils war, sondern auch Geschichte Israels im Land«[4].

VI

Nun können wir uns der dritten Gruppe zuwenden, der Gemeinde oder den Gemeinden der Deportierten in Babylonien und später, nach der Eroberung des babylonischen Imperiums durch Kyros, in Persien. In ihrer Zusammensetzung und in ihrer Grundhaltung unterschied sich diese Gemeinschaft von zwangsweise Verschleppten prinzipiell von der autochtho-

---

4 Ebd., S. 63.

nen jüdischen Bevölkerung Palästinas sowie von der jüdischen Emigrantenkolonie in Ägypten gerade darin, daß sie sich als eine Exulantengemeinschaft betrachtete, deren Mitglieder, zumindest zum großen Teil, sich mit dem erzwungenen Leben fern von der Heimat nicht abfinden wollten. Ohne Zweifel gab es auch in der babylonischen Diaspora Elemente, die sich mehr oder weniger erfolgreich an die Majoritätsbevölkerung anpaßten und in diesem Prozeß ihre Bindung zum »Land«, zur jüdischen Geschichte und den Restitutionshoffnungen Israels aufgaben. Das Esterbuch z. B. kann mit Recht als typische Diasporaliteratur dargestellt werden. Ähnlich wie in den Elephantine-Urkunden zeigt sich auch in diesem Buch keine wesentliche Beziehung auf die Geschichte oder das Land Israel. Weder von einer Rückkehrhoffnung noch von einer messianischen Restaurationsideologie findet sich das geringste Anzeichen. Inmitten einer zum Teil feindlichen Umgebung entwickelt sich in führenden Schichten dieser Diaspora eine Selbstbezogenheit, in deren Rahmen sich eine Rückkehrhoffnung kaum entfalten konnte. Die Beteiligung der Juden von Susa an den Festivitäten am Königshof des Artaxerxes ohne jedwede Hemmung, die von den ihnen aufgelegten Speisegesetzen her zu erwarten wäre, deutet auf eine außerordentlich laxe Einstellung zu den Geboten hin (vgl. das ganz andere Verhalten von Daniel und seinen Freunden und von Judit in ähnlichen Situationen). Ja noch mehr, Ester, die Pflegetochter des berühmten Mordechai, konnte mit seinem Einverständnis die Frau eines heidnischen Königs werden, ohne daß der Autor des Buches darin einen Grund für eine Rüge sah. All dies spielt sich auf dem Hintergrund eines Judenhasses ab, angefacht von Haman und aufflackernd im gesamten persischen Reich, den man als Prototyp des späteren Antisemitismus ansehen darf. Also auch in Babylon gab es ein assimilationsbereites Judentum, das unter Verzicht auf eine Rückkehrerwartung die Diaspora als ein endgültiges Stadium seiner Geschichte auffaßte.

Aber im Gegensatz zum Esterbuch, das ich als den einzigen Exponenten von Diasporaliteratur in der Bibel ansehen möchte, gibt sich in allen anderen nachexilischen Büchern der Hebräischen Bibel eine völlig andere Geisteshaltung kund. Diese Bücher stammen zweifellos von Autoren, die alle oder doch deren größter Teil das Exil miterfahren hatten, die aber ihre Werke nach der Rückwanderung im Heiligen Land verfaßten. Die Auffassungen, die sich in diesen Büchern darlegen, sind deshalb so schwerwiegend, weil sie ausschlaggebend wurden für die nachexilische Entwicklung des Judentums. Sie sind frühe Zeugnisse jener Hauptströmung, die sich im rabbinischen und mittelalterlichen Judentum konsolidierte und bis auf den heutigen Tag das jüdische Denken kennzeichnet. Schlaglichtartig wird diese Denkweise durch einen kurzen Spruch des Propheten Jeremia beleuchtet (Jer 29,4–7), den er in Form eines Briefes an die Diasporagemeinde in Babylon sandte, die Gemeinde von Judäern, die nach der ersten Vertreibung durch die Babylonier unter König Jojachin im Jahr 597 v. Chr. entstanden war und zu der vielleicht auch schon früher aus

Samaria vertriebene efraimitische Exulanten gehörten: »Baut Häuser und bewohnt sie, legt Gärten an und verzehrt ihren Ertrag, nehmt Frauen und zeugt Söhne und Töchter und nehmt euren Söhnen Frauen, und euren Töchtern gebt Männer, daß sie Söhne und Töchter gebären, damit ihr euch dort mehrt und nicht abnehmt.«

Diese Aufforderung wurde interessanterweise durch eine königliche Gesandtschaft, die Zidkija zu Nebukadnezzar schickte, den »Ältesten der Weggeführten, den Priestern und Propheten und dem ganzen Volk, das Nebukadnezzar von Jerusalem weggeführt hatte«, übermittelt. Sie beleuchtet eine Kontroverse zwischen Jeremia und denen, die seine Ansicht teilten, einerseits und den Propheten, die in der Diaspora erstanden waren und die Jeremia als »Wahrsager und Träumer« bezeichnet (Jer 29,8f. 15.21ff), anderseits. Die Meinungsverschiedenheit betrifft die Frage, wie lange das Exil währen wird. Die Menschen der Diaspora, an die sich Jeremia wendet, erwarteten eine unmittelbar bevorstehende Rückkehr in das Land Israel und wurden in dieser Ansicht von nach Jeremias Urteil »falschen« Propheten bestärkt. Sie lebten in einer Bereitschaft, auf sofortigen Abruf hin die Rückwanderung anzutreten. Sie saßen sozusagen auf ihren Koffern. Das Leben in Babylon war in ihren Augen nur ein von ihnen und ihren Vätern selbst verschuldetes Übergangsstadium, das in absehbarer Zeit, in ihren Tagen, zu einer Restitution Israels führen muß und wird. Das Ideal der Seßhaftigkeit im Land Israel und die aus ihm erwachsene Rückkehrhoffnung machten eine permanente oder auch nur langwährende Anwesenheit in der Fremde zu einer psychologischen und religiös-denkerischen Unmöglichkeit. Dieser Ablehnung einer Permanenz der Diaspora gab die Weigerung Ausdruck, sie zu institutionalisieren: keine Familiengründungen, ja nicht einmal Zeugen von Kindern; keine Einwurzelung im fremden Boden durch das Bauen von Häusern oder das Anpflanzen von Bäumen, die erst langfristig Früchte tragen; vor allem keine Einrichtung von Gemeindeinstitutionen und gesellschaftlichen Lebensformen, die mehr noch als das private Ehe- und Familienleben auf Beständigkeit hinweisen und sie symbolisieren. Daher konnte es in der babylonischen Diaspora, im Gegensatz zu der Emigrantenjudenschaft in Elephantine (Ägypten), von der wir schon sprachen, nicht zum Bau eines (Ersatz-)Tempels kommen, ja nicht einmal zur Einrichtung von neuen religiösen Institutionen, die stellvertretend die Lücke füllen könnten, die nach der Zerstörung des Jerusalemer Tempels im geistigen und kultischen Leben der Exiljuden klaffte. Trotz gegenteiliger Behauptungen, denen man in vielen Büchern und Aufsätzen begegnet, haben wir nicht den geringsten Beweis für die Annahme, daß die »Synagoge« als neue religiöse Gemeindeinstitution im babylonischen Exil entstand, zwischen der Schleifung des Tempels 586 v. Chr. und der Rückkehr ins Land Israel nach 538 v. Chr. unter Serubbabel, Esra und Nehemia. Wir haben, zugegebenerweise, im Buch Ezechiel Andeutungen über Zusammenkünfte, bei denen der Prophet das Wort Gottes an seine Glaubensgenossen in der Gola verkündigt (Ez 3,10ff; 11,14–

25 u. ö.). Aber nirgendwo ist die Rede davon, daß dergleichen Versammlungen mit einem Gebetsgottesdienst verbunden waren oder daß in ihnen die Grundlage für ein Gebetsritual gelegt wurde, wie wir es aus der nachbiblischen Geschichte der Synagoge und der Kirche kennen. Der Grund für diesen Verzicht auf jedwede Form von geregeltem Gottesdienst scheint mir wiederum in der abwartenden Haltung der Diaspora zu liegen, die ihr brennendes Hoffen auf eine baldige Restitution des Tempels und des durch Tradition geheiligten Opferdienstes nicht durch ein ›Surrogat‹ schwächen wollte. Deswegen kann es nicht verwundern, daß der erste Akt der Rückkehrer nach 538 v. Chr. die Wiederherstellung des Altars war (Esr 3,2f) und daß sie sich sofort danach an den Wiederaufbau des Tempels in Jerusalem machten (Esr 3,8–4,5; 5,6; Hag; Sach 2,1–4,14; 6,9–8,23), in dem wieder die Zionslieder ertönen werden, die in der Vertreibung zu singen man sich geweigert hatte (Ps 137).

Auch Jeremia teilte prinzipiell diese Ansicht. Aber im Unterschied zu seinen Zeitgenossen wußte er, daß die Stunde der Erlösung ferner lag, als sie annahmen. Er hatte ein siebzig Jahre währendes Exil vorausgesehen (Jer 29,10; vgl. 25,11f; Sach 1,12; 7,5; Dan 9,2; 2Chr 36,21), wobei diese Zahl mehr symbolisch als spezifisch genau aufgefaßt werden muß (vgl. Jes 23,15.17; Dan 9,24). Also zwei Generationen oder mehr wird sich das Exil hinziehen, bevor Gott sich seines Volkes wieder erbarmen wird. Für dieses Zwischenstadium muß eine Quasi-Normalität geschaffen werden, damit die Gemeinschaft bestehen bleibt, an der und in der sich die gute Botschaft erfüllen kann, wenn die Stunde reif ist. Für diese Zwischenzeit ist auch ein positives Verhalten der Obermacht gegenüber vorgeschrieben. Der Prophet ermahnt die Diaspora: »Müht euch um das Wohl der Stadt (gemeint ist wohl ›des Landes‹), in die (das) ich euch weggeführt habe, und betet für sie (es) zu Jhwh, denn ihr (sein) Wohl ist euer eigenes Wohl« (Jer 29,7). Gegen den Hintergrund der Treue zum Land betrachtet, die Jeremia nicht nur in seinen Reden bekundet, sondern auch in seinem Entschluß, im Land zu verbleiben und nicht der Einladung des Königs Nebukadnezzar und seines Feldherrn Nebusaradan nachzukommen, in Babylon ein geschütztes und geehrtes Leben zu führen (Jer 39,11; 40,1–6), kann aus diesem Spruch des Propheten nicht ein Beweis für eine diasporabejahende Ideologie konstruiert werden, was manchmal in der späteren Geistesgeschichte des Judentums geschah. Nicht das Prinzip der Rückkehr steht für Jeremia zur Debatte, sondern nur das Wann und Wie ihrer Verwirklichung: »Erst wenn für Babel siebzig Jahre voll geworden sind, werde ich mich eurer annehmen und mein Verheißungswort, euch hierher zurückzubringen, an euch in Erfüllung gehen lassen ... euch Zukunft und Hoffnung schenken ... und euch sammeln aus allen Völkern und von allen Orten, an die ich euch verstoßen habe ... und euch an den Ort zurückbringen, von dem ich euch weggeführt habe« (Jer 29,10–14). Es bedarf keiner Erläuterung, daß diese Renaissance nicht automatisch zu erwarten ist, sondern bedingt ist durch eine Umkehr *(teschuwa)* zu Gott, worauf ich schon zu Beginn meiner Darlegungen hinwies: »Wenn ihr mich anruft und zu mir betet, so werde ich euch erhören, und wenn ihr mich sucht, werdet ihr mich finden; ja, wenn ihr von ganzem Herzen nach mir fragt, werde ich euch erscheinen, ist der Spruch Jhwhs, und werde euer Geschick wenden« (29,12–14).

Zusammenfassend darf gesagt werden, daß das Judentum, das in den Hauptteilen der nachexilischen biblischen Schriften, in der Geschichtsschreibung, den Psalmen und der Prophetie, zu Wort kommt, in der Zeitspanne zwischen Vertreibung und Rückkehr, also in der Diaspora, in einer existentiellen Spannung befangen war, der Spannung zwischen dem in der Vergangenheit erfahrenen Leben im Land und der Hoffnung auf ein in absehbarer Zukunft erneutes Leben in der Heimat. Abgesondert von der nichtjüdischen Umwelt bewahrte das exilische Judentum teils notgedrungen, teils aus freiem Willen seine Identität und damit die Kraft, eine Rückkehr erwirken oder zu einem gegebenen Zeitpunkt die Möglichkeit einer Rückkehr wahrnehmen zu können. Die Diaspora lebte in der Abgeschlossenheit eines messianischen Gettos.

Die Absonderung von der Umwelt nährte eine besondere Diasporafrömmigkeit, hatte also einen positiven Einfluß auf die geistige Welt des Judentums und seines Glaubens. Befreit von den Sorgen um die tagtäglichen Forderungen, die ein Staatswesen an seine Bürger stellt, befreit von dem unvermeidlichen Konflikt zwischen dem gottgegebenen, daher unveränderlichen »Gesetz« und den profanen Gegebenheiten eines geschichtlich bedingten und daher sich immer ändernden Alltagslebens konnte die »Tora« jetzt die Achse werden, um die sich das Leben des einzelnen und der Gesellschaft drehte. Die Abwendung von der Umgebung förderte das Sich-nach-innen-Wenden und die Selbstbesinnung auf die urtümlichen Werte des jüdischen Glaubens. Die neugefundene Toratreue entfaltete einen Eigenwert, der nicht an die besonderen ›günstigen‹ Umstände der Diasporaexistenz gebunden bleibt. Die im Exil erworbene Frömmigkeit kommt zu vollendeter Blüte, nachdem die Vertriebenen schließlich aufgrund des Kyros-Erlasses in ihr Land zurückkehren, und wird dort die Basis des neuen Bundes, durch den sich das wiederum bodensässige Volk seinem Gott verpflichtet. In dem neuen Israel, das nach der Heimkehr ins Land unter der Leitung von Serubbabel, Esra und Nehemia sein Gesellschafts- und Staatsleben auf den Pfeilern der Tora aufbaut, spielen ineinander ein welthaft bezogener Realismus, der in der Faßbarkeit des Landes wurzelt, und ein messianisch gefärbter Glaube, der in seiner durch »Tora« unterbauten Vollkommenheit ein Produkt der Diasporaerfahrung sowie des Klärungsprozesses des biblischen Glaubens war, der sich dort vollzog.

VII

So betrachtet und erwogen, gestalten sich die negativen und positiven Aspekte der ersten historischen Diaspora in der Geschichte Israels als vorbildlich für alle späteren Erfahrungen des Zyklus Exil – Diaspora – Rückkehr. Das Wesen dieser Erfahrung ist im Jahre 1939 von Martin Buber in einem Brief an Mahatma Gandhi scharf umrissen worden: »Zerstreuung ist erträglich und zuweilen sogar sinnreich, wenn es irgendwo eine Sammlung, eine wachsende heimatliche Mitte gibt, ein Stück Erde, wo man nicht in der Zerstreuung, sondern in der Sammlung ist und von wo aus der Geist der Sammlung in alle Stätten der Zerstreuung hinaus wirken kann. Wo es das gibt, gibt es ein aufstrebendes gemeinsames Leben, das Leben einer Gemeinschaft, die heute zu leben wagt, weil sie morgen zu leben hoffen darf. Aber wo der Zerstreuung, diese wachsende Mitte, dieses unablässige Geschehen dieser Sammlung fehlt, da wird sie zur Zerstückelung. Von da aus ist die Frage unseres jüdischen Schicksals unablösbar an die Möglichkeit der Sammlung, diese aber an Palästina gebunden«[5]. Die Sammlung, von der Buber spricht, wurde weder beim Ausgang der ersten Tempelperiode und der auf sie folgenden Zerstreuung noch in späteren Etappen der jüdischen Geschichte als eine in ferner Zukunft liegende Gegebenheit betrachtet. Man vertröstete sich nicht mit einer eschatologischen Hoffnung, die sich in der Metahistorie realisieren wird, sondern lebte immer mit der Losung: »Das nächste Jahr in Jerusalem«. Dieser Spruch wurde nicht als eine nur liturgische Floskel aufgefaßt, sondern war und ist ein schicksalsgestaltender Ruf, der immer die Möglichkeit einer unmittelbar bevorstehenden Verwirklichung in sich trägt, auch wenn sie faktisch nicht realisiert werden kann. Die Realisierbarkeit der erträumten Rückkehr wurde niemals in Zweifel gesetzt. Franz Rosenzweig hat dies in einem Brief an Benno Jacob, einen von keiner Rückkehrideologie bewegten liberalen Rabbiner, markant formuliert: »Ich kann mir vorstellen«, schreibt er, »daß man jeder Gegenwart ein ›Du bist es noch nicht‹ entgegenhält. Wie man aber aus diesem Tun ein Prinzip machen kann, ohne die Zukunft damit zu ruinieren, das verstehe ich nicht. Ich habe keine Darstellung davon, wie man um etwas beten soll, was man von vornherein für unmöglich hält. Ich kann nicht beten, daß zwei mal zwei gleich fünf sein solle. Die Propheten haben ein irdisches Zion der Zukunft gemeint. Die Ewigkeit, die wir Juden meinen, liegt nicht im Unendlichen, sondern im ›bald, in unseren Tagen‹ ... Was nur in Ewigkeit kommt, kommt ... in Ewigkeit nicht«[6].

Die formierende Kraft dieser geschichtsbezogenen Zukunftshoffnung zeigt sich im Judentum unter anderem in der Gestaltung des messia-

---

5 H. *Lamm* (Hg.), Mahatma Gandhi und Martin Buber, Juden, Palästina und Araber, München 1961, S. 16.
6 F. *Rosenzweig*, Briefe, Berlin 1935, S. 593f.

nischen Gedankens, den Martin Buber als »die am tiefsten originale Idee des Judentums«[7] bezeichnet hat. Es kann keinem Zweifel unterliegen, daß gerade der Untergang des judäischen Staates und die Zerstörung des Tempels im Jahr 586 v.Chr. die Messiasidee besonders stark gefördert haben. Sie wurde die positive Antithese zu dem erschütternden Debakel, zu dem vollständigen Ruin der Gesellschaft und der Gesellschaftsformen des biblischen Israel. Man tröstet sich mit der Erwartung *eines*, nicht *des* Messias, der im nächsten oder übernächsten Geschlecht einem neuen jüdischen Staatswesen im Land Israel wieder vorstehen wird. Das Bild der zukünftigen Situation ist nach dem idealisierten Vorbild einer geschichtlich unter David und Salomo schon erfahrenen ›Urzeit‹ gezeichnet, als »Juda und Israel lebten in Sicherheit, ein jeder unter seinem Weinstock und unter einem Feigenbaum, von Dan bis Beerscheba« (1Kön 5,5)[8].

Die erstmalige, teilweise Verwirklichung der messianischen Erwartung, im Rahmen und auf dem Hintergrund der Rückkehr aus dem babylonischen Exil in der frühen Perserzeit, erreichte nicht die Tiefe und die Ausmaße, die die Rückkehrer in utopisch-überschwenglicher Weise erträumt hatten (vgl. Hag 2,20–23 mit Sach 1,7–17). Die Wirklichkeit hatte mit der Idee wenig gemeinsam. Ungefähr 500 Jahre später, im Jahr 70 n.Chr., schleiften die Römer den Zweiten Tempel. Wiederum wurde der jüdische Staat zertrümmert, und wiederum ging Israel ins Exil. Die Verzweiflung und Enttäuschung, hervorgerufen durch die bittere Erfahrung, bewirkten, daß die messianische Restaurationshoffnung auf eine unbestimmte ferne Zukunft verschoben wurde. Ein zum eschatologischen Ideal erhobener Messianismus dämpfte den aktivistischen Drang zu einer in der Geschichte verwirklichten Rückkehr. In seinem großartigen Aufsatz »Zum Verständnis der messianischen Idee im Judentum« hat Gerschom Scholem die zwiespältige Natur des jüdischen Messianismus folgendermaßen umrissen: »Die Größe der messianischen Idee entspricht der unendlichen Schwäche der jüdischen Geschichte, die im Exil zum Einsatz auf der geschichtlichen Ebene nicht bereit war. Sie hat die Schwäche des Vorläufigen, des Provisorischen, das sich nicht ausgibt. Denn die messianische Idee ist nicht nur Trost und Hoffnung. In jedem Versuch ihres Vollzugs brechen die Abgründe auf, die jede ihrer Gestalten *ad absurdum* führen. In der Hoffnung leben ist etwas Großes, aber es ist auch etwas tief Unwirkliches... So hat die messianische Idee im Judentum das *Leben im Aufschub* erzwungen, in welchem nichts in endgültiger Weise getan und vollzogen werden kann. Die messianische Idee – darf man vielleicht sagen – ist die eigentliche antiexistentialistische Idee«[9].

---

7 *M. Buber*, Reden über das Judentum, Frankfurt a.M. 1923, S. 58.
8 Vgl. *S. Talmon*, Typen der Messiaserwartung um die Zeitenwende, in: *ders.*, Gesellschaft und Literatur in der Hebräischen Bibel. Gesammelte Aufsätze, Bd. 1 (Information Judentum 8), Neukirchen-Vluyn 1988, S. 209–224.
9 *G. Scholem*, Zum Verständnis der messianischen Idee im Judentum, in: Eranos Jahrbuch, Bd. 28, Zürich 1960, S. 238f.

Das Judentum hat sich mit der durch die Zerstörung des Staates im Jahr 586 v. Chr. und erneut im Jahr 70 n. Chr. entstandenen Exilssituation niemals abgefunden. Die Zerstreuung wurde immer, wenn auch in verschiedenem Maß, als eine Aufforderung angesehen, in die Sammlung zurückzukehren. Die Peripherie ist sich bewußt, daß sie mit dem Kern, mit dem Land, aufs tiefste verbunden bleibt und zu ihm hinstreben muß. Immer wieder wurde der Versuch unternommen, die Sammlung zu erwirken und in der Wirklichkeit der Geschichte im Land Israel eine jüdisch-eigene Gesellschaftsordnung wiederherzustellen, manchmal unter dem Zeichen eines Pseudo-Messianismus, manchmal als Pseudo-Messianismus verschrien. So bis auf den heutigen Tag. Hier möchte ich nochmals Scholem zitieren: »Es ist kein Wunder, daß die Bereitschaft zum unwiderruflichen Einsatz aufs Konkrete, die sich nicht mehr vertrösten will, eine aus Grauen und Untergang geborene Bereitschaft, die die jüdische Geschichte erst in unserer Generation gefunden hat, als sie den utopischen Zug auf Zion antrat, von Obertönen des Messianismus begleitet ist, ohne doch – der Geschichte selber und nicht einer Metageschichte verschworen – sich ihm verschreiben zu können«[10].

Ich möchte zusammenfassen: Das biblische und das nachbiblische Judentum bis in die Gegenwart erkennt in der *Rückkehr in das Land Israel* den positiven Pol seiner historischen Existenz, der den negativen Pol *Exil* und *Diaspora* ausgleicht und neutralisiert, ohne ihm aber den heuristischen Wert abzusprechen, der jeder geschichtlichen Faktizität anhaftet. Der infolge der Rückkehr entstehende *Judenstaat* ist die bejahte Antithese zur verneinten *Judenstadt*, also zum Getto in der Fremde. Mit der Rückkehr in das einst schon besessene Land schließt sich von neuem der Kreis der Ereignisse, der mit der Weisung Gottes an den Vorvater Abraham eröffnet wurde: »Gehe hinauf in das Land, das ich dir zeigen werde.«

---

10 Ebd., S. 239.

5

Die Bedeutung Jerusalems in der Bibel

I

Für die gegenwärtige Kontroverse um Jerusalem mit all ihren Verzweigungen wird der Gegenstand meiner Abhandlung über das Jerusalemverständnis in der Bibel gänzlich irrelevant erscheinen. Es mag paradox klingen – ist es aber de facto nicht –, daß das grundlegende literarische und geistige Erbe sowohl des Juden- als auch des Christentums, nämlich der Kanon der 24 Schriften der Hebräischen Bibel, sowenig Einfluß hatte auf die Analyse der Jerusalem betreffenden Gegebenheiten und auf die aus dieser Analyse sich ergebende Diskussion. Es hat den Anschein, als ob diese Diskussion von Anfang an zu einer einseitigen Betrachtungsweise neigte, da alle betroffenen Parteien ihren Ausgangspunkt bei dem verschiedenartigen Bild von Jerusalem und den damit jeweils verbundenen Ideologien nahmen, die sich erst in nachbiblischer Zeit und in der nachbiblischen Literatur entwickelt haben. Da die christlichen Theologen und jüdischen Denker, die an dieser Diskussion beteiligt sind, sich auf voneinander verschiedene und zumeist widersprüchliche Prämissen stützten, gelangten sie noch nicht einmal in die Nähe eines Dialogs. Ich wage nicht zu hoffen, daß meine Darlegung der vorliegenden Problematik es vermag, die Situation insgesamt zu verbessern. Ohne den Versuch, das biblische Material nach meiner Sicht auf die Gegenwart anzuwenden, werde ich doch an der Überzeugung festhalten, daß seine Analyse einige Hoffnung beinhaltet, wenn nicht zur Überwindung des Gegensatzes zwischen den opponierenden Parteien bezüglich der Bewertung der Bedeutung des Phänomens »Jerusalem«, so doch wenigstens zur Förderung eines besseren Verständnisses für die Einstellung eines Juden zu Jerusalem bei Christen und Moslems.

In Anbetracht der oben erwähnten, vielleicht bedauerlichen Irrelevanz der biblischen Aussagen für die aktuellen theologischen und sozio-politischen Meinungsverschiedenheiten ist es mir möglich, meine Sicht von »Jerusalem in der Bibel« sine ira, jedoch cum studio darzustellen. Als Exeget und Philologe durch Ausbildung, von Beruf und vielleicht auch aus Überzeugung werde ich versuchen, meine Untersuchung auf eine möglichst objektive Darstellung des biblischen Materials zu stützen, wie es von jemandem erwartet werden kann, der sich ernsthaft um das Verständnis der Bibel bemüht und seine Untersuchung gewappnet mit den Werkzeugen seines Handwerks in Angriff nimmt, sich aber zugleich der Last seiner Überzeugungen und seiner eigenen existentiellen Situation bewußt ist.

Ich möchte mit einigen rein statistischen Daten beginnen. Der Stadtname Jerusalem wird in der Hebräischen Bibel etwa 750mal erwähnt. Zion taucht ungefähr 180mal auf. Ferner finden sich einige hundert weitere Belege für die verschiedenen übrigen Benennungen der Stadt, wie z.B. Berg Moria, Stadt Davids, Stadt Judas, Tempelberg, Heilige Stadt, Salem, Jebus, Ariel, Die Stadt usw. Zusammen genommen gibt es über 2000 Erwähnungen Jerusalems in dem Hebräischen Kanon. Kein Vergleich mit der Anzahl der Erwähnungen Jerusalems in der zwischentestamentlichen Literatur, für die wir jedoch keine vollständige Konkordanz besitzen; der neutestamentliche Befund ergibt ein ähnliches Resultat. Diese statistische Unausgewogenheit springt noch mehr ins Auge, wenn man die Tatsache bedenkt, daß die Sammlung der 24 Bücher der Hebräischen Bibel rein mengenmäßig von dem oben erwähnten Corpus der späteren Literatur an Umfang bei weitem übertroffen wird. Um das Bild zu vervollständigen, wäre noch festzustellen, daß aus einem zahlenmäßigen Vergleich der Erwähnungen Jerusalems im alttestamentlichen Kanon mit den Belegen in der rabbinischen Literatur ähnliche Schlüsse gezogen werden können.

Es ist zuzugeben, daß Wortstatistiken in der Literatur nicht unbedingt einen zutreffenden Eindruck von der relativen Bedeutsamkeit der gezählten Worte in einem gegebenen Kontext vermitteln. Aber oftmals kann die Quantitätsangabe als Hinweis auf qualitative Werte gelten. Das Überwiegen gewisser Worte, die nicht nur in ihrer Grundbedeutung, sondern auch als Träger für von dieser Grundbedeutung durch verschiedenste Assoziationen entstandene Gefühle und Ideen gebraucht werden, ist häufig ein greifbarer Anhaltspunkt für die zentrale Stellung dieser Gefühle und Ideen in den Denkprozessen, von denen die Autoren der betreffenden Literatur bestimmt wurden. Zugleich macht dieses Überwiegen die Bedeutung solcher Begriffe in der Vorstellungswelt derer deutlich, an die sich die Verfasser wenden.

Diese Feststellung läßt sich sicherlich auf den Gebrauch des Wortes Jerusalem und seiner parallelen Bezeichnungen in der Hebräischen Bibel anwenden. In diesem Fall ist leicht ersichtlich, daß die Quantität Bedeutsamkeit impliziert. Die Wortstatistik enthüllt uns Jerusalem als Brennpunkt des biblischen Denkens. Die Überfülle an Erwähnungen Jerusalems deckt die Bedeutung der Stadt und der damit in den Gedanken der biblischen Autoren und ihrer Leserschaft verbundenen Vorstellungen auf.

Wir können jetzt in unserer Analyse fortschreiten. Es ist Allgemeingut, daß die Bibel nicht ein Buch im üblichen Sinne des Wortes ist, sondern vielmehr eine Sammlung von einzelnen Büchern, sozusagen eine Anthologie althebräischer Literatur, die im Laufe von mehr als 1000 Jahren entstanden ist. Deshalb ist es geboten, sich nicht darauf zu beschränken, eine allgemeine, allumfassende Statistik vorzulegen, sondern es muß weitergehend eruiert werden, wie sich die Bezugnahmen auf Jerusalem über die zahlreichen und unterschiedlichen Teile des biblischen Kanons, d.h. über verschiedenartige größere literarische Gattungen oder Schichten und über die einzelnen Bücher verteilen.

Die Ergebnisse einer solchen Analyse sind von einiger Tragweite für die unterschiedliche Entwicklung des Themas »Jerusalem« in der Literatur des nachbiblischen Zeitalters. Wie sich noch zeigen wird, lassen sich einige Unterschiede in der Betonung und Entwicklung des Themas und Motivs im jüdischen und christlichen Denken als entstanden erklären aus dem unterschiedlichen Maß an Bedeutung, das den verschiedenen literarischen Schichten der jüdischen Bibel in der jüdischen bzw. christlichen Theologie zugemessen wurde. Ich bin der Ansicht, daß wir durch Aufspüren dieser unterschiedlichen Betonung verschiedener Schichten des hebräischen biblischen Kanons durch spätere Generationen eine Möglichkeit haben herauszufinden, in welchen Punkten und aus welchen Gründen das Judentum der Spätzeit des Zweiten Tempels und das frühe Christentum in ihren Ansichten auseinandergingen, obwohl sie doch ihre theologischen Glaubenssätze auf die Hebräische Bibel als ihrem gemeinsamen Erbe gründeten. In bezug auf unser gegenwärtiges Thema hoffe ich zeigen zu können, wie diese unterschiedliche Betonung der verschiedenen Teile der Hebräischen Bibel die Entwicklung des Jerusalemverständnisses im jüdischen und christlichen Denken beeinflußte.

II

Es ist keineswegs überraschend, daß sich im Pentateuch nur zwei mögliche Erwähnungen Jerusalems finden und nicht mehr als etwa ein Dutzend in den Büchern Josua und Richter. Diese Bücher stellen die Geschichte Israels in einem Stadium dar, in dem Jerusalem seine spätere zentrale Bedeutung noch nicht erreicht hatte. Aus anderen Gründen fehlen Erwähnungen Jerusalems völlig in einigen weisheitlichen Schriften, z.B. in Hiob, Sprüche und auch im Buch Esther; in anderen sind die Belege dünn gesät, z.B. in Kohelet. Dieses seltene Vorkommen kann unmöglich durch Überlegungen erklärt werden, die die historische und chronologische Stellung dieser Bücher betreffen, sondern müssen der betont anthropozentrischen Natur der Weisheitsliteratur im Unterschied zu dem ethnozentrischen Charakter der anderen Literaturgattungen der Bibel zugeschrieben werden. Da Jerusalem zunächst und vor allem eine historische Größe und vorwiegend mit historischen Begebenheiten des biblischen Israels verbunden ist, hat die unhistorische Weisheitslehre weder für den Namen noch für den Begriff »Jerusalem« eine wesentliche Verwendungsmöglichkeit.

Erwähnungen Jerusalems finden sich in großer Zahl in den offiziellen Hof- oder Tempel-Historiographien Samuel, Könige, Esra/Nehemia und den Büchern der Chronik, in den prophetischen Schriften, die in großem Ausmaß die gleichen Situationen, die in den Historiographien berichtet werden, widerspiegeln, und besonders im Psalter, der zumindest teilweise auf Veranlassung des königlichen Hauses in Jerusalem entstand, um im Gottesdienst am Tempel, den König David und seine Nachkommen eingerichtet und weiterentwickelt hatten, Verwendung zu finden. Hierin mag der Grund dafür gesehen werden, daß sich in den Psalmen zahlreiche, immer wieder auftauchende Bezugnahmen auf Jerusalem und die davidische Dynastie finden.

Die charakteristische Verteilung der Erwähnung Jerusalems in den Büchern der Bibel stimmt, wie ich zu beweisen hoffe, mit dem zentralen Inhalt und der Bedeutung des Themas »Jerusalem« im biblischen Denken überein. Es wird ersichtlich, daß bei dem vorliegenden Fragenkomplex das Ausrichten der Diskussion auf die Hebräische Bibel voll gerechtfertigt werden kann. Diese Bücher wurden zu einer hervorragenden Inspirationsquelle für spätere Autoren, seien es nun jüdische oder christliche, die aus ihnen grundlegende Themen und Motive entnahmen und sie in ihren jeweils eigenen Gedankenkomplex aufnahmen, in dem sie dann fruchtbar wurden. Dieser Prozeß verlief naturgemäß nicht einheitlich. Vielmehr erfolgte eine Teilung in mehrere Hauptströmungen, die mit den wichtigen, im Judentum der zweiten Tempelära sich herauskristallisierenden religiösen Richtungen identifiziert werden können. In einigen Fällen, wie z. B. bei der Gemeinschaft von Qumran, endete der Prozeß mit der Bildung besonderer Unterabteilungen, die in der einen oder anderen Form ihre Verbindung mit dem Judentum aufrechterhielten; in dem bemerkenswertesten Fall, dem des Christentums, gipfelte der Prozeß in einer vollständigen Loslösung von der Muttergemeinschaft.

In Anbetracht der konkreten historischen und institutionalisierten literarischen Bedeutung von Jerusalem, dessen Charakter als eschatologisches Motiv eine sekundäre Ableitung darstellt, erscheint es sachgemäß, den Blick auf jene entwicklungsgeschichtlichen Aspekte des Themas zu konzentrieren, die eng zusammengesehen werden können mit festgefügten Gemeinschaften der Zeit des zweiten jüdischen Staates, und den verstreuten Niederschlägen in der uneinheitlichen Apokryphenliteratur nur am Rande Beachtung zu schenken. Ich möchte ein wenig genauer die Implikationen dieser Feststellung erläutern. Da ich Jerusalem nicht hauptsächlich als eine Größe von geistiger Bedeutung und Bedeutsamkeit verstehen kann, sondern nur als eine Größe, die genaue und direkte institutionelle Verbindungen hat, werde ich mich hier einer Diskussion um die Bedeutung Jerusalems in den Apokryphenschriften aus dem einfachen Grunde enthalten, weil wir diese Literatur nicht mit einem klar umrissenen, sozial verfaßten Gebilde in Verbindung bringen können. Im Gegensatz dazu kennen wir unseren Standort, wenn wir über Qumran, Judentum und Christentum diskutieren. Hier macht es der wechselseitige Bezug von Einwirkung und Befruchtung der Gemeinschaft auf den Begriff und umgekehrt des Begriffs auf die Gemeinschaft leichter und verständlicher, herauszufinden, welche Bedeutung Jerusalem in diesen drei Religionsgemeinschaften zukommt.

Es darf behauptet werden, daß die spätere abwechslungsreiche Gestaltung des Themas »Jerusalem« und die ungleichartige Bedeutung Jerusalems im Rahmen jener bestehenden Gemeinschaften zumindest teilweise der Tatsache zugeschrieben werden kann, daß die verschiedenen Gruppen unterschiedlichen Wert auf verschiedene Schichten der alttestamentlichen Literatur legten, Schichten, in denen wiederum in verschiedenem Maße diverse Aspekte Jerusalems hervorgehoben wurden. Es ist mein Anliegen, mich besonders mit jenen biblischen Schriften zu befassen, die auf der Suche nach der Bedeutung Jerusalems in der Bibel irgendwie vernachlässigt worden sind, zunächst und hauptsächlich mit den Historiographien. Ich werde mich bemühen, aus ihnen das zu eruieren, was ich für die wesentliche Bedeutung Jerusalems in der biblischen Zeit halte. Dieser Versuch einer Interpretation historischer Tatsachen, so wie sie in der Bibel berichtet werden, gründet auf der Prämisse, daß wir auf diesem Wege die Ideen und Standpunkte, die sich die biblischen Autoren in ihnen vorhanden dachten oder die sie in sie hineingetragen hatten, erfassen können.

Diese Aufgabe erscheint schwieriger als der Weg, der im allgemeinen von den Auslegern eingeschlagen wird, nämlich der, die prophetischen Schriften und die Psalmen nach einem begrifflichen Bild von Jerusalem zu durchforschen. Dieses Bild ist nicht notwendigerweise in sozial-politischen Gegebenheiten verankert, sondern spiegelt ziemlich oft geistige oder ideologische Elaborate wider, die sozusagen von den Begrenzungen der Realität befreit worden sind. Im Gegensatz dazu könnte oder sollte sogar die Analyse der Historiographien uns Begriffe vermitteln, die in der biblischen Gesellschaft und ihrer Geschichte existentielle Wurzeln haben.

III

Lassen Sie mich kurz die Bedeutung Jerusalems in den geschichtlichen Büchern der Hebräischen Bibel zusammenfassen. Schon der Name zeigt, daß die Stadt ursprünglich als eine »Gründung von (oder: für die Gottheit) Salem« gebaut wurde, die mit Schalmon-Schulmanu, bekannt aus assyrischen Quellen, zu identifizieren ist, einer Gottheit, über die uns weitere außerbiblische Informationen während der letzten Jahrzehnte zugekommen sind. In Anbetracht dieses theophoren Charakters des Wortes Jerusalem, d.h., daß es als eine Komponente den göttlichen Namen Salem aufweist, kann als sicher angenommen werden, daß auch der Ortsname Salem, der in Gen 14 in der bekannten Tradition mit dem Patriarchen Abraham verbunden ist, in der Tat mit der Stadt identifiziert werden kann, die dazu bestimmt war, später die Heilige Stadt Israels zu werden: Jerusalem. Diese Gleichsetzung von Salem und Jerusalem – Zion wird in der biblischen Literatur selbst offensichtlich schon als selbstverständlich angenommen, was sich aus dem synonymen Gebrauch von Salem und Zion in Ps 76,3 schließen läßt: »So ward in Schalem sein Gehütt, und seine Wohnstatt in Zijon.« Mit Hilfe einer volkstümlichen Etymologie wurde die theophore Komponente in den Worten Salem und Jerusalem, nämlich der göttliche Name Salem, mit dem hebräischen Wort Schalom »Frieden« gleichgesetzt. Dies ebnete den Weg zur Erhebung Jerusalems zur sprichwörtlichen »Stadt des Friedens«, eine Vorstellung, die ihren stärksten Ausdruck in dem höchstwahrscheinlich nachexilischen Ps 122 fand, in dem »der Friede Jerusalems« das zentrale Schlagwort ist. Sogar noch ausdrücklicher werden Salem und Schalom in Hebr 7,1f identifiziert, wo die oben erwähnte Erzählung von Abrahams Treffen mit Melchisedek (Gen 14) paraphrasiert wird: »Denn dieser Melchisedek, König von Salem, Priester des höchsten Gottes, der dem Abraham, als er von der Niederwerfung der Könige zurückkehrte, entgegenging und ihn segnete, welchem Abraham auch den Zehnten von allem entrichtete, der fürs erste in Übersetzung (seines Namens) König der Gerechtigkeit, dann aber auch König von Salem, das bedeutet: König des Friedens, heißt.«

Leider entbehrt diese Volksetymologie, die klar ersichtliche Wurzeln schon in alter Zeit hat, sowohl der sprachlichen als auch der historischen Basis. In der konkreten Geschichte war Jerusalem selten etwas anderes als eine Stadt des Blutvergießens und des Krieges. Ich möchte nur zwei Beispiele anführen, die den inneren Kampf, der die Stadt immer wieder spaltete, veranschaulichen. Das eine ist 2Kön 21,16, wo gesagt wird, daß »Manasse sehr viel unschuldiges Blut vergoß, so daß er Jerusalem damit erfüllte vom einen Ende bis zum anderen.« Das zweite steht Mt 23,29: »Wehe euch, ihr Schriftgelehrten und Pharisäer, ihr Heuchler, daß ihr die Gräber der Propheten baut und die Grüfte der Gerechten schmückt und sagt: Hätten wir in den Tagen unserer Väter gelebt, wir hätten uns nicht mit ihnen am Blute der Propheten schuldig gemacht.« Es ist wohl kaum nötig, die nahezu unzähligen Erwähnungen von Kriegen um und in der Umgebung von Jerusalem von seiner historischen Eroberung durch David (2Sam 5,4–9) bis zu den Kämpfen, in die es in der späten eschatologischen Vision (z.B. Sach 14) verstrickt ist, im einzelnen aufzuführen.

Die vorisraelitische Tempel-Stadt Jerusalem, die von dem Priester-König Melchisedek regiert worden war, der im Heiligtum des El Eljon, des Höchsten Gottes, amtiert hatte, wurde sozusagen hebraisiert, indem man in ihrem Umkreis den *hieros logos* von Isaaks Opferung durch seinen Vater Abraham (Gen 22) auf dem Berg Moria lokalisierte, der von alters her mit Jerusalem in Verbindung gebracht wurde.

Es kann mit großer Wahrscheinlichkeit angenommen werden, daß die beiden oben erwähnten, Abraham mit Salem – Jerusalem verknüpfenden Traditionen wie viele andere Erzväter-Traditionen in Wirklichkeit Vorstellungen der Königszeit widerspiegeln, die in die Zeit der Erzväter zurückprojiziert wurden. Ich kann dem an dieser Stelle nicht genauer nachgehen. Ich möchte die Aufmerksamkeit nur eben auf die Darstellung der Erzväter in der Bibel lenken. Bei eingehender Betrachtung zeigt sich, daß in der Tat viele der Geschichten Verhältnisse der Königszeit widerspiegeln. Abraham wird als ausschließlich mit Königen und Herrschern umgehend darge-

Die Bedeutung Jerusalems in der Bibel

stellt. Und es kann kaum als Zufall angesehen werden, daß die beiden Städte, in deren Zusammenhang er vorwiegend erscheint, Jerusalem und Hebron (Gen 23), später nacheinander zu Hauptstädten des davidischen Königreiches wurden (2Sam 5,1–5).

Die zweifache Verbindung Abrahams mit Jerusalem, wobei die eine in einen politischen Kontext gestellt ist, der sich aus dem Krieg gegen die fünf fremden Könige ergibt, die in kanaanäisches Territorium einmarschiert waren, um gegen die Könige von Sodom und Gomorra und deren Verbündete zu kämpfen (Gen 14), und die andere den religiösen Charakter Jerusalems veranschaulicht, wo der Patriarch auf dem Berg Moria (Gen 22) einen Altar gebaut hatte, zeigt die zweifache Bedeutung der Stadt in den Tagen des davidischen Königtums. Jerusalem, das ursprünglich von eingeborenen Kanaanäern bewohnt gewesen war, wie wir aus den Amarnabriefen des 14. Jahrhunderts v.Chr. und aus dem Buch Josua wissen (Jos 10), und später von einer anderen ethnischen Gruppe, den Jebusitern, beherrscht wurde, wie wir aus Ri 19,10–12 erfahren, und in beiden Perioden als ein fremder Kultort gedient hatte (Gen 14; 2Sam 24,18–25), wurde nach seiner Eroberung durch David der religiöse und politische Angelpunkt Israels. Indem David die fremde Stadt Jerusalem in die Hauptstadt seines Reiches verwandelte, eine Stadt, die keine frühere Beziehung zu einem der israelitischen Stämme hatte, die zu einer einzigen Nation zusammenzuschmelzen er ausgezogen war, schuf er ein neues, einigendes politisches Zentrum für Israel. Indem er in Jerusalem den dem Gott Israels geweihten Tempel errichtete (gemäß der Tradition von 1Chr 15f; 22) oder wenigstens die Vorbereitungen für den Bau traf, der dann von seinem Sohn Salomo ausgeführt wurde (nach der Tradition von 1Kön 6–8), machte David Jerusalem auch zum Eckstein der religiösen und kultischen Einigung Israels.

So wurde Jerusalem zum Symbol und bedeutungsvollsten Ausdruck des Übergangs vom Volkstum zur Nation- und Staatenbildung. Aber es wurde niemals dem neuen sozialen Phänomen ausschließlich dienstbar gemacht oder mit ihm identifiziert. Daher verlor Jerusalem, als der Staat zu existieren aufhörte, keineswegs seine Bedeutung und symbolischen Wert für das jüdische Volk. Die Stadt, die in alter Zeit eine entscheidende Bedeutungsumwandlung durchgemacht hatte, konnte ohne Schwierigkeiten wieder verändert und den unterschiedlichen historischen Situationen angepaßt werden. So ist es ihr in der Tat viele Jahrhunderte lang ergangen, ohne daß sie ihr Prestige und ihren symbolischen Wert, die David ihr verliehen hatte, eingebüßt hätte.

Mit der Eroberung Jerusalems übernahm David und die davidische Dynastie offensichtlich auch die alten Hoheitsembleme und die königlichen Epitheta Melchisedeks, des früheren Priester-Königs von Jerusalem. Darauf spielt offensichtlich Psalm 110,4 an, obwohl die genaue Übersetzung des Verses nicht sicher ist. Der Psalmist wendet sich an einen typischen oder vielmehr prototypischen König der davidischen Dynastie: »Hats dir der

Ewige geschworen, bedenkt sich nicht: ›Du sollst für ewig Priester sein nach meinem Wort an Melchisedek!‹«

In der kurzen Zeitspanne der Einigung Israels unter David und Salomo hat die Nation einen beispiellosen und nie wieder erreichten Zustand politischen Glanzes, wirtschaftlichen Aufschwungs und kultischer Blüte erfahren. Aus diesem Grunde wurde die Hauptstadt des Reiches, Jerusalem, ein Leitstern für Wohlstand und Erfolg bei den nachfolgenden Generationen. Das spät- und nachbiblische Judentum machte das idealisierte Bild jenes historischen Jerusalem zur Grundlage ihrer Hoffnungen auf eine nationale und religiöse Wiedergeburt und erblickte letzten Endes darin den Prototyp des neuen Jerusalem, eben den zentralen Punkt, um den ihre eschatologischen Hoffnungen kreisten.

IV

Es ist möglich oder sogar wahrscheinlich, daß sich mit dem idealisierten Bild des realhistorischen Jerusalem das alte, nahöstliche, mythische Motiv von der »Stadt auf dem Berge« verband, von dem uns nicht nur literarische, sondern auch bildliche Darstellungen überliefert sind. Die geographische Erhöhung der Stadt, deren Akropolis ohne Unterbrechung von einem Heiligtum eingenommen wurde, symbolisiert deutlich ihre Nähe zum Himmel und den daraus resultierenden Anspruch auf göttlichen Rang. Die Tradition vom Turmbau zu Babel mag wohl als eine Variante dieses Grundthemas angesehen werden. Die immer wiederkehrende Betonung des bergigen Charakters von Jerusalem und seiner Umgebung, die, wie wir alle wissen, sicherlich in geographischen Gegebenheiten verankert ist, beabsichtigt offensichtlich, einige der Vorstellungen, die dem Motiv der Stadt auf dem Berge angehören, durch die Historisierung eines Mythos zu übertragen. Die Vorstellung vom Tempel als auf dem höchsten Berg der Umgebung sich erhebend und als größtes Gebäude der Stadt, das zu überragen die spätere Tradition keinem anderen Bauwerk gestattet, erhellt des weiteren die Ähnlichkeit mit kanaanäischen, speziell ugaritischen und mesopotamischen Motiven. Diese mythischen Elemente treten besonders in der prophetischen und Psalmenliteratur hervor, die weit weniger realitätsgebunden sind als die Historiographie. Ich beziehe mich hier besonders auf Ps 68,16f, wo wir sozusagen den Bericht einer Auseinandersetzung zwischen den Bergen vorfinden, die vormals die Auserwählten Gottes gewesen waren und nun vom Berg Zion abgelöst worden sind: »Ein Gottesberg ist Baschans Berg, ein Zackenberg ist Baschans Berg. Was schaut ihr scheel, ihr Zackenberge? Der Berg, den Gott zum Sitz begehrt, dort wird der Ew'ge thronen ewiglich.«

Der Berg Sinai wird in diesen Versen nicht erwähnt, aber wir finden eine deutliche Anspielung im darauffolgenden Vers, wo der hebräische Text wie folgt korrigiert werden sollte: »Der Ewige ist vom Sinai gekommen in Heiligkeit (*adonaj ba' misinai baqodesh*).« Das scheint zu implizieren, daß auch der Berg Sinai in die verworfenen oder vom Berg Zion verdrängten Berge einbezogen ist. Ich werde noch auf die hier angedeutete Rivalität zwischen den Bergen Sinai und Zion zurückkommen, wobei sich die spätere Tradition gegenüber der früheren durchsetzt.

In diesen nichthistoriographischen Schichten der biblischen Literatur schwingt sich die nationalreligiöse Phantasie oftmals weit hinauf und läßt jeden Wirklichkeitsbezug hinter sich. Es mag erlaubt sein, dieses Phänomen, das sich wiederum am Buch der Psalmen beobachten läßt, als einen Prozeß der Mythologisierung geschichtlicher Gegebenheiten zu definieren. Es scheint, daß diese Enthistorisierung späteren Generationen als Abschußrampe für die Übertragung des irdischen Jerusalem auf himmlische Ebene diente, so daß Jerusalem *schel ma'alah* ein erhabenes und sublimiertes Ebenbild des Jerusalem *schel matah* wird. Das obere, das himmlische Jerusalem wird als eine strahlende und unendlich geläuterte Vision gesehen, die nur noch eine entfernte Ähnlichkeit mit der irdischen Stadt aufweist. Trotzdem verlor die Idee des himmlischen Jerusalem, wie sie von jüdischen Denkern und sogar von mystischer Phantasie verstanden wurde, auch auf dem Höhepunkt ihrer Entwicklung niemals die Berührung mit der irdischen Realität. Eine deutliche Linie von Weltlichkeit, die die normative jüdische Religion mit all ihren Verzweigungen zu durchziehen scheint, hemmte wirkungsvoll die Tendenzen, die in jüdischen Randgruppen und in der christlichen Mystik zu wuchern begannen, nämlich den Entwurf eines Bildes des himmlischen Jerusalem, das von dem Bild der historischen Stadt völlig losgelöst ist. Im Gegenteil beschäftigte sich das normative Judentum wieder mit dem metahistorischen »himmlischen Jerusalem« als mit dem endgeschichtlichen »neuen Jerusalem«, das eine in der Hauptsache restaurativ eingestellte Eschatologie als ein verbessertes Abbild seines historischen Vorbildes darstellt.

Dieser Prototyp, das historische Jerusalem der Hebräischen Bibel, symbolisiert die zivilisations- und kultivationszentrierte Ideologie Israels. Die Organisation Jerusalems nach der Eroberung ist der Gegenpol zu der Wüstenkultur der Zeit vor der Landnahme. Das monarchische Regime bildet das positive Gegenstück zu dem demokratischen Anarchismus der Richterzeit. Der Berg Zion ist in vieler Hinsicht dem Berg Sinai entgegengesetzt. Obwohl der Berg Sinai den Anfang von Israels Freiheit darstellt, behielt er bis heute in religiöser, moralischer und politischer Hinsicht den Beigeschmack der Knechtschaft in ägyptischer Sklaverei. Der Berg Zion und der Bund, den Gott dort mit David geschlossen hat, repräsentieren Israels Eigenstaatlichkeit im zivilen und religiösen Leben in voller Blüte.

Ich betone diesen Punkt besonders, weil ich meine, daß die Vorstellung eines »Wüstenideals« verschiedentlich bei der biblischen Exegese und den jüdischen Studien verheerend gewirkt hat. Der latente Nativismus des ausgehenden 19. Jahrhunderts brachte eine geradezu erstaunliche Vorliebe für die »Wüstentradition« hervor, was im Gegensatz steht zu dem, was die Bibel in Wirklichkeit befürwortet. Der Trend in der christlichen Theologie an der Wende des 19. zum 20. Jahrhundert, der in einem modernen Romantizismus wurzelt und bemüht ist, sozusagen die positive Essenz eines vermeintlichen »nomadischen Ideals« wiederzuerlangen, prallte scharf mit der städtisch orientierten Kultur der Juden jener Jahrhunderte zusammen. Ich bin der Überzeugung, daß dieser Kontrast, der, wie die Sache liegt, auf falschen Annahmen hinsichtlich der biblischen Literatur basiert, einen eindeutigen Einfluß auf die Haltung einiger christlicher Exegeten gegenüber den Juden und dem Judentum ihrer Zeit gehabt hat.

Eine Anspielung auf die oben erwähnte symbolische Opposition vom Berg Zion als dem Zentrum kultivierten, kulturellen und zivilisierten Lebens zum Berge Sinai, der das primitive Nomadentum repräsentiert, findet sich schon im Galaterbrief. Dort lesen wir Gal 4,22–26: »Es steht doch geschrieben, daß Abraham zwei Söhne hatte, einen von der Sklavin und einen von der Freien. Aber der von der Sklavin ist nach dem Fleisch erzeugt worden, der von der Freien dagegen kraft der Verheißung. Und das ist bildlich gesprochen. Diese (Frauen) nämlich bedeuten zwei Bündnisse: das eine vom Berg Sinai, das zur Knechtschaft gebiert, und das ist Hagar. Denn das Wort Hagar bedeutet den Berg Sinai in Arabien, es entspricht aber dem jetzigen Jerusalem; denn dieses ist mit seinen Kindern in Knechtschaft. Das Jerusalem droben aber ist eine Freie, und das ist unsere Mutter.«

Der Autor hatte richtig damit begonnen, die Oppositionsstellung Jerusalems zum Sinai zu zeigen, aber bereits im darauffolgenden Vers ändert er dieses irdische Jerusalem, das ebenso irdisch ist wie der Sinai, in ein himmlisches Jerusalem um. Indem er diesen zusätzlichen Schritt macht, geht er mit Sicherheit weiter, als es ein Jude jemals getan hätte. Dieser letzte Satz stellt bereits eine christliche Exegese dar.

Wenn ich nun mit dieser Interpretation, daß Jerusalem das geordnete, zivilisierte Leben repräsentiert, recht habe, dann bedeutet die Zerstörung Jerusalems Anarchie. Diese Annahme wird in der Tat von der biblischen Literatur bestätigt. Man braucht nur an die Propheten zu denken. Sie stellen den Verlust Jerusalems und seine Zerstörung als den Beginn eines neuen Chaos dar. Jes 3 zeigt die Gesellschaft in totaler Auflösung nach der Eroberung Jerusalems. Sein Fall kommt einer Rückkehr zu dem Zustand vor der Schöpfung gleich.

V

Der grundsätzliche Realismus in der Darstellung Jerusalems in der Bibel wird ferner veranschaulicht durch die Überlieferung historischer Umstände, die weniger tatsachengetreu eingestellte Autoren wohl unterdrückt hätten. Wie schon erwähnt, gibt die Tradition freimütig zu, daß Jerusalem nicht von alters her eine israelitische Stadt gewesen ist, daß es von Fremden bewohnt war, bis zu einem gewissen Grad auch auf der Höhe seiner Besetzung durch die Israeliten, daß es ursprünglich als Heiligtum fremder Kulte gedient hatte und auch noch weiterhin als solches sogar unter den israelitischen Herrschern Salomo, Hiskia, Josia, Manasse und anderen diente.

Man ist fast geneigt, den Verdacht zu hegen, daß die biblischen Historiographen einen besonderen Wert auf die Tatsache legen, daß Jerusalem stets eine gemischte Bevölkerung hatte, die zu einem einzigen sozialen Gebilde zusammengefügt war, wobei die Identität der einzelnen Individuen oder Gruppen nicht übersehen wurde. Es wird uns nicht nur berichtet, daß es den Jebusitern, von denen David die Stadt erobert hatte, gestattet war, weiterhin dort in Frieden Seite an Seite mit den Israeliten zu leben, sondern unsere Quellen erzählen auch ausführlich, daß der Königliche Hof buchstäblich überlaufen war von ausländischen Kriegsleuten, von Karatiten, Palatiten, Hethitern usw. und von Ratgebern, von denen einige zu hervorragender Stellung in der Verwaltungshierarchie des Reiches gelangten, wie z. B. Davids und Salomos Minister. Diese fremdländischen Elemente waren offensichtlich wirtschaftlich und sozial voll integriert und wurden in der Tat eine Hauptstütze der davidischen Dynastie.

Diese resultierende Schmelztiegelsituation wurde noch gesteigert durch eine offensichtlich liberale Haltung bezüglich der Zulassung von Individuen und Gruppen fremder ethnischer Herkunft zum Jerusalemer Kult. Die mannigfaltigen Verbindungen des Stammes Juda und insbesondere der davidischen Dynastie zu ursprünglich nichtisraelitischen Elementen wird in der biblischen Tradition reichlich bezeugt. Es mag hier genügen, Tamar, die Kanaaniterin zu nennen, die Juda, dem Eponymos des Stammes, zwei Söhne gebar (Gen 38), Ruth, die Moabiterin, Urgroßmutter Davids (Ruth 4), und Absaloms Mutter Maacha, eine Prinzessin aus Gesur im Transjordanland (2Sam 3). Es ist mit großer Wahrscheinlichkeit angenommen worden, daß sogar die Familie des Zadok, des Oberpriesters, der am Jerusalemer Tempel Dienst tat, zur Eingeborenenbevölkerung Kanaans gehörte, zumal er ursprünglich mit dem Lokalheiligtum von Gibeon verbunden war (1Chr 16,39).

Es findet sich andererseits, besonders in der prophetischen Literatur, ein wiederholtes Bestehen auf einer zukünftigen Reinigung Jerusalems von allen fremden Elementen, die Verunreinigung in die Stadt gebracht haben. In einer ziemlich engen nationalistischen Vision, ebenfalls in den Rahmen der Geschichte gestellt, wird Jerusalem in den zukünftigen Tagen ausschließlich von Menschen rein israelitischer Herkunft bewohnt werden. Sie werden sich in der Stadt zusammenfinden und in ihrem Tempel den einen Gott, den Gott Israels, verehren. Dieser Trend wird auch in der nachexilischen Historiographie deutlich. Es sieht so aus, als versuchte diese Tendenz, den entgegengesetzten Trend, den ich zuvor erwähnt habe, auszugleichen, der im vorexilischen Israel vorgeherrscht hatte, wie es sich bei der frühen biblischen Historiographie zeigt. In beiden Fällen ist ein echt historisches Anliegen am Werk, nämlich der Versuch, mit aktuellen Situationen und ihren Problemen fertig zu werden. Das vorexilische, monarchische Israel, wie es durch die Hauptstadt Jerusalems repräsentiert wird, sah sich selbst einer zahlreichen Minderheit von Fremden gegenüber und konnte sich keinen besseren Weg vorstellen, die sich aus dieser Tatsache ergebene Situation zu meistern, als sie in die israelitische Gesellschaft aufzunehmen. Die nachexilische Gemeinde von Jerusalem, ein kläglicher Rest der einstigen kraftvollen Nation der frühen, monarchischen Zeiten, an Zahl weit übertroffen von der Bevölkerung Palästinas, mit der sie zur Zeit der Rückkehr aus dem Exil zusammenstieß, sah sich gezwungen, sich von der Bevölkerung des Landes abzusondern, um besser in der Lage zu sein, ihre exklusive Identität zu wahren. So wurde das gereinigte und heilige Jerusalem zur Quintessenz einer rückschreitenden Ideologie, die sich jedem Kontakt mit jenen verschloß, welche nicht durch den läuternden Schmelzofen des Exils gegangen waren, Judäer und Efraimiten gleichermaßen.

Die vorexilische Prophetie hatte Jerusalem, seine Könige und Bewohner, scharf zurechtgewiesen, denn: »Sie wimmeln von der Fremden Kinder ...« Die Trennung von den anderen Nationen wurde damals als der einzige Weg angesehen, um die Hauptstadt und die Nation Israel vor dem Verderben zu bewahren. Bündnisse mit Ausländern und mit fremden Herrschern bedeuten Untergang (Jes 7,4–9). Zugleich sah die Prophetie und insbesondere die nachexilische Prophetie Jerusalem als Zentrum eines organisierten, weltweiten Völkerbundes an. Am Ende der Tage wird der Berg Zion, der hier Jerusalem als Ganzes repräsentiert, das Ziel von Pilgern aus allen Nationen sein (Jes 2,2; Mi 4,2; Jes 60): »In jener Zeit wird man Jerusalem nennen: ›des Ewigen Thronsitz‹, und alle Völker werden sich dahin versammeln, zum Namen des Ewigen, nach Jerusalem ...« (Jer 3,17). Strafe wird all den Familien der Erde zugemessen werden, die nicht nach Jerusalem ziehen, um den Herrn der Herren, den Herrn der Heerscharen anzubeten (Sach 14,17).

Man ist geneigt, hierin den Ausdruck für die auf das höchste gesteigerte Bedeutung Jerusalems zu sehen: die Stadt, die vom Rang der Hauptstadt des israelitischen Königreiches zu der Metropole der bewohnten Ökumene, d.h. der Bewohner des Nahen Ostens erhoben wird. Keiner der Propheten hatte einen weiteren Horizont als ungefähr Zypern im Westen, Mesopotamien im Nordosten, Ägypten im Süden und Phönizien im Norden. Deshalb sollten wir, selbst wenn wir von den kosmopolitischen Ideen der Propheten sprechen, uns bewußt sein, daß sie sich wohl lediglich auf die Nationen beziehen, die dem davidischen Großreich angeschlossen waren oder auf die eine oder andere Art zu ihm in Beziehung standen. Das eschatologische Bild bleibt erdgebunden.

Ich habe die frühere Präsenz und die folgende Integration von Fremden in das Jerusalem der biblischen Zeiten in der Hinsicht auf das soziale, politische und kultische Leben und die Institutionen so sehr betont, weil diese Tatsache uns helfen kann, die Existenz der zwei scheinbar gegensätzlichen Tendenzen zu erklären, die in praktisch allen Schichten der biblischen Literatur sich abzeichnen, wobei das Pendel einmal in diese, einmal in jene Richtung ausschlägt. Da Jerusalem in einem solchen Maße der Mittelpunkt der Nation war, daß die Stadt in jeder Hinsicht mit dem Ganzen Israels identifiziert und ihr Name zu einem Synonym für das Reich als ganzes wurde, kann behauptet werden, daß die biblischen Äußerungen, welche die Haltung der Hauptstadt Fremden gegenüber widerspiegeln, in der Tat gesamtisraelitische Konzeptionen bezüglich dieses Problems zum Ausdruck bringen.

VI

Ich möchte mich nun der Vision von Jerusalem als der Hauptstadt der Welt zuwenden. Diese Vision ist nicht auf ein Porträt des zukünftigen Schicksals der Völker beschränkt, sondern stellt zunächst und hauptsächlich Jerusalem als Hoffnung für jeden Juden dar, ob er nun in Palästina oder in einem fremden Land lebt. In der Tat wird erwartet, daß die Stadt ein Ort der Anbetung für alle Menschen, Juden und Nichtjuden gleichermaßen, wird. Dem Verschnittenen und dem Fremdling, auf die in Jes 56,1–8 Bezug genommen wird und bei denen es sich in der Hauptsache, wie ich meine, um Juden handelt, die im Exil leben und gottgetreu sind, ist eine Voranwartschaft auf die Stadt Jerusalem und den Tempel gegeben: »So spricht der Ewige: Nah ist meine Hilfe am Kommen, mein Rechtssieg am Sichtbarwerden, ... wird ja mein Haus ein Haus des Betens heißen für alle Völker.« Die ruhmreiche humanistische Rolle des zukünftigen Jerusalem, nicht länger gefesselt durch nationalistisches Drum und Dran, entflammte die Phantasie intertestamentlicher und frühchristlicher Schriftsteller, die darin den Höhepunkt der geistigen Entwicklung Israels sahen, der sich in diesem edlen Bild von der Heiligen Stadt kristallisierte.

Es zeigt sich jedoch, daß die biblische Ideologie, auch wenn sie dieses flüchtige Porträt des endzeitlichen Jerusalems zeichnet, erdgebunden bleibt. Spätere Propheten, wie z. B. Jeremia, versäumen es nicht, jenes ideale Jerusalem auf eine geradezu beunruhigend realistische Weise zu beschreiben: »Sieh, Tage kommen, ist des Ewigen Spruch, da wird erbaut die Stadt für den Ewigen vom Hanan'elturm bis zum Ecktor. Hinausgehn wird dann noch die Meßschnur gegenüber auf die Höhe Gareb und umwenden nach Goa. Und das ganze Tal der Leichen und der Asche und allen Fluren bis zum Bach Kidron, bis zur Ecke des Roßtors nach Osten, ist dem Ewigen geheiligt. Es wird nicht mehr ausgerodet noch niedergebrochen werden für ewig.« (Jer 31,38–40). Diese Vision des zukünftigen Jerusalem hätte ebensogut von einem Städteplaner geschrieben werden können, wurde aber sicherlich von einem Autor geschrieben, der das historische Jerusalem kannte und sich nichts Besseres wünschen konnte, als daß es in Zukunft in seinen ehemaligen Ausmaßen wiedererrichtet würde. Sogar das eschatologische Jerusalem wird in den Grenzen des irdischen Jerusalem der biblischen Zeit vorgestellt.

Die Worte des Jeremia erhellen noch einen weiteren Aspekt, der von entscheidender Wichtigkeit für die Bedeutung war, die der Stadt Jerusalem in der jüdischen Tradition bis heute zukommt. Der gesamte Umfang der

Stadt jetzt und in der Zukunft wird als heilig angesehen. Im Unterschied zu anderen Religionen, die ihre fromme Verehrung für Jerusalem auf ausgewählte Stellen konzentrieren, auf besondere Topoi, die mit spezifischen Ereignissen in der Heilsgeschichte verbunden sind, hat das Judentum die Stadt als solche zum heiligen Ort gemacht und dadurch die Bedeutsamkeit, die Jerusalem in der Bibel zukommt, lebendig erhalten.

Im Einklang mit den realistischen historischen Obertönen, die in der Beschreibung des zukünftigen Jerusalem mitschwingen, werden dem dort neu zu schließenden Bund große Leiden vorausgehen. So wie es stets Krieg mit Blutvergießen als sine qua non des Friedens in dem historischen Jerusalem gegeben hat, so kann auch das eschatologische Bild vom letzten und endgültigen Frieden sich nicht ohne einen vorhergehenden Krieg, ohne eine vorausgehende Katastrophe entfalten. Die Ära ewigen Friedens, der in Jerusalem beginnen soll, wird nach heftigen Kriegen einsetzen, die gegen die Völker ausgetragen werden, denen Gott die Vernichtung in dem Tal von Josaphat, dem Tal seines Gerichts (Joel 3,1ff) bestimmt hat. Dann wird Jerusalem wieder die Hauptstadt des Königreiches werden, in das die Zerstreuten Israels eingesammelt werden, die dort Trost und Erquickung finden (Joel 3,16). In jener Zeit, wenn Gerechtigkeit in Jerusalem sich durchsetzt: ». . . dann werden in die Tore dieses Hauses Könige einziehen, die für David auf seinem Thron sitzen, einherfahren mit Wagen und Rossen, er, seine Diener und sein Volk.« (Jer 22,4). Sogar dieses endzeitliche Bild bezieht einen realen König mit seiner Begleitung ein. Die Visionen bleiben erdgebunden.

VII

Die brennende Hoffnung auf eine zukünftige Wiederherstellung Jerusalems, die die glorreiche Wiederbelebung der Nation andeutet, wurde zum Vademecum des Judentums auch nach der Zerstörung des Zweiten Tempels. Dies wird durch eine kürzliche archäologische Entdeckung treffend verdeutlicht. Vor nur wenigen Monaten stießen Ausgräber des Tempelbezirkes von Jerusalem zufälligerweise auf eine Inschrift in hebräischer Quadratschrift, in einen der riesigen behauenen Steine der westlichen Mauer eingeritzt, in einer Schicht, die bis vor kurzem unter dem Schutt, der sich im Laufe der Jahrhunderte angesammelt hatte, verborgen war. Die Inschrift besteht aus dem ersten Teil von Jes 66,14 in dem genauen Wortlaut des masoretischen Textes, der auch die größeren alten Versionen widerspiegelt. »Wenn ihr es seht, freut sich euer Herz, und das Gebein, es sprießt euch wie das Gras.« Das in der Übersetzung zugefügte »es«, das keine Entsprechung in dem hebräischen Text hat, bezieht sich auf den vorhergehenden Vers, der mit der Verheißung endet: »Ihr sollt in Jerusalem getröstet werden.« (Jes 66,13). Es ist offensichtlich, daß der oder die damaligen Maurer, die an der Wiedererrichtung der Tempelmauer oder an der erneuerten Bearbeitung ihrer Steine tätig waren, in ihrer

Frömmigkeit ihre Arbeit als ein Zeichen der nahe bevorstehenden Erfüllung von Jesajas Visionen verstanden.

An dieser Stelle ist eine Bemerkung zum Entstehungszeitpunkt der Inschrift, soweit er festgestellt werden kann, am Platze. Die Schicht, in der sie entdeckt wurde, ist von den Archäologen in das 4. nachchristliche Jahrhundert datiert worden, in die Zeit von Julian Apostata. Julian war bekannt für seine liberale Haltung nichtchristlichen Religionen gegenüber und für seinen Eifer, nichtchristliche Heiligtümer wiederzuerrichten. In diesem Zusammenhang wurde auch dem jüdischen Tempel in Jerusalem eine neue Lebensspanne zuteil, wenn auch nur für eine sehr kurze Zeit. Die jüngst entdeckte Inschrift enthüllt trotz ihrer bedauernswerten Kürze die Empfindungen der Juden jener Zeit. Es ist einleuchtend, daß die Inschrift nicht eingeritzt worden wäre, wenn es sich dabei nur um eine Marotte irgendeines obskuren Arbeiters gehandelt hätte. Wir können mit Sicherheit voraussetzen, daß sie von einer jüdischen Autorität in Auftrag gegeben oder zumindest genehmigt worden war. Mehr als die auf der Bibel basierenden Auswirkungen eschatologischer Hoffnungen in der konsolidierten und kodifizierten rabbinischen Literatur stellt die einsame Steininschrift an der Mauer des ehemaligen Tempels die fortdauernde Hoffnung auf eine unmittelbar bevorstehende Wiederherstellung von Jerusalem als erneuertem Zentrum nationalen Gottesdienstes und als eine Quelle bevorstehender Freude und Wohlergehens dar.

Es ist sehr bezeichnend, daß die Juden zu Julians Zeiten keinen besseren Weg finden konnten, um dieser komplexen Hoffnung, die zugleich historisch und metahistorisch ist, Ausdruck zu geben als durch das Zitat eines Schlagwortes, das von einem Propheten der nachexilischen Restaurationsperiode geprägt worden war. Es ist kaum zu bezweifeln, daß Jesajas Worte in der Tat als ein Schlagwort verstanden wurden, das die Leser dieser Steininschrift an den weiteren literarischen Kontext, in dem es sich im Prophetenbuch findet, erinnern sollte. Dort geht den Worten eine lebendige Beschreibung des wiederhergestellten Jerusalems voran, das wiederum eine Hauptstadt im wahrsten Sinne des Wortes werden wird: eine Mutter für die Städte und Dörfer seiner Umgebung und für die Menschen, die in seinen Grenzen leben: »Freut mit Jerusalem euch und jubelt um sie, alldie ihr sie liebt, froh frohlockt mit ihr, alldie ihr sie betrauert. Damit ihr saugt, ersattet an ihrer Tröstung Brustquell, spricht der Ewige: Sieh an, ich neig ihr zu wie einen Strom das Heil, wie ihr schlürft und euch verwöhnt am Born ihrer Herrlichkeit. Denn so schwellenden Fluß der Völker Herrlichkeit, damit ihr saugt, ihr an der Brust getragen seid, auf Knien geliebkost. Wie einen Menschen seine Mutter tröstet, so tröste ich euch, und in Jerusalem seid getröstet« (Jes 66,10–13).

6

Biblische und frühnachbiblische Messias- und Heilserwartungen

I

Bei der Betrachtung der biblischen »Messias- und Heilserwartung« begeben wir uns auf ein schwieriges Terrain. Diese Frage kann nicht nur religionsgeschichtlich oder religionsphänomenologisch angegangen werden, da sie einen ganz besonderen Stellenwert in den gegenseitigen Beziehungen von Christen und Juden hat. Das Thema steht ohne Zweifel im Brennpunkt des theologischen Gesprächs zwischen Christen und Juden. Es ist ein Problem, das im Grundwesen des Judentums und des Christentums ankert und die Geschichts- und Glaubensauffassungen beider Religionen zutiefst bestimmt. Daher ist eine erneute Auseinandersetzung mit diesem Thema eine Aufgabe, die nicht zeitgebunden ist. Eine jede Generation muß sich herausgefordert sehen, eine Klärung dessen zu unternehmen, was Juden und Christen unter dem Begriff »Messias- und Heilserwartung« verstehen und wie der Wesensinhalt dieser Begriffe von christlichen und jüdischen Theologen und Denkern aus den zum Teil gemeinsamen, zum Teil partikulären Quellen erarbeitet wird. Diese Frage ist besonders akut in Zeiten, in denen Christen und Juden sich angesprochen sehen, über sie trennende religiöse und existentielle Grundhaltungen Brücken zu schlagen, die zu einem besseren Verstehen des anderen und seines Glaubens führen können. So, und nur so, können Bedingungen geschaffen werden, die ein Zusammenleben und Zusammendenken von Christen und Juden ermöglichen, ohne daß dadurch die beiden unterschiedlich eigentümlichen Glaubensgrundlagen nivelliert werden.

II

Die Frage nach »Messias- und Heilserwartung« muß im Bereich der biblischen Religionen grundsätzlich von der hebräischen Heiligen Schrift her betrachtet werden, da diese ganz dezidiert den Fundus des jüdischen und, mutatis mutandis, des christlichen Glaubens darstellt. Aus dieser Quelle schöpft, allerdings in anderem Ausmaß, auch der Islam, die dritte biblische Religion. Es ist daher meiner Ansicht nach von Bedeutung, daß gerade in bezug auf Messiasglauben und Heilserwartung das christliche und das jüdische Denken sich grundlegend näherstehen als, beide zusammengesehen, dem Islam gegenüber. Die Heils- und Messiaserwartungen haben für das christliche und jüdische Glaubenssystem den Stellenwert von zentralen Dogmen oder Doktrinen ¹. In der Entwicklung ihrer verschieden akzentuierten Zukunftshoffnungen bauen Christentum und Judentum auf den Geistesgrundlagen und dem Wort- und Motivschatz, den sie aus der hebräischen Heiligen Schrift gewinnen. Sie profilieren sich also gerade diesbezüglich als *biblische* Religionen und distanzieren sich dadurch von dem islamischen Glauben, in dem sich eine vergleichbare, aus derselben Wurzel wachsende Entwicklung nicht feststellen läßt, wie mir scheint.

Für den Wissenschaftler, der diese Problematik im Rahmen der Geistesgeschichte betrachtet, vor allem der jüdisch-christlichen Geistesgeschichte, gesellt sich zu den obigen Umständen noch ein weiterer Grund, der die erneute Untersuchung und Diskussion der Frage erfordert. Ich spiele auf antikes Quellenmaterial an, das uns bis vor etwa 30–35 Jahren völlig unbekannt war: die Rollen aus den Qumran-Höhlen. Diese Dokumente stammen aus den letzten zwei vorchristlichen Jahrhunderten. Sie gewähren uns einen Einblick aus erster Hand in die Geschichte und die Gesellschaftsstruktur einer Gemeinde, die kurz nach Beginn des 2. Jahrhunderts v. d. Z. im Judentum jener Zeit aufkam, einer besonderen Entwicklung unterworfen war und ihren eigenen Weg ging, der sie schließlich aus dem Rahmen des (proto)pharisäischen Judentums hinausführte. Es handelt sich um eine profiliert messianische Strömung, die sich vor dem Entstehen des Christentums im frühen nachbiblischen oder, wenn man will, im späten biblischen Judentum abzeichnete².

Die Sammlung der Qumranschriften besteht aus einer großen Anzahl von Lederrollen und Fragmenten und einigen beschrifteten Papyrusstücken, die seit 1947 in Höhlen in der judäischen Wüste gefunden wurden, in der Nähe eines Ortes, der unter dem arabischen Namen Qumran bekannt ist. Der amerikanische Gelehrte Frank Cross bezeichnete diese Schriften-

---

1   Die Literatur, die sich mit diesem Thema befaßt, ist uferlos. Es sollen hier nur einige Veröffentlichungen erwähnt werden, in denen es eine auf die alttestamentliche und frühjüdische Geisteswelt beschränkte Behandlung erfährt, wie z. B. *L. Dürr*, Ursprung und Ausbau der Israelitisch-Jüdischen Heilandserwartung, Berlin 1925; *H. Greßmann*, Der Messias, Göttingen 1929; *M. Buber*, Königtum Gottes, Berlin 1932; *J. Klausner*, The Messianic Idea in Israel from its Beginning to the Completion of the Mishna, New York 1955 (aus dem Hebräischen übersetzt); *S. Mowinckel*, He that Cometh – the Messianic Concept in the Old Testament and Later Judaism, Oxford ²1959; *G. Scholem*, Zum Verständnis der Messianischen Idee im Judentum, Eranos-Jahrbuch 28, Zürich 1960, S. 193–239 = Judaica (1963), S. 7–74.
2   In Paranthese möchte ich bemerken, daß sich bei dem Gebrauch des Begriffes ›nachbiblisch‹ immer die Frage nach seiner genauen zeitlichen Umschreibung erhebt. Es gibt keine chronologischen Indizien für einen Entscheid, wann das Ende der biblischen (d. h. der alttestamentlichen) Periode anzusetzen ist und wie man den Beginn der nachbiblischen oder rabbinischen Ära bestimmt. Unsere Quellen vermitteln diesbezüglich keine klaren Angaben. Es fehlen also werkgerechte Handhaben für eine Terminsetzung, die sich historisch-wissenschaftlich unterbauen läßt. Vgl. dazu *R. Rendtorff*, Das Ende der Geschichte Israels, in: ders., Gesammelte Studien zum Alten Testament, München 1975, S. 267–276. – Trotz dieser Unklarheit will ich hier dem üblichen Sprachgebrauch folgen und die Bezeichnung *nachbiblisch* auf die Periode anwenden, die etwa 200 v. d. Z. beginnt.

sammlung *in toto* als »Die Bibliothek von Qumran«[3]. Eine adäquate Darstellung der Funde, die noch nicht alle veröffentlicht worden sind, kann hier nicht geliefert werden[4]. Im Rahmen der zur Diskussion stehenden Thematik will ich mich damit begnügen, die Bedeutung der neuen Quellen für das Problem in großen Strichen anzudeuten und speziell ihren Beitrag zur Erhellung der Auffassung von »Messias- und Heilserwartung« in der jüdischen und christlichen Geisteswelt hervorzuheben.

Die wesentlichen Umstände der Entdeckung dieser Dokumente können in gedrängter Kürze folgendermaßen dargelegt werden: Im Sommer 1947 weideten zwei Beduinen ihre Ziegenherde in der judäischen Wüste, am nordwestlichen Ufer des Toten Meeres, etwa zehn Kilometer südlich von Jericho. Auf der Suche nach einer verirrten Ziege stießen sie auf eine Felsspalte. Später ergab sich, daß diese Spalte ein Riß in der Decke einer größeren Höhle war, auf deren Boden die Beduinen acht länglich geformte große Tonurnen fanden, von denen einige mit einem schalenförmigen Deckel verschlossen waren. Sieben Gefäße waren leer, das achte enthielt drei beschriebene Lederrollen. Spätere Untersuchungen von insgesamt 80 Höhlen in der Umgegend, die von qualifizierten Wissenschaftlern unternommen wurden, förderten in weiteren 10 Höhlen Dutzende von zusätzlichen, mehr oder weniger gut erhaltene Rollen und an die 100 000 beschriftete Fragmente ans Licht. Die Dokumente können in drei Hauptgruppen aufgeteilt werden:

1. Abschriften von biblischen (alttestamentlichen) Büchern oder Bücherteilen.

2. Hebräische Abschriften von apokryphen und pseudepigraphischen Werken, die bisher nur in griechischen, syrischen, lateinischen und äthiopischen Übersetzungen aus kirchlich-biblischen Traditionen bekannt waren. Dazu kommen Manuskripte von bisher unbekannten Werken, die in den geistig-literarischen Rahmen der Apokrypha oder Pseudepigrapha eingefügt werden können.

3. Völlig neue und neuartige Schriften, von denen einige sicher von Mitgliedern der Qumrangemeinde verfaßt worden sind, während andere vielleicht ursprünglich in der allgemeinen jüdischen Überlieferung wurzelten, aber dann nur in dieser Gemeinde tradiert wurden.

Diese letzteren Werke sind zum weitaus größten Teil in hebräischer

---

3   *F.M. Cross*, The Ancient Library of Qumran, rev. ed. New York 1961 = Die antike Bibliothek von Qumran und die moderne biblische Wissenschaft, Neukirchen-Vluyn 1967.
4   Eine Übersicht über diese Funde vermitteln unter anderem: *K. Schubert*, Die Gemeinde vom Toten Meer, München/Basel 1958; *R. Mayer*, Die Qumranfunde und die Bibel, Regensburg 1959; *J. Maier*, Die Texte vom Toten Meer, München/Basel 1960; *H. Haag*, Die Handschriftenfunde in der Wüste Juda, Stuttgart ²1966; *E. Lohse*, Die Texte aus Qumran, München 1964; *H. Bardtke*, Die Handschriftenfunde am Toten Meer. Die Sekte von Qumran, Berlin ³1961; *G. Trever*, Das Abenteuer um Qumran. Die erregende Geschichte der Schriftenfunde vom Toten Meer. Aus dem Amerikanischen übers. von H. von Radzibar, Kassel 1967; *J. Maier – K. Schubert*, Die Qumran-Essener, München/Basel 1973.

Sprache verfaßt, und zwar in einem Stil, den man als biblisch oder biblizierend ansehen kann, der aber auch eine eindeutige Verwandtschaft mit dem rabbinischen Hebräisch aufweist. Schon in dieser sprachlichen Eigentümlichkeit läßt sich die Übergangsposition erkennen, die die Qumrangemeinde sowohl in historischer als auch in glaubensgeschichtlicher Hinsicht zwischen der biblischen Welt einerseits und dem rabbinischen Judentum und dem Christentum andererseits einnimmt. Diese Mittelstellung weist sich auch in theologischen Konzeptionen aus, von denen hier noch die Rede sein wird.

Die Schriftrollen erzählen die Geschichte und gewähren Einblicke in die Ideenwelt einer Gruppe jüdischer Dissidenten, die sich zu Beginn des 2. Jahrhunderts v. d. Z. als der »Neue Bund« konstituierte und spätestens am Anfang des 2. Jahrhunderts d. Z. aus dem Blickfeld verschwand. Die historische Existenz der Gemeinde erstreckte sich also über eine Zeitspanne von ca. 300 Jahren.

Aus den Dokumenten kann ersehen werden, daß diese Menschen sich in eine damals wie heute unbewohnte Gegend in der judäischen Wüste zurückgezogen hatten, wahrscheinlich noch, bevor sie eine feste Gemeindestruktur entwickelten. Der Rückzug in die öde Wüstenlandschaft wurde sicher zum Teil durch Druck von außen, nämlich die Verfolgung durch ihre Widersacher, bewirkt. Aber die Qumraner sahen in ihm zugleich die Erfüllung des prophetischen Aufrufs »Bahnt für den Herrn einen Weg durch die Wüste; baut in der Steppe eine Straße für unseren Gott« (Jes 40,3) und eine unerläßliche Vorbedingung für einen von dorther zu bewirkenden Wiedergewinn des »Gelobten Landes« in einer erneuten Erfahrung des Weges, den Israel in der frühen biblischen Epoche gegangen war. In jener Einöde faßten sie Fuß und gründeten dort schließlich ihr Gemeindezentrum, dessen bauliche Überreste die Archäologen in Qumran freigelegt haben.

Ihre Lebens- und Gesellschaftsordnung basierte auf dem Prinzip der Egalität und einer dezidiert kommunalen, ja kommunistischen Wirtschaftsstruktur. Zur gleichen Zeit zeichnete sie sich durch eine streng gefügte Hierarchie aus, deren martialischer Charakter in manchen Beziehungen dem der paramilitärischen mittelalterlichen Orden ähnelt.

Die Qumrangemeinde betrachtete sich sozusagen als die Heilsarmee Gottes. In der Wüste bereiteten sich ihre Mitglieder auf den großen kosmischen Kampf vor, der, ihrer Erwartung nach, der Gründung des von ihnen erhofften messianischen Reiches vorausgehen wird. Sie glaubten, daß dieser letzte Krieg mit ihrem Sieg über alle Feinde, die der Realisierung ihrer Heilserwartungen entgegenstanden – Fremdvölker und alle ihrer Gemeinde nicht angehörigen Juden –, enden wird. Die zukünftige Welt gründet auf dem »Neuen Bund« und ist ausschließlich die Welt der Bundesmitglieder.

Die Identität der Qumrangemeinde und ihre Stellung zu anderen jüdischen Strömungen um die Zeitwende ist noch nicht völlig geklärt. In der Forschung wird sie vorwiegend mit der Essenergemeinde gleichgesetzt. Die Berichte, die Josephus Flavius, Philo von Alexandrien und der ältere Plinius über die Essener liefern, bezeugen in der Tat eine ähnliche Gesellschaftsstruktur. Besonderer Nachdruck wird auf den Umstand gelegt, daß auch die Siedlungen der Essener in der judäischen Wüste lagen, in Ein Feschcha und Ein Gedi, nicht weit von Qumran. Die Identifizierung mit den Essenern sollte aber doch als eine offene Frage betrachtet werden[5]. In den Qumranschriften ist für sie kein eindeutiger Anhalt zu finden.

Die Selbstbezeichnungen, die in der Qumranliteratur auftauchen, enthalten oft den hebräischen Ausdruck *jachad*, der im Alten Testament fast nur adverbial, im Qumranvokabular aber vorwiegend als Substantiv verwendet wird. Er kann am besten durch »Gemeinde«, »Gemeinschaft« oder »Kommune« wiedergegeben werden. Dementsprechend benennen sich also die Qumraner in ihren eigenen Schriften »Gemeinde der Söhne des Lichts« oder »der Erleuchteten«, »Gemeinschaft der Frommen« oder »Kommune der Heiligen«. Damit ist angedeutet, daß sie sich als den »heiligen Samen« (Jes 6,13) vertanden, dem es gegeben war, die Unheilszeit des Exils nach der Zerstörung des Tempels in Jerusalem (586 v.d.Z.) zu überstehen (vgl. Esr 9,2), und den Gott in seiner Gnade annahm, um aus ihm einen »gerechten Sproß« – *mataʿat ṣedek* –FT[6] (CD 1,1ff), das »neue Israel« erstehen zu lassen. Ihre Selbstauffassung als das wiederbelebte biblische Volk Israel ist der Schlüssel zu dem Verständnis ihrer Geschichte, Theologie und Heilszeitvorstellungen. Die Begriffe, Wortbilder und Motive, die in den Selbstdarstellungen der Gemeinde in den Qumranschriften auftauchen, ähneln in auffallender Weise der Terminologie, die sich besonders in den nachexilischen biblischen Büchern Deuterojesaja, Haggai, Sacharja, Esra und Nehemia vorfindet. Dies zeigt, daß die Qumraner sich als das aus dem Exil zurückgekehrte Volk Israel verstanden, mit dem Gott von neuem seinen Bund im Lande Israel errichtete.

Die Qumrangemeinde ist wohl die älteste uns bekannte chiliastische oder millenarische Strömung[7] in der jüdisch-christlichen Geisteswelt. Ein wortwörtliches Verstehen der Vision, in der Ezechiel seinen judäischen Zeitgenossen eine Verbannungsperiode von 390 Jahren nach der Zerstörung Jerusalems und des Tempels (586 v.d.Z.) ankündigte (Ez 4,4f), informierte die Qumraner über den genauen Ansatzpunkt der erhofften Heilszeit. In dem Drohspruch des Propheten entdeckten sie eine indirekte Botschaft der Hoffnung: 390 Jahre nach der Eroberung Jerusalems durch die Babylonier, also zu Beginn des 2. Jahrhunderts v.d.Z., wird sich das Geschick Israels wieder zum Guten wenden (CD 1,1ff). In Erwartung dieses Umbruchs in der Geschichte zogen sie in die Wüste, um sich dort mit Seele und Leib auf das große Ereignis vorzubereiten.

---

5 Vgl. *S. Talmon*, Qumran und das Alte Testament, Frankfurter Universitätsreden 42 (1971), S. 84–100; ders., Die Kommune von Qumran, FAZ vom 2.8.1975.
6 Vgl. die Ausführungen betreffs des biblischen *ṣemach ṣaddik* u. S. 115ff.
7 Eine Analyse und Darstellung dieses weitverbreiteten Phänomens mit Literaturhinweisen bietet *Y. Talmon*, Millenarian Movements, European Journal of Sociology VII (1966), S. 159–200.

Vor diesem Hintergrund ist es verständlich, daß die Qumrantheologie von einem Messianismus durchdrungen ist, dessen Gestaltung von Zügen geprägt wird, die sich zum Teil, verschieden akzentuiert, auch in den jüdisch-rabbinischen und den christlichen Messias- und Heilserwartungen aufzeigen lassen. Aber die messianische Idee erhält in der Qumranliteratur eine eigentümliche Gestaltung. Man erwartet das Kommen von zwei Messiasfiguren: der eine »Gesalbte« entstammt dem priesterlichen Hause Aarons, der andere ist ein Davidssproß. Die Vorstellung von zwei gleichzeitig auftretenden messianischen Persönlichkeiten ist so klar außerhalb Qumrans nicht nachweisbar. Es ist zu vermuten, daß sich in diesem Bild die religiös-politische Struktur der rückgekehrten Exilsgemeinde widerspiegelt, wie sie in der nachexilischen biblischen Literatur vorgezeichnet ist. Damals forderte der Prophet Sacharja eine klare Machtteilung zwischen dem davidischen Prinzen Serubbabel und dem Hohenpriester Jeschua (Sach 3; 4; 6; 8). Königtum und Priestertum sollten zusammen die Grundlage für ein friedvoll geeintes Leben der wiedergegründeten israelitischen Gemeinschaft schaffen (Sach 6,13; 8,12), ausgerichtet auf Jerusalem, Königsstadt und Tempelbereich zugleich.

III

Wir finden also in der Qumranliteratur, schon im zweiten oder im letzten Jahrhundert v. d. Z., eine Konfluenz von Heilssituation und heilbringendem (oder: heilbringender) Gesalbten, wie sie ganz besonders den christlichen Glauben auszeichnet und auch in der rabbinischen Tradition markant hervortritt. Aber diese eindeutige Fusion läßt sich in der alttestamentlichen Literatur nicht, oder zumindest nicht in allen ihren Schichten, so ohne weiteres nachweisen. Ganz im Gegenteil legt der Tatbestand die Vermutung nahe, daß in der israelitischen Geisteswelt Heilserwartungen und messianische Hoffnungen ursprünglich unabhängig voneinander und nicht unbedingt miteinander verschmolzen gehegt wurden. Diese Vermutung sollte eigentlich nicht überraschen. Man darf wohl postulieren, daß, ähnlich wie andere Kulturen, auch das biblische Israel schon in der Frühzeit, d. h. vor der Entstehung des Königtums in den Tagen Sauls (ca. 1050 v.d.Z.), eine Heilszeiterwartung entwickelte. Im Unterschied dazu kann eine Zukunftshoffnung, die auf einen »Gesalbten« ausgerichtet ist, sich erst nach der Anerkennung des Königtums als der (einzig) legitimen Staatsordnung eingewurzelt haben. Denn erst seit dieser Zeit wurden politische Herrscher, d.h. Könige in Israel »gesalbt«. Der Akt der Salbung läßt sich für die vorkönigliche Epoche nur im Bereich des Kultes, niemals im politischen Machtbereich nachweisen[8].

---

8   Vgl. *S. Talmon*, Königtum und Staatsidee im biblischen Israel, in: *ders.*, Geellschaft und Literatur in der Hebräischen Bibel. Gesammelte Aufsätze, Bd. 1 (Information Judentum 8), Neukirchen-Vluyn 1988, S. 11–43.

Die vorzüglich »messianischen« Bibeltexte, von denen einige vorgelegt und untersucht werden sollen, erlauben uns zu präzisieren: Die Messias-Idee, die Vorstellung von einem kommenden »Gesalbten«, ist unzertrennlich mit der davidischen Dynastie verbunden. Ihr *terminus non ante quem* liegt daher im 10. Jahrhundert v. d. Z. Ohne das davidische Königshaus und die mit ihm verknüpften historischen Erfahrungen ist die Entwicklung eines Messiasglaubens im Rahmen der jüdisch-christlichen Zukunftsvorstellungen undenkbar.

IV

Ein Vergleich mit der Gedankenwelt der Samaritaner macht diese Annahme zur Gewißheit[9]. Die Samaritaner, deren Gemeinde heute etwas mehr als 500 Mitglieder zählt, betrachten sich als die direkten Nachkommen des biblischen Israel, genauer gesagt, der Stämme Manasse und Ephraim aus dem Hause Joseph. Ihre Priester leiten ihre Abstammung von dem Hohepriester Aaron her und die Leviten natürlich von dem Stamm Levi. Wie allgemein bekannt, gelten für die Samaritaner nur die fünf Bücher des Pentateuch als »Heilige Schrift«. Es ist zwar anzunehmen, daß sie schon in der Antike auch die zwei anderen Komponenten des jüdischen Kanons, nämlich die »Propheten« und die »Schriften«, kannten. Sie haben sie aber niemals als »heilig« und damit als bindend anerkannt. Hieraus folgt, daß die Samaritaner an den geistigen und sozialpolitischen Entwicklungen, die in diesen zwei Teilen des alttestamentlichen Kanons ihren Ausdruck finden, keinen Anteil hatten, und daß diese darum keinen Einfluß auf den samaritanischen Glauben ausübten. Die Ablehnung der biblischen Geschichtsbücher, der Propheten und der Psalmen, in denen das Königtum dargestellt und die Messias-Idee propagiert wird, bewirkte, daß die Samaritaner keine wirklichen Messias- Hoffnungen entwickelten. Ihre Heilszeitvorstellungen wurzeln in dem Vorbild der vorköniglichen biblischen Epoche. Soweit sich in dieser Vorstellung eine zentrale Persönlichkeit – *Taheb* bezeichnet – abzeichnet, ist es die Figur eines neuen Mose, eines Mose *redivivus*. Das Fehlen einer historischen Erfahrung des davidischen Königtums ließ die Hoffnung auf einen zukünftigen »Gesalbten« in der Theologie der Samaritaner nicht aufkommen. Sie verhinderte aber nicht die Entwicklung einer »Heilszeiterwartung«, die sich unabhängig von einer Messias-Idee herausbilden konnte[10].

---

9 Eine kurze Darstellung der Samaritaner und ihrer Ideenwelt bietet *ders.*, Die Samaritaner in Vergangenheit und Gegenwart, Frankfurter Universitätsreden 42 (1971), S. 71–83; *ders.*, Die Samaritaner, SZ am Wochenende vom 20/21.3.1976, S. 83–84.
10 Vgl. dazu *ders.*, Typen der Messiaserwartung um die Zeitenwende, in: *ders.*, s. o. Anm. 8, S. 209–224.

V

Ganz allgemein kann festgehalten werden, daß es der biblischen Sprache an Begriffen mangelt, in denen die Resultate eines komprehensiven Gedankenprozesses sozusagen schlagwortartig zusammengefaßt werden. Darum kann es nicht verwundern, daß sich in der biblischen Literatur kein hebräisches Äquivalent für die griechische Vokabel *eschatologia*, »die Lehre von den letzten Dingen«, nachweisen läßt. Der griechische Begriff setzt eine Abstraktionsfähigkeit oder ein Interesse an abstrahierenden Konzeptionen voraus und eine historische, über das Geschichtsgeschehen hinausreichende Perspektive, die hinter dem Horizont des biblischen Denkens zu liegen scheint[11]. Biblische Vokabeln wie *'aharīt hajāmīm* oder *jōm 'adōnaj, hajōm hāhū* und *qēṣ*, die die griechischen Übersetzer durch Wendungen wiedergeben, die von *eschaton* abgeleitet sind und die mit ihrer auf das *absolute Letzte* oder *absolute Ende* hinweisenden Konnotation auch in der späteren Exegese akzeptiert wurden, können und müssen oft anders interpretiert werden, wie noch darzulegen ist. Der biblische Mensch dachte vorwiegend konkretimpressionistisch und daher relativistisch. Sein Zeitbegriff nimmt seinen Ausgang von dem »Jetzt« des jeweiligen Sprechers. Er kennt und anerkennt Situationen, die in einer Relation von *früher* und *später* zu dem jeweiligen Autor eines Ausspruches stehen, nicht aber ein absolutes *Erstes* und *Letztes*[12].

Aufschlußreich für das Zeitverständnis der alten Hebräer sind chronologische Bezeichnungen, die sich um einen Mittelpunkt drehen. So erwähnt z. B. der nachexilische Prophet Sacharja (1,4; 7,12) seine Vorgänger unter der Bezeichnung *nebī'īm rischōnīm* und bezieht sich dabei auf Propheten wie Amos, Hosea, Jesaja, Jeremia, die vor der Zerstörung des Ersten Tempels (586 v. d. Z.) tätig waren. Zusammen mit Haggai und Maleachi wird er selbst zu den *nebī'īm 'aharōnīm* gerechnet, die nach diesem Krisenpunkt, in der Zeit nach der Rückkehr aus dem babylonischen Exil (520), auftraten. Diese hebräischen Termini sollten nicht *erste* und *letzte Propheten* übersetzt werden, da damit eine absolute Chronologie suggeriert wird, sondern *frühere* und *spätere Propheten*. Den *früheren* gingen Seher voran wie Samuel, Achija und Gad (1Sam pass.; 2Sam 7; 12; 24; 1Kön 1; 11; 14 u. a.). Ebenso wird das Kommen von Nachfolgern der *späteren Propheten* erwartet. Das Buch des letzten biblischen Sendepropheten Maleachi endet mit einer Aussage, in der das Kommen des Propheten Elija »vor dem Einbruch des großartig furchtbaren Tag des Herrn *(jōm jhwh)*« (3,23f), also in einer zukünftigen, historisch nicht definierten Zeit, angezeigt wird. So wird der letzte der »späte-

---

11 Vgl. *J. Carmignac*, Der Begriff ›Eschatologie‹ in der Bibel und in Qumran in dem gleichnamigen Sammelband, Darmstadt 1978, S. 306–324; ders., Le mirage de l'Eschatologie, Paris 1979.
12 Vgl. *S. Talmon*, Eschatologie und Geschichte im biblischen Judentum, in: *R. Schnackenburg* (Hg.), Zukunft – Zur Eschatologie bei Juden und Christen, Düsseldorf 1980, S. 13–50, bes. S. 21ff.

ren«, d. h. der nachexilischen Propheten erneut in eine Folge eingereiht, in der er nur ein *relativ letzter* ist.

Die gleiche relativierende Zeitauffassung spiegelt sich in den Worten des Propheten Haggai, der den als 'aḥarōn bezeichneten nachexilischen Tempel dem vorexilischen, von Salomo gebauten und mit rī'šōn bezeichneten gegenüberstellt (Hag 2,9). Hier bezieht sich 'aḥarōn zweifellos nicht auf den *letzten*, sondern auf den zweiten Tempel. Diesem könnte prinzipiell ein dritter und ein vierter folgen. In der Tat erwartete die spätere Qumran-Gemeinde (2. Jahrhundert – 1. Jahrhundert v. d. Z.) den Bau eines ihren Auffassungen entsprechenden neuen, zusätzlichen, also »dritten« Tempels.

Das Buch Amos (1,1) datiert den Beginn der Sendung des Propheten »zwei Jahre vor dem Erdbeben in der Regierungszeit des Königs Uzziah« (vgl. Sach 14,5). Vergleichbar sind Erwähnungen von Geschehnissen, die sich sieben Jahre »vor der Gründung der Stadt Zoan in Ägypten« (Num 13,22) ereigneten.

Die als *eschatologisch* verstandenen Texte sind oft durch den Gebrauch von einem der drei folgenden Ausdrücke gekennzeichnet: Seit der Zeit des ersten Sendepropheten Amos (ca. 750 v. d. Z.) findet sich in der alttestamentlichen Literatur der Begriff *jōm jhwh* oder *jōm 'adōnaj* (Am 5,18–20), manchmal einfach *hajōm hāhū*, »jener Tag«, bezeichnet. Die Übersetzung »der jüngste Tag« oder »der Tag des jüngsten Gerichts« ist christologisch akzentuiert. Sie bewirkte, daß dem *jōm 'adōnaj* oft ein eschatologischer, weltendlicher Charakter zugeschrieben, daß er als Ausdruck einer antiken israelitischen Endzeithoffnung aufgefaßt wird, die Israel Rache an den Völkern in der Form eines göttlichen Strafvollzuges in Aussicht stellte. Der Prophet Amos hat diesem nationalen Rachetraum eine Wendung zum Ethischen gegeben: Es ist der Tag, an dem Gott über alle Frevler zu Gericht sitzen wird, vorerst über die Sünder in seinem Volk. Aber das Motiv des »Tag des Herrn« kommt nur in der prophetischen Literatur auf und findet keinen Widerhall in der älteren Historiographie, den Gesetzessammlungen und der biblischen Poesie. Daher hat M. Weiss das Alter des Begriffes in Frage gestellt. Er hält Amos für den Innovator der Idee, die auch nach ihm nur in prophetischen Kreisen Anklang fand[13].

Der Begriff *qēṣ* taucht in apokalyptischen Visionen in den Büchern Ezechiel und Daniel auf (Ez 21,30.34; 35,5; Dan 8,17.19; 11,27.40; 12,4.9), in Verbindung mit den qualifizierenden Vokabeln '*et* und *mō'ēd*. Die Qualifikationen beweisen, daß *qēṣ* auf einen vorausbestimmten Zeitpunkt zielt, der am *Ende einer Zeitspanne*, aber nicht notwendigerweise am *Ende der Zeiten* liegt. Die philologisch-literarische Analyse beweist, daß die hier betrachteten Begriffe sich nicht auf ein teleologisch erfaßtes *Geschichtsende* beziehen, sondern auf eine von Gott bestimmte *Geschichtswende*, und zwar zu einem innergeschichtlichen, nicht nach- oder übergeschichtlichen Zeitpunkt. Der

---

13 M. Weiss, The Origin of the »Day of the Lord« Reconsidered, HUCA 37 (1966), S. 29–71.

Charakter der Inner- Geschichtlichkeit ist besonders aufschlußreich für die biblischen Zukunftserwartungen.

Die Termini 'aḥarīt hajāmīm oder 'aḥarīt hašānīm werden meist mit »Ende der Zeiten« oder »Ende der Weltjahre« wiedergegeben. Wiederum legt eine Untersuchung des biblischen Sprachbefundes nahe, daß die Vokabel 'aḥarīt, wie das von der gleichen Wurzel abgeleitete Wort 'aḥarōn, oft mit »Nachkommenschaft« gleichzusetzen ist und auf die nächste oder die übernächste Generation hinweist (Dtn 29,21; Joel 1,3; Ps 37,37f; 78,6; 109,13), also einer immanenten Zukunftshoffnung in der Geschichte Ausdruck gibt (vgl. Jer 23,20; 30,24; Ez 38,8.16; Hos 3,4f). Ich möchte diese Behauptung durch die Untersuchung einiger Texte erhärten:

In seiner Abschiedsrede ermahnt Mose das Volk, Gottes Gebote einzuhalten, und droht mit göttlicher Strafe, die die Sünder erreichen wird: »Ich weiß, daß ihr nach meinem Tode ('aḥarē mōtī) . . . von dem Weg, den ich euch anbefohlen habe, abweichen werdet, und dann (bē 'aḥarit hajāmīm) wird euch Unheil befallen . . .« (Dtn 31,29; vgl. Dan 2,28; 10,14). In einer für den biblischen Stil charakteristischen Struktur werden hier in den zwei Versteilen die Ausdrücke 'aḥarē mōtī und 'aḥarīt hajāmīm gleichgesetzt, wobei 'aḥarīt hajāmīm durch »nach meinem Tod« expliziert wird. Die von Mose vorausgesehenen Umstände werden demnach nicht am »Ende der Zeiten« eintreten, sondern nach einer kürzeren oder längeren, aber jedenfalls absehbaren Zeitspanne in der Geschichte (vgl. Gen 49,1).

Eine ähnliche Gleichsetzung von 'aḥarīt (diesmal ohne hajāmīm) mit der Zeit »nach dem Tod« findet sich in dem Bileamspruch Num 23,10. Im Hinblick auf die Erwähnung der »Unzählbarkeit Israels« in der ersten Vershälfte ist die zweite Hälfte (etwas frei) zu übersetzen: »Möge ich einen ehrlichen Tod sterben, und meine Nachkommenschaft ('aḥarītī) wie die seine (Israels) sein« (vgl. Num 24,20).

Die gleiche Bedeutung muß 'aḥarīt auch in Am 4,2 zugeschrieben werden. In einem Strafspruch, der die Eroberung von Samaria und die Deportation der Einwohner androht, nimmt der Prophet besonders auf die Frauen der Reichen Bezug: »Euch wird man mit Haken wegschleppen und eure Tochter-Nachkommen (wē 'aḥarītken) mit Fischhaken«[14]. Eine ähnliche Übersetzung ist auch in Amos 8,10 und 9,1 angebracht[15].

Besonders klar ist die Sachlage in Ez 23,25. In einem Unheilsspruch

---

14 So richtig verstanden von *H.W. Wolff*, Dodekapropheton 2 (BK XIV/2), Neukirchen-Vluyn ³1985, z. St.; ähnlich ZB: ». . . und eure Brut mit Angeln«. Sinnlos ist die von *Th.H. Robinson*, Die zwölf kleinen Propheten (HAT I/14), Tübingen 1954, z. St. vorgelegte Übersetzung: »da trägt man euch fort mit Haken und euren Hintern mit Fischhaken«. Auch die Einheitsübersetzung: ». . . und was noch von euch übrig ist« verfehlt oder verschleiert den Sinn des Wortbildes.

15 Vielleicht sollte auch Hi 42,12f so verstanden werden: »Gott segnete Hiobs (zweite) Nachkommenschaft ('acharit) mehr als seine erste (me-reschito) . . . Er hatte (wie zu Beginn) sieben Söhne und drei Töchter« (Hi 1,2). Aber in 42,15 wird hinzugefügt: »Man fand im ganzen Land keine schöneren Frauen als die Töchter Hiobs«, und: »er (erlebte) sah Enkel und Urenkel, vier Generationen« (Hi 42,16).

wird die Zerstörung Judas durch die Babylonier angedroht, die ihren Zorn am Volk auslassen werden. Die Floskel »'aḥarītek wird durch das Schwert umkommen« wird durch den Zusatz erklärt: Diese sind deine Söhne und Töchter, deine Nachkommenschaft (*'aḥarītek*) wird das Feuer verzehren« (vgl. Dtn 32,20.29; Jer 31,17; Prov 23,18; 24,14.20).

Die durch die sprachliche Untersuchung bewiesene Geschichtsgebundenheit der Zukunftserwartungen paßt gut in den Rahmen des biblischen Geschichtsverständnisses allgemein, das sich effektiv auf etwa sieben bis acht Generationen erstreckt: drei bis vier vor und drei bis vier nach der Gegenwart des jeweiligen Sprechers oder Autors (Jer 27,7). Sie kommt in biblischen Motiven und Konzeptionen zum Ausdruck. Die Traditionen von drei Generationen von Erzvätern und Erzmüttern mögen als Illustration dienen. Jakob zieht mit »seinen Kindern und Kindeskindern« nach Ägypten (Gen 46,6f; vgl. Ri 12,14; Jer 29,6; 1Chr 8,40). Wer Kinder und Enkelkinder erlebt, gilt als gesegnet (Ps 128,6; vgl. 17,14). Sprichwörtlich glücklich ist, »wer Enkelkindern vererbt« (Prov 13,22). Sie sind der Prunk des Großvaters (Prov 17,6). Besonders ausgezeichnet ist der Mensch, der noch zu seinen Lebzeiten Urenkel sieht, wie Joseph (Gen 50,23) und Hiob (42,16; vgl. 2Kön 10,30f). Was über diesen Zeitraum hinausgeht, wird nicht genau umrissen, sondern überschwenglich mit »seit Urzeiten« oder »für immer« und »in Ewigkeit« bezeichnet. So z.B. Ez 37,25: »Sie werden in dem Lande wohnen, das ich meinem Knecht Jakob gegeben habe und in dem ihre Väter gewohnt haben; sie werden in ihm wohnen, sie und ihre Kinder und ihre Kindeskinder für immer, und mein Knecht David wird für immer ihr König (Fürst) sein«; Ps 132,12: »Wenn deine Söhne (David) meinen Bund und meine Satzungen, die ich sie lehrte, einhalten werden, dann werden auch ihre Söhne für immer auf deinem Thron sitzen« (vgl. Jer 35,6; 1Chr 28,7; ferner 2Kön 17,41). Derselben Auffassung begegnen wir in Sprüchen und Wendungen, in denen eine Strafe angedroht wird, die über die Lebenszeit des Frevlers hinausgeht. So in Jer 2,9: »Daher werde ich noch mit euch rechten, sagt Jhwh, und mit euren Kindern und Kindeskindern werde ich rechten«. Der Gott Israels ist ein eifernder Gott, »der die Sünden der Väter an Kindern, am dritten und vierten Geschlecht heimsucht«; seine Liebe zeigt er seinen Getreuen »bis ins tausendste Geschlecht« (Ex 20,5; 34,7; Num 14,18; Dtn 5,9; Ps 103,17).

Es soll noch bemerkt werden, daß dem biblischen Denken deskriptive Aussagen vergleichbarer sind als systematische. Die vorherrschende Denkart ist *additiv* oder *akkumulativ*[16]. Sie wehrt sich gegen jedwede Tendenz einer Systematisierung, wie sie sich schon in dem bloßen Begriff *Eschatologie* zu erkennen gibt.

Die hiermit angeschnittene Problematik in der Anwendung des Terminus *Eschatologie* auf die biblische einschließlich der prophetischen Literatur wurde natürlich von der modernen Wissenschaft zur Kenntnis genom-

---

16 Diese Formulierung habe ich von Prof. *S. Herrmann* (schriftliche Kommunikation) übernommen.

men. Es möge hier genügen, eine kurze Bemerkung von Alfred Jepsen zu zitieren, die die Sachlage prägnant umreißt: »Auch das AT kennt eine Zukunftserwartung, spricht von dem, was geschehen wird. Es ist viel darüber verhandelt worden, ob man diese Erwartung als Eschatologie bezeichnen darf. Je nachdem, wie man den Begriff versteht, fallen alle, einige oder keine der at. Zukunftsaussagen darunter. Wenn E[schatologie] nur ein neues Weltzeitalter umschreibt, das Ende der gegenwärtigen Geschichtsperiode, wird man in der Anwendung dieses Begriffes zurückhaltend sein müssen; wenn E[schatologie] sich aber auf die Zukunft dieser Geschichte, eine Wende in dieser Geschichte bezieht, da darf man den Begriff E[schatologie] im AT verwenden; ebenso natürlich, wenn E[schatologie] alle Zukunftsaussagen umfassen soll. So ist wichtiger als diese terminologische Frage, die eigenartige Struktur der at. Zukunftsaussagen in all ihrer Mannigfaltigkeit und allem Wechsel darzustellen. Sie bilden kein einheitliches System ... So werden unter dem Stichwort E[schatologie] hier alle Zukunftsaussagen zusammengefaßt, ohne daß damit über die Anwendbarkeit des Begriffes E[schatologie] auf alle diese Erwartungen etwas ausgesagt werden soll«[17].

Jepsen hat mit Recht auf »die eigenartige Struktur der at. Zukunftsaussagen in all ihrer Mannigfaltigkeit und allem Wechsel« hingewiesen. Eigentlich sollten wir von biblischen (oder, im Rahmen unserer Betrachtungen, prophetischen) »Zukunftserwartungen« im Plural und nicht im Singular sprechen. In der wissenschaftlichen Diskussion wird dieser Variabilität oft nicht Rechnung getragen. Aus Gründen, die hier nicht weiter untersucht werden sollen, neigt man zu einer Pauschalisierung der biblischen und vor allem der prophetischen Heilszeiterwartungen. Darüber hinaus identifizierte man sie oft mit dem biblischen Messianismus. Zumindest wurden »Eschatologie« und »Messianismus« als ein untrennbares Zweigespann angesehen.

Ein Zusammenfließen des Glaubens an eine zukünftige Heilszeit (unabhängig davon, ob sie Eschaton genannt wird oder Zukunftshoffnung) mit dem Glauben an einen (messianischen) Heilsbringer zeigt sich in der Tat in den monotheistischen Religionen, die auf dem biblischen Erbe aufbauen, wenn auch mit markanten Differenzierungen und Nuancierungen. Allgemein darf gesagt werden, daß diese doppelspurige Doktrin im Christentum und im Judentum (in verschiedenen Schattierungen) einen prägnanteren Ausdruck fand als im Islam. Es muß aber gefragt werden, ob die Erwartung einer Heilszeit und eines heilbringenden Gesalbten ab initio als zwei Seiten einer Münze aufgefaßt wurden oder ob dieses janusköpfige Doppelbild das Endprodukt eines Fusionsprozesses darstellt, in dem sukzessiv zwei ursprünglich unabhängige Zukunftsvorstellungen miteinander verschmolzen: Eine erhoffte *Heilssituation* mit der Vision eines zukünftigen *heilbringenden Gesalbten*.

Man darf vermuten, daß ursprünglich diese Facetten der biblischen

---

17 A. *Jepsen*, Art. Eschatologie, in: RGG³ II (1958), S. 655.

Zukunftshoffnung in zwei verschiedenen Phasen der gesellschaftlichen und geschichtlichen Erfahrung Israels wurzeln, wenn auch der jetzige literarische Tatbestand keinen eindeutigen Beweis für diese Vermutung bietet.

Aber diese Fusion läßt sich nicht in allen Schichten der biblischen Literatur eindeutig nachweisen. Der Tatbestand legt vielmehr die Vermutung nahe, daß ursprünglich die auf eine *Heilssituation* ausgerichteten Zukunftserwartungen unabhängig von denen auf die Person eines *mašiaḥ*, eines *heilbringenden königlichen Gesalbten*, zielenden unterhalten wurden und daß diese beiden Facetten der biblischen Zukunftssicht sich in verschiedenen Phasen der israelitischen sozialgeschichtlichen Erfahrung kristallisierten.

VI

Die postulierte ursprüngliche Unabhängigkeit der biblischen Heilszeithoffnung von der Messiaserwartung läßt sich durch gewisse biblische Texte untermauern, von denen einige etwas näher betrachtet werden sollen. Die im folgenden tabellenartig registrierten Passagen illustrieren die Verschmelzung der Heils- mit den Messiashoffnungen, aber zur gleichen Zeit ermöglichen sie, Schlüsse über deren vermutete anfängliche Selbständigkeit zu ziehen. Der Beweis für die Annahme, daß wir in diesen Stücken den Prozeß der Fusion, eigentlich der Aneinanderreihung der unterschiedlichen Komponenten, noch verfolgen können, erfordert eine exegetische Analyse, die in vollem Umfang hier nicht geliefert werden kann. Wir müssen uns mit einigen kurzen Hinweisen begnügen und überdies die Untersuchung auf wenige Beispiele beschränken. Sie sind hauptsächlich biblischen Büchern entnommen, die die Tradition zwei Männern der ersten Prophetengeneration zueignet, dem »ersten« Jesaja (Jesaja ben Amoz) und Micha aus Moreschet. Beide wirkten in Juda, in der zweiten Hälfte des 8. Jahrhunderts v. d. Z. Mit der traditionellen Zueignung ist allerdings die Datierung jener Texte nicht eindeutig festgelegt. In der Tat wird in der Fachliteratur die Ansicht vertreten, daß einige oder alle der angeführten Passagen älteres Material enthalten, das von den genannten Propheten aufgegriffen und von ihnen (oder späteren Redaktoren) ihren Büchern einverleibt wurde. Andererseits wird vermutet, daß es sich um späte nachexilische literarische Produkte handelt, die *post facto* in die frühen Prophetenbücher integriert wurden. Die komplexe Frage der Datierung dieser Visionen kann hier nur kurz erwähnt, aber nicht im Detail dargelegt werden. Für unseren Zweck reicht es aus, darauf hinzuweisen, daß Heils- und Messias-Orakel schon in den frühen Schichten der biblischen, prophetischen Literatur aufkommen und daß sie ebenso in späteren Schichten nachgewiesen werden können. Die Hoffnungen, die in ihnen zum Ausdruck kommen, erweisen sich damit als markante und konstante Glaubenswerte der biblischen Gedankenwelt, deren Entwicklung wir seit (spätestens) der Entstehung des Königtums (um ca. 1000 v. d. Z.) über die Restaurationsperiode nach dem babylonischen Exil (6.–5.

Jahrhundert v. d. Z.) hinweg bis in die hellenistische Epoche (2. Jahrhundert v. d. Z.) verfolgen können.

Einige Bemerkungen zur Erklärung der Anordnung der hier zitierten Texte:

In den linken Spalten sind Texte angeführt, die ich als typische Beispiele für biblische *Heilszeiterwartungen* ansehe. In den rechten Spalten werden Passagen registriert, die einer *Messiaserwartung*, also der Hoffnung auf das Kommen eines *gesalbten Königs* Ausdruck geben. Die Kolumnen sind so geordnet, daß man auf einen Blick erkennen kann, in welchen Fällen die vermutlich ursprünglich selbständigen Partien in der literarischen Tradition des biblischen Kanons miteinander integriert wurden. Einige exegetische Betrachtungen sollen diesen Fusionsprozeß ins Licht rücken.

I. Heilserwartungs-Orakel   Messias-Orakel

Jes 9,1–4:   Das Volk, das in Finsternis wandelt (lebt),
sieht großes Licht.
Über den Bewohnern des Schattenlandes
strahlt Helligkeit.
Du machst das Volk zahlreich,
gibst ihm große Freude.
Sie freuen sich vor dir,
wie man sich freut bei der Ernte,
wie man jubelt beim Beuteverteilen.
Denn sein lastendes Joch, seinen Schulterstab,
seinen Treiberknüppel zerbrichst du
wie am Midianstag.
Denn jeder Soldatenstiefel,
der dröhnend einherstampft,
und jeder Soldatenmantel, in Blut gewälzt,
muß in den Brand, ein Fraß des Feuers.

Jes 9,5f: Denn ein Kind ist uns geboren,
ein Sohn ist uns gegeben.
Die Herrschaft liegt auf seiner Schulter.
Er erhält die Namen:
Wunder-Ratgeber, Mächtiger (wie) Gott, Vater für immer,
Friedensfürst, Großherrscher, Frieden ohne Ende.
Auf Davids Thron (regiert er) sein Königreich,
er festigt, stützt es auf Rechtsherrschaft,
jetzt und für immer.
Der Eifer des Herrn der Heerscharen wird dies vollbringen.

Die ersten vier Verse im 9. Kapitel des Buches Jesaja beschreiben eine Zukunftszeit, in der »das Volk« (Israel) aus der »Finsternis« der Unterdrückung durch seine Feinde erlöst werden wird. Des Feindes Macht wird gebrochen (V. 3; vgl. Jer 30,8). Seine dröhnend aufmarschierende Soldateska fällt dem Feuer anheim (V. 4; vgl. 17,12–14). Jubel und Freude erfüllen die Menschen »wie in der Erntezeit« (vgl. u.a. Ps 126,5f; Ri 9,27; 21,19–22) oder beim »Beuteverteilen« (vgl. u.a. Ri 5,30). Nirgendwo wird in dieser Darstellung ein *maschiach*, ein »Gesalbter«, oder irgendeine andere markante Figur erwähnt. Die Aussage bezieht sich ausschließlich auf das »Volk« als Sammelbegriff und auf die *Heilssituation*, in die es versetzt werden wird.

Ganz unterschiedlich akzentuiert sind die sich an dieses Bild anschließenden Verse 5 und 6. Sie liefern uns ein Porträt des zukünftigen idealen Herrschers, auf dessen »Schultern« die Macht liegen wird (V. 5), die dem Feinde entrissen wurde (V. 3). Wenn auch das Stichwort (mein) »Gesalbter« nicht erwähnt wird, läßt der Text keinen Zweifel darüber aufkommen, daß der biblische Autor den »Davidsproß« im Auge hatte, der auf »Davids Thron sitzen wird« (V. 6) und (damit von Jerusalem her) Frieden in die Welt bringen wird (vgl. Jes 2,4; Mich 4,3)[18]. Die ausdrückliche Beziehung auf das davidische Haus zeigt sich in der Wahl der *Hoheitstitel*, die dem zukünftigen König verliehen werden und die den Blick auf parallele Wortgebilde wenden, deren davidischer Charakter keiner Erhellung bedarf[19]:

Jes 9,5:
»Ein Kind ist uns geboren, ein Sohn ist uns gegeben, auf seine Schultern wird die Herrschaft gelegt«

erinnert an die Davidssprüche in

Mich 5,1f:
»Du, Bethlehem-Efrata, so klein unter den Gauen Judas, aus dir wird hervorgehen, der über Israel herrschen soll ... der Herr gibt ihn[20], wenn die Gebärende gebiert ...«

und

Jes 7,14:
»Die junge Frau wird schwanger werden und einen Sohn gebären, und sie (oder: man) wird ihm den Namen Immanuel geben«.

Der Name Immanuel ist ein weiteres Beiwort, das sich zu denen gesellt, die in Jes 9,5f angeführt werden (vgl. Jes 11,1–5; 42,1–4).

---

18 Vgl. *K. Seybold*, Das davidische Königtum im Zeugnis der Propheten (FLRANT 107), Göttingen 1972.
19 Zum Folgenden s. bes. *H. Junker*, Die messianische Verkündigung des Buches Jesaja, RB 48 (1938), S. 189–193; 49 (1939), S. 5–11.279–285.338–346; 50 (1940), S. 5–11.
20 Ich vermute, daß die MT-Lesung *jittnem* aus einer Fehlschreibung von *jittne(h)u* entstanden ist, die sich auch in anderen Fällen nachweisen läßt; vgl. *R. Weiss*, On Ligatures in the Hebrew Bible, JBL 82 (1963), 188–194 (vgl. z.B. 2Kön 22,4 *wejattem* mit 2Chr 34,9: *wajjittenu*). Der Passus ist zu übersetzen: »Gott gibt ihn« (den zukünftigen Herrscher) und nicht: »gibt sie preis« (Einheitsübersetzung; ähnlich ZB).

Jes 9,5f:
»Friedensherrscher ... ohne Ende ist der Friede ... Recht und Gerechtigkeit von nun an für immer«

hat seine Gegenstücke in

Mich 5,4:
»Und er wird der Friede sein ...«

und in dem auf Salomo bezogenen

Psalm 72,1–7:
»Verleih dein Richteramt, o Gott, dem König,
dem Königssohn gib dein gerechtes Walten.
Er regiere dein Volk in Gerechtigkeit
und deine Armen durch gerechtes Urteil.
Dann tragen die Berge Frieden für das Volk
und die Höhen Gerechtigkeit ...

Die Gerechtigkeit blüht in seinen Tagen
und großer Friede, bis der Mond nicht mehr da ist«
(d. h.: für alle Zeiten) (vgl. noch Ez 37,24–28).

Ähnliche Wortbilder und Gedanken werden im Buche Jeremia auf den zukünftigen davidischen König bezogen. Besonders eindrucksvoll ist der Vergleich mit einer Passage, die die hebräische Version des Buches zweimal bringt (Jer 23,5f; 33,14–16), während die Septuaginta sie nur einmal hat (23,5f). Wie in Jes 7,14 und 9,5f kulminiert auch die im Jeremiabuch tradierte Aussage in einem »Hoheitsnamen«, mit dem der erhoffte (gesalbte) König ausgezeichnet wird.[21]

Jer 23,5f:
»Seht, es kommen Tage – Worte Gottes –, da werde ich für (oder: aus) David einen gerechten Sproß erstehen lassen.
Er wird als König herrschen und weise handeln, Recht und Gerechtigkeit wird er schaffen im Land ... Man wird ihm den Namen geben: ›Gott ist unsere Gerechtigkeit‹« (vgl. Dan 9,24f).

II. Heilserwartungs-Orakel   *Messia-Orakel*

Jes 11,1–5:   Ein Reis wird aus dem Wurzelstock Isais sprießen
ein Schößling aus seinen Wurzeln treiben.
Auf ihm wird der Geist Jhwhs ruhen,
Geist der Weisheit und der Einsicht,

---

21 Vgl. etwa *R. Koch*, Der Gottesgeist und der Messias, Biblica 37 (1946), S. 376–403; *ders.*, Geist und Messias. Beitrag zur biblischen Theologie des Alten Testaments, 1950.

>   Geist des Rates und der Macht,
>   Geist der Erkenntnis und der Gottesfurcht.
>   Er wird ihn begeistern mit Gottesfurcht.
>   Er wird nicht richten nach dem, was seine Augen sehen,
>   noch entscheiden nach dem, was seine Ohren hören.
>   Er richtet die Geringen in Recht(smacht),
>   entscheidet in Gerechtigkeit über die Demütigen im Land.
>   Er zerschlägt Gewalttäter mit dem (Wort) Stab seines Mundes
>   und tötet Frevler mit dem Hauch seiner Lippen,
>   Recht(smacht) ist der Gürtel seiner Hüften
>   und Beständigkeit der Gürtel seiner Lenden.

Jes 11,6–9:
> Dann wird der Wolf beim Lamm wohnen
> und Leopard beim Böcklein lagern;
> Kalb und Junglöwe weiden zusammen;
> ein kleiner Knabe führt sie.
> Kuh und Löwe fressen Stroh wie Rinder.
> in die Höhle der Viper
> streckt das Kleinkind seine Hand,
> sie (alle) schaden nicht und verderben nichts
> auf meinem ganzen heiligen Berg;
> denn die Erde ist erfüllt von Gotteskenntnis,
> wie das Meer voll von Wasser ist.

Jes 11,10:
> An jenem Tag wird ein Sproß aus der Wurzel Isais
> als Völkerbanner erstehen, Völker werden ihn aufsuchen,
> in seiner Ruhe(stätte) wird Gottes Glorie sein.

Ein ähnlicher Tatbestand – die vermutliche Kombination eines *Messiaserwartung-Spruches* mit einer *Heilszeit-Vision*, und zwar in umgekehrter Reihenfolge – legt sich im 11. Kapitel des Jesajabuches dar: Der Passus beginnt mit einer Aussage, die nur auf die Person des zukünftigen Herrschers gerichtet ist (V. 1–5), und führt dann zu einer Darstellung der erhofften von einem Weltfrieden durchzogenen Heilszeit, deren Ausmalung sich auf die erschaute *Situation* konzentriert, in die keine *Retterfigur* eingezeichnet ist.

Dem Zukunftskönig werden Eigenschaften und Befugnisse zugeschrieben, die wir ähnlich schon aus den in der Behandlung des ersten Beispiels angeführten Texten kennen: »Gottes Geist der Weisheit, der Einsicht und des Rates wird auf ihm ruhen« (V. 2f; vgl. 9,5; 42,1; 52,13; 53,11; 1Kön 5,9–14). Er wird »Rechten in Gerechtigkeit« (V. 4f; vgl. 9,6; 32,1; Ps 72,1ff). Mit »dem Stab seines Mundes« – seinen Worten (vgl. Prov 14,3) – »zerschlägt er (den Stab der) Gewalttäter«. Das Bild ist wohl dem Wortschatz der »Heils-Visionen« entnommen und hier auf den »Zukunfts-König« bezogen (vgl. V. 4 mit 9,3).

Ein umgekehrter Vorgang scheint sich in der Verwendung des Begriffes »Kind« abzuzeichnen. Während es in den bisher besprochenen Passagen dezidiert auf den Davidssohn zielt (Jes 7,14; 9,5; vgl. 1Kön 13,2; Ps 87,5f), erhält es in der *Heilssituation-Vision* Jes 11,6ff eine Ausweitung ins allgemein Menschliche (V. 6 und 8). Es kann sogar, in einer für den alttestamentlichen Sprachgebrauch ungewöhnlichen Weise, auf die Tierwelt bezogen werden (V. 7), sonst nur noch in Hi 38,41; 39,3[22].

Die davidische Abstammung des *Zukunftskönigs* ist auch hier trotz des Fehlens einer Erwähnung von *Salbung* durch den Hinweis auf Isai, den Vater Davids (V. 1), sichergestellt. Sie wird durch die Aufnahme des Motivs »Pflanze (des Rechts)« unterbaut. Der Bedeutungsinhalt des hebräischen Wortes *ṣedek* erschöpft sich nicht in dem Sinnbereich »*Recht – Gerechtigkeit*«, sondern schließt auch das Begriffsfeld »*(rechtlich ausgeübte) Macht*« ein. Die durch *ṣedek* und durch das mit diesem Wort verbundene semantische Feld ausgedrückte Konzeption von »Rechts-Macht« wurzelt wohl in einem vorisraelitischen Jerusalemer *Hoheitstitel-Vokabular*. Diese Vermutung wird durch den Namen Melchisedek nahegelegt, über dessen Begegnung mit Abraham Gen 14 berichtet. Melchisedek vereinte in sich die (profanen) Machtbefugnisse des Stadtkönigs von (Jeru-)Salem mit denen des »(Hohen-)Priesters des Höchsten Gottes« (V. 18). Nachdem Jerusalem sich als die Hauptstadt des israelitischen und später des judäischen Königreiches etablierte, übernahm die davidische Dynastie verschiedene Lokaltraditionen[23], und unter diesen auch den »Hoheitstitel« *ṣedek* in seinem gesamten Bedeutungsumfang. Wie in der Vergangenheit, so in der Geschichte und in der erwarteten Zukunftszeit, ist Jerusalem die »*ṣedek*-Stadt, eine feste Burg« (Jes 1,26; vgl. Jer 31,32)[24]. Der in ihr herrschende davidische König trägt den Titel Melchisedek.

Ps 110,1–4:
»So spricht Gott zu meinem Herrn: Setze dich mir zur Rechten ...
Von Zion strecke der Herr das Zepter deiner Macht aus ...
Gott hat geschworen und nie wird es ihn reuen:
Du bist Priester für immer nach der Ordnung Melchisedeks«.

In Jerusalem wird er die Funktion des *ṣedek*-Königs ausüben.

---

22 Von 91 Erwähnungen des Substantives *jeled/jaldah* in der hebräischen Bibel beziehen sich nur drei auf die Tierwelt. Von 468 Erwähnungen des Verbums *jalad* beziehen sich insgesamt acht auf die Tierwelt, von diesen nur vier auf Haustiere, drei davon in demselben Kontext (Gen 30,39; 31,8; Lev 22,27).
23 So erbaute David den »Altar für Jhwh« an einer Stätte, die wohl vorher den Jebusitern als (Königs)heiligtum gedient hatte (2Sam 24,18–25), und bestimmte damit den Ort, an dem danach der Tempel in Jerusalem errichtet wurde. Vgl. dazu S. Talmon, Die Bedeutung Jerusalems in der Bibel, in diesem Band S. 83–97.
24 Ich vermute, daß in der Wortverbindung *we-schillam newat sidqeka* der Verfasser von Hi 8,6 das Jerusalem-Epithet *neweh ṣedeq* (Jer 31,23; 50,7) mit Absicht mitklingen lassen will.

Jes 16,4f:
»Ist der Unterdrücker, der Verfolger vernichtet,
und sind die Eroberer aus dem Land verschwunden,
dann wird durch (Gottes) Güte ein Thron errichtet;
darauf sitzt im Zelt Davids ein Herrscher- Richter,
der das Recht sucht und ṣedek fördert« (vgl. Sach 9,9f).

In seiner Befugnis als *rechtender Herrscher* auf Erden hat der ideale König Anteil an *ṣedek*, der Rechtsherrschaft Gottes über die Schöpfung (Jes 45,19; 58,2; 62,2; Jer 11,20; Sach 9,10; Ps 4,2; 119 passim)[25].
Vor diesem geschichtlichen und religionsgeschichtlichen Hintergrund kann es nicht verwundern, daß sowohl das davidische Königshaus als auch die Jerusalemer Priesterschaft die Komponente ṣedek wiederholt in ihre Personen- oder Familiennamen integrierte, und das hohepriesterliche Haus – *bne ṣadok* – führt seine Abstammung auf Zadok zurück[26], den David ernannte (2Sam 15 passim) und den Salomo in seinem Amt bestätigte (1Kön 2,35; vgl. 1Kön 1 passim). Einer der nachexilischen aus dieser Familie stammenden Priester trägt den Namen Josadak (Hag 1,1.12.14; Sach 6,11; 1Chr 5,40f).
Noch eindrucksvoller ist ein Bericht, der den letzten judäischen König vor der Zerstörung Jerusalems im Jahre 586 v.d.Z. betrifft:

2Kön 24,17:
»Dann machte der König von Babel den Mattanja, den Onkel Jojachins, an dessen Stelle zum König, und er (Mattanja) änderte seinen namen zu Zidkija«.

Hier handelt es sich wohl um die Annahme eines Thronnamens, durch den der von den Babyloniern eingesetzte König seine Verbundenheit mit der davidischen Dynastie und mit Jerusalem Ausdruck verleihen wollte[27].

---

25   Vgl. noch den Gebrauch von *schalom* »Frieden« als Gottes- und Königs-Appellation (Ri 6,24; Jes 9,6; Mich 5,4). Im Hinblick darauf sollte auch der Begriff ʿaṣat schalom »Friedensrat« (Sach 6,13) als ein indirekter Hinweis auf den Davidsproß Serubbabel verstanden werden.
26   Vgl. *H.H. Rowley*, Zadok und Nehustan, JBL 58 (1939), S. 113–141; *ders.*, Melchisedek und Zadok, in: Festschrift Bertholet, Tübingen 1950, S. 461–472; *C.E. Hauer*, Who was Zadok, JBL 82 (1963).
27   Der hebräische Text ermöglicht es, den König von Babel als Subjekt des Satzes anzusehen (so z.B. Einheitsübersetzung und ZB). Ich halte dies nicht für die empfehlenswerte Auffassung. – In ähnlicher Weise ist Salomo (Schelomoh) als Thronname zu verstehen, den David seinem Sohn Jedidjah (2Sam 12,25) verlieh, um damit seine (zukünftige) Ernennung zum König in Jeru(schalem) anzudeuten (2Sam 12,24). Vielleicht sollte man diese Tradition als eine Prolepsis einer Namensänderung ansehen, die Salomo selbst vornahm, als er die Thronnachfolge seines Vaters antrat. Es ist wohl nicht ohne Bedeutung, daß von den Söhnen Davids, von denen die biblischen Traditionen berichten, sie hätten einen Anspruch auf

Im Unterschied zu dem in der vorisraelitischen Jerusalemer Tradition ankernden Hoheitstitel ṣedek scheint das Wortbild der »Pflanze« oder »Pflanzung«, dem wir in biblischen David- und Gesalbten/Messias-Passagen oft begegnen, dem davidischen Königshaus urtümlich anzueignen. Der klassische Spruch von »Isais Reis« (Jes 11,1) findet ein Echo in verschiedenen Texten, von denen sich einige noch auf die nachexilische Epoche beziehen, in Verbindung mit oder ohne ṣedek.

Jer 23,5:
»Seht, es kommen Tage – Wort Gottes – da werde ich für David einen ṣedakah ›Sproß‹ erstehen lassen«,

Jer 33,15:
»In jenen Tagen und zu jener Zeit werde ich für David einen ṣadik ›Sproß‹ wachsen lassen«

und ähnlich

Ps 132,17:
»Doch lasse ich Davids Macht (wörtlich: Horn) sprießen und stelle auf das Licht meines Gesalbten«[28].

Geschichtlich deutlicher datierbar sind die Sprüche

Sach 3,8:
»Höre ... ich will meinen Knecht kommen lassen, den Sproß«

und

Sach 6,12:
»Da ist ein Mann, Sproß ist sein Name, denn wo er steht, wird er sprießen«.

Der Kontext und vergleichbare Texte, z.B. Hag 2,23, lassen keinen Zweifel aufkommen, daß in diesen Fällen die Epitheta »Sproß«,

---

die Thronfolge geltend gemacht – Amnon, Absalom, Adonijahu und Salomo –, Salomo der einzige ist, der in Jerusalem geboren wurde (2Sam 5,14), und daß seine Mutter vermutlich eine Jerusalemerin war (2Sam 11f, bes. 12,24f), während seine Rivalen aus Hebron gebürtig sind und ihre Mütter nicht aus Jerusalem stammen (2Sam 3,2–5). Man müßte auch erwägen, ob der Name Absalom nicht einer ähnlichen Intention Ausdruck gibt. Da seine Mutter eine Ausländerin ist – Maacha, die Tochter des Königs von Geschur (im Westjordanland, 2Sam 3,3) –, wäre es in ihrem und dem Interesse ihres Sohnes gewesen, sich durch einen »schalom-Namen« in die Jerusalemer Tradition zu integrieren.
28   Diese Metapher wird in 2Sam 21,17 auf das Volk Israel bezogen, Gott – Volk – König haben in manchen Beziehungen an einem gemeinsamen Wortschatz Anteil. Vgl. *Talmon*, s.o. Anm. 8.

»Knecht« und *ṣedek*²⁹ auf Serubbabel, den letzten Davididen, der in der biblischen Epoche eine Herrscherfunktion ausübte, ausgerichtet sind (vgl. Jes 61,10) und daß sie in ihrer literarischen Beziehung zu der Davidsherrscher-Vision in Jes 11,1–5 bewertet werden müssen³⁰.

In jener Perikope schließt sich an den Messias-Spruch eine Heilszeit-Vision an (V. 6–9), die ähnlich wie 9,1–4 eine, hier über das nationale Anliegen Israels hinausgreifende, Schilderung der künftigen Heilssituation bietet. Die gesamte Schöpfung wird in das Bild einbezogen, in dem sich keine Motivverbindungen mit dem vorhergehenden »messianischen« Text feststellen oder typische David-Epitheta aufzeigen lassen.

Parallel dazu ist im Schlußvers der Perikope nichts von dem Motivschatz des Heilszeitorakels aufgenommen. Wohl aber finden wir hier, wieder in einem national-völkischen Rahmen, das typisch davidisch-messianische Bildwort

Jes 11,10:
»An jenem Tag wird ein Sproß aus der Wurzel Isais als Zeichen für die Völker erstehen. Völker werden ihn aufsuchen, und in seiner Ruhe(stätte) wird Glorie sein«³¹,

was als ein Rückgriff auf den Messias-Spruch, der die Perikope einleitet (11,1–5), anzusehen ist. Das Stück Jes 11,1–10 ist also in einer Ringkomposition strukturiert, in der das Mittelstück, das Heilszeit-Orakel (V. 6–9), von zwei messianischen Sprüchen umrahmt ist (V. 1–5 und 10). Obwohl ein stichhaltiger Beweis nicht erbracht werden kann, legt die Ringkomposition doch die Vermutung nahe, daß in diesem literarischen Gebilde zwei zunächst unabhängige Komponenten in kunstvoller Weise miteinander verknüpft wurden.

III. Heilserwartungs-Orakel   Messia-Orakel

Jes 32,1f: Wenn der König mit Recht(smacht) herrschen wird
und Fürsten in Gerechtigkeit regieren,
wird er jedem wie eine Zuflucht vor dem Sturm
und wie ein Schutzdach vor dem Wetter sein,
wie Wasserbäche in der Dürre,
wie der Schatten eines schweren Felsens
im lechzenden Land.

Jes 32,3–7:   Die Augen der Sehenden
werden nicht mehr verblendet sein,
die Ohren der Hörenden

---

29   Vgl. Prov 12,3.13; 11,28.
30   S.o. Anm. 25.
31   Dies ist sicher ein Hinweis auf Jerusalem (vgl. Jes 2,1ff; Mich 4,1ff).

werden auflauschen.
Das Herz der Unbesonnenen
wird Einsicht gewinnen
und die Zunge der Stammler
klar und geläufig reden.
Der Aufsässige wird nicht mehr edel genannt,
noch der Schurke für vornehm gehalten.
Denn der Aufsässige redet Widriges,
in seinem Innersten plant er, Unheil zu tun,
und redet Lästerliches über Gott;
er läßt den Hungrigen darben,
dem Durstigen vorenthält er Trunk.
Des Schurken Waffen (Werke) sind bösartig.
Hinterlist rät er an,
um die Armen durch Falschaussagen
strafbar zu machen,
und die Worte des Armen
im Gericht (zu verdrehen).

Jes 32,8: Aber der edle (König) sinnt nur Edles,
und für das Edle steht er ein.

Jes 32,15–20: Bis der Geist aus der Höhe
über uns ergossen wird:
Dann wird die Wüste zum Fruchtgefilde
und wie ein Garten das Waldland.
Dann wird Gerechtigkeit
(auch) in der Wüste wohnen
und Recht(smacht)
im Gartenland hausen.
Die Wirkung der Rechtsmacht
wird Friede sein
und der Ertrag der Gerechtigkeit
Ruhe und Sicherheit für immer.
Dann wird mein Volk
an friedlicher Stätte wohnen,
in sicheren Wohnsitzen
und ruhigen Rastplätzen.
...
Wohl euch! Ihr könnt an allen Wassern säen,
Ochs und Esel frei laufen lassen.

Eine vergleichbare Struktur zeigt sich in Jes 32,1–10. Die ersten zwei Verse beschreiben die Rechtsherrschaft des zukünftigen Königs in fest geprägten Ausdrücken (*ṣedek, mischpat*), denen wir schon in den oben angeführten Texten begegnet sind. Daran reihen sich aus dem Naturgeschehen gewonnene Wortbilder, die den König – den Gesalbten – als Schutzherrn darstellen, wie sie z. B. auch in dem auf Salomo bezogenen Ps 72 zu finden sind. Dieser Gedankenfaden wird erneut in V. 8 aufgenommen. Das Stichwort ist hier *nadiv*, das auch in anderen biblischen Texten als Hoheitstitel fungiert (z. B. Jes 13,2; Ps 47,10; 107,40 = Hi

12,21; Ps 113,8; 118,9; 146,3; vgl. 1Sam 2,8; Prov 19,6; 25,7), manchmal in Parallelismus membrorum mit *sar* »Fürst« (Num 21,18) oder *schofet* »Richter, Retter, Herrscher« (Prov 8,16; vgl. Ps 83,12)[32].

Diese beiden Passagen umrahmen ein Stück, in dem wiederum eine Zukunftssituation dargestellt wird, frei von Unheil und körperlichen Makeln, von Lästerern und Aufsässigen, durchdrungen von Einsicht und Verständnis (Jes 32,3–7). Die Beschreibung ist allgemein auf die Menschheit bezogen und nicht auf Israel begrenzt. Kein »König« oder »Gesalbter« wird erwähnt, wie dies in den umrahmenden Stücken der Fall ist. Nach einem Einschub, der etwas anders geartet ist (V. 9–14), wird das *Heilszeit-Bild* am Ende des Kapitels wieder aufgegriffen und weiter ausgemalt (V. 15–20), und zwar mit einem besonderen Rückbezug auf Israel (»mein Volk«), dem eine sichere und friedliche Zukunft zugesprochen wird (V. 18). Die hier angeführten Motive Sicherheit, Wohlstand und Fruchtbarkeit des Landes gehören zum Grundbestand der biblischen *Heilszeit-Erwartungen*, die oft ohne Verbindung mit einer *Messias-Erwartung* auftauchen. Zu den schon erwähnten Texten könne man z.B. Ezechiels »Gog-Magog-Vision« hinzufügen (Ez 38,8–16)[33], in der die zukünftige Situation in Wortbildern aufgezeichnet wird (vgl. Ez 28,25f; 34,25–28; Jes 14,30; Jer 32,37), die aus *historischen Erfahrungen* (vgl. Ri 18,7.27f; 1Chr 4,40; Jer 49,31f), einer verbrämten *Urzeit*-Konzeption[34] (1Kön 5,5; vgl. 1Sam 12,11) und in ihr wurzelnden Ideal-Vorstellungen (Lev 25,18–19; 26,5; Dtn 12,10; 33,28) gewonnen wurden.

IV. Heilserwartungs-Orakel

Mich 4,1–3
= Jes 2,2–4:   Es wird geschehen in kommenden Tagen:
Da wird der Berg des Hauses Jhwhs
gefestigt alle Berge überragen
und über alle Hügel erhaben sein.
Da werden zu ihm (alle) Völker strömen
und viele (große) Nationen
zu ihm ziehen und sagen:
Auf, laßt uns hinaufsteigen zum Jhwhberg,
zum Haus des Gottes Jakobs,
daß er uns seine Wege weise
und wir in seinen Pfaden wandeln;
denn von Zion geht Weisung aus
und das Wort Jhwhs von Jerusalem.

---

[32] In dieser Sonderbedeutung gleicht *nadiv* dem Königsepithet *nagid*. Vgl. *W. Richter*, Die *nagid*-Formel, BZ 9 (1965), S. 71–81.
[33] Vgl. *S. Talmon*, The ›Navel of the Earth‹ and the Comparative Method, in: Scripture in History and Theology, J. Coert Rylaarsdam Jubilee Volume, Twin Cities 1977, S. 243–268.
[34] Vgl. *Talmon*, s.o. Anm. 10.

> Er wird zwischen großen (vielen) Völkern richten
> und mächtige (ferne) Nationen zurechtweisen;
> sie werden ihre Schwerter
> zu Pflugscharen schmieden
> und ihre Spieße zu Winzermessern;
> Volk wird gegen Volk
> das Schwert nicht mehr erheben,
> noch werden sie für den Krieg üben.

Auch in dem vorliegenden Fall (Jes 32) wurde die interne Verknüpfung der Komponenten im Gesamtrahmen erreicht durch die Übertragung von Motiven und Begriffen, die an der »Messias-Hoffnung« haften, in den Wortbereich der »Heilszeit-Vorstellungen«: *nadiv* (V. 5; vgl. V. 8), *mischpat* (V. 16; vgl. V. 1), *ṣedeq-ṣedaqah* (V. 16f; vgl. V. 1) und der allumfassende Terminus *schalom* (V. 17f).

Mich 4,4f: Ein jeder wird unter seinem Weinstock sitzen
> und unter seinem Feigenbaum,
> und niemand schreckt ihn auf,
> denn Jhwh Zebaoth hat (dies an)gesagt.
> Alle Völker werden ein jedes
> im Namen seines Gottes wandeln
> und wir werden wandeln
> im Namen Jhwhs unseres Gottes
> für immer und immer.

Die markanteste und wohl am besten bekannte Ausmalung der zukünftigen Heilszeit wird in der Schau der »kommenden Tage« geliefert, die in fast wortwörtlich übereinstimmenden Fassungen in Jes 2,2–4 und Mich 4,1–3 vorliegen. Wie bisher vermeide ich es auch hier, von *Eschatologie* oder *Endzeit* zu sprechen, weil diese Begriffe einer landläufigen Auffassung Ausdruck geben, die die »letzten Tage« als metahistorisch, also als hinter der (menschlich erfahrenen) Geschichte liegend und als über sie hinausragend ansieht. Mit dem Gebrauch von *Zukunft, zukünftige* oder *kommende Tage* will angedeutet sein, daß die biblischen Heils- und Messias-Erwartungen, zumindest ursprünglich, in den Rahmen des Geschichtsverlaufs eingespannt sind. Darauf komme ich noch zurück.

Wie schon bemerkt, läßt sich die hier zu betrachtende Jesaja/Micha-Vision nicht eindeutig datieren. Ebenso haben wir keine sicheren Anhaltspunkte für einen Entscheid, ob Micha von Jesaja oder Jesaja von Micha zitiert hat. Ich neige zu der oft vertretenen Ansicht, daß beide eine ihnen vorliegende, uns aber unbekannte Quelle benutzt haben. Diese Fragen müssen hier offenbleiben[35]. Für unser Anliegen sind zwei Punkte wichtig, die herausgestrichen werden sollen:

---

35 Einen Überblick über den Stand der Frage bietet *H. Wildberger*, Jesaja 1–12 (BK X/1), Neukirchen-Vluyn ²1980, S. 76f.

a) Die in zwei Prophetenbüchern registrierte Zukunftsvision kann als das vielleicht reinste Beispiel der Gattung *Heilszeitorakel* betrachtet werden, wenn man dazu tendiert, die Existenz einer solchen Gattung in der biblischen Literatur zu postulieren. Hier wird eine erhoffte Situation ausgemalt, die von einem Weltfrieden durchdrungen ist, in den alle Völker und Nationen einbezogen sind: kein Krieg mehr, kein Sieg und keine Niederlage; das Kriegshandwerk wird nicht mehr erlernt, da es überflüssig sein wird; Waffen werden verschrottet und zu produktiven Landwirtschaftsgeräten umgeschmiedet. Micha malt das Bild weiter aus: Aus der politischen Sicherheit resultiert wirtschaftlicher Wohlstand, interessanterweise wieder in landwirtschaftlichen Motiven konzipiert: »Ein jeder wird unter seinem Weinstock sitzen und unter seinem Feigenbaum, und niemand schreckt ihn auf« (4,4). Der Anklang an die schon erwähnten biblischen Darstellungen der *Heilszeit*, die fast alle in dem Tenor *politische und landwirtschaftliche Sicherheit* kulminieren, ist klar und eindeutig. Es darf wohl vermutet werden, daß sie alle aus einem Fundus von Konzeptionen und Motiven schöpfen, der als Gemeingut der altisraelitischen Gedankenwelt angesehen werden muß: die Vorstellung von einer idealen Zukunftssituation, deren Realisierung im Rahmen des menschlich-völkischen Geschichtserlebnisses, also vor dem Horizont der Geschichte erwartet wird.

b) Im Mittelpunkt des Bildes steht nicht ein *maschiach* »Messias«, ein »gesalbter König«, sondern Gott selbst. Von Zion aus wird er die Völker richten und zwischen ihnen rechten. Der *Königsfrieden*, dem wir in den oben angeführten messianischen Visionen begegneten (z.B. Jes 9,5f; Ez 37,24–28) und der, wie noch auszuführen ist, in dem Vorbild der pax salomonica (Ps 72,2–7) in der historischen Zeit des Friedenskönigs Salomo (1Kön 5,1–5) wurzelt, wird hier zum *Gottesfrieden* erhöht und nimmt kosmische Dimensionen an. Diese werden noch stärker profiliert, wenn man weitere *Heilszeit*-Beschreibungen in Betracht bringt, wie Jes 11,6–9; 65,25 u. a. Es ist verlockend, die in diversen Passagen unterschiedlich betonten Aspekte der erhofften *Heilszeit* miteinander zu integrieren und so ein Gesamtbild zu rekonstruieren, dem, der Vermutung nach, verschiedene biblische Autoren Elemente entlehnten, die sie dann in ihre eigenen Darstellungen einfügten.

V./VI.   *Messias-Orakel*

Mich 5,1–4a: Du, Bethlehem-Efrata,
in den Gauen Judas ein kleiner Stamm,
aus dir wird mir erstehen, wer herrschen wird in Israel;
sein Ursprung ist in der Vorzeit,
in den Anfangstagen der Welt.
Er wird ihn einsetzen bis zur Zeit,
in der die Kinderträchtige gebären wird;
dann wird der Rest seiner Brüder(stämme)

Biblische und frühnachbiblische Messias- und Heilserwartungen 123

                                 zum Hause Israel zurückkehren.
                                 Er steht (dann fest) und weidet sie in Jhwhs Kraft,
                                 in der Macht des Namens Jhwhs, seines Gottes.
                                 Sie werden (in Sicherheit) wohnen;
                                 dann wird er mächtig sein bis zu den Ende der Erde,
                                 Und er wird Friede sein ...

Jer 23,5f = 33,15f: Siehe, Tage kommen – ist der Spruch Jhwhs –,
                                 da lasse ich David einen rechten Sproß erstehen,
                                 er wird als König regieren und weise handeln,
                                 er wird Gerechtigkeit und Recht(smacht) im Lande üben.
                                 In seinen Tagen wird Juda gerettet werden,
                                 Israel in Sicherheit wohnen.
                                 Und dies wird der Name sein, mit dem man ihn nennt:
                                 Jhwh (ist) unsere Rechtsmacht.

Ein ähnlicher Versuch könnte in bezug auf die literarische Konkretisierung der Erwartung eines kommenden »Gesalbten« oder »Messias« gemacht werden. Die schon erwähnten Textpartien Jer 23,5f (= 33,15f) und Mich 5,1–4a, die dezidiert auf den zukünftigen König aus dem Haus Davids zielen, bieten, in conjunctio, etwas wie eine Übersicht der Ehrentitel und Eigenschaften, die den »Sproß« auszeichnen. Der Blick ist ausschließlich auf seine Persönlichkeit konzentriert. Wenn auch die Ausstrahlung seines Wirkens auf Juda und auf ganz Israel (Jer 23,6 = 33,16; Mi 5,2b.3b) erwähnt wird, so fehlt doch die universale oder sogar kosmische Ausweitung, die die *Heilszeit-Orakel* charakterisiert. Eine Synopsis dieser Passagen mit schon erwähnten »messianischen« Texten (z.B. Jes 9,5f; 11,1–5.10; 32,1f; Hag 2,23; Sach 3,8; 4,6; 6,12f) vermittelt einen *Katalog der Epitheta* des kommenden Königs, der einem gemeinsamen Fundus der (Gattung?) *Messias-Orakel* entnommen sein könnte. Die mögliche Existenz von ursprünglich selbständigen literarischen Gebilden, die einerseits der *Heilszeit* und andererseits der *Messias/Gesalbten-Erwartung* Ausdruck geben, kann nur vermutet, aber nicht durch überlieferte biblische Texte klar bewiesen werden. In den kanonischen Schriften sind diese Aspekte in Zeichnungen der zukünftigen Ära weitgehendst miteinander verschmolzen und lassen sich nur in wenigen Fällen unabhängig voneinander aufweisen. Auch der Fusionsprozeß läßt sich nicht in Einzelheiten darlegen. Wir müssen uns mit Hypothesen begnügen, die aus literarischen Analysen gewonnen wurden. Hier scheint mir die Aufdeckung einer vermutlichen *Ringkomposition*, auf die hingewiesen wurde, in einigen Fällen bemerkenswerte Ansätze zu liefern. Wenn man eine solche Analyse nicht nur auf die vorgelegten »kleineren (Text-)Einheiten« anwendet, sondern über diese Grenzen und vor allem über die Kapiteleinteilung, die sich seit dem frühen Mittelalter in der Textüberlieferung der Bibel eingebürgert hat, hinausgeht, so wird die weitgehende Verflechtung von Heils- und Messias-Orakeln noch klarer ins Licht gestellt. So betrachtet, könnten die *Heils-Vision* in Mich 4,1–5 und der *Königs-Spruch* in 5,1–4a gemeinsam als eine Umklammerung der intervenierenden (voraussichtlich kompositorischen) Textpassage 4,9–14 aufgefaßt werden. Aus einer noch mehr geweiteten Sicht, die die »große Einheit«, ja sogar den alttestamentlichen Kanon insgesamt im Auge behält, könnten die *Heilszeit-Orakel* Jes 2,1–4 und 11,6–9 (mit dem jeweiligen Pendant 11,10 bzw. 11–16) als Klammern einer großzügigen Ringkomposition verstanden werden, die den ersten Teil des Jesaja-Buches umfaßt (Kap. 2–11), der überdies durch die eigenständigen Stücke Jes 1 und 12 abgegrenzt wird.

VII

Wie in der erfahrenen Vergangenheit birgt in der Gegenwart (Jes 7,14–16) und in nicht bestimmbaren Zukunftssituationen ein jeder Generationswechsel die Möglichkeit in sich, daß der neue Herrscher der erhoffte *Heilskönig* sein wird und mit ihm der Äon der göttlichen Heilszusage anbrechen wird.

Als eine solche historische Realisierung der immer gegenwärtigen Heilserwartungen interpretierten manche biblischen Autoren die durch das Kyrus-Edikt (538 v. d. Z.) ausgelöste Möglichkeit einer Restitution des Tempels in Jerusalem und der Einrichtung eines, wenn auch beschränkten, sozial-politischen Eigenlebens. Die Rückkehrer aus dem babylonischen Exil, die zum Teil selbst, zum Teil durch ihre Väter die katastrophalen Geschichtswehen erfahren hatten, in denen dem souveränen Staat Juda im Jahre 587 v. d. Z. ein vorläufiges Ende gesetzt worden war, verstanden sich als der gerechte Überrest, der »heilige Samen« (vgl. Esr 9,2 mit Jes 6,12f), aus dem Gott erneut sein Volk erwachsen lassen wird. Ihnen war es gegeben, die Heilszeit in ihrer eigenen geschichtlichen Wirklichkeit zu erleben. In ihren Tagen – hic et nunc (Hag 2,15.18) – wird sich das Schicksal Israels zum Guten wenden. Entsprechend den von Gott durch seine Boten, den Propheten, verkündeten Zusagen werden Feld und Weinberg sich dem Volk eröffnen (vgl. Hag 2,15–19; Sach 3,10; 8,12 mit Hos 2,23–25; Joel 4,18; Am 9,13f u. a. im Gegensatz zu Hag 1,3–6.9–11). Die Macht seiner Feinde wird gebrochen (Hag 2,21f; vgl. 1,7; Sach 1,15; 2,2–4.12f), wie einstmals Gott das Heer der Ägypter zerschmetterte (Ex 15,4ff). (Heils-)Frieden wird im Land herrschen für immer und ewig (vgl. Hag 2,9; Sach 8,12.19; 6,13; Mal 2,5 mit Jes 52,7; 57,2.19; 60,17; 66,12 u. a.). Die auf 70 Jahre bestimmte, von Jeremia vorausgesagte Unheilsperiode (Jer 25,11f; 29,10) ist ausgelaufen. Ihr Ende markiert den Beginn der Heilszeit (Esr 1,1 = 2Chr 36,23; vgl. Jes 44,26ff, bes. V. 28; Sach 1,12; 7,5). In dieser Heilssituation ersteht der Heilskönig. In Serubbabel, dem Davidsproß (1Chr 3,19), erblickt der Prophet Haggai den »Gottesknecht«, den Jhwh erwählte und sich aneignete wie einen

Siegelring (Hag 2,23), ausgezeichnet mit den Kennamen des davidischen »Gesalbten« (Sach 3,8; 6,12).

Man vermutet, daß infolge der immer wieder erfahrenen Verzögerung einer friedlichen Realisierung der Heilszeit in dem *natürlichen* Abrollen der Geschichte eine neue Dimension in den biblischen und frühnachbiblischen Zukunftsvorstellungen ans Licht trat. Eine Phase des Krieges wird notgedrungen der Endphase des Friedens vorgeschaltet, wie schon in der Darlegung der Qumran-Theologie bemerkt wurde[36]. Am *jōm jhwh*, dem »Tag des Herrn«, sitzt Gott zu Gericht über alle, die sich der Verwirklichung der Heilszeit entgegensetzen. Wiederum darf man sagen, daß die Darstellung des *letzten Kampfes* in erlebter Geschichte ankert. Das kollektive Gedächtnis bewahrt Erinnerungen an vergangene Krisen, in denen Gott in das Geschichtsgeschehen eingriff, sich den Gerechten und den Unterdrückten zur Seite stellte, die Unterdrücker bekämpfte und seinem Volke Rettung brachte. Die Etappe der Läuterung wird zur Vorbedingung für den Anbruch der Heilszeit. Man könnte postulieren, daß in diesem zweistufigen Bild der Zukunft sich die zweiseitige historische Erfahrung Israels in den Tagen Davids und Salomos spiegelt: Es war der Kriegsfürst David, der dem Friedensfürst Salomo den Weg bereitete. Die auf die Zukunft zielenden Messias- und Heilserwartungen entsprechen in ihren Hauptzügen einer einstmals in der Geschichte erfahrenen Realität.

Mit alldem soll nicht gesagt sein, daß die biblische Konzeption von einer zukünftigen Heilszeit und dem »Kommen eines Gesalbten« ausschließlich in den Rahmen der Geschichte eingezäunt ist. Tief verwurzelt in der historischen Erfahrung Israels ruht in ihr doch der Keim einer Auffassung, die über den Horizont der Geschichte hinausweist. Martin Buber hat diese Zweischichtigkeit der biblischen Heils- und Messias-Hoffnungen in knapper Kürze so umrissen: »... die ›eschatologische‹ Hoffnung – in Israel, dem ›geschichtlichen Volk schlechthin‹ (Tillich), ... – ist zuvor immer Geschichtshoffnung; sie eschatologisiert sich erst durch die wachsende Geschichtsenttäuschung. In diesem Vorgang bemächtigt der Glaube sich der Zukunft als der unbedingten Geschichtswende, sodann als der unbedingten Geschichtsüberwindung... Das echte eschatologische Glaubensleben ist – in den großen Wehen der Geschichtserfahrung – aus dem echten Geschichtsleben geboren...«[37]

Das Wissen, in der *Zeitenwende* zu leben, macht es verständlich, daß die nachexilischen biblischen Schriften nicht die Perspektive bekunden, die in der vorexilischen, vor allem in der prophetischen Literatur nachgewiesen werden kann. Für die Menschen jener Epoche war Heils-

---

36 Die Parallele mit dem Selbstverständnis der späteren Qumrangemeinde ist offensichtlich (s. o. S. 101).
37 *Buber*, s. o. Anm. 1, Xf; *V. Maag*, Eschatologie als Funktion des Geschichtserlebnisses, Saeculum 12 (1961), S. 123–130.

zukunft reale Gegenwart geworden. Ihr Hauptanliegen war es, die überlieferten Heilsvorstellungen in ihrer geschichtlichen Existenz zu konkretisieren. Utopische Überschwenglichkeit und ein Restaurationsrealismus fließen ineinander über in dem Bestreben, die Gegenwart nach dem Vorbild der idealisierten davidisch-salomonischen *Urzeit* zu gestalten. Ausschlaggebend ist, daß die Erdgebundenheit der biblischen Zukunftserwartungen eine Flucht in die Utopia, den idealen Nicht-Ort, das ideale Nicht-Land, verhinderte. Die Geschichtsgebundenheit der Zukunftsaussicht bewirkte, daß der essentiell nicht- oder antiexistentielle Tenor der späteren eschatologischen und messianischen Glaubensströmungen die biblische Ideenwelt noch nicht bestimmte. So blieb es jener Welt erspart, den »Preis des Messianismus«[38] (und der Eschatologie) zu zahlen, den Gershom Scholem in einer prägnanten Aussage so umriß: »Die Größe der messianischen [und auch eschatologischen, S.T.] Idee entspricht der unendlichen Schwäche der jüdischen Geschichte [und wohl auch der anderer Minoritäten und Gesellschaften, S.T.] ... Sie hat die Schwäche des Vorläufigen, des Provisorischen, das sich nicht ausgibt ... In der Hoffnung leben ist etwas Großes, aber es ist auch etwas tief Unwirkliches ... So hat die messianische [und eschatologische, S.T.] Idee im Judentum das *Leben im Aufschub* erzwungen, in welchem nichts in endgültiger Weise getan und vollzogen werden kann. Die messianische Idee – darf man vielleicht sagen – ist die eigentliche antiexistentialistische Idee«[39]. Die Verwurzelung der biblischen Literatur in dem Boden der realen Erfahrungen eines historischen, gesellschaftlichen Daseins hatte zur Folge, daß die Vorstellungen von einer zukünftigen Welt nicht zu einer Flucht in die Idealität wurden. Biblische Zukunftshoffnung ist Verpflanzung der Erinnerung an das Schon-Gewesene in das Noch-Kommende. Die Möglichkeit, die Vorzeichnung des Noch-nicht-Erfahrenen aus den Berichten über das Schon-Erlebte zu gewinnen, ergibt sich aus einer Eigenheit der altisraelitischen Welterfahrung, die sich in der Hebräischen Bibel kundgibt, und die diese Schriften, nach Franz Rosenzweig, von denen des Neuen Testamentes unterscheidet: »... Im Gegensatz zu seinen [des neuen Testaments, S.T.] pointierten Paradoxen bot die aus der ganzen Breite eines Volkslebens und in der ganzen Breite einer Nationalliteratur erwachsene jüdische Bibel mit ihrer selbst noch in der scheidenden und ausscheidenden prophetischen Polemik lebendigen tiefen Schöpfungsgläubigkeit tragfähigen Grund für ein Bauen in und an der Welt«[40], *hic et nunc*, und nicht in einer visionär-utopischen außergeschichtlichen Zukunft.

Das konkrete Gefüge der Heilserwartungen legt dem biblischen

---

38   *G. Scholem*, Debarim bego, Tel Aviv 1975, S. 189f (hebräisch).
39   *Ders.*, s.o. Anm. 1, S. 238 (74).
40   *F. Rosenzweig*, Weltgeschichtliche Bedeutung der Bibel, in: *ders.*, Kleine Schriften, Berlin 1937, S. 125.

Menschen eine Verantwortung für die Gestaltung der Zukunft auf, die aus seiner Verantwortung für die Gestaltung der Gegenwart und der Vergangenheit erwächst. Das von der Heils-Idee durchdrungene Leben in Hoffnung unterliegt den Grundsätzen und Bestimmungen, die dem Leben in der Geschichte als Richtschnur dienen sollen. Ein jeder ist aufgefordert, durch sein gottgefälliges Verhalten die Realisierung der Heilszeit in der Geschichte zu ermöglichen. Gottgefördertes menschliches Tun soll eine Weltumbildung bewirken, nicht einen Weltumsturz herbeiführen. So wird die biblische Zukunfts-Hoffnung zum erzieherischen und selbsterzieherischen Imperativ. Die biblische Zukunftssicht legt dem moralischen Menschen die Aufgabe auf, seine aktuelle Lebenssituation so zu gestalten und die geschichtliche Gesellschaft so zu re-formieren, daß ein jedes *Jetzt* ein Schritt auf dem Weg zur Verwirklichung des idealen, visionär erschauten *Dann* werden kann. Der Boden muß zutiefst aufgeschürft werden. Das persönliche Engagement des biblischen Menschen in der Neuformung seines *Ich* und der sozialen Gebilde, in denen er lebt, erwächst aus der wegweisenden Zukunfts-Hoffnung[41] und bildet die Grundlage dessen, was Martin Buber als den »hebräischen« oder »biblischen Humanismus« bezeichnet hat[42].

Die Instabilität und Variabilität der Geschichtserfahrung, aus der das Gerüst der biblischen Zukunfts-Hoffnung erwächst, und mit ihr der *erzieherische Imperativ* verursachen, daß das Bild der Heilszeit nicht im Detail ausgemalt werden kann; noch kann der Weg, der den Menschen und die Gesellschaft zu ihr führt, in allen Einzelheiten vorprogrammiert werden. Die biblischen Autoren begnügen sich damit, das Gefüge der zukünftigen Weltordnung in nur einigen großen Linien vorzuzeichnen. Diese Abstinenz vom Detail unterscheidet sich grundlegend von den farbenvollen, oft überreich anmutenden Ausmalungen, denen man in späteren Formulierungen von *Messianismus* und *Eschatologie* begegnet, wie z. B. in der apokalyptischen, qumranischen, rabbinisch-midraschischen, der christlichen und islamischen Literatur.

Die wesentlichen Merkmale der erwarteten Heilszeit ergeben sich aus dem Vergleich von Einzelpartien in den biblischen Büchern, etwa denen, die ich in meinen vorhergehenden Ausführungen zitierte. Das Ergebnis ist ein Kompositum, aus Teilstücken zusammengesetzt, die verschiedenen Schichten der biblischen Literatur entnommen sind. Eine systematische Darstellung des internen Entwicklungsprozesses, dem die biblischen Heilsvorstellungen unterworfen waren, läßt sich aus diesem

---

41 Vgl. *M. Buber*, Pfade in Utopia. Aus dem Hebräischen übersetzt, Heidelberg 1950, S. 231ff; *S. Talmon*, Utopie und Wirklichkeit im Denken Martin Bubers, in diesem Band S. 166–177; *ders.*, Towards World Community. Resources and Responsibilities for Living Together. A Jewish View, Ecumenical Review 26, (1974), S. 604ff.
42 Vgl. *S. Talmon*, The Bible in Contemporary Israeli Humanism, Judaism XXI/1, Winter 1972, S. 69–73.

zusammengetragenen Material nicht gewinnen. Das Bild muß lückenhaft bleiben, entsprechend der Intention der biblischen Denker.

Im großen und ganzen gesehen teilt sich die erwartete zukünftige Epoche in zwei Etappen auf. Sie beginnt mit einer historisch bedingten und doch utopisch überspitzten Zeichnung einer Phase der »Abrechnung«: Gott führt Krieg gegen die Völker, die Israel in der Geschichte befeindet haben. Zugleich richtete er die Frevler in Israel und in der gesamten Menschheit. Das ist der *jōm jhwh*, der »Tag des Herrn«, die Zeit des göttlichen Gerichts. Die Darstellung ankert in Erinnerungen an Gottes Taten in der erlebten Geschichte. Das kollektive Gedächtnis bewahrt das Gedenken an Krisenpunkte in der Vergangenheit, an denen Gott in das Geschehen eingriff, sich den Gerechten und Unterdrückten zur Seite stellte und Krieg führte gegen die Unterdrücker, die meistens als Feinde Israels dargestellt werden. Die Stufe der Läuterung ist die Vorbedingung für den Anbruch des Heils, das sich danach für den gerechten Rest Israels und aller Völker eröffnen wird. Die erhoffte vollkommene Welt wird die geschichtlich-makelhafte ablösen, wie einstmals die geschichtliche Welt die vorsintflutliche = vorgeschichtliche, die aus dem Gleis geratene Schöpfung ersetzt hatte.

Ich möchte die These vorlegen, daß auch dieses zweistufige Zukunftsbild als eine verklärte Spiegelung der historischen Erfahrung unter den Königen David und Salomo konzipiert ist: In dem Bild des zukünftigen kosmischen Kampfes lassen sich vielleicht Züge der kriegerischen Tage unter David erblicken, während in der Zeichnung der Ära des Heils die *pax salomonica* durchschimmert, die Friedenszeit in Salomos Tagen. Auch die Propheten, die der aktuellen Geschichte meist negativ gegenüberstanden, das Volk und die Könige aufs schärfste kritisierten, bieten für die Zukunft keine anderen gesellschaftlich-politischen Strukturen als die in der Geschichte erfahrenen: Die reale Vielfältigkeit von Gesellschaften, Völkern und Staaten ist auch für die Zukunft vorausgesehen und keinen umstürzenden Änderungen unterworfen. Der reale Pluralismus von ethnischer Zugehörigkeit und verschiedenen Glaubensweisen wird bewahrt in einer friedlichen communitas communitatum, wie sie der Prophet Micha in der zu Anfang meiner Ausführungen zitierten Vision erschaut:

Jeder sitzt unter seinem Weinstock
und unter seinem Feigenbaum
und niemand schreckt ihn auf...
Denn alle Völker gehen [ihren Weg],
ein jedes im Namen seines Gottes;
wir aber gehen unseren Weg
im Namen Jhwhs, unseres Gottes,
für immer (und ewig)
(Mich 4,4f).

Der gläubige Mensch und jede gläubige Gesellschaft sind angesprochen, sich behutsam zu diesem Ziele vorwärtszutasten. Der Prüfstein der Moralität von Mensch und Gesellschaft ist nicht das Erreichen des Ziels, sondern die Intensität des Strebens zu diesem Ziel.

7

Martin Buber als Bibelinterpret

Ihre Werke verkünden ihr Lob (Sprüche 31,31). – Frau Dr. Gertrud Luckner in Freundschaft und Verehrung zum 75. Geburtstag gewidmet.

I

Im Rahmen dieser kurzen Ausführung ist es unmöglich, ein Bild von Bubers Arbeit an der Bibel[1] zu geben, das auch nur annähernd dem Umfang und der Tiefe seiner Forschung gerecht werden kann. Der Beobachter und Kritiker sieht sich einem umfassenden Werk gegenüber, das sich nicht auf genau umgrenzte Gebiete beschränkt, wie das in der Fachwissenschaft üblich ist, sondern die Bibel in ihrer frappanten Mannigfaltigkeit aus ihrer eigentümlichen Mitte zu erfassen sucht.

Bubers Bibelinterpretation läßt sich vielleicht am zugänglichsten unter den folgenden Gesichtspunkten betrachten:

– Die Erforschung und die Erkenntnis der Glaubensbotschaft des Alten Testamentes in ihrer Abhängigkeit von und in ihrer Realisierung in der biblischen Gemeinschaft. Die vollkommene Erörterung dieses Problems, die er als die Querachse seiner Bibelstudien ansah, konnte Buber aus Gründen, die noch zu erläutern sind, nicht planmäßig durchführen. Einzelaspekte dieser Frage behandelte er vor allem in zwei Bänden einer Trilogie, die nicht zum Abschluß kam: »Das Königtum Gottes« (Berlin 1932), »Der Glaube der Propheten« (zuerst 1942 in Tel Aviv in Hebräisch erschienen) und »Der Gesalbte«, ein Werk, das nur zum Teil in Hebräisch veröffentlicht wurde.

– Die Frage nach der Aktualisierung der biblischen Botschaft in unserer Zeit, die in dem Schlagwort »Der Mensch von heute und die Bibel« umrissen ist und sich für Buber besonders auf das Problem »Der jüdische Mensch von heute und die jüdische Bibel« zuspitzt.

– Die sprachliche und literarische Analyse der schriftstellerischen Konkretisierung der biblischen Botschaft in den Büchern des Alten Testamentes.

Diese Aspekte behandelte Buber in einer Reihe von Aufsätzen, die in dem gemeinsam mit Franz Rosenzweig herausgegebenen Sammelband »Die Schrift und ihre Verdeutschung« (Berlin 1936) veröffentlicht wurden.

---

1 Buber beschäftigte sich auch mit neutestamentlicher Exegese, z.B. in seinem Werk »Zwei Glaubensweisen« (s.u. Anm. 30). In den folgenden Ausführungen betrachte ich aber nur seine Arbeit an der Hebräischen Bibel, auf die sich hier ausschließlich die Termini »Bibel«, »biblisch« und »Heilige Schrift« beziehen.

Der Titel dieses Bandes macht klar, daß die sprachlichen und literarischen Forschungen sowohl entscheidend auf die Buber – Rosenzweigsche Bibelübersetzung einwirkten als auch von ihr befruchtet wurden.

Buber betrachtete die Bibel mit Recht als eine Sammlung von repräsentativen literarischen Schöpfungen des antiken Judentums, die in ihrer Gesamtheit Zeugnis über die wesentlichen Beziehungen des einzelnen, in erster Hinsicht des einzelnen Juden zu seinem Nächsten, zu seiner Gemeinschaft und vor allem zu seinem Gott ablegen. Aber diese Sammlung ist eine Einheit: »Biblia, Bücher«, sagt er, »so heißt ein Buch, ein Buch aus Büchern. Es ist aber in Wahrheit ein Buch. All diese Erzählungen und Gesänge, Sprüche und Weissagungen sind vereint durch das Grundthema der Begegnung einer Menschenschar mit dem Namenlosen, den sie, seine Anrede erfahrend und ihn anredend, zu benennen wagte, ihrer Begegnung in der Geschichte, im Gang des irdischen Geschehens«[2]. In der Erforschung dieser mannigfaltigen Einheit ging es Buber nicht um die Lösung von partikulären Problemen oder Problemgebieten, wie sie *nolens volens* den Fachgelehrten beschäftigen, sondern um eine Erfassung des biblischen Glaubens, der sich in den verschiedenen Aspekten des alttestamentlichen Schrifttums ausprägt. Alle Teilforschungen, deren Anzahl wahrlich nicht zu unterschätzen ist, betrachtete Buber als Vorstufen zur Erreichung jenes Endzieles, das er im Vorwort zur ersten Ausgabe seines »Königtum Gottes« darlegt: »Die Ergebnisse vieljähriger Bibelstudien wollte ich ursprünglich in einem Theologischen Kommentar vereinigen, der die alttestamentlichen Probleme in eben der Reihenfolge zu behandeln hatte, in der sie der Text darbietet; da es durchaus, mittelbar oder unmittelbar, Probleme des Glaubens sind, sollte er ›Der biblische Glaube‹ heißen.« Aber Buber entdeckte bald, »daß zu einer zulänglichen Erörterung aller Fragen«[3] seine Kraft nicht ausreichen würde. Um der Gefahr zu entgehen, zuviel Zeit und Aufmerksamkeit auf nicht zentrale Probleme zu verschwenden, widmete er sich der Frage, die ihm als wichtigste erschien, der Frage nach der Entstehung des »Messianismus« in Israel, die für ihn mit einer anderen unzertrennlich verbunden war, der christologischen.

Auch in diesem, zwangsweise zurückgestutzten, Plan, die Erforschung des israelitischen Messianismus und seiner christologischen Nachentfaltung, ist Bubers Unternehmen als ein neuer Beginn in der jüdischen Exegese der Bibel zu sehen. Soweit ich es beurteilen kann, ist dies der erste Versuch von seiten eines jüdischen Exegeten, das Alte Testament vollkommen theologisch zu erfassen. Es geht Buber nicht um eine Geschichte des alttestamentlichen Glaubens, wie sie uns Yechezkel Kaufmann gegeben hat[4], sondern um

---

2   M. *Buber*, Der Mensch von heute und die jüdische Bibel, in: M. *Buber* – F. *Rosenzweig*, Die Schrift und ihre Verdeutschung, Berlin 1936, S. 13.
3   M. *Buber*, Das Königtum Gottes, Berlin 1932, S. IX
4   Y. *Kaufmann*, History of the Religion of Israel I–VIII, Tel Aviv 1937–1956 (hebräisch); vgl. *ders.*, The Religion of Israel: From its Beginnings to the Babylonian Exile, übers. v. M. Greenberg, Chicago 1960; *ders.*, The Babylonian Captivity and Deutero-Isaiah, übers. v. C.W. Efroymson, New York 1970.

eine, wenn auch zugegebenerweise nicht systematische Darstellung der Glaubensgrundlagen des Judentums, die sich ihm in der Bibel offenbaren und die für ihn eine Forderung zur Identifizierung enthalten. Er hört im Alten Testament den Ruf einer »lebensumschließenden Wirklichkeit«, die er erfassen will und von der er erfaßt werden will, in bewußtem Gegensatz zum modernen Menschen, der dies kaum noch vermag. Buber distanziert sich von der »objektiven« Haltung der Bibel gegenüber, die, wenn sie, in seinen Worten, »an der Schrift überhaupt noch ›Interesse nimmt‹, dann eben ein ›religiöses‹ –, zumeist nicht einmal das, sondern ein ›religionsgeschichtliches‹ oder ein ›ästhetisches‹ und dergleichen mehr«[5]. Diese Charakterisierung ist zweifellos als eine Kritik der wissenschaftlichen Bibelforschung aufzufassen, die für Buber, wie noch darzulegen ist, kein Ziel *per se* ist, sondern ein Hilfsmittel zum existentiellen Verständnis der Schrift. Er will wieder, wie die »früheren Geschlechter«, sich dem biblischen Wort stellen, auf es hören, auch daran Ärgernis nehmen und sein Leben mit ihm konfrontieren.

Der Bezug auf »frühere Geschlechter« weist, wenn das auch nicht ausdrücklich gesagt ist, auf Bubers Bestrebungen hin, sich in die Kette von jüdischen Exegeten und Schülern der Schrift einzureihen, die die Bibel als wahres Gotteswort wirklich ernst genommen hatten. Hierin erkennen wir einen biographischen Zug in der Entwicklung Bubers, die von außen herkommend, von einem nicht spezifisch-jüdischen Humanismus, sich stufenweise in die Probleme des zeitgenössischen Judentums und seiner Ideenwelt einlebte. Biographisch betrachtet ist Bubers geistige Entwicklung »rückläufig«. Aus einer weitgehend assimilierten Umgebung kommend, entdeckte er für sich den modernen Zionismus und identifizierte sich mit ihm, ihn nicht nur als eine politische Lösung der Judenfrage betrachtend, sondern vor allen Dingen als eine Vorbedingung für eine geistige jüdische Renaissance. Hieraus entwickelte sich ein tiefgehendes Interesse an jüdischer Kultur und Tradition, das zuerst im Chassidismus seinen Brennpunkt findet und den an Ratio und Reflexion gebundenen westeuropäischen jungen Intellektuellen mit dem ekstatischen Glauben des osteuropäischen Juden in Kontakt bringt. (Eine ähnliche Begegnung, wenn auch in umgekehrter Richtung, hat ungefähr um dieselbe Zeit ein anderer zionistischer Denker mit- und durchgemacht: Achad Ha'am.) Die chassidische Gemeinde, die ihn nicht nur religiös anzieht, sondern auch soziologisch interessiert, und in der er eine nicht-institutionell erfaßte Gotteserfahrung wahrnimmt, führt Buber zu den mehr grundlegenden Formen der frühen christlichen Gemeinde und der alttestamentlichen jüdischen Gemeinschaft. In dieser Entwicklung werden, und das ist ausschlaggebend für Bubers Arbeit an der Heiligen Schrift, das mittelalterliche und das rabbinische Judentum völlig übergangen. Der halachisch-gesetzlichen Interpretation der Bibel, die die jüdische Exegese im talmudischen und mittel-

---

5 *Buber*, s.o. Anm. 2, S. 18.

alterlichen Judentum und auch die moderne traditionelle jüdische Bibelforschung beschäftigt, steht Buber vollkommen fremd gegenüber. Sein Blick ist auf Glaubensgrundlagen gerichtet, die sich ihm in den religionsgesetzlich wenig ausschlaggebenden Büchern der Bibel darbietet, also nicht in den Gesetzeskodizes, sondern in den Geschichtsbüchern und vor allem in den Schriften der Propheten und den Psalmen. Der freischwebende, rituell nicht ausdrücklich umgrenzte Glaube der Propheten ermöglicht eine Aktualisierung der Botschaft der Schrift für den nicht-nomistisch temperierten Buber, der sich hierin als Repräsentant des geistigen modernen Menschen fühlt. In diesem Streben nach einer Aktualisierung des biblischen Glaubens für den modernen Menschen liegt der wesenhafte Unterschied zwischen Buber und zwei anderen Denkern seiner Zeit, die wie er »rückläufig« zum biblischen Judentum kamen und deren Methode, wie die seine, religionssoziologisch akzentuiert war: Max Weber und Yechezkel Kaufmann. Webers Erforschung des protestantischen Puritanismus und seiner Beziehung zum modernen Kapitalismus führte ihn zum Studium des antiken Judentums, in dem er die Grundlage jener Beziehung suchte. In der Suche nach der Erklärung des Schicksals des jüdischen Volkes in der Neuzeit stieß Kaufmann bis auf die biblische Epoche zurück, die Anfänge der Geschichte der israelitischen Religion. Aber Weber und auch Kaufmann wollten, in Webers eigenen Worten, die Buber zitiert[6], »nur Wissenschaft von Religion und nicht Religion« geben, während Buber Wissen vom Glauben, aber im Endziel auch Glauben selbst geben wollte.

II

Der sprachliche und literarische Aspekt des Bibelstudiums, auf den oben hingewiesen wurde, schließt für Buber andere Gesichtspunkte, unter denen die Bibel zu betrachten ist, weitgehend ein. Es geht ihm grundlegend um das sprachliche und kunstliterarische Verstehen der Schriftformen als direkte immanente Mittel zur einzig richtigen Erfassung des Glaubensgehaltes der Bibel in der Geschichte und als Instrument zu einer erneuten Realisierung dieser Glaubensbotschaft, die ihr sozusagen einen Sitz im Leben des modernen Menschen verschaffen kann. Der Betrachtung dieses Fazits der Buberschen Bibelinterpretation will ich den letzten Teil meiner Ausführungen widmen.

Ich möchte dem uns vorliegenden Thema einige allgemeine Bemerkungen über die Problematik der Bibelexegese vorausschicken, die dem Interpreten ständig vor Augen stehen.

Es gibt wohl kaum einen anderen Literaturkomplex im Lebensbereich der westlichen Welt – meine Unbeschlagenheit in der Literatur des Fernen Ostens hindert mich, diese Aussage etwas weiter zu fassen –, der

---

6 *Buber*, s. o. Anm. 3, S. XIX.

mit ähnlich schwerwiegenden Problemen der Interpretation beladen ist wie die biblischen Schriften. Diese Texte wurden in einem Zeitalter und in einer existentiellen Situation verfaßt, aufgeschrieben und ediert, die für uns sprachlich, literaturgeschichtlich und Ideenmäßig nicht mehr direkt erreichbar sind. Zwischen uns und jener Welt klafft ein großer Graben von zwei- bis dreitausendjähriger Geschichte und einer Kulturdistanz, die sich eigentlich nicht überbrücken läßt. Dieses Problem muß erkannt werden. »Wir müssen uns«, sagt Buber, »wollen wir recht verstehen, worum es geht, die ganze zwischen dem heutigen Menschen und der Schrift aufgerissene Kluft vergegenwärtigen«[7]. Doch trotz ihrer »existentiellen« Ferne haben diese alten Texte einen dezisiven Einfluß auf die jüdisch- christliche Welt in ihrer historischen Entwicklung und zu einem gewissen Maße auch auf den Islam ausgeübt und stellen auch heute normative Forderungen an gläubige Juden und Christen. Der Interpret, der wie Buber das Wesen der Bibel erfassen und nicht nur Wissenschaft an ihr treiben will, muß sich mit diesem Phänomen auseinandersetzen. Er muß versuchen, die Differenzen zu erfassen und sie sich selbst wie auch seinen Lesern oder Hörern verständlich zu machen. Wenn auch die bestehenden Spannungen nicht völlig lösbar sind oder vielleicht nicht völlig gelöst werden sollen, wenn wir Buber folgen, so wird doch erwartet, daß der Interpretationsprozeß zu einem Ausgleich führen kann, der ein Leben mit der Bibel Generation für Generation wieder ermöglicht.

Für Buber wie für Rosenzweig, mit dem er über Jahrzehnte in der Arbeit an der Bibel verbunden war, ist die *Wissenschaft* von der *existentiellen Interpretation*, oder, anders gesagt, vom *Glauben* nicht zu trennen. Rosenzweigs Worte in einem Brief an Rosenheim, in dem er die »Einheit der Bibel« betrachtet, stellen zweifellos auch die Einstellung Bubers dar: Die Scheidung zwischen *Wissenschaft* und *Religion*, »der vorletzte Schrei der protestantischen Theologie, scheint jetzt bei unseren neuesten ›Irrationalisten‹, mit dem beim Judentum nun einmal üblichen akademischen Vierteljahrhundert, dernier cri werden zu wollen. Er stammt von Kant – um so schlimmer für Kant! Er stimmt sich auf die Barth- und Gogartenweis – um so schlimmer für Barth und Gogarten. Wenn Wissenschaft und Religion nichts voneinander wissen wollen, aber doch voneinander wissen, taugt weder die Wissenschaft noch die Religion. Es gibt nur eine Wahrheit!«[8] So betrachtet ist die Aufgabe des Interpreten unendlich umfangreicher und daher schwerer als die des Fachexegeten oder als die des Objektivität suchenden Wissenschaftlers. Die Herren der Zunft befassen sich nur mit der historischen Dimension der Materie. Die sachgemäße kontemporäre Frage wird, etwas mit der Schulter zuckend, als außerhalb des wissenschaftlichen Blickfeldes stehend abgefertigt.

Aber auch das ausschließlich historisch orientierte Angehen des Al-

---

7 Buber, s. o. Anm. 2, S. 19f.
8 M. Buber, Die Einheit der Bibel, in: Buber – Rosenzweig, s. o. Anm. 2, S. 52.

ten Testamentes ist wahrlich nicht problemlos. Wir müssen es als fast axiomatisch ansehen, daß die biblischen Schriften uns nicht in der Form überliefert sind, die ihnen die Autoren der alten Zeit gaben. Der Text, der uns heute vorliegt, ist das Resultat eines mindestens zweitausendjährigen Überlieferungsprozesses. In diesem Tradierungsprozeß des göttlichen Wortes spielte die menschliche Unzulänglichkeit der Tradenten eine ausschlaggebende Rolle. Fehlleistungen, begangen von aufeinanderfolgenden Geschlechtern von Abschreibern, haben den Text oft verdorben, manchmal sogar verballhornt, zumindest in der Ansicht des Textkritikers. Und gerade, weil es sich um Heilige Schriften handelt, haben aus Gründen der Pietät Leser und Redaktoren im Altertum absichtlich oder unabsichtlich den überlieferten Text dem jeweiligen Sprachgebrauch, Motivschatz und der Ideenwelt ihrer eigenen Zeit angepaßt. Der Text von modernen Bibelausgaben, ja schon der handschriftlich überlieferte Text kann nicht als die *ipsissima verba* der biblischen Autoren betrachtet werden[9].

Der kritische Bibelwissenschaftler ist daher gezwungen zu versuchen, aus den im Laufe der Zeiten angewachsenen Schichten von Modifikationen, Modernisierungen und *Ad-hoc*-Interpretationen den vermeintlichen Urtext des jeweiligen Werkes und den Ideengehalt des Urkerns herauszuschälen. Er ist sich zwar bewußt, daß dieses Ziel in Reinheit und Vollkommenheit nicht zu erreichen ist. Aber man bemüht sich in der Wissenschaft, möglichst objektive Wege und Mittel zu erarbeiten, die zumindest eine Approximation an die Form, die der biblische Autor seinem Werk gegeben hatte, in Aussicht stellen. Die kritische Arbeit des Exegeten kann vielleicht mit dem Vorgehen des Archäologen verglichen werden, der neueste und neuere Schichten eines archäologischen Locus sukzessiv abhebt, um auf alte, ältere und schließlich die älteste Schicht des Grabortes durchzustoßen. Oder, um einen Vergleich anzuführen, den auch Buber in ähnlichem Zusammenhang gebraucht hat: Der Exeget gleicht dem Paläologen, der sich bemüht, in einem Palimpsest unter der jüngeren *Schrift* die alte oder manchmal antike *Grundschrift* zu entziffern. Mit Hilfe der Philologie, der literarkritischen Analyse und der vergleichenden Geschichts- und Religionswissenschaft geht er daran, unter dem überlieferten Endprodukt der Traditionskette das Ursprüngliche in einem biblischen Buche oder in den einzelnen Komponenten eines solchen Buches freizulegen. Er ringt mit der Bibel. Nicht, was der Text ihm sozusagen freiwillig, auf der Hand liegend, darbietet, interessiert letzten Endes den Forscher, sondern die verdeckten Schichten, die noch stellenweise durch die Oberfläche hindurchschillern. Man kann sagen, daß die moderne Exegese dem Objekt der Interpretation, also dem biblischen Text, und dadurch eigentlich dem biblischen Schrifttum im wesentlichen mißtrauisch gegenübersteht. Was die Letztform dieser Literatur betrifft, und das ist die Form, die sich schon

---

9 Vgl. S. *Talmon,* The Old Testament Text, in: The Cambridge History of the Bible I, hg. v. P.R. *Ackroyd – C. F. Evans,* Cambridge 1970, S. 159–199.

in der Ausgangszeit der alttestamentlichen Epoche kristallisierte, ist der Wissenschaftler ein ungläubiger Thomas. Der Text muß sich ihm gegenüber ausweisen, bevor sein Mißtrauen an ihm langsam und teilweise schwindet. Auch dann kommt es selten zu einem Vertrauen, zu einer Annahme des Textes, wie er sich darstellt.

III

Buber ist sich dieser Situation völlig bewußt. Er weiß und nimmt es als eine Prämisse an, daß der Grundkern einer biblischen Erzählung oft durch später eingebaute Informationen und Interpretationen erweitert worden ist. Es ist ihm klar, daß schon der Verfasser eines biblischen Stückes und nach ihm seine Schüler Randbemerkungen anbrachten, die später oft in den Text selbst übernommen wurden. Im Laufe der Zeit erlaubte man sich, mehr und mehr am Text herumzubasteln. Buber tritt also nicht naiv-fundamentalistisch an seine Arbeit am biblischen Werk heran. Auf den ersten Blick könnte man glauben, daß seine Methoden nicht von denen der zünftigen Wissenschaft verschieden sind. Er benutzt eine dem geschulten Kritiker bekannt klingende Terminologie. Er scheidet »erkennbare Zusätze« aus, die Handlungs- und Redegang, ideellen und stilistischen Zusammenhang stören. Er erkennt »Einschübe«, die Textschichten darstellen, von »einer späteren Hand eingetragen«, und bringt auch »Bearbeitungen« in Betracht[10]. Buber ist sich bewußt, daß der hebräisch-massoretische Bibeltext nicht fehlerlos ist. Trotzdem glaubt er: »Nur in seltenen Grenzsituationen, wo ihm Sinn und Zusammenhang schwer beeinträchtigt, aber durch eine geringfügige Änderung wiederherstellbar erscheinen, wird der Übersetzer«, und das bezieht sich natürlich auch auf den Exegeten, »sich befugt und verpflichtet erachten, sie in der besonderen Verantwortung seines Amtes vorzunehmen«[11]. Die unausweichliche Aufgabe des Übersetzers wie des Kommentators ist es, den Text zu erfassen, wie er ihm vorliegt: »Thesen kommen und gehen; die Texte bleiben«[12]. Dies ist ein Prinzip, das in der modernen Literaturwissenschaft vor allem durch die Werkinterpretationsschule als Grundregel aufgestellt wurde. Ihr folgend sagt Buber, daß mit dem massoretischen Text der Bibel dem Leser und dem Interpreten »ein fester Bestand anvertraut (ist), dem gegenüber jede, auch die verlockendste Konjektur als Willkür erscheinen muß«[13]. Da es schlechthin keine zuverlässige Methode gibt, *hinter* den Text, zu einem *ursprünglicheren* Wortlaut zu gelangen, muß man halten und übermitteln, was dasteht... Man muß zu verstehen suchen, was der *Redaktor*, in der

---

10 M. Buber, Die Erzählung von Sauls Königswahl, VT 6 (1956), S. 113–173.
11 M. Buber, Zur Verdeutschung der Preisungen, in: Buber – Rosenzweig, s.o. Anm. 2, S. 168.
12 *M. Buber*, Ein Hinweis für Bibelkurse, in: ebd., S. 315.
13 *Buber*, s.o. Anm. 11, S. 168.

Wissenschaft als R bezeichnet, von Franz Rosenzweig zu *Rabbenu* (*unser Lehrer*) ergänzt, »der für die Textgestalt Verantwortliche mit dieser gemeint hat, man muß dem letzten Bewußtsein zu folgen suchen, da man zu einem früheren nur scheinbar vorzudringen vermag«[14]. Von hierher gelangt Buber zu dem *Hinweis:* »Ein Bibelkurs soll zum biblischen Text hinführen, nicht über den Text hinweg. Es kommt erstlich – und letztlich – darauf an, verstehen zu lehren, was dasteht«[15]. Als leitendes Prinzip kann man dieser Forderung, vom hebräischen überlieferten Text auszugehen, völlig zustimmen. Die Frage bleibt aber, wie man methodologisch vorzugehen hat in jenen Grenzfällen, in denen eine Emendation eine *conditio sine qua non* für die rechte Erfassung des Sinnes und Zusammenhanges ist. Und diese Fälle sind wahrlich viel zahlreicher, als Bubers Ausführungen annehmen lassen. In der Praxis hat Buber sich, wie gesagt, nicht vor Eingriffen in den Text gescheut. Soweit mir aber bekannt ist, ist er nicht auf das methodologische Problem eingegangen. Vielleicht liegt hierin zumindest eine Teilerklärung für den beschränkten Einfluß, den Bubers Ansichten auf die zeitgenössische Bibelwissenschaft hatten. Mit wenigen Ausnahmen auch haben Forscher, die besonders an der Bibel als Literatur arbeiten, ganz zu schweigen von Wissenschaftlern, die vergleichende Forschung der Literaturen des Alten Orients treiben, kaum Bubers Methodik akzeptiert. Es fehlen hier genau umrissene Anweisungen, die zeigen, wie die Methode vom Meister auf seine Schüler übertragbar ist, wie man die Technik lehren und lernen kann, ohne mit Bubers genialem Einfühlungsvermögen in den Text gesegnet zu sein.

Buber geht noch einen entscheidenden Schritt weiter in der Annahme des Textes, wie er ist. Er sieht sich nicht nur dem Textbild im engeren Sinn des Wortes verpflichtet, sondern auch der syntaktischen Struktur des Verses und dem Gesamtaufbau einer Erzählung. Für ihn ist die Heilige *Schrift* die einzig zuverlässige Kristallisierung des göttlichen *Wortes*, obwohl wir in ihr nur ein Stammeln hören. Buber paraphrasiert in diesem Zusammenhang den Spruch der Weisen: »Die Thora, das göttliche Wort, hat sich sozusagen den Eigenheiten und dem beschränkten Begriffsumfang der menschlichen Sprache angepaßt. Auch der von dem Wort (Gottes) ergriffene Künder kann nur des Menschen Wort sprechen«[16]. Da es um das *gesprochene* Wort geht, darf der Interpret und der Übersetzer nicht nur den *visuell* erfaßbaren Textbestand betrachten, sondern muß dem Text sein Ohr neigen. Das einst Gesprochene muß wieder gehört werden. Grundsätzlich muß man dieser Auffassung durchaus zustimmen. Buber hat zweifellos recht, daß in der Antike, und sicher auch im biblischen Israel, der Begriff des *Lesens* als eines nur visuell erfahrenen Eindruckes nicht existierte. *Lesen – qara' –* war *sprechen* oder *vorlesen*. Verstehen des Bibel-

---

14 Ebd., S. 169.
15 *Buber,* s.o. Anm. 12, S. 310.
16 *Buber,* s.o. Anm. 2, S. 30.

textes ist daher mehr vom Hören oder zumindest ebenso wie vom Sehen abhängig. Aber *verstehen* auf Grund von *hören* ist für Buber nicht nur eine heuristische Erfahrung des Intellekts. Sie ist für ihn der Begriff einer Verbindlichkeit des Geistes mit dem Bibeltext und durch ihn mit der biblischen Botschaft. Denn er lehnt »die Unverbindlichkeit des Geistes«, die »die Signatur unserer Zeit«[17] ist, vorbehaltlos ab. *Hören* ist die Grundlage von *Hörigsein*, einem sich dem Gottesworte Unterwerfen. Ich glaube, daß in diesem Gedankengang ein Echo des Ausspruches widerhallt, mit dem das Volk Israel am Sinai das Joch des von Gott verkündeten und im Bundesbuche niedergelegten Gesetzes auf sich nahm: *naʿaseh wenischmaʿ* – »alles, was Er geredet hat, wir tuns, wir hören« (Ex 24,7).

In dieser Re-Interpretation, die *hören auf das Gesetz* in *erhören der Botschaft* umdeutet, liegt vielleicht eine der Höchstleistungen Bubers als eines Erklärers der Bibel, der sie dem modernen Menschen zugänglich machen will. Hier wird das Diktum »Am Anfang war das Wort« kunstvoll als »Am Anfang war das *gesprochene* Wort«[18] aufgefaßt und als ein Prinzip der Literarkritik gedeutet. Das Hervorheben des gesprochenen Wortes als Grundpfeiler des Verstehens antiker Literatur macht Buber zu einem der frühesten Vertreter der Schule, die sich besonders stark in Skandinavien entwickelte und die die *mündliche Überlieferung* oder *the oral tradition* als die Basis der biblischen Schriften betrachtet. Sowohl die *oral tradition school* als auch Buber stehen hier wohl unter dem Einfluß von Interpretationsprinzipien, die in der Forschung der klassischen Literatur und vor allem des Homerischen Epos erarbeitet worden sind. Aber wiederum spinnt Buber den Faden souverän weiter: *Mündliche Überlieferung* ist für ihn nicht nur eine literarhistorische Angelegenheit, sondern wird zu einem heuristischen Prinzip. Er fordert mit Recht, daß, da »am Anfang das Wort war«, nicht nur die wortlich-graphischen Eigentümlichkeiten des Textes ernst zu nehmen sind, sondern auch die lautlichen: »Es ist uns«, nämlich ihm und Rosenzweig, »aufgegangen, daß seine«, des biblischen Textes, »nicht seltenen Alliterationen und Assonanzen nicht durch ästhetische Kategorien allein erfaßt werden können, es sind, wenn auch nicht immer, so doch immer wieder Stellen *religiöser* Wichtigkeit, an denen sie stehen, und sie dienen dazu, diese Wichtigkeit sinnlich hervortreten zu lassen«[19]. Als »Hinweise für Bibelkurse« gibt er die folgende Definition dieser Interpretationstechnik. Man muß »was dasteht, ernst nehmen. In seinem Wortlaut, in seinem Sinngehalt, in seinen Zusammenhängen ... Das biblische Wort ist nirgends bloßer *Ausdruck* für ein geistiges oder seelisches Anliegen, sei es *ethischer*, sei es *religiöser* Art, oder für einen geschichtlichen oder sagenhaften Sachgehalt, sondern es ist überliefertes *Wort*, das einst gesprochen und

---

17 Ebd., S. 14.
18 F. *Rosenzweig*, »Die Schrift und das Wort«, in: *Buber – Rosenzweig*, s. o. Anm. 2, S. 76.
19 M. *Buber – F. Rosenzweig*, Zu einer Übersetzung und einer Rezension, in: ebd., S. 304f.

dann in seiner Gesprochenheit überliefert worden ist . . . Die Prägung dieses Wortes ist sein Wesen selber, seine einmalige Beschaffenheit, auszuschmelzen ist es nicht; sein Rhythmus ist die notwendige Form, in der es sich dem Volksgedächtnis zugeteilt und auferlegt hat; seine Lautwiederholungen sind gestiftete Bezüge zwischen Stelle und Stelle; auch wo es zu spielen scheint, zielt es, – *Wortspiel* ist hier *Worternst,* der tiefe Ernst der Wortwelt selbst«[20].

Der so tief empfundene Ernst des gesprochenen biblischen Wortes mündet für Buber in eine sein ganzes Lebenswerk beherrschende Idee: Die einstmalige, in einer bestimmten historischen Situation verankerte Gesprochenheit »als Botschaft, als Gesetzspruch, als Weissagung, als Gebet, als Bericht, als Belehrung, als Bekenntnis« soll zu einem Wieder-Angesprochensein in unserem Leben werden, in einer erneuten Zwiesprache zwischen Mensch und Gotteswort.

IV

Hier bricht der Wesensbegriff des *Dialogs* in die Bubersche Bibelauffassung ein, nicht nur als Mitte seiner Interpretation der Schrift, sondern als Fundament seines philosophischen Systems[21]. Grundlegend für Bubers Betrachtungsweise ist die prophetische Erfahrung, die prototypisch in dem Dialog Abrahams mit Gott um Sodom und Gomorrha und in Moses Unterredung mit Gott – »Antlitz zu Antlitz« (Ex 33,11), »Mund zu Mund« (Num 12,8) – erfaßt ist. Die prophetische Dialogerfahrung wird von Buber überspitzt auf die gesamte biblische Literatur bezogen. Diese Erweiterung läßt sich, wie schon Ernst Simon[22], James Muilenburg[23] u. a. mit Recht einwandten, kaum verteidigen. In dem Konzentrieren des Blickes auf den prophetischen Dialog als geistiges und schriftstellerisches Fundament der Bibel kann man eine Einstellung erblicken, die ich als Bubers »prophetische Haltung« bezeichnen möchte, durch die er, wie es J. Mulienburg definiert, »der größte jüdische Lehrer der Christenheit« wurde. »Interessanterweise sind die Teile« – und ich würde hinzufügen: die Aspekte – »des Alten Testaments, die ihn am tiefsten beschäftigen, auch diejenigen, die die Christen am meisten schätzen«[24]. Obwohl Buber prinzipiell »pneumatische Exegese« ablehnte, wurde er, wie man sieht, zumindest von einem großen Teil seiner Leser- und Schülerschaft ganz deutlich als »pneumatischer Exeget« erfahren. Der Beiname »der Prophet von Heppenheim«, den man Buber halb ehrenvoll, halb im Scherz gab, hat also einen berechtigten Anhaltspunkt in seiner Metho-

---

20 *Buber,* s. o. Anm. 12, S. 311f.
21 *M.S. Friedman,* Martin Buber: The Life of Dialogue, London 1955, S. 527.
22 *E. Simon,* Martin Buber and Judaism, Iyyun, IX (1958), S. 23 (hebräisch).
23 *J. Muilenburg,* Buber als Bibel-Interpret, in: Martin Buber, hg. v. *P.A. Schilpp – M. Friedman,* 1963, S. 366f.
24 Ebd., S. 365.

dik der Schriftinterpretation. Die Dialog-Methode als Brennpunkt des Bibelverständnisses wird den von der Fachwissenschaft stark herausgearbeiteten Unterschieden zwischen synchronischen literarischen Gattungen, die im Alten Testament erkennbar sind und die auch Differenzen in der geistigen Haltung verschiedener Bücher Ausdruck geben, nicht genügend gerecht. Man muß den Begriff des Dialogs sehr weit spannen, ja überspannen, um auch den hebräischen Erzählungsstil in ihm unterzubringen. Wenn man die Geschichtsschreibung der Samuel- und Königsbücher und der Chronik auf den Generalnenner *Dialog* bringt, verzichtet man eigentlich auf jede formelle Definition dieses Begriffes. Neben Gattungsdifferenzen müssen auch diachronische Unterschiede in ein und derselben Gattung berücksichtigt werden, was Buber nicht tat. In den Hauptstücken der Gesetzesliteratur des Pentateuch, vor allem in der Sinaiperikope, läßt sich wohl eine Dialogsituation und eine mit ihr verbundene Geisteshaltung nachweisen. Das ist aber kaum der Fall in den späten Reflexen dieser Literatur, z. B. in den Gesetzesstücken im Buche Nehemia. Trotz der internen literarischen Einheit der Schrift, die Buber so glänzend nachwies und von der noch zu sprechen ist, können die individuellen Bücher und Teilkomplexe der Bibel nicht über *einen* schriftstellerischen Leisten geschlagen werden.

V

In letzter Sicht war Buber kein fachwissenschaftlicher Philologe. Weder in seinem exegetischen Lebenswerk noch in der Bibelübersetzung spielen die vergleichende semitische Sprach- und Literaturwissenschaft, die ihren Stempel der modernen Bibelexegese aufgeprägt hat, eine entscheidende Rolle. Wie schon gesagt, war Buber in diesen Gebieten, die sich dem Alttestamentler seit den dreißiger Jahren dieses Jahrhunderts erschlossen haben, durchaus zu Hause. Aber sein Wissen war »dienendes Wissen«, erstanden aus einer souveränen Einstellung dem Fachlichen gegenüber, das er völlig der erstrebten Erläuterung der Bibel unterordnete[25]. Er sah seine Aufgabe bewußt als »nicht identisch mit der wissenschaftlich-analytischen Aufgabe«. Trotz aller internen Unterschiede bleibt Israel in der biblischen Epoche für ihn eine »einheitliche primäre Kultur«. In dieser Betrachtungsweise ist ausschlaggebend, »was zum Verständnis . . . der *Einheit* der Bibel dienen kann«[26]. Die Synthese steht im Brennpunkt seines Interesses, eine Synthese, die Zeiträume und Wesensunterschiede in der biblischen Literatur überbrückt. Die auf den von ihm entdeckten sprachlichen Zusammenhängen und Verknüpfungen fundierte Einheit wirkt sich auch in

---

25 M. *Buber,* Cheruth. Eine Rede über Jugend und Religion (1919), in: *ders.,* Reden über das Judentum, 1923, S. 232.
26 M. *Buber,* Vorwort, in: *Buber – Rosenzweig,* s.o. Anm. 2, S. 10.

Bubers Einschätzung der biblischen Ideenwelt aus. Diese Welt wird zwar keineswegs als einspurig dargestellt; aber man gewinnt doch den Eindruck, daß der internen, oft sich gegenseitig widersprechenden Vielfältigkeit und den unterschiedlichen Entwicklungsstadien nicht genügend Rechnung getragen wird.

Buber scheint historisch-pragmatische Aspekte der biblischen Gesellschaft, die ihr wie jeder geschichtlich-aktuell erfaßbaren Gesellschaft anhaften, bewußt in den Schatten der dialogischen Gotteserfahrung zu stellen. Der oft in seinen Ausführungen auftauchende Begriff »politisch« ist weniger real-historisch als ideentragend verstanden: »Denn es gibt (im vorköniglichen Israel) keine politische Sphäre außer der theopolitischen«[27]. Die religiös-aktuelle Spannung zwischen pragmatisch orientiertem Königtum – und teilweise auch Priestertum – und idealglaubenshaft akzentuierter Prophetie wird von ihm nicht als immanentes Problem einer im Alltag lebenden Gesellschaft angesehen, sondern als ein bedauernswertes, zeitweilig sich wiederholendes Resultat völkischer Fehlleistung. Buber sieht in der »rein-göttlichen Königsherrschaft« der Richterzeit, die er aus dem Buche der Richter expliziert, die politische Basis und die ideologische Höchstleistung Israels. Für ihn ist das Richterbuch die biblische »Politeia«[28]. Im Unterschied dazu kann der Fachexeget und Historiker nicht umhin, in den monarchischen Strömungen der Samuel- und Königsbücher, der Chronik und der Psalmen das politische Manifest Israels zu entdecken. Er wird im Buche der Könige die Politeia Israels sehen. In der Institution des Königtums realisieren sich die Verheißungen an die Erzväter, daß Könige von ihnen abstammen (Gen 17,6.16) und Nationen oder Völker aus ihnen hervorsprossen sollen. Dementsprechend ist der Gottesspruch am Sinai zu verstehen, in dem Israel ermahnt wird – nach der Zürcher Bibel – »ein Königreich von Priestern (zu) werden und ein heiliges Volk« (Ex 19,6). Bubers Übersetzung lautet hier: »ein heiliger Stamm«. Das Zurückschrauben von »Volk« auf »Stamm« hängt nicht nur von Bubers Technik ab, einen bestimmten hebräischen Ausdruck – in unserem Falle *goj* – konsequent in der ganzen Bibel durch ein einziges deutsches Äquivalent wiederzugeben; es zeugt von einer Tendenz, der Institution des Königtums jedwede Wurzeln in der gottesherrschaftlichen vormonarchischen Epoche abzusprechen. Hätte sich Buber in der Übersetzung des hier zentralen hebräischen Begriffspaars *mamlacha* und *goj* von deren Gebrauch in anderen Büchern der Bibel, die die Königszeit reflektieren, leiten lassen und hätte er ähnliche Wortkombinationen in anderen semitischen Sprachen betrachtet, dann wäre er wohl zur Erkenntnis gekommen, daß eine wortwörtliche Übersetzung hier den politisch-ideologischen Sinn des Ausspruchs nicht klärt, sondern geradezu verdeckt. Der philologische Vergleich macht es offensichtlich, daß das Wortpaar

---

27 Buber, s.o. Anm. 3, S. 140.
28 Ebd., S. 43f.

mamlacha und *goj* ein Hendiadyoin ist, durch das die hebräische Sprache und ähnliche andere semitische Sprachen den Begriff *Staat* ausdrücken, für den die Bibel keinen Terminus hat. Gleicherweise sind die komplementären Worte *kohanim* und *kadosch* als Hendiadyoin aufzufassen. In einfache Prosa übersetzt lautet der obige Vers also: »Ihr sollt mir ein heiliges (oder: geheiligtes) Königreich werden«, und das mit Bezug auf das schon in den Vätersprüchen verheißene menschliche Königtum. Sicherlich ist diese Königsideologie aus der Königsperiode in die Väter- und Wüstenepoche zurückprojiziert worden. Aber diese Rückprojizierung in eine Zeit, die einen konstituierenden und konstitutionellen Wert für das biblische Israel hat, beweist, wie stark verwurzelt und wie zentral die menschliche Monarchie in der Geisteswelt des Volkes war[29].

Das hier betrachtete Beispiel illustriert die Verklammerung von Bubers literarischer Methodik mit seiner Auffassung der biblischen Theologie, eigentlich auch mit seiner eigenen existentiellen Lebensphilosophie. Glaubenswerte, die sich ihm im biblischen Schrifttum zu erkennen geben, lassen sich nicht in menschlichen Institutionen einfangen. Offenbarung muß in allen Aspekten den Charakter persönlicher Ansprache bewahren. Buber ist bereit, dem biblischen Israel das – darf man sagen – pneumatische Joch des Königtums Gottes aufzuerlegen und es auch dem modernen Menschen als gewollt anzubieten. Das menschlich-pragmatische Königtum aber oder auf jetzt und hier zielende staatlich-gesellschaftliche Institutionen werden von ihm nolens volens als historische Notwendigkeit anerkannt, gehören aber rechtmäßig nicht in die ideale Struktur der biblischen Religion. Buber ist nicht nur als Interpret der biblischen und der biblisch-historischen Politeia von einem idealistischen Nativismus befangen. Er ist fundamental anomistisch. Nicht das *Gesetz* ist für ihn ausschlaggebend, sondern der prophetische Dialog, der für ihn *Tora* ist. Zwischen den »Zwei Glaubensweisen«, die eine auf *Tora*-Gesetz fundierend, die andere auf *Tora*-Offenbarung, entscheidet er sich für die letztere: »Die Thora umfaßt Gesetze, aber die Thora ist wesentlich kein Gesetz«[30]. Diesem Motto Bubers stellt sein Schüler und Mitarbeiter, »der getreue Nachum Glatzer«[31], die meiner Ansicht nach richtige These gegenüber: »Thora (auf die ganze Bibel bezogen) ist mehr als Gesetz, aber im Gesetz ist die Thora«[32].

Glatzer, der sich ein großes Verdienst erworben hat in seinem Bestreben, die Lehre Bubers und Rosenzweigs einer großen Leserschaft zugänglich zu machen, weist hier darauf hin, daß Buber die essentielle Bedeutung der Tora als Gesetz in der historischen Auffassung und Entwicklung des

---

29 Vgl. meine Betrachtungen über diese Aspekte der biblischen Ideenwelt: The Ideology of the State and the Concept of Monarchy in the Bible, in: The History of Israel III, hg. v. A. Malamat, Jerusalem 1975.
30 M. *Buber*, Zwei Glaubenswesen, in: *ders.*, Werke I. Schriften zur Philosophie, 1962, S. 56.
31 *Buber*, Vorwort, in: *Buber – Rosenzweig*, s.o. Anm. 2, S. 11.
32 N.N. *Glatzer*, Buber als Interpret der Bibel, in: s.o. Anm. 23, S. 361.

Judentums eigentlich nicht voll erfaßte[33]. Dies ist wohl ein Hauptgrund dafür, daß seine auf einem »ethischen Monotheismus« fundierende Lehre zwar anti- oder nichtnomistische Strömungen im Judentum wie im Christentum ansprach, aber in dem auf der Tora als Gesetz fußenden traditionellen Judentum wenig Anklang fand.

Hier wird ein tragischer Aspekt im Lebenswerk Bubers beleuchtet, der sich auch auf anderer Ebene widerspiegelt. Als Interpret der Bibel hatte er sich das Ziel gesetzt, die Heilige Schrift dem heutigen jüdischen Menschen aufzuschließen und sie zur Grundfeste eines neuen »hebräischen Humanismus« zu machen. Als Übersetzer wandte er sich vorzüglich an den deutschen Juden, dem die Bibel in der hebräischen Urschrift ein versiegeltes Buch war. In beiden Beziehungen entsprechen die Früchte seiner Arbeit nicht oder nicht ganz der Absicht, mit der Buber die Samen säte. Als Interpret wurde er vorzüglich in der christlichen Welt anerkannt. Für diese ist er, nach James Muilenburg, »nicht nur der größte jüdische Denker unserer Generation, nicht nur ein zutiefst echter Exponent und Repräsentant der hebräischen Art des Denkens, Sprechens, Handelns, nicht nur ein gefeierter Lehrer, ›sowohl von Juden wie von Griechen‹, sondern auch der vornehmste jüdische Sprecher zur christlichen Gemeinde. Mehr als jeder andere Jude unserer Zeit sagt er dem Christen, was im Alten Testament zu hören ist, was das Alte Testament wirklich sagt und was es gewiß nicht sagt, was die Richtung ist, in der die Worte sich auf ihrem Weg durch die Geschichte bewegen«[34]. Als Übersetzer begann er wie die Autoren der alten Targumim, die schon in der frühen nachexilischen Epoche den hebräischen Text in die aramäische Landessprache für nicht mehr hebräischsprechende Juden ihrer Zeit übertrugen. Zum Schluß erfuhr seine Übersetzung das Schicksal der Septuaginta. Zuerst geplant für die griechischsprechende jüdische Gemeinde der alexandrinischen Diaspora, wurde die Septuaginta schließlich autoritative Version der Kirche.

Bei einer Abschlußfeier des Übersetzungswerkes im Jahre 1961 sagte Gershom Scholem in einer Ansprache zu Buber: »Als Rosenzweig und Sie sich an dies Unternehmen machten, gab es ein deutsches Judentum, in dem Ihr Werk eine lebendige Wirkung, eine Aufrüttelung und Hinführung zum Original bewirken sollte ... Ob Sie es nun bewußt wollten oder nicht, Ihre Übersetzung ... war etwas wie das Gastgeschenk, das die deutschen Juden dem deutschen Volk in einem symbolischen Akt der Dank-

---

33 Diese Interpretation von »Gesetz« rief Franz Rosenzweigs schärfste Kritik hervor. Rosenzweig lobte Bubers erfolgreiche Bemühungen, das Wissen um das Judentum von den »liberalen« Tendenzen der jüdischen Wissenschaft des neunzehnten Jahrhunderts zu emanzipieren. Er stimmte vorbehaltlos Bubers Definition der Aufgabe unseres jüdischen Lernens zu, »daß ihm nichts, schlechthin nichts Jüdisches mehr fremd sein darf«. Dieser Erfolg machte es aber für Rosenzweig um so mehr unverständlich, daß Buber sich sozusagen »mit dem Rücken dem Gesetz zuwandte«. Vgl. *F. Rosenzweig,* Die Bauleute: Über das Gesetz, 1925, S. 4f.
34 *Muilenburg,* s. o. Anm. 23, S. 364.

barkeit noch im Scheiden hinterlassen konnten ... Aber es ist anders gekommen ... Für wen wird diese Übersetzung nun bestimmt sein, in welchem Medium wird sie wirken? ... Die Juden, für die Sie übersetzt haben, gibt es nicht mehr. Die Sprache selber hat sich in dieser Generation verwandelt ... und nicht in der Richtung jener Sprachutopie, von der Ihr Unternehmen so eindrucksvolles Zeugnis ablegt«[35]. Buber wollte dem in diesen Worten Scholems implizierten Pessimismus nicht beistimmen. Er glaubte und sagte, daß sein Bibelwerk und seine Bibelübersetzung eine Mission erfüllten, der es nicht um Judentum und Christentum, um Juden und Deutsche gehe, sondern, einen Brief Rosenzweigs zitierend, »um die gemeinsame Urwahrheit, von deren Wiederbelebung beider Zukunft abhängt«[36].

Bubers Werk an der Bibel, das viele Bände umfaßt und auf viele biblische Bücher hinzielt, ist kein *Kommentar* im landläufigen Sinn. Es ist ein Monument einer allumfassenden Geistigkeit unserer Zeit und ein unzerstörbares Merkmal deutsch-jüdischer Kultur.

---

35 G. *Scholem*, An einem denkwürdigen Tage, Judaica, 1963, S. 214.
36 M. *Buber*, Zur Verdeutschung des letzten Bandes der Schrift. Schlußbemerkungen, 1962, S. 26.

8

Zur Bibelinterpretation von Franz Rosenzweig

I

Rosenzweigs Zugang zur Bibel kann kaum unabhängig von den Interpretationsmethoden betrachtet werden, die sich in der vieljährigen Zusammenarbeit mit Martin Buber an der »Verdeutschung« der Bibel[1], zuweilen ihm folgend, zuweilen in einer Distanzierung von den Ansichten seines fast zehn Jahre älteren Freundes[2], herauskristallisierten[3]. Das hiermit angedeutete Dilemma, in dem sich der kritische Betrachter von Rosenzweigs spezifischem Verständnis der Schrift befindet, wird dadurch erhärtet, daß wir keine systematisch-zusammenfassenden Äußerungen von ihm zu dieser Problematik haben, sondern nur Einzelaufsätze, die meistens durch Fragen ausgelöst wurden, die in der mit Buber geteilten Arbeit an der gemeinsamen Bibelübersetzung ans Licht traten. Diese Aufsätze wurden nach Rosenzweigs Tod von Buber in den Sammelband »Die Schrift und ihre Verdeutschung«[4] aufgenommen, zusammen mit seinen eigenen Beiträgen zu diesem Fragenkomplex. Ein weiterer, im Jahre 1929 publizierter und für unser Anliegen relevanter Aufsatz, »Weltgeschichtliche Bedeutung der Bibel«, wurde dem interessierten Leser durch den Nachdruck in Rosenzweigs »Kleinere Schriften«[5] leicht zugänglich gemacht. Dazu kommen noch Schlüsse, die aus einer Analyse der Methode gezogen werden können, die der Buber-Rosenzweig-Bibelübersetzung zugrunde liegt.

Glücklicherweise beschränkt Rosenzweig seine Bemerkungen nicht auf die Einzelfragen, durch die sie ausgelöst wurden, sondern nahm diese als Anlaß, seinen prinzipiellen die Bibel betreffenden Überlegungen Ausdruck zu geben. Ähnliches läßt sich auch in bezug auf gelegentliche, die Bi-

---

1 Die Frage des Anteils Rosenzweigs an der Übersetzung wird von D. Mach in einem besonderen Referat geklärt. Sicher ist, daß seine aktive Teilnahme mit seinem Tode abbrach, als das Werk bis zum Buch Jesaja gediehen war.
2 Dieser Altersunterschied wird von Rosenzweig hervorgehoben. Zu Beginn ihrer Bekanntschaft scheint er bewirkt zu haben, daß er Buber mit formeller Hochachtung anredete. Erst nach Jahren trägt ihm Buber das ›Du‹ an, das er dankbar annimmt. Vgl. *F. Rosenzweig*, Briefe, unter Mitwirkung von E. Simon ausgewählt, hg. von *E. Rosenzweig*, Berlin 1935, S. 546 (Nr. 448, Brief vom 29.9.1925).
3 Rosenzweig erwähnt öfter diesen Meinungsaustausch, meistens mit der Feststellung, daß Buber ihn überzeugte. Auch Buber nimmt auf dergleichen Unterschiede Bezug.
4 *M. Buber – F. Rosenzweig*, Die Schrift und ihre Verdeutschung, Berlin 1936.
5 *F. Rosenzweig*, Kleinere Schriften, Berlin 1937.

bel betreffende Bemerkungen registrieren, die in Rosenzweigs literarischem Nachlaß in »Entwürfen« zu Reden, in Rezensionen[6] und in seinen Tagebüchern[7] enthalten sind. Je mehr ihn die Arbeit an der Bibelübersetzung beschäftigte und sich sein Interesse der Klärung von Fragen zuwandte, die aus dieser Aufgabe erwuchsen, vorzüglich in einem regen Meinungsaustausch mit Buber, aber auch mit anderen Korrespondenten, desto entschiedener gab er seine Auffassung über den Stellenwert der Bibel im Judentum auch in Publikationen kund, die nur indirekt dieses Thema betrafen. So z.B. in seinen Besprechungen der ersten Bände der »Encyclopaedia Judaica«, in die er grundsätzliche Anmerkungen »über jüdische Bibelwissenschaften«[8] und »über Anthropomorphismus«[9] einfügte.

Im Rahmen meines kurzen Referates ist es unmöglich, dem Gedankenreichtum von Rosenzweigs Wirken an der Bibel gerecht zu werden oder gar in seiner ganzen Fülle auszuschöpfen. Ich muß mich daher damit begnügen, auf einige wenige Hauptzüge hinzuweisen. Es ist meine These, daß Rosenzweigs Interesse und seine Arbeit an der Bibel auf zwei ungleich gearteten Hauptlinien verläuft, zwei Linien, die seinen gesamten Lebensgang und seine Wesensentwicklung durchziehen:

1. Ich würde die eine auf den Generalnenner ›Auseinandersetzung mit der christlichen und der jüdischen Umwelt‹ bringen. Hier profiliert sich eine vorwiegend polemisch-negierende Ausrichtung, eine oft schroffe, zuweilen sarkastisch formulierte Ablehnung aller Methoden, die von seinem eigenen Bibelverständnis abweichen: die protestantisch-wissenschaftlichen einerseits, die gängigen jüdischen andererseits, sowohl die der Orthodoxie wie auch die der modernen jüdischen Bibelwissenschaft. Dieser Charakterzug Rosenzweigs wurde klar von Eugen Rosenstock erkannt und in einem Brief vom Dezember 1919 scharf kritisiert: »Können Sie denn gar nicht einen Weg finden zwischen der glatten Gemeinsamkeit und dem konträren Gegensatz?« (Briefe, 710).

2. Ganz anders geartet ist die zweite Hauptlinie, die ich als ›Bauen an einem neuen Judentum‹[10] bezeichnen möchte. Sie fließt aus der persönlichen Lebenserfahrung Rosenzweigs, seinem Weg von der Assimilation, fast zum Glaubenswechsel führend, zu einem manifesten, praktizierenden Judentum[11]. Dieses ›Bauen‹ kommt zur vollen Reife in einer Reihe von späteren Veröffentlichungen und vor allem in seiner wegweisenden Lehr-

---

6 S. seine Besprechungen der ersten vier Bände der Encyclopaedia Judaica, in: ebd., S. 521–538.
7 F. Rosenzweig, Briefe und Tagebücher, hg. von R.E. Rosenzweig-Scheinmann, Bd. 1: 1900–1918, Bd. 2: 1918–1929, Den Haag 1979.
8 Vgl. F. Rosenzweig, Rezension von Encyclopaedia Judaica, Bd. 1, in: ders., s.o. Anm. 5, S. 521–525.
9 Vgl. F. Rosenzweig, Rezension von Encyclopaedia Judaica, Bd. 2, in: ebd., S. 525–533.
10 Der Begriff stützt sich auf Rosenzweigs Aufsatz »Die Bauleute«, in: ebd., S. 106–121, dessen Titel sich am Midrasch zu Jes 54,13 (lies nicht בניך = deine Kinder, sondern בוניך = deine Bauleute) anlehnt.
11 Vgl. N. Glatzer, Franz Rosenzweig – His Life and Thought, New York ²1961.

tätigkeit am Freien Jüdischen Lehrhaus zu Frankfurt. Hier will Rosenzweig überzeugend und anziehend wirken. In positiven, aus tiefster seelischer Sicherheit fließenden Formulierungen will er seine jüdischen Zeitgenossen wieder mit ihrem Erbgut in seinem ganzen Reichtum vertraut machen. Die Bibel, das einmalige Erzeugnis jüdischen Geistes, das das Wesen des Judentums und des jüdischen Menschen vom Ursprung her prägte, soll wieder heimgeholt werden. Der Nachdruck liegt auf dem existenziellen Zugang zur Bibel, die in ihrer Gesamtheit eine vielfarbige und mannigfaltige Einheit ist.

In diesem Begriff der mannigfaltigen Einheit liegt der Schwerpunkt der »neuen jüdischen Bibelwissenschaft«, die Rosenzweig lehrt. Mit Buber sagt er: »Biblia, Bücher, so heißt ein Buch aus Büchern. Es ist aber in Wahrheit ein Buch. All diese Erzählungen und Gesänge, Sprüche und Weissagungen sind vereint durch das Grundthema der Begegnung einer Menschenschar mit dem Namenlosen, den sie, seine Anrede erfahrend und ihn anredend, zu benennen wagte, ihrer Begegnung in der Geschichte, im Gang des irdischen Geschehens«[12].

Da sie Israels Eigengut ist, das Fundament seiner auf ihr fußenden Tradition, braucht »Die Bibel« nicht durch das Adjektiv *jüdisch* umschrieben und so von dem Alten Testament des Christentums differenziert werden[13]. Sie ist per definitionem und ausschließlich die Quelle des jüdischen Glaubens und der jüdischen Gesetzesfrömmigkeit. Bibel und Tradition, Glaube und jüdische Gesetzespraxis sind in eine umfassende Einheit eingebunden, die die Mitte jüdischen Lebens sein muß[14]. »Gegensätze wie den zwischen Tora und Propheten, zwischen Halacha und Haggada, zwischen Welt und Mensch für *wirkliche* Gegensätze zu halten, das überlassen wir denen, die draußen stehen. Uns selber – wem von uns ist nicht klar, daß es keine Tora gäbe ohne die prophetischen Kräfte in Mose, dem Vater aller Propheten vor ihm und nach ihm, und andererseits auch keine Propheten ohne den Grund der Gesetze und Ordnungen, an denen ihre Prophetie Maß und Regel empfinge«[15].

Die Fusion einer totalen Negierung der historisch-analytischen Bibelwissenschaft und ihrer (Schein-)Erkenntnisse mit einer ebenso totalen exklusiv jüdisch-existentiellen Auffassung der Bibel, bewirkte und bewirkt, zu einem gewissen Maß mit Recht, daß Rosenzweig weder zu seinen Lebzeiten als ›objektiver‹ Fachwissenschaftler galt noch heute als ein solcher angesehen wird[16].

---

12 M. *Buber*, Der Mensch von heute und die jüdische Bibel, in: *Buber – Rosenzweig*, s.o. Anm. 4, S. 17.
13 Vgl. F. *Rosenzweig*, Rezension von Encyclopaedia Judaica, Bde. 3–4, in: *ders.*, s.o. Anm. 5, S. 537f.
14 Vgl. *Rosenzweig*, s.o. Anm. 10.
15 F. *Rosenzweig*, Neues Lernen, in: *ders.*, s.o. Anm. 5, S. 98f.
16 Ähnliches läßt sich, mutatis mutandis, von Martin Buber sagen. Vgl. *S. Talmon*, Martin Buber als Bibelinterpret, in diesem Band S. 140.

II

Rosenzweigs tiefes Interesse an der Bibel und ihrem Glaubensinhalt zeigte sich schon in seinen Jugendjahren, lange bevor er mit Martin Buber in Kontakt kam oder gar sein Partner in der von Buber geplanten und initiierten neuen Übersetzung der Bibel in die deutsche Sprache wurde (1925). Schon im Jahre 1906 spricht er in seinem Tagebuch davon, daß er »gern in den Bildern der jüdischen Geschichte« denkt[17]. Er versuchte, einen inneren Entwicklungsprozeß in der Bibel in ihrer Gesamtheit zu entdecken. Er verstand sie als ein Sinnbild, als eine Parabel, die den Fortschritt des Menschen vom einzelnen zur Sippschaft, zum von einer partikulärnationalen Idee belebten Volk und schließlich zu einer Nation, die der Träger des (prophetischen) universalistischen Ideals wurde, widerspiegelt[18]. Ein Vermerk vom 23. August 1906 berichtet, daß er das Hohelied in der Septuaginta-Übersetzung las[19]. Als Student an der Hochschule für die Wissenschaft des Judentums in Berlin (1913–1914), höchst beeindruckt von Herrmann Cohen, beginnt er, Gedankengänge zu entwickeln, die später, in ansteigender Schärfe, in seiner Arbeit an der Bibel und ihrer Übersetzung zum Ausdruck kommen werden: Der jüdische Zugang zur Bibel kann mit dem christlichen nicht auf einen Nenner gebracht werden. Wie in der Frühzeit haben die Worte Bileams auch heute nichts an Gültigkeit verloren: Israel war und bleibt »ein Volk, das für sich wohnt« (Num 23,9)[20].

Ein Jahrzehnt später spricht er von der Möglichkeit, sich ernsthaft mit biblischer Forschung zu beschäftigen: »Ich lese viel in den Psalmen. Ich habe so eine Ahnung, als ob ich mal eine Arbeit daraus machen werde und vielleicht eine zweiseitige, sowohl über (Septuaginta-Vulgata-) Luther und seine sprach- und literaturgeschichtliche Auswirkung als über die innerjüdische Textauffassung«[21]. In dieser Notiz zeigt sich einerseits die Hochachtung, die Rosenzweig der Lutherübersetzung entgegenbrachte[22], und andererseits die Erkenntnis, daß die »jüdische Textauffassung« andere Wege geht. Diese »Zweiheit« wird den gesamten Werdegang der von ihm später mit Buber unternommenen Bibelübersetzung überschatten und seine Gedanken zur Bibel aufs tiefste prägen.

Rosenzweigs Verständnis der Bibel ist, wie gesagt, ein markanter Ausdruck seines persönlichen Werdeganges, seines Judewerdens. Er kann nicht und will nicht in die Zunft der Alttestamentler eingegliedert werden, die er fast ausschließlich als deutsch-protestantisches Establishment kann-

---

17 *Rosenzweig*, s. o. Anm. 7, Nr. 51 (vom 27.3.1906).
18 Vgl. ebd., Nr. 32 (vom 9.2.1906).
19 Vgl. ebd., Nr. 78.
20 Vgl. F. *Rosenzweig*, Herrmann Cohens jüdische Schriften, in: *ders.*, s. o. Anm. 5, S. 337.
21 *Rosenzweig*, s. o. Anm. 2, S. 208 (Nr. 166).
22 Vgl. vor allem F. *Rosenzweig*, Die Schrift und Luther, in: *Buber – Rosenzweig*, s. o. Anm. 4, S. 88–129.

te²³. Ebensowenig konnte er mit den Ausrichtungen zurechtkommen, die zu seiner Zeit der Arbeit an der Bibel im deutschen Judentum ihre Stempel aufdrückten. Die apologetische Exegese der Orthodoxie – beruhend auf einer unkritischen Annahme des hebräisch überlieferten Wortlautes, ja sogar des Buchstabenbestandes der Schrift – konnte ihn nicht befriedigen, obwohl er deren Glauben an den verpflichtenden Stellenwert der Bibel im Leben des jüdischen Menschen und der jüdischen Gemeinschaft durchaus teilte: »Unsere (seine und Bubers) Differenz von der Orthodoxie liegt darin, daß wir aus unserem Glauben an die Heiligkeit, also die Sonderstellung der Tora und an ihren Offenbarungscharakter keine Schlüsse über ihren literarischen Entstehungsprozeß und über den philologischen Wert des auf uns gekommenen Textes ziehen können«[24]. Dieser Glaube ist von der Frage der historischen Entstehung des Textes völlig unberührt: »Auch uns ist sie (die Tora) das Werk eines Geistes. Wir wissen nicht, wer er war; daß es Mose war, können wir nicht glauben«. Aber, »was ihm auch vorgelegen haben mag, er ist unser Lehrer, seine Theologie unsere Lehre«. Und dann, in jener berühmten, aber nicht ganz befriedigenden Formulierung, die Buber als »ernsten Scherz« bezeichnete: »Wir benennen ihn unter uns mit dem Sigel, mit dem die kritische Wissenschaft ihren angenommenen abschließenden Redaktor bezeichnet: R. Aber wir ergänzen dieses R nicht zur Redaktor, sondern zu Rabbenu«[25].

Andererseits betonte er in einer »Nachbemerkung«, daß auch der »rein wissenschaftliche«, vom Glauben losgelöste Zugang zur Bibel, der im liberalen Judentum und in zionistischen Kreisen grassierte, für ihn nicht akzeptabel sei. Die »Scheidung zwischen ›Wissenschaft‹ und ›Religion‹, ... der vorletzte Schrei der protestantischen Theologie, scheint jetzt bei unsern neuesten ›Irrationalisten‹, mit dem beim Judentum nun einmal üblichen akademischen Vierteljahrhundert, dernier cri werden zu wollen. Er stammt von Kant – um so schlimmer für Kant! Er stimmt sich auf die Barth- und Gogartenweis – um so schlimmer für Barth und Gogarten! Wenn Wissenschaft und Religion nichts voneinander wissen, taugt weder die Wissenschaft noch die Religion etwas. Es gibt nur eine Wahrheit...«[26] Diese Wahrheit kann nicht gewonnen werden durch eine Trennung des traditionellen Glaubens an die Einheit der Bibel von den Prämissen der modernen Wissenschaft, sondern nur durch ihre Symbiose: »Die Einheit, welche die Orthodoxie um der Tradition willen verlangen muß, müssen wir Modernen um der Einheit der Wissenschaft willen verlangen, die keine auf die Dauer getrennten Konten zuläßt...« Aber mit dieser »modernen« Wissenschaft meint er nicht die im liberalen Judentum vorherrschen-

23 Rosenzweig bezieht sich nicht auf katholische Bibelwissenschaftler und auch nicht auf die Bibelwissenschaft, die sich in Europa entwickelt hatte.
24 Vgl. F. *Rosenzweig*, Die Einheit der Bibel, in: *ders.*, s. o. Anm. 5, S. 128–131.
25 F. *Rosenzweig*, Aus den Anfängen unserer Schriftübersetzung, in: *Buber – Rosenzweig*, s. o. Anm. 4, S. 322.
26 *Rosenzweig*, s. o. Anm. 24, S. 52.

de, sondern die von ihm und Buber propagierte: »Unsere Bibelwissenschaft, soweit sie modern sein will, hat den inneren Anschluß an die jüdisch-wissenschaftliche Vergangenheit verloren und macht sie zu einem Teil der protestantischen Alttestamentsforschung. Was von Ansätzen zu einer neualt jüdischen Bibelwissenschaft da ist, ist ... wie das, was die neue (Buber-Rosenzweigsche) Bibelübersetzung zu diesem Ziele beisteuert, noch wirkungslos ...«[27]

Für Rosenzweig steht nicht Glaube gegen Wissen, »sondern gläubiges Wissen gegen ungläubiges ... oder eigentlich ... gläubig-ungläubiges Wissen gegen beschränkt ungläubiges ... Und das Wort *gläubig* meint hier nicht ein dogmatisches Sichbinden, sondern ein totales, den ganzen Menschen umfassendes Gehaltensein. So daß also der Ketzer gläubig in diesem Sinn sein kann und der Hochorthodoxe ungläubig«[28].

Ein ähnlicher Ton erschallt aus Rosenzweigs Bewertung der Lutherbibel, die sich, nach seinem Ermessen, für Luthers Volk »von dem Glaubensleben seines Urhebers gelöst und ... zum Grundbuch nicht nur einer Kirche, was weniger bedeuten würde, sondern der nationalen Sprache selber geworden ist«[29].

III

Rosenzweig will einen neuen Weg beschreiten, auf dem Glaube und Unglaube – sprich Wissenschaft – sich in einer fruchtbaren Wechselbeziehung die Hand reichen: Man »kann an die Bibel nur herantreten mit einer Bereitschaft zum Glauben und Unglauben, nicht mit einem unbeschreibbaren Glauben, den (man) in ihr findet«[30]. Diese Bereitschaft ist, auf die Schrift gewendet, sein Glaube.

Die Auseinandersetzung mit der Lutherbibel, die immer wieder in seinen Veröffentlichungen ans Licht tritt, zeigt eindeutig, daß Rosenzweig die von ihm mitübernommene neue Übersetzung als eine dezidiert jüdische Verdeutschung der Bibel plante, die er unentwegt an der Lutherschen Bibelübersetzung maß[31]. Als überzeugter »Deutschjude«[32] wollte er seinen deutschsprachigen Mitjuden ein jüdisches Äquivalent geben, um sie von der Notwendigkeit zu befreien, auf irgendeine christliche Bibelübersetzung, und sei es die von Luther, zurückgreifen zu müssen[33]. Er wollte die

---

27 *Rosenzweig*, s.o. Anm. 8, S. 524.
28 *Rosenzweig*, s.o. Anm. 24, S. 131f.
29 *Rosenzweig*, s.o. Anm. 22, S. 95.
30 Ebd., S. 109.
31 Bezugnahme auf und Vergleiche mit der Lutherbibel finden sich in vielen Aufsätzen und Briefen.
32 So bezeichnet sich Rosenzweig in einem Brief an M. Buber vom 25.1.1925; in: *ders.*, s.o. Anm. 2, S. 527 (Nr. 44).
33 S. z.B. seinen Brief an Eugen Mayer vom 30.12.1925, in: ebd., S. 551 (Nr. 456).

Bibel wieder in das jüdische Milieu heimbringen und in die Tradition, in der sie gewirkt hatte, und so den Grundstein für eine neue jüdische Bibelwissenschaft legen: »Diese neue Bibelwissenschaft, die sich vor keinem Problem der kritischen Moderne die Augen zuhält, aber alle Probleme, die heute schon aufgeworfen sowohl wie die erst überhaupt sichtbaren, vom letzten Redaktor oder anders gesagt: vom ersten Leser her aufgerollt, wird dann ganz von selber auch den Anschluß an die jüdische Bibelwissenschaft der Vergangenheit wiederfinden ... Nur Anschluß, nicht mehr! Nicht etwa Gefolgschaft. Keine wissenschaftliche Möglichkeit bleibt ihr fern. Aber so weit zurück in die Vergangenheit sie ihren Scheinwerfer richtet – nie vergißt sie, daß sie selber, sie die Sehende, die Enkelin und Erbin jener Vergangenheit ist«[34].

Den Anschluß an die traditionelle jüdische Bibelauslegung, ohne sich ihr zu versklaven, hat der auf Gesetz, Tun und Institutionen[35] ausgerichtete Rosenzweig in einem viel höheren Grad erreicht als der nicht-nomistisch orientierte Buber[36]. Die halachisch-gesetzliche Interpretation der Bibel, die ein Hauptanliegen der frührabbinischen und der mittelalterlichen Exegese ist und der auch die kontemporäre traditionelle jüdische Bibelauslegung intensiv nachgeht, harmoniert mit Rosenzweigs grundsätzlicher Haltung: »Die Tradition, halachische, doch auch aggadische, wird selber ein Element der Übersetzung«[37].

Rosenzweig weiß den exegetischen Wert der massoretischen Interpunktion zu schätzen, festgelegt »seit mehr als tausend Jahren« in einer kunstvollen Vielfältigkeit von Rezitationszeichen (ta'amim), die nicht nur das Satzgefüge sichtbar macht, »sondern, in alle Ritzen des Satzes eindringend, unmittelbar nur das Verhältnis jedes einzelnen Wortes zu seinem Nachfolger bezeichnet und nur mittelbar dadurch natürlich auch den Zusammenhang der Satzglieder aufklärt«. Neben ihrer musikalischen Bedeutung bietet diese Rezitationsgliederung »eine restlos logische Durcharbeitung des Textes dar – eine Leistung der Interpretation, vor der alle spätere Philologenarbeit an diesem Text sich verstecken muß«. Aber trotz seiner Hochschätzung des traditionellen Akzentzeichensystems kann er ihm nicht immer folgen. Der Übersetzer, »der die Pflicht erkannt hat, die Schrift wieder vom Atem des Wortes durchziehen zu lassen«, steht unter dem »Zwang zur Freiheit« auch von diesem System, um »die Atemzüge des Worts allein aus den Schriftzügen der Schrift zu erhorchen«. Die Tradition muß weichen, wenn sie mit einem Prinzip kollidiert, das Rosenzweig als Leitfaden in der »Verdeutschung« der Schrift von Buber übernommen hat: das Wortgefälle und der Rhythmus der einstmals ›gesprochenen

---

34 *Rosenzweig*, s.o. Anm. 8, S. 525.
35 Vgl. *Rosenzweig*, s.o. Anm. 10, S. 113.
36 Dazu *Talmon*, s.o. Anm. 16, S. 147
37 *Rosenzweig*, s.o. Anm. 24, S. 48f.

Schrift‹ soll in der neuen Übersetzung wieder gehört werden: »Vom Auge her sollte das Band der Zunge gelöst werden«.

Aber auch bei diesem Entscheid »gegen die Leistung großer und ehrwürdiger Vorgänger, denen der Spätere vertrauend und gern folgt, von denen er sich aber in aller Bescheidenheit auch abzuweichen gestatten darf und muß« sucht sich Rosenzweig sozusagen Rückendeckung bei einem prominenten Vertreter der überkommenen jüdischen Bibelauslegung, an die er anknüpfen will. Wenn nämlich Raschi mit »seinem kindhaften Eingewachsensein in die volkstümliche Überlieferung ... gleich den ersten Satz der Bibel in klarem Widerspruch zu jenen überlieferten Zeichen interpretiert, dann ist damit jedem Späteren Richte und Maß gegeben«[38].

Eine ähnliche souveräne Haltung nimmt Rosenzweig auch gegenüber der modernen, historisch-philologischen Bibelwissenschaft ein. Er ist durchaus bereit, einige ihrer Errungenschaften anzuerkennen, aber wendet ihr letzten Endes doch den Rücken: Das Manko an Glaube macht die liberal-jüdische Bibelwissenschaft suspekt, ja nutzlos. Das »Un-jüdische«, zuweilen »Anti-jüdische«, disqualifiziert wiederum die christliche, sprich deutsch-protestantische, trotz Rosenzweigs tiefer Verbundenheit zur deutschen Kultur, die per definitionem christlich ist, und trotz seiner Wertung des Christentums als eines legitimen, dem Judentum parallel laufenden Glaubens, die sich auch nach seinem »Rücktritt von einem konkret erwägten Übertritt« und der dann folgenden intensiven »Re-Judaisierung« nicht verminderte. Aussagen, die nicht seine Arbeit an der Bibel selbst betreffen, sondern mehr den weiteren Bereich der Problematik von »Judentum und Christentum« oder besser »Judentum trotz Christentum«[39], gewähren gelegentlich einen Einblick in hintergründliche Faktoren, die Rosenzweigs Einstellung zur modernen, vorwiegend deutsch-protestantischen Bibelwissenschaft prägten oder zumindest mitprägten. Von Gewicht war diesbezüglich eine Tendenz, die diese Wissenschaft kennzeichnete: die Herabwertung, eigentlich die Eliminierung der jüdischen Bibel, des Alten Testaments der Kirche, gekoppelt mit der Aufwertung des Neuen Testaments und der in ihm wurzelnden christlichen Tradition. Es ist für ihn völlig offensichtlich, »daß heut der von den neuen Marcioniten erstrebte Zustand praktisch schon da ist. Unter Bibel versteht heut der Christ nur das Neue Testament, etwa mit den Psalmen, von denen er dann noch meist meint, sie gehören zum Neuen Testament.«[40]

In einem Brief an Rosenzweig vom 19.11.1916 äußerte sich sein Freund Eugen Rosenstock klipp und klar zu dieser Frage: »Heut hat das

---

38 F. *Rosenzweig,* Die Schrift und das Wort, in: *Buber – Rosenzweig,* s. o. Anm. 4, S. 82ff. Vgl. ebenso seinen Brief an M. Buber vom 29.7.1925, in: *ders.,* s. o. Anm. 2, S. 543f (Nr. 444).
39 Judaism Despite Christianity lautet der Titel der englischen Veröffentlichung des Briefwechsels zwischen Eugen Rosenstock und Franz Rosenzweig, hg. von *E. Rosenstock-Huessy,* Alabama 1969.
40 Rosenzweig in seinem Brief an Buber vom 29.7.1925; in: *ders.,* s. o. Anm. 2, S. 542 (Nr. 444).

Christentum ein neues Altes Testament statt Ihres alten: Nämlich sein heut lebendiges Altes Testament ist – die Kirchengeschichte, der Heilige Passional, der Festkalender... Heut ist etwa die abendländische Welt, ist Europa (durch 1789 und 1914) so weit, daß es das Alte Testament... vergessen darf... Und was schlimmer ist, mein armer ben Juda, es *wird* sein Altes Testament vergessen. ›Das Alte ist vergangen, es ist alles neu geworden‹... Israels Zeit als Bibelvolk ist um«[41].

Der grassierende moderne Marcionismus hätte eigentlich eine Ansicht in Frage stellen müssen, die Rosenzweig interessanterweise noch in seinem letzten Lebensjahr vertritt, nämlich, daß »die jüdische Bibel die stets gegenwärtige Grundlage« des Christentums ist, wenn auch nur als »Altes Testament«[42].

Man könnte vermuten, daß die Abwendung der modernen Bibelkritik von der jüdischen Bibel ihn zu der Erkenntnis zwang, der er Ausdruck gibt in einem Entwurf für einen Vortrag in Hanau über »Die Bibelkritik« (26.2.1921), die er durch ›nebbich‹ charakterisiert: »Der Christ muß die Bibel anders lesen wie wir. Er bleibt selbst, wenn er den wahren Autor kennt, immer in der Gefahr, sich in Autoren zu verlieren. Die Bibel ist nicht *sein* Buch... So wie sie aus unserer Mitte gelesen wird, die uns gegebene, nicht mehr im Himmel verborgene Tora, so gehört nun alles hinein, was in uns ist, was wir sind.«[43] Nur für den Juden ist die Bibel »Lehre«, nur für ihn gilt »Alles was Er geredet hat, wir tuns, wir hören« (Ex 24,7). Dieses *Hören* erwirkte ein *Hörigsein*, ein sich dem Gotteswort Unterwerfen, das, wie bei Buber, zu einem *Erhören der Botschaft* führt, aber bei Rosenzweig darüber hinaus zu einem *Gesetzeshörigsein*. Er bekennt sich erneut zu Israels Selbstverpflichtung am Sinai *naʿaseh wenischmaʿ*, zur Annahme des dort offenbarten göttlichen Gesetzes. Über diesem wie über »Mose und David und Jesajah und wie sonst noch die traditionellen Autoren heißen (oder über J und E und JE und E1, E2, E3 und P und R) schwebt »der wahre Autor, den der richtig gestimmte Leser gleich sieht«[44].

Für ein solches »Denken«, das auf »Glauben« ausgerichtet ist, sind die analytischen Methoden der modernen Bibelwissenschaft nicht brauchbar. Die Quellenkritik führt zu nichts, weil sie nicht zu der allumfassenden Einheit der Bibel führt, die das Hauptanliegen Rosenzweigs ist. Für sein Übersetzungswerk »ist die Textkritik irrelevant«. Trotz der gelegentlichen Schwierigkeiten, die die Arbeit mit dem massoretischen Text erschweren, muß die Übersetzung auf ihm basieren. Selbst im Samuelbuch, dessen »Text... eben so schlecht erhalten (ist) wie bei ganz wenigen Büchern des

---

41 *Rosenzweig*, s.o. Anm. 2, S. 695.
42 F. *Rosenzweig*, Weltgeschichtliche Bedeutung der Bibel, in: *ders.*, s.o. Anm. 5, S. 125.
43 F. *Rosenzweig*, Zweistromland, in: *ders.*, Kleinere Schriften zu Glauben und Denken, Dordrecht 1984, S. 747f.
44 *Rosenzweig*, s.o. Anm. 10, S. 107ff.

A.T.«, greift er nicht auf die alten Versionen zurück, sondern versucht nach eigenen Kräften »zu retten, was zu retten ist«[45]. Er hält zu dem massoretischen Text »meist zwar nicht grade aus Vertrauen zu ihm, sondern aus Mißtrauen gegen das Emendieren«[46]. Die Aufgabe des Übersetzers und des Exegeten ist es, den Text zu erfassen, wie er ihm vorliegt. Mit Buber würde Rosenzweig sagen: »Nur in seltenen Grenzsituationen, wo ihm Sinn und Zusammenhang schwer beeinträchtigt, aber durch eine geringfügige Änderung wiederherstellbar erscheinen, wird der Übersetzer sich befugt und verpflichtet erachten, sie in der besonderen Verantwortung seines Amtes vorzunehmen«[47].

In seinen eigenen Worten beschreibt er sein Verhältnis zum hebräischen (massoretischen) Text als »prinzipiell kritisch, praktisch mit wenigen Ausnahmen konservativ...« Der Text und die Textkorrektur sind kein Ziel an sich, sondern nur Mittel und Wege, die zu dem eigentlichen Ziel hinführen sollen und können. Selbst »wenn Wellhausen mit all seinen Theorien recht hätte, und wenn die Samaritaner wirklich den besseren Text hätten, würde das unseren Glauben nicht im mindesten berühren«[48]. »Die Aufgabe, um es denn doch auch positiv zu sagen, ist: über der Vor-Frage nach der Entstehungsgeschichte unseres Texts, für die sich die protestantische Wissenschaft in natürlicher Fortsetzung des alten christlich-dogmatischen Bestrebens, alles Jüdische zu einer Vorgeschichte zu machen, fast allein interessiert, die Nach-Frage nach der Absicht des uns vorliegenden Texts nicht zu vergessen. Denn der Text, wie er uns vorliegt, hat eine Absicht; er ist nicht bloß, wofür sich die protestantische Bibelwissenschaft allein interessiert, geschrieben, sondern er will auch gelesen und – verstanden werden. Verstanden im Sinne der abschließenden Redaktion, nicht im Sinne der etwa einzeln herauszuschälenden Quellen.«[49]

IV

Diese Zusammenfassung seiner – sicher überspitzten – Kritik der protestantischen Bibelwissenschaft ist zugleich ein aufschlußreicher Hinweis auf eine wesentliche Charakteristik der Bibelinterpretation von Rosenzweig und Buber oder, besser gesagt, ihrer Lern- und Lehrmethode. Letzten Endes geht es darum, aus der »Schrift« den ihr innewohnenden Glaubensinhalt »herauszuhören«, und dieser ist nur zugänglich in der

---

45 Rosenzweig in seinem Brief an August Mühlhausen vom 12.6.1928, in: *ders.*, s. o. Anm. 2, S. 616 (Nr. 522).
46 So Rosenzweig in seinem Brief an Jakob Horovitz vom 24.6.1928, in: ebd., S. 616 (Nr. 623).
47 *M. Buber*, »Ein Hinweis für Bibelkurse«, in: *Buber – Rosenzweig*, s. o. Anm. 4, S. 315.
48 Rosenzweig in seinem Brief an Jakob Rosenheim vom 21.4.1927; in: *ders.*, s. o. Anm. 2, S. 581 (Nr. 488).
49 *Rosenzweig*, s. o. Anm. 8, S. 524f.

überlieferten, abgeschlossenen Form der »Bibel, ein Buch aus Büchern«: »Form, echte Form, nicht ›Kunstform‹, und Gehalt, wahrer Gehalt, nicht angebbarer, angeblicher Inhalt, sind nicht zu trennen«. Die biblische Literatur präsentiert sich für Rosenzweig in einer Endform, »die das Innerste des Gehalts mit einer durch kein anderes Mittel ersetzbaren Kraft und Deutlichkeit sichtbar macht«[50]. Nur durch die Erschlüsselung der Formgeheimnisse, die das Antlitz der biblischen Bücher prägten, in den Textzusammenhängen und Textformulierungen, in denen sie uns vorliegen, kann sich der Lernende an die biblische Botschaft herantasten.

In der Forderung, das literarische Verstehen des biblischen Textes in seiner Endform und mit seiner Botschaft (message) einer literar-historischen Analyse vorzuziehen oder zumindest vorgehen zu lassen, zeigen sich Rosenzweig und Buber als Vorläufer von Interpretationsmethoden, die in der Bibelwissenschaft erst einige Jahrzehnte später eine, auch dann nicht allgemeine, Anerkennung finden werden. Ihre Erkenntnis der exegetischen und inhaltklärenden Bedeutung literarischer Werte greift Interpretationsmethoden vor, die bestimmte Forschungsrichtungen in der heutigen Bibelwissenschaft mit Gewinn aus der allgemeinen Literaturwissenschaft aufnehmen. Die Suche nach »Leitworten« in einem literarischen Gefüge[51], das Hinhören auf das »Wort« und Wortgefälle, auf den Satzbau und die Gliederungen des Textes, die sich nur aus ihm selbst erkennen läßt, die Entdeckung von Funken, die zwischen Stichwort und Pointe und zwischen ähnlich formulierten Passagen in verschiedenen Büchern überspringen, all dies erinnert an die Forderungen, die die *close reading* und die Werkinterpretationsmethoden an den Leser stellen. Neuere Versuche, die hebräische Bibel in ihrer Gesamtheit in einer alle Quellen, Schichten und Teilkomponenten überbrückenden Syn-opsis zu interpretieren, vorgelegt z.B. von der »holistischen« und der *canonical criticism*-Schule, oder die Frage nach der »Mitte des Alten Testaments« weisen eine frappante Ähnlichkeit auf mit Rosenzweigs Forderung, die Bibel als eine literarische und geistige »Einheit« zu betrachten, deren essentielles Wesen sich einem zerstückelnden Interpretationsvorgehen nicht offenbart.

Daß diese Zusammenhänge von modernen Bibelwissenschaftlern nicht erkannt und anerkannt wurden, kann zum Teil aus Rosenzweigs polemischer Haltung der protestantischen Forschung gegenüber erklärt werden: Er war zu seiner Zeit ein Nicht-Promovierter und blieb für die Wissenschaftler bis auf den heutigen Tag ein nicht habilitierbarer Bibelinterpret. Zum anderen Teil resultiert dies aus dem zeitgeschichtlichen Unheil, dem auch Rosenzweigs Lebenswerk zum Opfer fiel. In einer Festrede zu Ehren Martin Bubers im Jahre 1961, anläßlich des Abschlusses der Bibelübersetzung, sagte Gershom Scholem: »Als Rosenzweig und Sie sich an

---

50 Vgl. F. *Rosenzweig*, Das Formgeheimnis der biblischen Erzählungen, in: *ders.*, s.o. Anm. 5, S. 178ff; vgl. auch *ders.*, in: Buber – Rosenzweig, s.o. Anm. 4, S. 257ff.
51 Vgl. M. *Buber*, Leitwortstil in der Erzählung des Pentateuchs, in: ebd., S. 211–238.

dies Unternehmen machten, gab es ein deutsches Judentum, in dem Ihr Werk eine lebendige Wirkung, eine Aufrüttelung und Hinführung zum Original bewirken sollte . . . Ob Sie es nun bewußt wollten oder nicht, Ihre Übersetzung . . . war etwas wie das Gastgeschenk, das die deutschen Juden dem deutschen Volk in einem symbolischen Akt der Dankbarkeit noch im Scheiden hinterlassen konnten . . . Für wen wird diese Übersetzung nun bestimmt sein, in welchem Medium wird sie wirken? . . . Die Juden, für die Sie übersetzt haben, gibt es nicht mehr. Die Sprache selbst hat sich in dieser Generation verwandelt . . .«[52]

Hat Scholem zu pessimistisch geurteilt? Ist der Internationale Rosenzweig-Kongreß, der jetzt, ein Vierteljahrhundert nach der Vollendung der Übersetzung und ein Jahrhundert nach Rosenzweigs Geburt, hier in Kassel, seiner Geburtsstadt, stattfindet, ein Anzeichen dafür, daß sein Lebenswerk doch noch weiterwirkt?

---

52 G. *Scholem*, An einem denkwürdigen Tage, in: *ders.*, Judaica, Frankfurt 1963, S. 214.

B

Juden und Christen – heute

9

Partikularität und Universalismus aus jüdischer Sicht

1. Die Zwillingsbegriffe Partikularität und Universalismus sind im Laufe der Geschichte nicht nur durch Judentum und Christentum unterschiedlich interpretiert worden, sondern auch durch verschiedene gesellschaftliche und politische Ideologien. Daß das religiöse Verständnis von Begriffen, die nicht ausschließlich dem religiösen Bereich angehören, stets von Stimmungen, Formen und Haltungen beeinflußt worden ist und beeinflußt wird, die in der sozio-politischen Dimension vorherrschend sind, ist unvermeidlich. In unserer Generation hat sich die Dichotomie zunehmend zu einem völligen Widerspruch zwischen den beiden Begriffen erhärtet. Partikularität und Universalismus werden sehr oft als zwei sich gegenseitig ausschließende Konzepte und ideologische Bestrebungen angesehen.

2. Während das Judentum es emphatisch ablehnt, Partikularität und Universalismus als sich gegenseitig ausschließende Begriffe anzusehen, bejaht das Christentum im allgemeinen eine solche Definition. Die Erwartung einer vollen Gleichheit aller Menschen im künftigen Gottesreich ruft im gläubigen Christen das Bewußtsein gegenseitiger Verpflichtung und Solidaritätssinn im Rahmen einer konstituierten Gemeinschaft hervor: die Kirche als Leib Christi. Der einzelne und die Gemeinschaft sind dazu berufen, den Weg zur Verwirklichung einer allumfassenden Zukunftsgesellschaft vorzubereiten, indem sie diese in der aktuellen Geschichte zunehmend vorwegnehmen.

Das Idealbild sieht implizit und explizit die schließliche Konversion aller Menschen zum einen und einzigen Glauben vor, der Universalreligion der Menschheit, Hegels »absoluter Religion«. Andere gesellschaftliche Bindungen und Strukturen zur Mittlerschaft zwischen dem einzelnen und der endgültigen Einheit, d.h. der Kirche, sind überflüssig, ja unzulässig. Die Kirchengemeinschaft ist Weltgemeinschaft.

Die auf dem Erwählungsbegriff basierende universalistische Ideologie trägt den Keim der Hybris der Selbstgerechtigkeit nicht weniger in sich als der partikularistische Begriff der Auserwähltheit. Der sich auf die erhabene Vision einer vereinten Menschheit gründende direkte Universalismus kann leicht Verachtung für einzelne und Gruppen, die nicht das Licht gesehen haben, hervorrufen. Da diese Art des Universalismus sich als einziger legitimer Weg zum Heil der Menschheit versteht – *nulla salus extra ecclesiam* –, fühlen sich seine Verfechter leicht berechtigt, ja bestimmt, zur Anwendung nicht nur missionarischer Überredung, sondern krassen

Zwangs, um den Widerspenstigen diesen Universalismus aufzudrängen[1]. Jede Opposition gegen die Verwirklichung dieses als »objektiv« angesehenen Universalismus muß ausgerottet werden, denn sie entspringt beinahe definitionsgemäß einem eigenwilligen »subjektiven« Egotismus. Individuen und Gruppen, die beharrlich außerhalb der Struktur dieses »partikularistischen Universalismus« stehen, müssen wie in der Vergangenheit der Gefahr der möglichen Vernichtung gewärtig sein.

3. Eine sich vorwiegend bei westlichen Liberalen äußernde ideologische Tendenz befürwortet die Aufhebung jeglicher institutionalisierter Grenzen und Beschränkungen im sozio-politischen Organisationsbereich und stimmt hierin, trotz gänzlich verschiedener Beweggründe, mit der oben dargestellten christlich-universalistischen Haltung überein. Der resultierende, sich »progressiv« nennende Universalismus verneint instinktiv das Beharren anderer Gruppen auf ihrem Recht zur partikularen Identität und bekämpft es aktiv. Das Judentum mit seinen historisch spezifischen Sitten und Bräuchen stellt eine völlig andere Ideologie dar, die durch die Wiederherstellung Israels als eigenständige politische Einheit noch unterstrichen wird. Diese tatsächliche Partikularität ist bei Universalisten als Ausdruck einer unangenehmen religiös-politischen Engstirnigkeit verrufen. Die Verwechslung von »Partikularität« als Wirklichkeit mit »Partikularismus« als Normbegriff in bezug auf das Judentum macht eine erneute Analyse der Probleme und der ihnen im Ideensystem des Judentums zugewiesenen Rolle unbedingt notwendig.

4. Es muß von vornherein gesagt werden, daß dieser Darstellung enge Grenzen gesetzt sind, denn das Judentum ist bei der Interpretation seines eigenen Erbgutes keineswegs monolithisch. Man kann kaum den verschiedenartigen Nuancen gerecht werden, die in diesem Zusammenhang bei der Diskussion innerhalb des Judentums sichtbar werden und die z. T. sogar in den Grundprinzipien voneinander abweichen. Abgesehen davon hängt die Interpretation von Partikularismus und Universalismus und der ihnen in der Gesamtstruktur des jüdischen Denkens zugewiesenen Rolle zum großen Teil von spezifischen historischen Situationen ab. Die Variationen, auf die jüdische Denker verschiedener Generationen Gewicht le-

---

1 Auch die Kirche distanziert sich heute zunehmend von extremen Auslegungen des Satzes. Vgl. dazu: »Die dogmatische Konstitution über die Kirche ›Lumen gentium‹«, Kapitel II, Art. 16: »Diejenigen endlich, die das Evangelium noch nicht empfangen haben, sind auf das Gottesvolk auf verschiedene Weise hingeordnet. In erster Linie jenes Volk, dem der Bund und die Verheißungen gegeben worden sind und aus dem Christus dem Fleische nach geboren ist (vgl. Röm 9,4–5), dieses seiner Erwählung nach um der Väter willen so teure Volk: die Gaben und Berufungen Gottes nämlich sind ohne Reue (vgl. Röm 11,28–29). Der Heilswille umfaßt aber auch die, welche den Schöpfer anerkennen, unter ihnen besonders die Muslime, die sich zum Glauben Abrahams bekennen und mit uns den einen Gott anbeten, den barmherzigen, der die Menschen am Jüngsten Tag richten wird. Aber auch den anderen, die in Schatten und Bildern den unbekannten Gott suchen, auch solchen ist Gott nicht ferne, da er allen Leben und Atem und alles gibt (vgl. Apg 17,25–28) und als Erlöser will, daß alle Menschen gerettet werden (vgl. 1Tim 2,4) . . .«

gen, sind oft das unmittelbare Resultat äußerer politisch-religiöser Bedingungen und die jüdische Reaktion darauf. Solche Umformulierungen der Begriffe Partikularismus und Universalismus bestimmen weitgehend die jüdische Haltung gegenüber der Außenwelt. Ein Versuch, das Wesen des jüdischen Partikularismus und Universalismus darzustellen, muß daher notwendigerweise selektiv sein. Man kann nur hoffen, die wichtigsten Aspekte, die das jüdische Denken diesbezüglich leiten sollten, festzustellen, mag auch die historische Realität, wie es tatsächlich zu Zeiten der Fall war und ist, davon abweichen, ja ganz offen die aus den grundlegenden, normativ-jüdischen Quellen abgeleiteten Prinzipien verletzen.

Zwischen die Idee
Und die Wirklichkeit
Zwischen die Eingebung
Und die Handlung
Fällt der Schatten[2].

5. Jüdische Partikularität wie auch universalistisches Drängen des Judentums sind in der biblischen Ideenwelt beheimatet, und von dorther muß jegliche Diskussion dieser beiden Aspekte ihren Ausgang nehmen.

Von Anfang an bestätigt das biblische Denken »Partikularität« als *universale empirische Tatsache* und »Universalismus« als einen *Wert* und als besonderes Endziel in Israels einzigartigem Monotheismus. Die Partikularität des einzelnen drückt sich nicht in Einsamkeit und »Einzigartigkeit« aus – denn nur Gott ist »einzig« –, sondern eher in verschiedenen Kristallisierungen der kollektiven Besonderheit: Familie, Sippe, Stamm, Glaubensgemeinschaft, Volk, Nation, freiwillig eingegangene Mitgliedschaft. Das Judentum versucht, dem fragmentarischen Leben des einzelnen durch die Projektion auf soziale Strukturen Gültigkeit zu verleihen und ihn dadurch vor direkter, unentschärfter Konfrontation mit einer unpersönlichen Universalgesellschaft zu bewahren. Das Ich ist also der Prüfstein, den man an uneigennützige Beziehungen anlegen muß: Liebe zum Nächsten und Liebe zum eigenen Ich sollen einander entsprechen. Auf die gesellschaftliche Ebene und Beziehungen zwischen einzelnen Gruppen angewendet, werden kollektive Besonderheiten und partikulare Identität zum Fundament aller allgemeinen und universalen Strukturen: »Das Ideal der Religion Israels war eine Gesellschaft, in der die Beziehungen des einzelnen zu seinem Mitmenschen von dem Prinzip ›Liebe deinen Nächsten wie dich selbst‹ beherrscht waren.«[3]

6. »Partikularität« und »Universalismus« schließen sich nicht gegenseitig aus, sondern ergänzen sich. Auf tatsächliche Lebenssituationen angewendet, verursacht diese beinahe axiomatische Behauptung offensichtliche Schwierigkeiten, und das Problem, ein Prinzip auf eine spezifische Si-

---

2 *T.S. Eliot*, The Hollow Man, in: Collected Poems, London 1966.
3 *G.F. Moore*, »Judaism«, in: Historia Religionum, hg. von *C. Jouco Bleeker – G. Widengren*, Leiden 1971, II, S. 156.

tuation anzuwenden, tritt in voller Kraft auf. Einerseits besteht die Gefahr, Tatsachen in ihrer Relativität nach visionären, absoluten Maßstäben zu beurteilen; andererseits bewirkt Zweckdienlichkeit, daß das Ideal kurzfristigen, praktischen Erwägungen unterworfen wird. »Es stimmt«, sagt Martin Buber, »daß wir nicht im Zustand vollkommener Gerechtigkeit (und mehr noch, vollkommener Liebe, S. T.) leben können. Zur Erhaltung der menschlichen Gemeinschaft müssen wir oft diesbezügliche ungerechte Entscheidungen hinnehmen. Es kommt aber darauf an, daß wir uns in jeder Entscheidungsstunde unserer Verantwortung bewußt sind und unser Gewissen befragen, um genau abzuwägen, wieviel zur Erhaltung der Gemeinschaft notwendig ist, um gerade so viel und nicht mehr in Kauf zu nehmen.«[4] Angewandte jüdische Ethik versteht diese komplementären Aspekte der gesellschaftlichen Realität und versucht, die unvermeidliche Spannung zwischen beiden zu mildern. In Anerkennung der Unzulänglichkeit unserer historischen Welt fügt sich das Judentum darein, daß eine Idealstruktur der menschlichen Gesellschaft erst »am Ende der Tage« verwirklicht werden kann. Das Wissen um die Beschränkungen des kollektiven Lebens auf allen Gebieten der historischen Welt erzeugt aber keine Untätigkeit. Das Judentum hat sich seit den biblischen Tagen des Anfangs bis zur heutigen Stunde mit internen und externen Problemen auseinandergesetzt, die sich aus der Spannung zwischen verschiedenen Gemeinschaften ergaben, und hat ihre Bewältigung den besonderen Bedürfnissen der jeweiligen historischen Situation angepaßt. Die Wertung der Geschichte veranlaßt den Juden, sein Erbgut bereitwillig zu reinterpretieren und selbstkritisch auf neue Bedingungen und Erfordernisse einzugehen. Diese Haltung läßt sich nutzbringend auf die Umdefinierung grundlegender jüdischer Begriffe im Kontext dieser Diskussion anwenden: die Suche nach einer besseren Weltordnung.

7. Es scheint, daß hierbei die Idee der »Erwählung« unbedingt einer neuen Definition bedarf. Der Gedanke des »auserwählten Volkes«, der ins Christentum hineingenommen wurde, ist zwar ein Kernbegriff, aber die ihm zugrundeliegende Haltung, daß »Ausgezeichnetsein« gleichbedeutend ist mit »Ausgezeichnetheit«, steht im Widerspruch zu einer geplanten Weltordnung, deren Grundlage die allgemeine Gleichheit bildet. Das Judentum muß die Erwählungslehre, sofern sie nicht Dienst und Andersartigkeit, sondern Überlegenheit bedeutet, zurückweisen, denn sie enthält den unannehmbaren Gedanken einer automatischen Vorzugsstellung des jüdischen Kollektivs vor dem Schöpfer im Gegensatz zu anderen Glaubens- und Volksgruppen. In einer auf inhärenter Gleichheit aller Menschen beruhenden Weltgemeinschaft kann einem Kollektiv das Beiwort »erwählt« im Sinne moralischer Überlegenheit nur von einer anderen Gruppe verliehen werden, vorausgesetzt, daß es sich solcher Auszeichnung durch exemplarische Lebensweise würdig erwiesen hat.

---

4   M. *Buber*, Hebrew Humanism, in: Israel and the World, New York 1971, S. 246.

8. Die synchronische Ausweitung des einzelnen ins Kollektiv hinein wird durch die diachronische Ausweitung ergänzt. Der Mensch in seiner Gesamtheit überbrückt die Lücke zwischen vorangehenden und zukünftigen Generationen. Das Kollektiv gibt daher dem einzelnen die Gewißheit der Kontinuität über seine eigene begrenzte Lebensspanne hinaus. Aus der Kollektivität erwächst Geschichtsbewußtsein, das seinerseits das Kollektiv untermauert und stärkt. Geschichtsbewußtsein trägt zur Überwindung des Fragmentarischen im Menschen bei, das zur Aussichtslosigkeit und letzthin zur Zerstörungswut führen kann. Die Gewißheit, Glied einer Kette von Generationen zu sein, regt zur Erhaltung ererbter Werte an, und das Wissen um die Aufgabe, diese Werte unter ständig wechselnden Umständen an künftige Generationen weiterzugeben, führt zur Bereitschaft, sie im Licht neuer Erfahrungen zu reinterpretieren. Eine ständige Umbildung ererbter Werte macht den Juden geneigt, diese Werte auf breitere Gemeinschaften anzuwenden.

9. In einer Zusammenfassung der jüdischen Grundideen über die Dichotomie »Partikularität – Universalismus« muß gesagt werden, daß das Judentum Partikularität als ein unleugbares Prinzip der menschlichen Existenz anerkennt. Das Judentum verleiht der tatsächlichen, bestehenden Partikularität, wie man sie in allen Lebenssituationen erfährt, eine geistige Dimension, indem es sie als von Gott angeordnet versteht. Sie ist ein Grundphänomen des menschlichen Zustandes seit den Tagen der Schöpfung auf natürlichem, anthropologischem, ethnischem, gesellschaftlichem und politischem Gebiet. Besonderheit schließt die Verschiedenheit und, bis zu einem gewissen Grade, Getrenntheit von Menschen unter der einigenden Oberherrschaft des Schöpfers, der über die Menschheit regiert, ein. Das Judentum bejaht die daraus erwachsende Verschiedenheit im Bereich des menschlichen Geistes. Es erkennt die Vielfalt der religiösen Erfahrungen, die in verschiedenen und verschiedenartigen kultischen Praktiken ihren Ausdruck findet, als eine Realität der menschlichen Geschichte an. Entscheidungsfreiheit in geistlichen Dingen wird als unveräußerliches Recht aller Menschen als Individuen und als Mitglieder bestimmter Kollektive, d. h. gesellschaftlich-religiöser Gemeinschaften, verstanden.

10. In der Geschichte ist durch die menschliche Sündhaftigkeit eine positiv verstandene Besonderheit in Entzweiung ausgeartet. Die Entwicklungen, durch die das Eigendasein von Individuen und Arten wie auch die Besonderheit von Gruppen in feindliche Gegnerschaft und Haß entarteten, sind in der Bibel in einer Reihe von Episoden aus vorsintflutlichen und »prähebräischen« Zeiten lebendig dargestellt. Die Adam-Eva-Schlange-Feindschaft (Gen 3,14f) versinnbildlicht die Trennung des Menschen von anderen Gattungen. Kains Brudermord an Abel symbolisiert anthropologisch die Untergrabung der Individualität zu egotistischer Rivalität (Gen 4,3ff). Die Entzweiung rührt nicht nur von einer fehlgeleiteten Individualität her, sondern entsprechend der biblischen Erzählung auch von falsch verstandener Universalität. Diese wird beispielhaft an der Episode

vom Turmbau zu Babel dargestellt (Gen 11,1-9): Bis dahin »war auf der ganzen Erde eine Sprache und einerlei Worte« (oder möglicherweise, »einerlei Ziele«). Übermäßiges »Einssein« bewirkte Hybris gegenüber dem wirklichen Einen, dem Schöpfergott, und wurde mit der entzweienden Zerstreuung der Menschheit bestraft, die den menschlichen Zustand bis zum »Ende der Tage« charakterisiert. Die historische, trennende Partikularität wird als Unterbrechung zwischen der göttlich festgesetzten, abgestimmten Verschiedenheit zur Zeit der Schöpfung und der wiederhergestellten, verbindenden Einheit von Mensch und Tier, von Nation und Nation in der Zeit der »letzten Tage« angesehen.

11. Das Judentum hat den »Universalismus« zum letzten Ziel gemacht, auf dessen Erreichung die Menschheit ihre Anstrengungen richten soll. Alle Menschen und Völker werden gemahnt, ihre Hoffnungen auf die Vision der »letzten Tage« zu richten, eine kosmische Situation, in der die historisch-existentiellen Spannungen zwischen Partikularität und Universalismus zur Ruhe gekommen sind. Alle werden friedfertig am Universum teilhaben unter der gerechten Leitung des Schöpfers, dem alle Völker Ehre erweisen werden. Wie im Anfang, d. h. in prähistorischen Zeiten, so wird in den letzten Stadien der menschlichen Geschichte der Universalismus zur Wirklichkeit werden, nicht durch die Beseitigung des Partikularen – sei es nun anthropologisch, glaubensmäßig oder sozio-politisch –, sondern im Gleichklang der Arten und Besonderheiten. Israels unversalistische Vision drückt sich in der Harmonie zwischen einzelnen Menschen und einzelnen Völkern aus, die den »einen Allerhöchsten« anbeten, in der mannigfachen Wesenheit der Gottheit. Israel wird zwar Gottes »besonderes« Volk, ʿam segulah, bleiben (Ex 19,5; Dtn 7,6; 14,2; 26,18; Mal 3,17); aber in gleicher Weise wird jedem Volk innerhalb seines eigenen Glaubens eine besondere Stellung und Beziehung zu Gott eingeräumt. »Und sitzen wird jeder unter seinem Weinstock und unter seinem Feigenbaum, und keiner stört, denn der Herr der Heerscharen hat gesprochen. Alle Völker mögen gehen, jegliches im Namen seines Gottes; wir aber wollen gehen im Namen des Herrn, unseres Gottes, für immer und ewig« (Mi 4,4f). Das Judentum sagt den Völkern *salus extra synagogam* zu.

12. In diesem Zusammenhang gewinnt die jüdische Vorstellung, daß das Leben innerhalb der Gesellschaft auf einem festen Kodex von gesetzlichen Vorschriften und Verfügungen basiert, besondere Bedeutung. Das Zusammenwirken von einzelnen und gesellschaftlichen Körperschaften muß durch göttlich verkündete und normativ erläuterte Statuten reguliert werden, die die ganze Menschheit, wenn auch in verschiedenem Grade, angehen. Jüdischer Universalismus ist auf eine gesetzliche Basis gegründet, an der die ganze Menschheit teilhat, nämlich die sieben noachitischen Gebote, die sieben Säulen menschlichen Zusammenlebens. Jüdische Partikularität wird offenbar in der Überstruktur von Geboten und Gesetzen, welche die Besonderheit des Judentums festlegen. Im idealen »Reich der Völker« werden diese freiwillig ihren souveränen Willen unter

die überzeugende Kraft des göttlichen Richters beugen (Jes 2,1–4; Mi 4,1–4). Göttliche Gerechtigkeit wird im israelitischen Staat unter der gerechten Leitung der israelitischen Könige offenbar werden (Jes 11,1–5). Die ordnende Kraft des Göttlichen und menschlich-königliche Rechtsprechung werden allen Zwiespalt überwinden, der intern aus falsch verstandener Partikularität zwischen Juda und Ephraim (Jes 11,12f), extern zwischen Israel und den Völkern (Jes 19,24f) und zwischen den Völkern untereinander entstanden ist, während ihre Besonderheit unversehrt bleibt.

In dieser biblischen Vision enthüllt sich Israels Verständnis der »Weltgemeinschaft« als einer »Gemeinschaft von Gemeinschaften« in reinster und verdichtetster Form. Zwischen die besondere, subjektive Ebene der einzelnen menschlichen Existenz und dem universal-objektiven Bereich der Weltgemeinschaft postuliert das Judentum das nichtuniversale, aber transsubjektive Gepräge der Gruppe, gleich welcher Art oder Bestimmung.

(Aus dem Englischen von Helga Croner)

10

Utopie und Wirklichkeit im Denken Martin Bubers[*]

Ich möchte meine Ausführungen einem markanten Aspekt des Buberschen Lebenswerkes widmen, der Frage nach den Beziehungen seines »utopischen Sozialismus« zur gesellschaftlich-politischen Wirklichkeit der Zeit, in der er wirkte. Es scheint aber doch erforderlich, diesen speziellen Betrachtungen einige Worte als Einleitung vorauszuschicken, die den geistigen Hintergrund Bubers etwas beleuchten können. In seiner fast sieben Jahrzehnte währenden denkerischen Tätigkeit als Schriftsteller und Pädagoge beschäftigte sich Martin Buber mit all den Aspekten der Geisteswissenschaften, die im Horizont der europäischen Hochintelligenz seiner Tage einbegriffen waren. Auf dieser allgemeinen Grundlage basierten seine Interpretation des jüdischen Geistes und Glaubens und seine sozialpolitische Lehre. Er konzipierte sie in der Blütezeit des deutschen Judentums der Weimarer Epoche und entwickelte sie danach in seinem zweiten Lebensstadium in Jerusalem. Dort wirkte er als geehrter Lehrer an der Hebräischen Universität, deren Gründung er schon 1902 in seiner Schrift »Eine jüdische Hochschule« fast visionär geplant hatte.

Die endgültige Bibliographie Martin Bubers, die jetzt durch Herrn Rafael Buber und Frau Margot Klausner vorbereitet wird, zeugt von einem ungewöhnlich reichen Geistesgut, das sich nicht in ein System einspannen läßt. In souveräner Kraft verarbeitete er die großen Fortschritte und Krisen des zwanzigsten Jahrhunderts in der Technologie und Wissenschaft, der Gesellschaftslehre und Erziehung, der Philosophie, Psychologie und Theologie. In Martin Buber verwirklichte sich aufs Erhabenste die Emanzipation des westlichen Judentums. Er erwirkte in sich eine wegweisende Symbiose von Hellas mit Israel, in der partikulare Werte des Judentums in Einklang standen mit universellen, die es mit seiner Umwelt teilte oder von ihr aufnahm. In seinem Denken und Wirken schlug Buber die Brücke zwischen Deutschen und Juden. Darüber hinaus gab er den Anstoß zu einer fruchtbaren Zwiesprache zwischen Christen und Juden. Das erwünschte Zusammenleben und Zusammenstreben von Christentum und Judentum fand für ihn seinen symbolischen Ausdruck hier in Worms in dem Gegenüber und dem Miteinander des hochragenden, stolzen Doms mit den schiefstehenden, verwitterten Grabsteinen auf dem jüdischen Friedhof, dem »heiligen Sand«, und nicht in den Statuen im Straßburger

[*] Leicht gekürzter Vortrag zur Eröffnung der Martin-Buber-Ausstellung in Worms am 16.7.1978.

Dom, in denen die *ecclesia triumphans* der geknickten Synagoge gegenübersteht. Christliche Denker und Theologen sehen in Martin Buber bis auf den heutigen Tag den hervorragenden Interpreten des Judentums für die nichtjüdische Welt.

Martin Buber darf aber nicht zum »Apostel des Judentums vor der Menschheit« gestempelt werden, wie ihn sein Freund, der Sozialist Gustav Landauer, bezeichnete. Der Schwerpunkt seines schöpferischen Lebens ruht im jüdischen Volk und im jüdischen Glauben; seine erzieherisch-weisende Tätigkeit zielt auf die Juden seiner Zeit, in der Diaspora wie im Lande Israel.

Im Hause seines Großvaters, des rabbinischen Gelehrten Salomon Buber, erwarb sich der Enkel die Liebe für die hebräische Sprache und das Verständnis für hebräische Philologie, die später von entscheidendem Wert in seiner Arbeit an der Hebräischen Bibel und deren Verdeutschung wurden. Dort, in Lemberg, fand die erste Begegnung des jungen Buber mit dem Chassidismus statt, jener jüdisch-religiösen Erweckungsbewegung, deren Erforschung und Erlernen sich danach zu einem Brennpunkt seines soziologisch-theologischen Interesses, ja seines geistigen Lebens allgemein entflammte. Die Aneignung von jüdischem Wissen, die Annäherung an jüdisches Schrifttum und das Zusammentreffen mit den in ihrer Tradition standfesten Juden Osteuropas erzeugten in dem jungen Buber eine Aufnahmebereitschaft für die von Theodor Herzl proklamierte Idee des modernen Zionismus. Schon als Zwanzigjähriger war er aktiv in der zionistischen Bewegung. Bis zu seinem Tode widmete er sich in kritischer Loyalität der Verwirklichung der zionistischen Ideologie und arbeitete vor allem an ihrer geistig-kulturellen Interpretation. Bubers Auffassung des Zionismus basiert auf einer Konfluenz seiner Anthropologie und Soziologie, also seiner Lehre vom Menschen und von der Gesellschaft, mit seinem Verständnis des Judentums als einer in einem Glaubensbekenntnis wurzelnden völkischen Gemeinschaft, deren historisch-idealer Haftpunkt das Land Israel ist. In der Rückkehr nach Israel, in der Wiedereinpflanzung des Volkes in den Boden seines Landes, erblickte Buber die grandiose Kulisse, auf deren Hintergrund sich der von ihm gelehrte »gläubige Humanismus« in der wiedererstandenen Volksgemeinschaft entfalten würde. In Israel, so hoffte Buber, würde sich seine Konzeption einer vorbildlich gerechten, sozialistischen Gesellschaft verwirklichen, deren Kern er in dem Kibbuz, dem jüdischen Kollektivdorf und seiner Gemeinschaftsstruktur, wahrnahm.

Im Hinblick auf dieses von philosophisch-soziologischen und theologischen Prämissen und persönlichen Lebenserfahrungen gezeichnete Panorama müssen Bubers Gesellschaftslehre und seine politische Ideologie gewürdigt werden.

Jeder Denker, dessen Blick nicht vorzüglich auf Theorien und abstrakte Probleme gerichtet ist, sondern der sich im wesentlichen mit Aktualitäten des menschlichen Lebens und der menschlichen Gesellschaft beschäftigt, weckt in seinen Hörern und Lesern die Frage, in welchem Maße seine Ideen wirklichkeitsbezogen und wirklichkeitsbauend sind und inwiefern sie in den Bereich von zumindest in absehbarer Zeit nicht realisierbaren Wunschträumen gehören. Diese Fragestellung verschärft sich, wenn man mit einem »Denker aus dem Glauben« konfrontiert ist, wie es seiner eigenen Aussage nach Martin Buber war. »Glaube« ist zwar in menschlicher Realität verankert und daher auf die Wirklichkeit orientiert, aber Glaube überwölbt die Wirklichkeit und will sie aufgrund einer Wertskala, die in einer über das Reale hinausragenden Ideenstruktur wurzelt, formen und umformen. Ein »Denker im Glauben« kann seine Auffassungen vom Menschen und seiner Welt nicht frei konzipieren. Er kann nicht ein System nur aufgrund seiner eigenen Erkenntnisse formulieren. Seine Anthropologie, sein Bild vom Menschen, und seine Soziologie, seine Lehre von der Gesellschaft, sind an Idealkonzeptionen gebunden, die in der Dimension des Übermenschlichen, des Göttlichen haften, also in den Bereich des noch nicht im menschlichen Raum Erfahrenen und geschichtlich wohl nicht Erfahrbaren und daher in den Bereich der Utopie gehören. Das humane »Hier und Jetzt« steht zu der erhofften und erharrten idealen Zukunftssituation in einem immanent unlösbaren Spannungsverhältnis. Aber gerade dieses Spannungsverhältnis ruft ständig zu dem Versuch auf, die Realität dem Ideal anzunähern. Das Zukunftsbild stellt eine Forderung an den Menschen in seiner geschichtlichen Beschränktheit. Der Gläubige muß an sich und seiner Gesellschaft arbeiten, sich und seine Gesellschaft zu einer Haltung erziehen, die eine Auffangfähigkeit der Idealkonzeption ermöglicht und ihre Realisierung, wenn auch in einer unbestimmbaren Zukunft, in Aussicht stellt. Diese Forderung durchzieht das gesamte Lebenswerk Martin Bubers.

In einer ausschöpfenden Erörterung der Frage, inwiefern die von ihm propagierten ideellen Lehren wirklichkeitsbezogen oder schwärmerische Utopien sind, müßte seine Arbeit in all den vielen Sphären des geistigen Lebens unserer Zeit betrachtet werden, mit denen er sich beschäftigt: Philosophie und Erziehung, Soziologie und Theologie, Staatswissenschaft und Politik. Dies wäre eine zu umfangreiche Aufgabe für den Rahmen unserer Darlegungen. Ich möchte daher meine Bemerkungen auf zwei Kernpunkte der Buberschen Gesellschaftslehre beschränken: (a) seine Stellungnahme zum Problem der wünschenswerten Gesellschaftsordnung im allgemeinen, insbesondere in bezug auf die Wahl zwischen einem zentralistisch-unifizierten Kommunismus und einem diffus-pluralistischen Kommunalismus, und (b) sein auf das konkret politische Problem des Verhältnisses zwischen Juden und Arabern in Palästina – Israel zielendes Programm.

Was uns letzten Endes beschäftigen muß, ist die Applikation des Denkens Martin Bubers auf kontemporäre Situationen: Müssen wir zu dem Schluß kommen, daß er seinen Dienst geleistet hat und seine Lehre entbehrlich geworden ist, oder können wir mehr optimistisch konstatieren, daß aus seiner Philosophie, im weitesten Sinne des Wortes, Weisungen zu gewinnen sind, die auch heute eine fruchtbringende Funktion erfüllen können? Anders gesagt: Haben die Prinzipien und Ideale, die Buber aufstellte, ihren Wert für eine Umformung der bestehenden makelhaften Gesellschaftsordnung, in der wir leben, beibehalten, oder sind sie überholt?

Diese Frage soll hier unter zwei Punkten betrachtet werden: einerseits in bezug auf »gesellschaftliche« Probleme und andererseits in bezug auf »politische«. In dieser Aufteilung spiegelt sich eine Grundhaltung Bubers, der eine klare Scheidung zwischen dem »sozialen« und dem »politischen« Prinzip lehrte, weil sie verschiedene Funktionen im menschlichen Leben zu erfüllen haben. Dem »sozialen« obliegt eine »verwaltend-ordnende« Aufgabe in der Gesellschaft, dem »politischen« eine auf »Macht und Herrschaft« fußende, die über der Gesellschaft steht. Die Tendenz Bubers ist es, Macht und Herrschaft auf ein unumgängliches Mindestmaß zu beschränken und der ordnenden Verwaltung mehr Raum zu schaffen, da sie auf der prinzipiellen Gleichheit und Gleichberechtigung der Verwalteten fundiert. Diese Tendenz ist nicht eine Utopie, kein Wunschtraum. Sie ist als topisch aufgefaßt, d.h. nach Ort und Umständen in verschiedener Weise realisierbar.

Diese Tendenz zum Topischen zeigt sich klar in zwei Gebieten: a) Bubers Betrachtung der Strukturen und der Aufgaben der rein gesellschaftlichen, nicht-politischen Kleinformen des menschlichen Lebens – Familie, Gemeinde, Vereine, Genossenschaften und dergleichen –, Gebilde, die er wie Tönnies als »Gemeinschaften« oder mit Schmallenbach als »Bünde« bezeichnen würde und die zum Teil natürlichen Ursprungs sind; b) seiner Konzeption der Struktur und Aufgabe des Staates als politisches Gebilde und das Verhältnis von staatlich-politischen Großeinheiten zueinander. Hier ging es ihm darum zu untersuchen, wie eine wünschenswerte Weltordnung ausgedacht und in der Geschichte realisiert werden kann. Aber dieses Problem kann hier nur *en passant* angedeutet werden.

Die Frage, ob die Prinzipien und Ideale Bubers ihren Wert beibehalten haben oder überholt sind, hat eine besondere Relevanz für ein soziologisch-politisches Phänomen, das Buber voraussah, lange bevor es akut wurde: das Verhältnis von Arabern und Juden infolge der vom Zionismus ausgelösten Einwanderung von Juden in großen Zahlen nach Palästina und infolge des Aufbaus von neuen jüdischen Siedlungen und politischen Institutionen im Land. Buber warnte vor über 50 Jahren vor einem Konflikt zwischen diesen beiden Bevölkerungsgruppen, der aus dieser Entwicklung resultieren könnte, und legte Gedanken und Pläne vor, die, so glaubte er, einem Zusammenprallen vorbeugen und zu einer friedlichen Kooperation führen könnten.

Wie stellen sich also Utopie und Wirklichkeit zueinander? Buber sah diese Begriffe nicht als entgegengesetzte Pole, sondern als abwechselnde und sich gegenseitig ergänzende Phasen im Leben des Menschen und der menschlichen Gemeinschaften, miteinander verbunden durch den Weg, der in Wechselordnung von der einen zur anderen führt. Dieses Grundprinzip entwickelte er in größerem Detail in seinem Buch »Pfade in Utopia«, das er 1946 in Hebräisch veröffentlichte und dessen erste deutsche Fassung im Jahre 1950 erschien. (Eine Neuausgabe erschien 1961 unter dem Titel »Der utopische Sozialismus«.) In dem betonten Plural »Pfade in Utopia« spiegelt sich eine das ganze Buch durchziehende Bereitschaft, verschiedene Versuche, ein ideales Gesellschaftsbild zu zeichnen, in ihrer Mannigfaltigkeit als gültig anzuerkennen. Buber gibt hier einer Auffassung Ausdruck, die ihm die Kritik jener Gesellschaftsreformer seiner Zeit einbrachte, die nur *eine* Interpretation der Geschichte anzuerkennen bereit waren – die marxistisch-wissenschaftliche – und die nur an die *eine* Möglichkeit glaubten, durch die kommunistische Revolution eine neue gerechte Gesellschaftsordnung zu schaffen. »Pfade in Utopia« meldet eine Gegenkritik an: Das erstrebte Ziel, die noch nicht erfahrene ideale Gesellschaftsstruktur, kann auf verschiedenen Wegen und von verschiedenen Ausgangspunkten her erreicht werden. Ja, vielleicht noch schärfer: Utopia, der ideale Nicht-Ort, das ideale Nicht-Land, kann rechtmäßig gar nicht nur durch ein einziges System erfaßt werden. Eine jede Gesellschaft muß sich ihr eigenes »Arkadia« ausmalen und auf partikulären Pfaden auf es zustoßen. Damit ist eine grundsätzliche Absage an das marxistisch-monistische Manifest gegeben, dessen exklusive Forderungen Buber nicht akzeptierte. In der Auseinandersetzung mit dem wissenschaftlich-marxistischen Sozialismus wird Buber den von diesem System vorausgesetzten Differenzen der Gesellschaft, die auch in den verschiedenen Formungen der »Revolution« ihren Ausdruck finden müssen, nicht ganz gerecht. Aber dieser Umstand mindert nichts an dem prinzipiellen Unterschied zwischen seiner Auffassung und der seiner Gegner, die ihn als utopischen Träumer betrachteten.

Es scheint, als ob Buber den Spieß umdreht. Die Annahme, daß eine neue, gerechte Weltordnung durch einen konzentrierten revolutionären Umsturz erzielt werden kann, mutet Buber »utopisch« an. Die Vielartigkeit der Menschen und der menschlichen Gesellschaften und Institutionen erfordert eine parallele Vielfältigkeit der Versuche, ideale Gemeinschaftsformen zu entwickeln, die in einem späteren Stadium zu einer »Gemeinschaft von Gemeinschaften« geschmiedet werden können, ohne daß die einzelnen Komponenten ihre Individualität einbüßen. Er ist davon überzeugt, daß nur eine differenzierte, prozeßartig ablaufende, nicht eine einmalige Revolution des Menschen eine Realisierung der erdachten, nicht erträumten, völlig gerechten Gemeinschaft in Aussicht stellt.

Der Begriff »Utopie«, der in dieser Auseinandersetzung eine so bedeutende Rolle spielt, muß genauer auf seine verschiedenen Interpretationen untersucht werden, damit die Thesen Bubers und ihre Anfechtung durch die Vertreter des »wissenschaftlich-realistischen« Sozialismus besser verstanden werden können. Man muß im Auge behalten, daß Buber sich vor allem in seinen jüngeren Jahren als »revolutionären Sozialisten«

betrachtete und bezeichnete. Aber seine Interpretation dieser revolutionären Weltanschauung war grundsätzlich verschieden von der des marxistischen Sozialismus, der nach dem Ersten Weltkrieg eine lawinenartige Entwicklung erlebte. Der »realisierte Sozialismus« sowjetrussischen Gepräges enttäuschte Buber aufs tiefste. Die Ablösung der Herrschaft des Kapitals durch die Herrschaft des Proletariats erzeugte weder die idealen Formen einer völlig gerechten Gesellschaft, die Buber als das Ziel der Revolution betrachtete, noch brachte sie jenen inneren Umsturz in der Seele des Menschen mit sich, der für ihn wie für Saint Simon, Proudhon, Gustav Landauer und Eduard Heinemann ein unerläßliches Kennzeichen des realisierten Sozialismus ist. Vom Staat oktroyierte kommunale Gemeinschaftsstrukturen wie der russische Kolchos bezeugen nicht und ermöglichen nicht die Regeneration von gemeinschaftsformenden Kräften, die für Buber das Alpha und das Omega der wahren sozialistischen Revolution darstellen.

Die Bubersche Version des sozialistischen Utopismus hat auch wenig mit den klassischen Utopien gemein. Diese waren von einem Primitivismus durchdrungen, dessen erträumte soziale Ideale nur außerhalb der bestehenden Gesellschaft zu verwirklichen sind. Die auf ein neues »Arkadia« hinzielenden Wunschbilder oder der Versuch, im Europa und Amerika des 19. und 20. Jahrhunderts die von den Nöten und Bedrängnissen der modernen Gesellschaft unbelastete soziologische Struktur der polynesischen Südseeinsulaner zu duplizieren, hatten keine Aussicht auf eine Verwirklichung unter den extrem verschiedenen Bedingungen, denen die neuzeitliche industrielle Gesellschaft unterworfen ist. Es kann nicht verwundern, daß dergleichen »Halluzinationen« den Spott der modernen Gesellschaftsplaner und Revolutionäre hervorriefen.

Bubers Gedanken gingen auf anderen Wegen. Im Gegensatz zu marxistischen Ideologen und ähnlich wie Lorenz von Stein bestand er, wie gesagt, auf der Unabhängigkeit des »gesellschaftlichen« oder »gemeinschaftlichen« Lebens vom »staatlichen«. Damit allein ist eine vom Staat konzipierte und vom Staat geleitete sozialistische Revolution als eine *contradictio in se* gestempelt. Den Verderbnissen unserer Gesellschaften, der Stagnation unserer Kulturen und den Verfehlungen der bestehenden politischen Systeme kann nicht durch einfache strukturelle und organisatorische Palliative abgeholfen werden, da diese den Menschen selbst und die Grundformen des Gemeinschaftslebens nicht ergreifen. Der Boden muß von tiefst aufgeschürft werden. Der schöpferische Mensch, der einen solchen Umbruch hervorbringen und ertragen kann, muß erst neu geschaffen werden. Wie Gustav Landauer will auch Buber den Menschen formen, der sich mit dem Bestehenden nicht abfinden kann, weil es unbefriedigend und verdorben ist. Der moralische Mensch, dessen Moralität die Grundlage seines Sozialismus ist, muß versuchen, die Ursachen der menschlichen Verderbtheit festzustellen und Wege und Mittel zu ihrer Heilung zu identifizieren. Diese ergeben sich zum Teil aus Gemeinschaftsmodellen der

Vergangenheit, und zum Teil sind sie das Resultat der freien Denkkraft, die eine ideale utopische Gesellschaftsstruktur der mangelhaften »topischen«, also schon existierenden, gegenüberstellt. Das Bestehen auf dem persönlichen Engagement des Menschen und auf der innerlichen Umformung des einzelnen und der sozialen Gebilde weist darauf hin, daß der von Buber proklamierte »utopische Sozialismus« weitestgehend mit dem von ihm verfochtenen »Humanismus« gleichgesetzt werden kann. Wenn wir in Betracht ziehen, daß gewisse Werte, die dem »utopischen Sozialismus« innewohnen, von ihm aus der Tradition eruiert wurden – der klassischen, zum Teil der mittelalterlichen, aber vorzüglich der biblischen –, dann wird klar, daß für Buber der »utopische Sozialismus« in vielen Beziehungen mit dem »biblischen Humanismus« zusammenfließt, den er als die Grundlage eines gerechten, glaubensbetonten Gemeinschaftslebens proklamierte. Der aus der Hebräischen Bibel, d.h. aus dem Alten Testament gewonnene »biblische« oder »hebräische Humanismus« teilt mit dem »utopischen Sozialismus«, wie ihn Buber verstand, eine offensichtliche Wirklichkeitsbezogenheit. Dieser wie jener erwachsen aus den topischen, d.h. aus den bestehenden humanen Strukturen, deren Vielfältigkeit und Unterschiedlichkeit uneingeschränkt anerkannt wird. Die Realisierung der utopisch-vorbildlichen Gemeinschaftsordnungen wird ermöglicht durch die Mobilisierung der in den topischen Gesellschaften vorhandenen positiven Kräfte. Für diesen Zweck ist ein einheitliches Programm nicht brauchbar. Das utopische Bild der zukünftigen Gesellschaftsordnung darf nicht den Kontakt mit dem spezifisch topischen verlieren. Ohne diesen Kontakt erfindet man unrealisierbare Gaukeleien und Scheinbilder, die im wahrsten Sinne des Wortes utopische sind und bleiben, also an keinem Ort zu einer Wirklichkeit werden können. Idealkonstruktionen wie die eines Thomas Morus und Versuche, exterritoriale Kleingemeinden und Siedlungsgenossenschaften aufzubauen, die außerhalb der allgemeinen Gesellschaftsformen existieren und mit ihnen keine Verbindung einhalten wie die der Hutterer oder der Duchoborzen, werden zwar von Buber positiv bewertet, können aber nicht als Vorbilder für einen utopischen Sozialismus oder einen »theopolitischen Humanismus« gelten, dem es um die Umformung der großen Gesellschaftsstrukturen geht. Buber teilte mit jenen exterritorialen Utopisten die Kritik an den Staatsgebilden und die Furcht vor politischen Instanzen, die die generativen, spontanen, sozialen und kulturellen Kräfte im Keim ersticken könnten. Aber dieses Bedenken darf nicht zur Flucht ins Niemandsland führen, zur Schöpfung außergesellschaftlicher Idyllen, deren Einfluß auf die notgedrungenerweise geringe Anzahl der Mitglieder solcher Kleinbünde beschränkt bleibt. Die wahre Regeneration muß sich in den bestehenden politischen Verbänden abspielen. Das Politische an sich ist nicht negativ einzuschätzen. Es ist grundsätzlich eine essentielle autonome Komponente des gesellschaftlichen Lebens, der eine positive Rolle im Spiel der sozialen Kräfte zusteht, solange sie in ihren Grenzen gehalten wird. Die Losung elitärer »Austrittsgemeinden« – »rette sich, wer kann« – kann nicht zur Basis eines wahren Humanismus oder Sozialismus gemacht werden.

Auch eine andere Art von Teillösungen der gesellschaftlichen Problematik sah Buber als unzureichend an, obwohl er ihren Wert als vorbereitende Stadien anerkannte: Konsumvereine, Produktionsgesellschaften und Kooperativen. Verbände dieser Art können zwar durch gemeinschaftliche Strukturen außer Rand und Band geratene Teilaspekte der Wirtschaft in gerechtere Geleise leiten, erreichen aber nicht die Realisierung der geforderten sozialistisch-humanistischen Umformung des Menschen. Das Kapitel in »Pfade in Utopia«, in dem diese »Versuche« beschrieben und gewürdigt werden, schließt mit der Feststellung: »Eine echte und zu dauern bestimmte Neuordnung der Gesellschaft von innen her wird nur durch die Vereinigung der Produzenten mit den Konsumenten, jeder von beiden Partnern in selbständigen und weseneigenen kooperativen Einheiten konstituiert, geraten können – eine Vereinigung, deren sozialistische Kraft und Lebendigkeit nur durch eine Fülle zusammenwirkender Vollgenossenschaften verbürgt werden kann, die in ihrer authentischen Funktion ausstrahlenden, vermittelnden und verbindenden Einfluß üben. Dazu aber tut not, daß an die Stelle der isolierten, durch ihr ganzes Wesen zur Isolierung verurteilten, Versuche, die bisher in mehr als hundertjährigem Ringen in Erscheinung getreten sind, umfassende Siedlungszusammenhänge treten, territorial entworfen und föderativ aufgebaut, ohne dogmatische Festlegung, mannigfache soziale Gestaltungen nebeneinander zulassend, aber immer auf das Ganze ausgerichtet« (Der utopische Sozialismus, S. 135f).

In dieser kurzen Zusammenfassung ist eigentlich die *raison d'être* des Buches gegeben. Die ausführliche Darstellung der Geschichte der utopischen Ideologien und Bewegungen, denen sich ein Überblick über die Pläne von Marx und Lenin zur »Erneuerung der Gesellschaft« anschließt (S. 137–216), waren notwendig, aber nicht zentral für das Bubersche Unterfangen. Alle voranstehenden Ausführungen leiten eigentlich auf »Noch ein Experiment« hin (S. 217–233), das im Brennpunkt des Interesses Bubers steht und wohl den Anstoß zum Verfassen der »Pfade in Utopia« gegeben hat: der Aufbau neuer genossenschaftlicher Lebensformen in Palästina im Rahmen des zionistischen Siedlungswerkes. In der Beschreibung des »hebräischen Genossendorfs in seinen verschiedenen Formen« und in der Analyse der ihm unterliegenden Ideen und historischen Gegebenheiten zeigt sich deutlich die tiefe Sympathie, die Buber diesem Versuch entgegenbrachte, ja seine Identifizierung mit ihm als dem »einzigen umfassenden Versuch« in Geschichte und Gegenwart, »eine Vollgenossenschaft zu schaffen«, der man »ein gewisses Maß des Gelingens im sozialistischen Sinne zusprechen« darf. Trotz der Problematik, die auch diesem Versuch anhaftet, erkennt Buber in ihm die Keimzelle eines realisierten utopistischen Sozialismus: »Nirgends in der Geschichte der genossenschaftlichen Siedlung (der klassischen Utopien) gibt es dieses unermüdliche Tasten nach den diesem bestimmten Menschenkreis entsprechenden Formen des Zusammenlebens, dieses immer erneute Versuchen, Sichdrangeben, Kritischwerden und Neuversuchen, dieses Abspringen immer neuer Zweige vom gleichen Stamm und aus dem gleichen Formtrieb« (S. 221). Hier, und nur hier, verschmelzen Wirklichkeit und utopische Ideale all der verschiedenen Schattierungen, die Buber vorher in seinen Ausführungen betrachtet hatte: »Im Geiste der Mitglieder der ersten palästinensischen Kommunen (heute müssen wir sie israelische Kommunen nennen, S.T.) verbanden sich ideelle Motive mit dem, was die Stunde gebot, Motive, in denen sich zuweilen die Erinnerung an das russische Artel, Eindrücke der Lektüre von sogenannten utopischen Sozialisten und die kaum bewußte Nachwirkung biblischer Lehren der sozialen Gerechtigkeit seltsam vermischten. Das Entscheidende ist, daß dieses ideelle Motiv fast durchweg einen lockeren, plastischen Charakter bewahrte. Es gab viele und verschiedenartige Zukunftsträume: Man sah vor sich eine neue, umfassendere Form der Familie, man sah sich als die Avantgarde der Arbeiterbewegung, ja als die unmittelbare Realisierung des Sozialismus, als den Prototyp der neuen Gesellschaft, man setzte sich die Schaffung eines neuen Menschen und einer neuen Welt zum Ziel. Aber nichts von alledem war zu einem festen fertigen Programm erstarrt. Man brachte nicht, wie überall in der Geschichte der kooperativen Siedlungen, ein Schema mit, das die konkreten Gegebenheiten nur ausfüllen, nicht modifizieren durfte; das Ideal brachte Antriebe, es regte an, aber es diktierte nicht«. In diesem Passus bringt Buber die Essenz des von ihm vertretenen utopischen Sozialismus gedrängt zum Ausdruck und zugleich die Ablehnung der, von ihm als erstarrt, mechanistisch, utopisch-universell charakterisierten, marxistisch-leninistischen Ideologie. In der Frage, welche Grundauffassung vorzuziehen sei, entschied er sich klar für das israelische Modell, für die Verwirklichung der utopischen Idee in Kleinformen einer gerechten Gemeinschaft. Die »Restrukturierung der Gesellschaft als Bund der Bünde« ist der »Resorption der amorphen Gesellschaft durch den allmächtigen Staat« vorzuziehen; sozialistischer Pluralismus ist besser als sozialistischer Unitarismus. Das Mitwirken an dem graduellen Prozeß der Schöpfung einer neuen Gesellschaftsordnung, in der Tradition und auf Grund der Lehren der biblischen Propheten, verspricht eher eine Realisierung des Ideals in geschichtlicher Zeit als eine »absolute Ordnung«, der man auf unbestimmte Zeit unterworfen ist bis zum apokalyptischen Einbruch der von einem kommunistischen Utopismus erträumten, durch einen dialektischen Sprung von selber kommenden Ära der Freiheit (S. 233). Buber bejahte die Teilrealisierung des utopischen Sozialismus in der Form der israelischen Dorfkommune, weil er in ihr das Kleinbild einer umfassenderen gerechten Gesellschaftsordnung erblickte. Im Unterschied zu den selbstbezogenen utopistischen Kommunen in anderen Ländern, deren Mitglieder nur auf ihr eigenes Heil und das Heil ihrer Kerngemeinde bedacht sind, stellen die Kibbuzim und Moschawim, die israelischen Kommunen und Kooperativdörfer, eine Elite dar, die sich ihrer Aufgaben an der weiteren Gesellschaft bewußt ist und ihr treu bleibt. Ihre Integrierung in die Gesamtgesellschaft beseitigt die Gefahr utopistischer Schwärmerei und stellt die Wirklichkeitsbezogenheit sicher: »Schon in ihrer ersten undifferenzierten Gestalt hat der Kwuza ein Zug der Föderierung zu einem Zusammenschluß der Kwuzot in einer höheren sozialen Einheit innegewohnt; ein höchst wichtiger Zug, da sich darin kundgab, daß die Kwuza sich, wenn auch nicht explizit, so doch implizit, als Zelle einer restrukturierten Gesellschaft verstand« (S. 229). Der Bund der kibbuzischen Bünde hat es in sich, ein Vorbild für eine realisierbare Weltgemeinschaft der Gemeinschaften zu werden, einer *communitas communitatum* (S. 231). Mit der Entstehung der Kibbuzbewegung begann der utopische Sozialismus seinen »Gang in die Wirklichkeit« (vgl. Wilhelm Michel, 1926, in bezug auf Bubers persönliche Entwicklung). Hier, konstatiert Buber, »darf man bei äußerster Nüchternheit der Übersicht und Überlegung sagen«, ist »bei allem partiellen Mißlingen doch ein Nicht-Scheitern zu erkennen« (S. 222).

Zum Abschluß dieser gedrängten und daher nicht ausreichenden Analyse des »utopischen Sozialismus« in bezug auf das Leben von Gemeinschaften, wie ihn Buber vorlegte, läßt sich feststellen, daß hier die Wirklichkeitsbezogenheit durchaus erkennbar ist. Wie ich schon andeutete, mag der Grund durchaus darin liegen, daß der Ausgangspunkt Bubers auf diesem Gebiet nicht abstrakte Modelle waren, die sich der Geist frei ausdachte, sondern faßbare Gesellschaftsstrukturen, die *in nuce* sich dem Beobachter schon in der Praxis offenbarten. Essentiell unterbaute Buber die Kibbuzorganisation, die aus den historischen, wirtschaftlichen und politischen realen Gegebenheiten des frühen Zionismus in Palästina experimentell erwuchs, durch ein ideologisches Stratum. Er bewies sozusagen, daß diese Gemeinschaften fast unbewußt den utopischen Sozialismus verwirklichten. Soziale Wirklichkeit ging hier der utopischen Ideologie voran.

Im Unterschied dazu ist die *communitas communitatum*, die Gemeinschaft der Völker, eine abstrakte Idee, der es an Handfestigkeit mangelt, weil sie nur aus dem Geist und zum Teil aus den biblischen Eschatologievisionen eruiert wurde. Es ist ein Bild nur von Hoffnung, dessen Verwirklichbarkeit nicht genügend ausgearbeitet ist, vielleicht nicht genügend ausgearbeitet werden konnte.

Nun noch einige Bemerkungen zu Bubers Versuch oder Versuchen, seine gesellschaftlich-politische Ideologie in bezug auf die jüdisch-arabische Problematik ins Spiel zu bringen.

Er betrachtete das Problem der Beziehungen zu den palästinensischen Arabern noch vor der Entstehung des Staates Israel als ein Stück der historischen Judenfrage und des jüdischen Ethos. In der Art, wie sich das Verhältnis zu der arabischen Bevölkerung entwickeln würde, sah er den Prüfstein dessen, was er als »hebräischen Humanismus« bezeichnete. Schon 1921 vertrat er die Ansicht, die nicht viel Anklang fand, daß die jüdische Befreiungsbewegung, der Zionismus, es als ihre Aufgabe betrachten muß, eine parallele arabische Befreiungsbewegung zu beschleunigen. Er glaubte, daß es möglich wäre, eine positive Einstellung der Araber zu dem jüdischen Aufbauwerk zu erzielen, wenn Juden ihnen zu einer arabischen Parallele zur Balfour-Deklaration verhelfen könnten. Nachdem das Judentum, zumindest das westliche, seine Emanzipation errungen hatte und durch den Zionismus seine Autoemanzipation erreicht hatte, mußte es nun in das Stadium eintreten, in dem es anderen helfen könnte, an der eigenen Emanzipation teilzunehmen. Dies sah er nicht als eine unrealisierbare Phantasie an. Aus dieser ethisch-politischen Einstellung heraus konzipierte er einen wirtschaftlichen Entwicklungsplan für beide Völker und versuchte, ohne sichtbaren Erfolg, auch in arabischen Kreisen ein Echo auf seine Ideen hervorzurufen. Später applizierte er seine Auffassung einer wünschenswerten föderativen Gemeinschaftsstruktur, die inner- und überstaatlich sein kann, an die jüdisch-arabische Situation in der Form eines binationalen politischen Gebildes. Als diesem Plan durch den jüdisch-arabischen Krieg im Jahre 1948 der Wind aus den Segeln genommen wurde, versuchte Buber nicht, auf seiner utopischen Idee zu beharren und sie als immanent verwirklichbar anzusehen, also der Realität aus dem Wege zu gehen. Er erarbeitete in sich die Plastizität des Denkens, die er als den Grund des teilweisen Gelingens der Kibbuzbewegung gepriesen hatte, und dies, ohne die Utopie – die Hoffnung auf die Verwirklichung des Noch-nicht-Erreichten – aufzugeben. Im Jahre 1958 urteilte er folgendermaßen über die Situation: »Ich habe die aus dem Krieg hervorgegangene Form des jüdischen Gemeinwesens, den Staat Israel, als den meinen akzeptiert. Das Gebot, dem Geist zu dienen, ist jetzt von uns in diesem Staat von ihm aus zu erfüllen... Heute scheint es vielen absurd, jetzt noch – zumal in der gegenwärtigen innerarabischen Situation – an eine jüdische Teilnahme an einer Föderation zu denken; morgen, mit einer Änderung gewisser von uns unabhängiger weltpolitischer Elemente, kann diese Möglichkeit in eine höchst positive Beleuchtung rücken. Es gilt, soweit es von uns abhängt, den Boden dafür vorzubereiten. Es kann heute keinen Frieden zwischen Juden und Arabern geben, der nur ein Aufhören des Kriegs wäre. Es kann nur noch einen Frieden der echten Zusammenarbeit geben.«

Dies ist Martin Bubers ethisch-politisches Vermächtnis. Vor zwanzig Jahren klang es utopisch. Hat es heute den Klang der Verwirklichbarkeit?

In dem Spannungsverhältnis zwischen dem »Schon-Gegebenen« und dem »Noch-nicht-Erreichten«, auf das schon hingewiesen wurde, erblickte Buber die eigentliche Sphäre der Moralität. Vor ungefähr 35 Jahren betrachtete er in einem Seminar an der Hebräischen Universität in Jerusalem die Möglichkeit, grundlegende Aspekte der Moralität zu definieren, die als objektiv zu betrachten sind und daher in allen Lebenssituationen aller Menschen und aller Gesellschaften zu allen Zeiten ihre bindende Gültigkeit bewahren würden. Der Versuch, eine allgemein anwendbare Skala von Grundwerten und Forderungen aufzustellen, kam bald zum Scheitern. Buber bewies seinen Hörern, daß im Hinblick auf die von der

Vielschichtigkeit und der Variabilität der menschlichen Situationen bestimmten Auffassungen von Recht und Unrecht, von Gut und Böse, ein solches Unternehmen von Beginn an keine Aussicht auf Gelingen hat. Wenn also der »Inhalt« der Moralität nicht objektiv definierbar ist, wo liegen dann ihr Mittelpunkt und ihre Grenzen, die den Menschen an sich verpflichten, also universal sind und über partikularen humanen und sozialen Bedingungen stehen? Die einzige Konstante, die er in seinen Darlegungen eruierte, war die folgende: Moralität ist eine Einstellung zu, nicht ein Haben von Werten. Der moralische Mensch ist sich jederzeit des Abstands zwischen dem jeweiligen »Sein« und dem verschieden umrissenen »Soll« bewußt und wird diesem Abstand rückhaltlos in Selbstkritik Ausdruck geben. Gleichzeitig ist er von der klar erkannten und eindeutig akzeptierten Aufgabe erfüllt, so viel von der absoluten Forderung des Idealbildes zu verwirklichen, wie es seine jeweilige Situation zuläßt. Im Raum der Geschichte ist das ausschlaggebende Wesen der Moralität der Weg, der zum Ziel hinführt, und nicht die sofortige Verwirklichung der Idee. Das tapfere und doch behutsame Sich-vorwärts-Tasten auf dem Wege zum Ziel ist als der Prüfstein des moralischen Menschen anzusehen. Nicht das Erreichen des Zieles entscheidet über die Moralität des Menschen, sondern das Streben auf das Ziel hin.

11
Sakralisierung der Geschichte und Säkularisierung des Glaubens im jüdischen Denken als Hintergrund der Gesellschaftsauffassung in Israel

Die Definition des Generalthemas als »Religion und Politik« muß den Eindruck erwecken, daß es sich bei diesen beiden Begriffen um Antithesen handelt, zu denen die Gesellschaft des 20. Jahrhunderts ein Entweder-Oder-Verhältnis einnimmt. Religion und Politik stehen sich sozusagen als zwei Mächte gegenüber, die um die Seele des einzelnen ringen und miteinander wetteifern, der Gesellschaft ihren Stempel aufzuprägen. Auch wenn wir das Verhältnis von »Religion« und »Politik« nicht ausdrücklich als dichotomisch oder oppositionell auffassen, so läßt sich doch das Bestehen einer impliziten, bis zu einem gewissen Grade als berechtigt empfundenen Spannung nicht leugnen.

An dieser Stelle möchte ich zu bedenken geben, daß wir alle offensichtlich von einer westlichen Weltanschauung geformt sind. Wir sind gewöhnt, in einer Welt der Dichotomie zu leben. Wir denken in These und Antithese, wir sind Dialektiker und daher vom wirklichen Leben manchmal weit entfernt. Der Alltag dagegen besteht überwiegend aus Kompromissen, von denen wiederum selten die Rede ist. Ich werde also die These aufstellen, daß Glauben und Geschichte, Religion und Politik nicht nur Gegenpole sind, sondern einander häufig ergänzen müssen. Das Paradebeispiel, das ich bringen will, ist das jüdische Volk bzw. der Staat Israel von heute.

Hier erhebt sich von neuem die Frage, ob es sich bei dem Thema »Religion und Politik« um ein spezifisches Problem der Gesellschaft des 20. Jahrhunderts handelt. Eine gewisse Antwort darauf gibt ein Text, der das weitgespannte Thema folgendermaßen umreißt: »Das Wissen um den Menschen sowie Aussagen über seine Lebensführung stehen seit Menschengedenken in bedeutsamem Bezug zu politischen und religiösen Grundüberzeugungen und Verhaltensweisen. Vor allem im 19. und 20. Jahrhundert sind die unterschiedlichsten Versuche unternommen worden, einen Zusammenhang zwischen Religion und politischer Form festzustellen bzw. zu verwerfen.« Die Problematik hat sicher schon einige Jahrhunderte vor unserer Zeit bestanden. Insofern ist also die Formulierung »seit Menschengedenken« berechtigt, und darauf gründet sich auch mein Versuch, bei der Betrachtung dieses im 19. und 20. Jahrhundert besonders deutlich in Erscheinung tretenden Phänomens »Religion und Politik« – oder vielleicht »Religion versus Politik« – etwas tiefer in die Ideengeschichte einzudringen.

Zu diesem Zweck ziehe ich es vor, meine Ausführungen sub specie

»Glauben und Geschichte« darzulegen, also den institutionellen Rahmen, der Begriffen wie »Religion« und »Politik« anhaftet, etwas zu entspannen. Damit will ich aber nicht sagen, daß ich den Pessimismus von Dietrich Bonhoeffer teile, nach dem die religiösen Institutionen für das Spirituelle keinen Raum zu haben scheinen, also eigentlich nur den »homo non religiosus« ansprechen. Das würde ich so nicht annehmen, denn ich halte es für stark übertrieben. Ebenso negiere ich keineswegs Politik und politische Institutionen als solche, aber ich möchte mehr Glauben und Geschichte als die Grundlagen, auf denen Religion und Politik aufbauen, behandeln.

Es geht mir darum, das Spannungsverhältnis oder auch das Ineinander-Übergehen von Politik und Religion zu zeigen, insbesondere die Ausnützung religiöser oder quasi-religiöser Werte für pragmatische politische Zwecke in bezug auf das heutige Israel und die ihm zugrundeliegenden Ideen zu verdeutlichen. Es läßt sich nicht leugnen, daß auch pragmatische Politik von gewissen Ideen ausgeht. So gut ich dem Vertreter einer religiösen Institution zugebe, daß er aus einem Glauben handelt, den ich vielleicht nicht teile, aber respektiere, so gut gilt dieses für Politiker: Auch sie lassen sich nicht ausschließlich von opportunistischen Erwägungen leiten, sondern auch von Grundsätzen und Überzeugungen. Politik ist nicht nur *pragma*, sie gibt im allgemeinen auch einer Geschichtsauffassung und dem Selbstverständnis einer Gesellschaft Ausdruck. Ebenso besteht »Religion« nicht nur aus Formen und Institutionen, sondern auch aus den Glaubenswerten und -inhalten, die hinter diesen stehen. Es gibt eine existentielle Theologie auch im institutionalisierten Rahmen, und wir sollten sie nicht aus dem Auge verlieren. Geschichte ist für mich die Totalsumme aller menschlichen Tätigkeit, in der auch Glauben und Religion ihren Ort finden.

Diese Einleitung scheint mir erforderlich als Begründung meiner weiteren Ausführungen, denn auf dem Hintergrund des 20. oder auch des 19. Jahrhunderts allein können Sakralisierung der Geschichte und damit auch der Politik sowie Säkularisierung des Glaubens und damit auch der Religion in der modernen israelischen Gesellschaft und eigentlich im Gesamtraum der jüdisch-christlichen Welt nicht voll verstanden werden. Die Säkularisierung des Glaubens und die Sakralisierung der Geschichte in der Neuzeit stehen zwar nicht unbedingt in einem Abhängigkeits- oder Oppositionsverhältnis zueinander, aber doch in einer gewissen Parallelbeziehung. Um mit dem amerikanischen Theologen Harvey Cox zu sprechen, »Säkularisierung wurzelt im biblischen Glauben selbst ... sie resultiert in gewissem Maße aus dem formativen Einfluß des biblischen Glaubens auf die Geschichte der westlichen Welt, ein Einfluß, der durch die Kirche und später durch von ihr abgeleitete ideologische Strömungen vermittelt wurde«. Selbst wenn Rotenstreich recht hat, daß die aus der Bibel stammenden Symbole der amerikanischen Revolution zum Teil nur den Sprachgebrauch beeinflußten, glaube ich doch, daß der Staatsgedanke in den USA unverkennbar von biblischem Denken geprägt war.

Es wird gegenwärtig aus einer Position heraus argumentiert, die den Abbau – um nicht zu sagen: den Verfall – des Staates und seiner Autorität als Hintergrund hat. Wir Europäer stehen am Ende eines Differenzierungsprozesses, in dessen Verlauf dem Staat, der Kirche, der Religion, dem Glauben besondere Lebensbereiche zugewiesen worden sind. Das ist die moderne oder vielleicht schon postmoderne Einstellung, wie sie sich in der westlichen Welt vor allen Dingen in Europa entwickelt hat. Im heutigen Israel, das als Staat erst zwei Generationen alt ist, und – wie ich glaube – auch in afrikanischen Staaten ist die Problematik völlig anders gelagert. Bei ihnen besteht diese interne Abgrenzung von Bereichen, an die wir uns aufgrund unserer dialektischen Erziehung gewöhnt haben, eigentlich noch nicht. Bei Vergleichen ist hier also Vorsicht geboten, denn wenn auf der einen Seite ein Deutscher, zumal ein liberaler Deutscher, der an ein Gesamt-Europa denkt, und auf der anderen Seite ein Afrikaner über den Staat heute sprechen, dann gehen sie von völlig verschiedenen Voraussetzungen aus. Die antiken Gesellschaften, voran das Judentum, und die modernen, zum Teil vorhistorischen Gesellschaften in Afrika hegen eine monistische Weltauffassung, in der zwischen Glauben und Geschichte, Politik und Religion nicht die Scheidewand gezogen wird, wie sie in unserem Denken besteht.

Ich verstehe hier Säkularismus nicht als eine Weltanschauung, die dem religiösen Glauben an sich polar entgegensteht und sich selbst als neue Religion aufspielt, sondern als einen Prozeß, in dem der Glaube von gesellschaftlichem, politischem Leben durchdrungen, also verweltlicht wird und dabei gleichzeitig der säkularen, also auf das Hier und Jetzt gerichteten Politik eine neue Dimension des Überzeitlich-Religiösen verleiht. Ein solcher Zug tritt meiner Ansicht nach besonders stark in der zionistischen Ideologie und daher auch in der modernen israelischen Gesellschaft hervor. Es ist nicht meine Absicht, für die Legitimität dieses Prozesses zu plädieren, aber auch nicht im Gegenteil, ihn zu verurteilen. Es geht mir darum, ihn als natürlichen Ausdruck von grundlegendem Gedankengut des Judentums zu erklären. Wenn Harvey Cox – meiner Ansicht nach mit Recht – behauptet, das Verhältnis von Religion und Politik oder von Glauben und Geschichte in der westlichen Welt sei weitgehend von biblischen Vorstellungen bestimmt, so trifft das in vielleicht noch stärkerem Maße auf Israel zu. Das heutige Judentum ist viel stärker von nachbiblischer Literatur und Glaubenswerten geprägt als von biblischen. Kein moderner Mensch, Jude oder Christ, kann oder will nach der Bibel leben. Aber diese Tatsache mag nur jemanden erschüttern, der von der irrigen Annahme ausgeht, daß die geschriebene Bibel, die uns vorliegt, den Gesamtwert der hebräischen Tradition der biblischen Zeit darstellt. Wenn wir uns aufgrund unserer Kenntnis der biblischen Epoche die Frage stellen, ob ein biblischer Mensch nach der Bibel leben konnte, wird sich herausstellen, daß auch er es nicht konnte, wenn er nicht schon zu seiner Zeit mündliche Interpretationen autoritativen Ranges zur Verfügung hatte. Daß neben den kanonischen biblischen Büchern eine reiche Literatur bestand, steht fest; aber wie sich die mündliche Tradition neben der schriftlichen weiterentwickelte – das können wir nicht rekonstruieren. Und obwohl »Bibel« mein eigentliches Fach ist, will ich mir doch nicht anmaßen, aufweisen zu wollen, daß für die heutige Situation die Bibel ausschlaggebender wäre als der Talmud und das spätere jüdische Schrifttum. Vielmehr will ich mich auf die Frage der zionistisch-staatlichen Idee und ihre Ausprägung im modernen Israel beschränken.

Der Staat wird als Kulmination der zionistischen Renaissance-Ideologie aufgefaßt, die in einem halb-religiösen, halb-säkularisierten Messianismus befangen war und zum Teil noch ist und in der die in modern-sozialen und sozialistischen Ideologien verankerten Vorstellungen vom idealen Staat und ein restaurativer, in biblischen Vorbildern verwurzelter Messianismus sich die Waage halten. Wir alle waren bestürzt, als nach dem Sechs-Tage-Krieg Parallelen zum Bild des Staates unter David und Salomo gezogen wurden und festgestellt wurde, daß es seit damals keinen so großen israelischen Staat mehr gegeben hatte. Diese Tendenz ist beängstigend, aber der Vergleich ist – zumindest faktisch gesehen – richtig. Auf der anderen Seite macht es mir immer Freude, Herzl zu zitieren, der in seinem »Alt-Neuland« (1902) meinte, der jüdische Staat werde kein Heer brauchen, denn er werde pazifistisch und bei allen anderen Staaten beliebt sein; allenfalls ein kleines Polizeicorps zur Erhaltung der Ordnung im Innern werde erforderlich sein, und das lese und zitiere ich heute, da der Staat Israel bis an die Zähne bewaffnet ist!

Eine utopische Staatsvorstellung, die teilweise auf Vorbildern der biblischen Zeit fußte, teilweise aus einer pazifistischen, positivistisch optimistischen Ideologie der Neuzeit stammt, hat ihren Einfluß auf das heutige Staatsleben. Die jüdische Gesellschaft in Israel basiert auf der Symbiose einer vorwärtsblickenden politischen Ideologie mit einer von der Vergangenheit bestimmten Glaubenskomponente – auch wenn sie sich dessen nicht jederzeit bewußt ist. Auf der Suche nach historischen Situationen, die als Vorbilder für die Neuschöpfung eines eigenständigen jüdischen Staatssystems dienen können, greift sie notgedrungen auf die alttestamentliche Epoche zurück, vor allem auf die Zeit des ersten Tempels, in der allein das jüdische Volk souverän einen Staat und eine eigene Gesellschaftsordnung entwickeln konnte. Die gesamte rabbinische Literatur geht von anderen politischen Gegebenheiten aus und kann hier nicht weiterhelfen. Wie schon Buber gesehen hat – die Gefahr eines solchen Biblizismus ist wegen der großen Kluft, die der zwischen uns und jener Jahrtausende zurückliegenden Situation liegt, völlig evident[1]. Der in der Bibel wurzelnde »hebräische Humanismus«, den Buber als das Ziel des Zionismus und der israelischen Gesellschaft ansah, liegt uns nicht nur zeitlich

---

1 Vgl. M. Buber, Der Mensch von heute und die jüdische Bibel, in: M. Buber – F. Rosenzweig, Die Schrift und ihre Verdeutschung, Berlin 1936, S. 19f.

ungeheuer fern, sondern auch die fundamentale Glaubenshaltung, die ihn ursprünglich bestimmte, ist heute in Frage gestellt. Trotz dieses Vorbehalts ist der Einfluß dieses romantisierenden Rückgriffs auf die biblische Epoche in der Gestaltung des israelischen Menschen und der israelischen Politik nicht zu unterschätzen.

Daher ist es von Belang, etwas näher auf die Frage einzugehen, wie sich das Verhältnis von Politik und Religion in jener biblischen Zeit darstellt. Man kann mit Sicherheit sagen, daß sich eine krasse Scheidung dieser beiden Aspekte des gesellschaftlichen Lebens für die biblische Epoche nicht rechtfertigen läßt. An diesem Punkt stimme ich mit den Theologen nicht überein. Denn vor allem die protestantische und in ihrer Folge die katholische und auch die liberal-jüdische Theologie haben die hebräische Bibel auf die Propheten reduziert. Das ist unzulässig, denn damit haben sie die gesamte Historie, die meiner Ansicht nach für ein Verständnis der biblischen Epoche und des biblischen Geistes mindestens so ausschlaggebend ist wie die Prophetie, völlig aus dem Auge verloren. Die Gestalt des Propheten hat eine interessante Umwertung erfahren; zwar sollte es in nachbiblischer Zeit keine Propheten mehr geben, aber erst damals wurde der Prophet zum Ideal. Weder im biblischen Schrifttum noch in der jüdischen Eschatologie ist der Prophet eine Idealfigur. Hier haben wir – aus Gründen, auf die ich hier nicht eingehen will – eine Auswahl getroffen und das »Alte Testament« von all dem gereinigt, was einer anti-institutionellen Protestantismus-Lehre widersprach. Dieses Zerrbild muß korrigiert werden, wenn wir der biblischen Aussage gerecht werden wollen.

In biblicher Sicht bilden der *homo religiosus* und der *homo politicus* weder klar trennbare menschliche Prototypen, noch sind sie in eindeutig voneinander abgegrenzten Lebenssituationen und gesellschaftlichen Sphären tätig. Max Webers Darstellung der Propheten und – anders gelagert – auch der Priester als »religiöser Virtuosen«, denen gegenüber der König als Staatsoberhaupt einen völlig anders gearteten *modus operandi* repräsentiert, ist in dieser radikalen Dichotomie nicht annehmbar. Sie kann nur als Rückprojektion einer modernen und sogar modernistischen soziologischen Analyse auf die antike Situation Israels verstanden, aber nicht gerechtfertigt werden. In allen biblischen Traditionen über die Patriarchen und Moses, über Richter und Könige, über Propheten und Priester spiegelt sich eine Konzeption der Gesellschaft als eines einheitlichen Ganzen, vielschichtig und doch immer sich selbst gleich. Glaube und Religion waren nicht die ausschließliche Domäne von religiösen Virtuosen, idealistischen Propheten und hierokratischen Priestern; Politik war nicht das exklusive Recht und Tätigkeitsfeld pragmatischer Könige und säkularer Führerpersönlichkeiten, vielmehr galten Glaube und Politik als untrennbar. Es gab niemals einen – ich sage das mit großem Nachdruck – ausschließlich religiösen jüdischen Staat, weder im Altertum noch in späteren Epochen. Dieser Begriff, der heute von der radikalen Orthodoxie oft gebraucht wird, hat in der Praxis nie existiert. Wenn es ihn gegeben hätte, brauchten wir die Propheten nicht. Aber genausowenig gab es bis auf die Neuzeit ein jüdisches Äquivalent dessen, was Dietrich Bonhoeffer als religionsloses Christentum bezeichnet, also etwa ein »religionsloses Judentum«. In den Phasen seiner Geschichte, in denen das Volk Israel eine eigene politische oder quasipolitische Existenz führte, war dies keine unmittelbare Theokratie, wie sie heutzutage von Theologen rekonstruiert wird, sondern eine durch politisch-charismatische Führerfiguren – Richter und Könige – vermittelte Gottesherrschaft, deren religiös-politisches Verhalten oft der Kritik, manchmal aber auch der Zustimmung der prophetischen Glaubensträger ausgesetzt war. Gott bezeugt sich auch im König, nicht nur im Propheten. Nur so ist die Spannung zwischen König und Prophet, zwischen dem *homo politicus* einerseits und dem *homo religiosus* andererseits zu verstehen, welche die biblischen Überlieferungen wie ein roter Faden durchzieht. Aber diese Spannung war zu gleicher Zeit ein Ausgleich von Kräften, deren amtlicher Schwerpunkt verschieden gelagert war. Die *per definitionem* vornehmlich politisch-pragmatische Orientierung des Staatsoberhauptes wurde durch den visionären Glauben der Propheten in einem ständigen Dialog ausgeglichen. In der Retrospektive neigen wir dazu, die israelischen Könige als Übeltäter und die Propheten als die großen Wohltäter der Menschheit darzustellen. Aber wenn ich mir ernsthaft überlege, wie ich gehandelt hätte, wenn ich Jeremia gegenübergestanden hätte, der auffordert, den Babyloniern die Tore zu öffnen und Jerusalem preiszugeben – ich wäre der erste gewesen, der Steine auf ihn geworfen hätte. Erst aus dem Abstand von Jahrtausenden vermag ich seine Größe zu würdigen. Wir dürfen die Bibel nicht unserer eigenen Existenz anpassen, sondern müssen versuchen, das Ganze der biblischen Gesellschaft aus dem Ganzen des biblischen Kanons heraus zu erkennen.

In der biblischen Epoche erhielt das Gleichgewicht zwischen Prophet und König den Staat aufrecht. Eine Überlastung der Waagschale auf der Seite des politischen Pragmatismus gefährdete den Bestand der *politeia* durch die Schwächung des moralisch-religiösen Faktors. Ein Übergewicht an glaubenshafter Utopie im Planen von Aspekten des staatlichen Lebens gefährdete dagegen die faktisch-politische Existenz des Volkes. Israel verstand sich in erster Linie als »Volk« und als »Nation«, also als politischer Organismus im Rahmen anderer Völker, Nationen und Staaten, und erst in zweiter Linie als religiöse Körperschaft. Die Zusammenfassung des Judentums unter den Begriff »Synagoge« ist die nach dem Muster der »Kirche« getroffene Sprachregelung einer Zeit, als der Staat nicht mehr existierte. Nach dem Vorbild des alten Israel muß auch heute gegenüber der Konstruktion und der Struktur der Kirche der Staat mit seinen unter anderem auch religiösen Institutionen stehen, nicht die »Synagoge«.

Die eben geäußerte Vermutung, daß der Staatsidee, also dem Politikum, ein gewisser Vorrang gegenüber dem rein Religiösen eingeräumt wurde, läßt sich nicht bis in Einzelheiten und nicht für alle Zeiten nachweisen. Angesichts der Fülle von verschiedenartigen Entwicklungen innerhalb des Judentums schon in der Antike, noch einmal im Mittelalter und wieder in der Neuzeit ist dies auch kaum zu erwarten. Um bei der Bibel zu bleiben – die Bibel ist kein Buch, sondern eine Anthologie, die über tausend Jahre hin gewachsen ist. Es wäre ein Unglück und eine Schande, wenn wir da nur einen einheitlichen Gedankengang vor uns hätten, wenn die interne Entwicklung des jüdischen Volkes in diesen tausend Jahren stehengeblieben wäre, wenn es keine Diskrepanzen, keine Spannungen und Gegensätze gäbe. Nur wir betrachten die Bibel, als ob sie aus einem Guß wäre, weil wir so weit von ihr entfernt sind. Deutlicher tritt die innere Dynamik des Judentums, diese Flexibilität, von der die Rede war und ohne die es heute kein Judentum mehr gäbe, in den späteren Generationen, in der talmudischen Literatur zutage. Aber wer die Bibel von innen her zu lesen versucht, wird sie auch dort finden und feststellen, daß ein Teil der Problematik, die wir heute durchleben, schon damals existiert hat. Ich will mich damit begnügen, einige Gedankengänge aufzuzeigen, die auch im Wandel der Zeiten fast unverändert im Brennpunkt des jüdischen Denkens standen.

Weder in der Hebräischen Bibel noch in der späteren jüdischen Literatur wurden Priester (Träger des kultischen Amts-Charismas und hauptsächlicher Vertreter der institutionalisierten Religion) oder Prophet (Exponent des persönlichen, institutionslosen Glaubens) als vorbildliche Idealtypen dargestellt. Prophetische Inspiration wurde als eine Höchstleistung des Glaubens anerkannt, wie sie nur wenigen auserwählten Individuen rechtmäßig zukommt. Ihre Wirksamkeit ist zeitlich auf die Epoche beschränkt, in der ihr das politisch orientierte Königtum zur Seite steht und die Waage hält. Wenn wir von Mose, dem »Vater der Propheten«, zunächst absehen, entsteht das Prophetentum unter Samuel zusammen mit dem Königtum unter Saul. Mit dem letzten Sproß der davidischen Dynastie, Serubbabel, und den letzten Propheten, Haggai, Sacharja und Maleachi, ist es untergegangen und wird in der sogenannten eschatologischen Zeit neben dem erneuerten Königtum wieder in Erscheinung treten (Mal 3,23f). In der Geschichte Israels stand nie der Prophet als alleiniger Glaubensträger. Moses ist nur scheinbar ein Gegenbeweis, denn eigentlich ist er eine Königsfigur. Richtig interpretiert, findet sich der Titel »König« in bezug auf Moses in Dtn 33,5, wenn er auch von der Tradition falsch verstanden worden ist.[2] In der Gestalt des Mose ist die Rückprojizierung der Königszeit zu erblicken, in der das jüdische Volk staatlich voll entwickelt war. In diesem Sinne ist der Pentateuch vom Buch der Könige her zu lesen, denn als er geschrieben wurde, hatten die biblischen Autoren die Gedankenwelt des Königtums schon völlig absorbiert. Soweit ich sehe, verkör-

---

2 Vgl. dazu *J.R. Porter*, Moses and Monarchy. A Study in the Biblical Tradition of Moses, Oxford 1963; *S. Talmon*, »In jenen Tagen gab es keinen מלך in Israel« (Ri 18–21), in: *ders.*, Gesellschaft und Literatur in der Hebräischen Bibel. Gesammelte Aufsätze, Bd. 1 (Information Judentum 8), Neukirchen-Vluyn 1988, S. 44–55.

pert Mose den Urtyp des altisraelischen Königtums, in dem sich Glauben und Politik die Hand reichen.

Mit dem Verlust der Eigenstaatlichkeit verschwindet auch die Prophetie. Das geistige Führeramt des inspirierten Propheten wird auf die rational interpretierenden Gelehrten übertragen. Wir haben deutliche Aussagen der Meister in dieser Richtung: »Nach dem Tod der letzten Propheten wurde die Inspiration von Israel genommen« (tSot 13,3); ein ähnlich lautender Ausspruch mündet in den Bibelvers (Prov 22,17): Und von nun an »neige dein Ohr und höre die Worte der Weisen«. Damit haben die Meister das Aufhören der Prophetie nicht nur als historisches Faktum hingenommen, sondern der Inspiration wenigstens für ihre Gegenwart eine klare Absage erteilt. Als Anleitung für das reale Leben ist ihnen die Prophetie zweifelhaft geworden. Es war eine grundlegende Entscheidung des rabbinischen Judentums, die rationale und nicht die inspirierte Interpretation zu ihrem Leitstern zu machen. Ich betone das so deutlich, weil ich zeigen will, daß nicht der Glaube der Propheten den Kern des jüdischen Glaubens bildet, sondern daß von vornherein eine Kombination von Glauben und Geschichte, von Religion und Politik als die geistige Grundlage des jüdischen Volkes anzusehen ist. Man kann sagen, daß im normativen jüdischen Denken dem Hauptrepräsentanten des Glaubens, dem Propheten, sozusagen der Dienst gekündigt wird – eine Auffassung, die andere aus dem Judentum hervorgegangene Religionen und religiöse Strömungen nicht teilen. Für das Christentum sowie für einige jüdische Sekten, die in den letzten vorchristlichen Jahrhunderten und Jahren entstanden sind, wie z. B. die Sektierer aus der Wüste Juda, deren Schriften uns seit 1947 bekannt sind, besteht autoritative göttliche Inspiration auch in nachbiblischer Zeit. Schon die christliche Anordnung der biblischen Bücher, nach der die Propheten am Ende des alttestamentlichen Kanons stehen und direkt die Brücke zu den Aposteln schlagen, deutet darauf hin, daß die Inspiration noch weitergeht.

Die Tochter-Religionen oder -Konfessionen des Judentums sprechen in Abwesenheit eines staatlichen Systems Glauben und Religion eindeutig den Primat über Geschichte und Politik zu. Das antike Judentum hat einen anderen Weg eingeschlagen, auf dem es ihm gelungen ist, die Spannung zwischen beiden Bereichen abzubauen. Der jüdische Staat beruhte auf einer Kombination von beiden, so daß auf der Seite des Glaubens auch der König, auf der Seite der Politik auch der Prophet und später der Lehrmeister beteiligt waren.

Diese Weichenstellung ist auch für die jüdische messianische Erwartung von Bedeutung. Das »kommende Reich« wird vorzüglich in konkret faßbaren Definitionen und Darstellungen umrissen, in denen ein restaurativer Grundzug klar hervortritt, dessen Wurzeln in der geschichtlichen Erfahrung des davidischen und salomonischen Reiches liegen. An der Spitze des kommenden *Reiches* (wohlgemerkt!) wird wieder eine Königsfigur stehen, ein Sproß aus dem Hause Davids, der keinen zweiten neben sich hat.

Messianische Theologie ist politische Theologie. Es ist interessant, daß in der jüdischen Eschatologie weder Mose noch der Berg Sinai eine Rolle spielen; es sind Jerusalem, der Staat und der König, die im Mittelpunkt der zukünftigen Geschichtshoffnungen stehen. Bildlich ausgedrückt finden wir das schon in der Bibel bei Jesaja im 2. Kapitel, wo es heißt: »Denn von Zion wird Weisung ausgehen, Gottes Wort von Jerusalem.« – Das ist eine Abkehr von der Sinaitradition. Als geschichtlicher Prototyp des eschatologischen Glaubensbildes gilt also das zur Königszeit im Land Kanaan bestehende Staatsgebilde, nicht das fundamentale Erlebnis der Gesetzgebung am Sinai; Jerusalem und der Staat haben die vorstaatliche Wüstentradition übernommen. Das kultivierte Leben, das Staatsleben, in dem Glauben und Politik Hand in Hand gehen – dieses Leben ist das ideale[3].

Auch in diesem Zukunftsbild überschneiden sich die Gebiete des Sakralen und des Säkularen; Religion und Politik reichen sich die Hand. Das visionäre Bild der kommenden Welt fußt auf der erhofften Realisierung eines religiös fundierten Staatswesens, dessen schlagwortartige Umschreibung schon in der »geschichtlich« einst von dem gesamten Volk Israel erfahrenen Sinaitheophanie gegeben ist: »Ihr sollt mir ein geheiligtes Königreich sein« (nicht: ein Reich von Priestern, wie dieser Passus meistens übersetzt wird), durch diese Charakteristik von allen Völkerreichen unterschieden und zu »Gottes Eigentum« gemacht (Ex 19,5f). Nicht ein Priester- oder Kirchenstaat im Staat, auch nicht ein Staatswesen, in dem Politik und Glaube getrennte Existenzen führen, sondern eine staatliche Gesellschaft, deren politisch-säkulare Interessen von einer glaubenshaft-sakralen Orientierung durchzogen und bestimmt sind. Die Idee des Staates und der Geist des Glaubens entsprießen aus einer gemeinsamen Wurzel. Nur aus diesem Bejahen des Staates und aus einem Stehen in der Geschichte läßt sich die Sorge der Propheten um das Staatswesen erklären und ihre stetige Anteilnahme an den politischen Aktualitäten ihrer Zeit. Die Doppelbeziehung auf das Säkulare und das Sakrale bestimmt den prophetischen Einsatz in der Sphäre des Politischen – intern und auf internationaler Basis. Für sie ist menschliche Moralität, ausgedrückt in Glaubensbezeugungen, Glaubensregeln und kultischem Verhalten, identisch mit dem Zweck und dem Ziel menschlicher Geschichte. Der Wert des Staates liegt darin, daß er der völkischen Gemeinschaft den Rahmen par excellence für ein moralisches Leben bietet. Auf diesem Hintergrund erfaßt, kann Jerusalem, die Hauptstadt des biblischen Staates, zur Metropolis aller Völker und Staaten erhoben werden, zum Mittelpunkt einer gläubigen, politisch differenzierten Menschheit. Die Zukunftsvision seines Zeitgenossen Jesaja weiter ausbauend, konzipiert der Prophet Micha die ideale, von einem Weltfrieden bestimmte Zukunftssituation so: »Kein Volk wird gegen ein anderes das Schwert erheben, und nicht werden sie noch den Krieg lernen. Ein jeder wird unter seinem Weinstock und seinem Feigenbaum sitzen,

---

3 *S. Talmon*, Die Bedeutung Jerusalems in der Bibel, in diesem Band S. 83–97

ohne daß man sie aufscheucht. Denn Jahwe Zebaoth hat so verfügt. Ein jedes Volk wird im Namen seines Gottes wandeln, und wir werden wandeln im Namen Jahwes, unseres Gottes, in alle Ewigkeit« (Mi 4,3–5). Der lebende Moment eines religiös-geschichtlichen Daseins wird zum universalistischen Ideal erhoben, in dem politisch-religiöse Partikularitäten weiterhin ihren legitimen Ausdruck finden können. Das ist wahrlich kein purer, geschweige denn sturer Etatismus, sondern eine Gesellschaftsidee, der es darum geht, das Säkulare und das Sakrale in einer lebenstragenden Symbiose zusammenzuschmieden.

Wie tief verwurzelt die Verbindung von Politik und Religion ist, läßt sich an Juden wie Hermann Cohen und Franz Rosenzweig beobachten, die beide keine Zionisten waren, aber im Staat schlechthin einen Träger von ideellen Werten sahen. Mit dem Zweiten Weltkrieg hat sich diese Anschauung geändert, aber bis dahin findet sich unter Juden aller ideologischen Schattierungen dieselbe hohe Einschätzung des Staates als eines Vehikels, das den Glauben lebensfähig machen kann und soll. Ob eine solche Haltung im modernen Israel zu erreichen ist, bleibt eine offene Frage, aber im Prinzip ist die Möglichkeit gegeben.

12

Das Verhältnis von Judentum und Christentum im Verständnis Franz Rosenzweigs

Das Problem des Verhältnisses von Judentum und Christentum zueinander in der Geisteswelt Franz Rosenzweigs muß auf dem Hintergrund von Faktoren betrachtet werden, die zum Teil rein persönlicher, zum Teil allgemein jüdischer und vor allem jüdisch-deutscher Art sind. Rosenzweigs Würdigung des Christentums als einer Religion, die neben dem Judentum ihren legitimen Bestand hat, ihm in nichts nachsteht und in mancher Hinsicht gar überlegen ist, resultiert aus seiner eigenen inneren Entwicklung aufs Judentum hin, innerhalb des ganz spezifischen Rahmens der jüdisch-deutschen Hochintelligenz in der Zeit vor und während des Ersten Weltkriegs und der frühen Weimarer Republik.

Rosenzweigs Auffassung von Judentum und Christentum in ihrer Bezogenheit aufeinander, die – wenn ich richtig sehe – Harold Stahmer als erster als »Judaism despite Christianity« (Judentum trotz Christentum)[1] bezeichnet hat, läßt sich nur aus Rosenzweigs biographisch-geistiger Entwicklung richtig verstehen und muß vorwiegend auf dem Hintergrund des deutschen Protestantismus betrachtet werden. Sie entstand innerhalb eines Judentums, das um das Recht kämpfte, seine religiöse Eigenheit innerhalb des deutsch-christlichen Lebens- und Kulturraums zu behaupten und zu wahren. Franz Rosenzweigs Auseinandersetzung mit dem Christentum und seine Abgrenzung des Judentums vom Christentum als einer gleichrangigen oder sogar wertvolleren Religionsgemeinschaft weist ihn aus als einen der letzten jüdischen Apologeten und zugleich als einen der hervorragendsten und vielleicht den ersten modernen jüdischen Theologen, der es sich zur Aufgabe machte, systematisch eine jüdische Theologie zu erarbeiten, die der christlichen die Waage halten könnte.

In seinen geistigen Bemühungen gebrauchte Rosenzweig Vorstellungen, Gedankengänge und eine Terminologie, die zu seiner Zeit die europäische oder, deutlicher gesagt, die deutsche Philosophie, Staatswissenschaft und Theologie auszeichneten. Wie seine Zeitgenossen stand auch er vor der existentiellen Notwendigkeit der Selbstbesinnung und Neuorientierung, in der ihm, wie anderen Juden, das Aufgreifen der spezifisch jüdischen Problematik auf einem ihrer philosophischen Schulung gemäßen

---

1   So der Titel der englischen Veröffentlichung des Briefwechsels zwischen Franz Rosenzweig und Eugen Rosenstock, hg. von *E. Rosenstock-Huessy*, University of Alabama 1969 (mit einer Einleitung von H. Stahmer sowie Beiträgen von A. Altmann, D. Emmet und dem Herausgeber).

Niveau von entscheidender Bedeutung war. Rosenzweig mußte sich seine jüdische Religion wiederentdecken und seinem Glauben gegen seine philosophisch-wissenschaftliche Bildung das Recht erkämpfen. Er erstrebte eine Symbiose zwischen ihnen, unteilbar und geeint. In einem öffentlichen Brief an Jacob Rosenheim vom 21.4.1927[2], in dem er von der Einheit der Bibel spricht, gibt er dieser Überzeugung klaren Ausdruck: »Die Scheidung zwischen Wissenschaft und Religion, der vorletzte Schrei der protestantischen Theologie, scheint jetzt, mit dem beim Judentum nun einmal üblichen akademischen Vierteljahrhundert, dernier cri werden zu wollen. Er stammt von Kant – um so schlimmer für Kant! Er stimmt sich auf die Barth- und Gogartenweise – um so schlimmer für Barth und Gogarten! Wenn Wissenschaft und Religion nichts voneinander wissen wollen, aber doch voneinander wissen, taugt weder die Wissenschaft noch die Religion etwas. Es gibt nur eine Wahrheit.« So ist Rosenzweig in vieler Hinsicht exemplarisch für die Schicht von großen jüdischen Denkern, die in der Krisenzeit der Nachkriegsjahre und dem Zusammenbruch der idealistischen, besonders von Hegel beeinflußten Geschichtsauffassung ihre jüdische Identität neu schmiedeten[3] oder endgültig verloren[4]. Sie alle standen vor der existentiellen Notwendigkeit der Selbstbesinnung und Neuorientierung, und das bloße Aufgreifen der aktuellen jüdischen Problematik auf einem ihnen gemäßen Niveau war hilfreich. Der Eindruck, den Rosenzweig auf die Nachkriegsgeneration jener deutsch-jüdischen Intellektuellen ausübte, war gleichermaßen stark – ob sie ihm folgten oder sich von ihm distanzierten.

Rosenzweig hatte ein besonderes Organ für die Erfordernisse der Zeit, und aus der Veränderung der Umstände zog er praktische Konsequenzen. Er befragte die aktuelle Gegenwart. Während des Weltkriegs schrieb er an Eugen Rosenstock: »Wenn der Krieg aus ist, und der ›Hegel‹ gedruckt[5], so steht kein Buchplan bereit. Sie müssen an dem ›Hegel‹ gemerkt haben, daß sein persönlicher Existenzgrund kein Interesse an Hegel war, sondern der Wille, ein *Buch* zu machen ... Unter diesem Drang zum ›Produkt an sich‹ hat meine ganze vergangene Entwicklung gestanden, von früh auf ... Das ist nun vorbei. Ich bin aus einem Menschen des Nichts-als-produzieren-Wollens zu einem geworden, der keine Pläne, nur noch Probleme hat, ohne Wissen und Wollen, was und daß etwas dabei entsteht. Ich frage jetzt, früher habe ich ›geformt‹ ...«[6]

---

2 Erschienen in: Der Morgen, Oktober 1928, nachgedruckt in: *M. Buber – F. Rosenzweig, Die Schrift und ihre Verdeutschung*, Berlin 1936, S. 52.
3 Männer wie Martin Buber, Gerhard Scholem, Walter Benjamin, Franz Kafka, Rudolf Hallo, Nahum Glatzer und Ernst Simon, um nur einige Namen zu nennen.
4 So z.B. Eugen Rosenstock und einige Freunde und Verwandte, mit denen sich Rosenzweig in seinen Briefen auseinandersetzt. Von seinem Elternhaus sagt er, daß es »gutmütig klugheitsanbetend in Selbstauflösung begriffen war« (*F. Rosenzweig*, Briefe, unter Mitwirkung von E. Simon ausgewählt, hg. von *E. Rosenzweig*, Berlin 1935, S. 663).
5 Vgl. *F. Rosenzweig*, Hegel und der Staat, 2 Bände, München 1920.
6 Briefe, s.o. Anm. 4, S. 647f.

Diesen Übergang von der reinen, *lege* theoretischen Philosophie zu einer existentiellen Interpretation[7] des Judentums vollzog etwa Hermann Cohen, der hervorragende Marburger jüdische Philosoph, nicht[8]. Deshalb war sein Einfluß auf weitere Kreise, zumindest Kreise eines akademisch geschulten jüdischen Bürgertums, ungleich geringer als der seines kritischen Schülers Rosenzweig. Mit der Gründung des Freien Jüdischen Lehrhauses in Frankfurt a.M. unternahm es Rosenzweig, Anleitung zum Aufbau eines neuen jüdischen Selbstverständnisses und -bewußtseins zu geben und anderen einen Weg zu weisen, den er sich selbst erarbeitet hatte[9]. Rosenzweigs Theologie genoß unter dem deutsch-jüdischen Bürgertum der Weimarer Epoche eine an Verehrung grenzende Hochachtung. Seine jüdisch-liberalen Zeitgenossen identifizierten sich intuitiv mit Rosenzweigs Lehren, obwohl sie sie eigentlich nicht ernstlich verarbeiten, geschweige denn seinen philosophischen Gedankengängen folgen konnten. Aufs Ganze gesehen blieb seine Ausstrahlung doch gering und auf den deutschen Sprachraum beschränkt. Sein früher Tod im Alter von 43 Jahren (1929) nach langer, schwerer körperlicher Behinderung ist einer der Gründe dafür, daß er schließlich und endlich nicht zu dem hervorragenden Exponenten einer oder der modernen jüdischen Theologie geworden ist, wie er es verdient hätte. Ein weiterer Grund ist wohl darin zu suchen, daß er seiner Lehre bzw. seinen Lehren vorzüglich in einer weitgespannten Korrespondenz und kleineren Schriften Ausdruck verlieh, die zum Teil noch nicht veröffentlicht sind[10]. Gewisse Elemente seiner Theologie und Philosophie sind mündlich überliefert und daher nur einem kleinen Kreis von »Schülern« direkt zugänglich. Dazu kommt, daß sein Hauptwerk »Der Stern der Erlösung«[11], in dem Rosenzweig auch Ansätze zu einer systematischen Darstellung seiner Position gegenüber dem Christentum liefert, in einer Sprache verfaßt und in Konzeption dargelegt ist, die eine Vertrautheit mit seinem philosophischen und persönlichen Hintergrund erfordern, wie sie bei heutigen Lesern noch weniger als bei damaligen vorausgesetzt werden kann. Es ist das große Verdienst meines Kollegen Yehoshua Amir, daß er den »Stern der Erlösung« durch eine Übersetzung ins Hebräische im

---

7 Eine ähnliche Tendenz findet sich ungefähr zur gleichen Zeit auf christlicher Seite bei Romano Guardini, dessen Lebenswerk *H.U. von Balthasar*, Romano Guardini – Reform aus dem Ursprung (Münchner Akademie-Schriften), München 1970 kurz dargestellt und gewürdigt hat. Aufschlußreich für die Weltbezogenheit Guardinis ist ferner der ihm zu seinem achtzigsten Geburtstag gewidmete Sammelband: Interpretation der Gegenwart, hg. von *H. Kuhn – M. Kahlfeld – K. Forster*, Würzburg 1965.
8 Was Rosenzweig, der Cohen im übrigen hoch schätzte und verehrte, an ihm bemängelte (Briefe, s.o. Anm. 4, S. 657f).
9 Zur politischen Funktion von Rosenzweigs Öffentlichkeitsarbeit vgl. *R. Mayer*, Franz Rosenzweig. Eine Philosophie der dialogischen Erfahrung, München 1973, bes. S. 68–109.
10 Eine Ausgabe von Rosenzweigs Gesamtwerk, sowohl der bereits gedruckten als auch der bisher unveröffentlichten Schriften, ist in Vorbereitung.
11 Geschrieben im Feld 1918/19, erstmals veröffentlicht Frankfurt a.M. 1921; ein Neudruck erschien 1972.

Jahre 1970 einer neuen jüdischen Generation zugänglich zu machen versuchte. Wieweit allerdings Rosenzweigs Diasporatheologie im heutigen Israel auf Widerhall stoßen wird, bleibt abzuwarten. Ebenfalls 1970 erschien die Übersetzung ins Englische aus der Feder von William Hallo, dem Sohn von Rudolf Hallo, dessen Lebensweg seinerzeit durch Rosenzweig eine neue Richtung erhielt.

Ist es vielleicht diesem Fremdbleiben einer breiteren jüdischen wie christlichen Öffentlichkeit gegenüber zuzuschreiben, daß nicht Rosenzweig dem zeitgenössischen Dialog zwischen Christentum und Judentum oder zwischen Christen und Juden einen Stempel aufgedrückt hat, sondern daß dieser Dialog vielmehr unter dem Eindruck und Einfluß von Martin Buber steht?[12] Im Unterschied zu Rosenzweig, dem er unter anderem wesentliche Anregungen zur Entfaltung seines dialogischen Prinzips[13] verdankt, wirkte Buber viel stärker auf ein christliches Publikum[14]. Oder hängt Rosenzweigs relativ geringer Einfluß auf diesem Gebiet auch damit zusammen, daß in der Zeit nach dem Zweiten Weltkrieg infolge jener ungeheuerlichen Untaten, die das deutsche Judentum, das Rosenzweig kannte und repräsentierte, von der Bühne der Weltgeschichte heruntergerissen hatte, ein christlich-jüdischer Dialog, wie er sich im englischen und auch im französischen Sprachraum entwickelte, im deutschen Sprachraum nicht Wurzeln schlagen konnte?

Dieses Fehlen eines »öffentlichen« Partners muß als besonders bedrückend angesehen werden, da Rosenzweigs Gedanken über »Judentum und Christentum« weitgehend aus einem mündlichen und schriftlichen Dialog hervorgegangen sind. Als Brennpunkt diente der berühmte Briefwechsel mit Eugen Rosenstock[15]. Er verlief – wie Rosenstock es später definierte[16] – als ein Drama in drei Akten. Er begann mit einem nächtlichen Gespräch am 7. Juli 1913 in Leipzig, zusammen mit Rosenzweigs Vetter Rudolf Ehrenberg als drittem Teilnehmer. Bei dieser Unterredung, erzählt Rosenstock, »war es zwar auch um Glaubensfragen gegangen, aber nicht Judentum und Christentum hatten da miteinander gerungen, sondern Of-

---

12 In gewissem Maße könnte man die wissenschaftlichen und existentiellen Beziehungen, die zwischen Rosenzweig und Buber, dem hervorragenden Systematiker, Pädagogen und Lehrmeister, bestanden, mit denen vergleichen, die das Verhältnis von Karl Heinrich Graf, dem eigentlichen Begründer der modernen Bibelkritik, und Julius Wellhausen bezeichnen. Der Systematiker und als Autor produktivere Wellhausen hat den Namen seines Vorgängers Graf fast völlig in den Schatten gestellt. Man spricht fast nur noch von den Wellhausenschen Theorien, und zwar so weitgehend, daß »Der Neue Herder« (1968) den Namen Karl Heinrich Graf nicht einmal erwähnt, geschweige denn seine Verdienste um die neue Bibelwissenschaft darlegt.
13 Vgl. grundlegend M. Buber, Ich und Du, Leipzig 1923; zu verschiedenen Ansätzen zum Dialog-Prinzip vgl. B. Casper, Das dialogische Denken, Freiburg/Basel/Wien 1967.
14 Vgl. S. Talmon, Martin Buber als Bibelinterpret, in diesem Band S. 130–144.
15 Veröffentlicht als Anhang zu: Briefe, s. o. Anm. 4, S. 637–720; dazu H.J. Schoeps, Israel und Christenheit, München/Frankfurt 1961, S. 151–169.
16 Judaism, s. o. Anm. 1, S. 72.

fenbarungsglaube [vertreten durch den getauften Juden Rosenstock, S.T.] und Philosophiegläubigkeit [vertreten durch den jüdischen Agnostiker Rosenzweig, S.T.] standen damals einander gegenüber«[17]. Von seinem jüdischen Erbe völlig entfremdet, hatte sich Rosenzweig einem philosophischen Relativismus verschrieben. Als Rosenstock dieser Philosophie in der Aussprache »den Boden unter den Füßen wegzog«, brachte er Rosenzweig fast dazu, dem Beispiel seines Freundes und Vetters Hans Ehrenberg folgend, zum Christentum überzutreten und sich so aus seinem Agnostikertum heraus zum lebendigen Gott, den Rosenstock in Christus erblickte, zu bekennen. Die als Abschiedsbesuch gemeinte, aber als eine erschütternde Erfahrung wirkende Anteilnahme am jüdischen Gottesdienst an den Hohen Feiertagen im Oktober desselben Jahres in Berlin gab dieser Abkehr von Relativismus und Philosophie eine neue Wendung – diesmal aufs Judentum hin[18]. In einem Brief an Rudolf Ehrenberg erklärte Rosenzweig diesen Umschwung folgendermaßen: »Daß ein Mensch wie Rosenstock mit Bewußtsein Christ war..., dies warf mir meine ganze Vorstellung vom Christentum, damit aber von Religion überhaupt und damit von meiner Religion über den Haufen. Ich hatte geglaubt, mein Judentum christianisiert zu haben. In Wahrheit hatte ich umgekehrt das Christentum judaisiert... Ich hatte der Kirche ihren Herrscherstab verargt, weil ich sah, daß die Synagoge einen geknickten Stab hält[19]. In dieser Welt... also schien für das Judentum kein Platz zu sein. Indem ich daraus die Konsequenz zog, machte ich gleichzeitig einen persönlichen Vorbehalt... ich erklärte, nur als *Jude* Christ werden zu können« (Briefe, S. 72). Darin besteht der wesentliche Unterschied zwischen dem Christwerden von Rosenstock und Ehrenberg, die beide durch »die Zwischenstufe des Heidentums«, von einem wesenlosen Judentum her, zum Christentum kamen und sich deshalb nicht der anderen Möglichkeit, nämlich Juden zu werden, aussetzten. Und eben das wurde Rosenzweig zuteil: Auf dem Weg vom Agnostizismus zum christlichen Glauben entdeckte er seine Jüdischkeit und blieb daran haften. Anstelle einer Emanzipation vom Jüdischen erlangte er für sich eine Emanzipation des Jüdischen. »Du«, schrieb er an Rudolf Ehrenberg, »pfropftest das Reis F(ranz) R(osenzweig) auf den lebendigen Stamm ›Judentum im ersten Jahrhundert‹; ich den Ebräerbrief auf den lebendigen Ast ›Judentum des zwanzigsten Jahrhunderts‹. Diesen Ast nahm ich dabei ebenso selbstverständlich für lebendig, wie du ihn für tot, verdorrt nahmst«. Und das Resultat: »Ich bleibe also Jude« (im selben Brief). Ähnlich empfand auch Rosenstock seinerseits: »Unsere Wege sind ja

---

17 Briefe, s.o. Anm. 4, S. 638.
18 Die einschneidende Bedeutung dieses Erlebnisses hat *N. Glatzer*, Franz Rosenzweig: His Life and Thought, New York 1953, S. XVII-XIX herausgestellt. *D. Clawson*, Rosenzweig on Judaism and Christianity – a critique, Judaism 19 (1970), S. 94, Anm. 13 stellt den Vorgang auf rationale Grundlage.
19 Hier spielt Rosenzweig auf die mittelalterlichen Darstellungen von Ekklesia und Synagoge an, wie sie in zwei Statuen etwa am Portal des Straßburger Münsters stehen.

wohl aneinander vorbeigegangen. Was Sie aufgeben, suche ich, was Sie suchen, war bei mir im Anfang« (Briefe, S. 649).

Die Fortsetzung folgt 1916, mitten im Ersten Weltkrieg, in Gestalt einer Reihe von Frontbriefen Franz Rosenzweigs, die Eugen Rosenstock in ungleichen Abständen beantwortet. In dieser Etappe verhärten sich zunehmend die Fronten der Diskussionspartner: Rosenstocks eindeutige Identifizierung mit dem Christentum war eigentlich nie in Frage gestellt, aber auf der anderen Seite reifte in jenen Jahren Rosenzweigs jüdische Identität, und seine Theologie des Judentums nahm klarere Konturen an.

Gemäß des Ausblicks am Ende seines »Stern der Erlösung« vollzog Rosenzweig nach seiner Rückkehr aus dem Krieg den Schritt *ins Leben*, von der theoretischen Erkenntnis zur *praktischen Verwirklichung*: im öffentlichen Bereich durch sein Engagement in der jüdischen Erwachsenenbildung, im privaten durch die Errichtung eines jüdischen Hausstands. Dieser dritte Schritt fand seit 1920 seinen literarischen Niederschlag in Briefen an Rudolf Hallo, der – unter Rosenstocks Einfluß – seinerseits nahe daran war, Christ zu werden, und der – durch Rosenzweig, der ihn 1922 zu seinem Nachfolger am Frankfurter Lehrhaus machte – den Weg ins Judentum zurückfand. Gegenüber Hallos fanatischer Zuwendung zur jüdischen Orthodoxie gestaltete und behauptete Rosenzweig seine jüdisch-liberale Position[20].

Der Briefdialog zwischen Eugen Rosenstock und Franz Rosenzweig ist oft als »existentieller Dialog« angesprochen worden[21]. Rosenstock distanziert sich von der Bezeichnung »existentiell«[22], Rosenzweig will den Briefwechsel nicht einmal einen »Dialog« nennen, sondern spricht von einem »Bombardement« zweier gelehrter »Kanonen« (Briefe, S. 179f). Nach kurzem »Vorgeplänkel« – um bei militärischer Terminologie zu bleiben, deren Verwendung angesichts der Schreibsituation nahelag – gingen die beiden Partner in rückhaltloser Offenheit aufeinander zu, wobei jeder den anderen als ganzen Menschen annahm und zu verstehen suchte. Solche echte Partnerschaft wurzelte in einer Ich-Du-Beziehung[23], wie sie dann in Bubers Darstellung weite Verbreitung finden sollte. Beide Freunde hatten gegenüber Bubers System Vorbehalte anzumelden: Rosenstock sah das Du dem Ich vorgeordnet[24], Rosenzweig kritisierte die einseitige Abwertung des Es-Bereichs[25]. Das Sprachden-

---

20 Vgl. bes. Briefe, s.o. Anm. 4, S. 381–383 (1920) bzw. S. 424–431 (1922).
21 Vgl. *F. Kaufmann*, in: P.A. Schilpp (ed.), The Philosophy of Karl Jaspers, New York 1957, bes. S. 212–215.
22 Judaism, s.o. Anm. 1, S. 71.
23 Vgl. Briefe, s.o. Anm. 4, S. 254.
24 Ebd., S. 69f.
25 So in seiner Kritik an Bubers Buch »Ich und Du« vor dessen Veröffentlichung, die Buber im Antwortbrief vom 14.9.1922 als »großartig« bezeichnete.

ken war ihr gemeinsames Medium: Rosenzweig kam über Schelling[26] zu einer »erzählenden Philosophie«[27], Rosenstock legte in der Korrespondenz mit Rosenzweig die Grundlage zu seinem Buch »Angewandte Seelenkunde«, das einige Jahre nach dem Krieg erschien[28]. Rosenzweig wiederum machte nie ein Hehl daraus, was er auf diesem Gebiet Rosenstock verdankte[29].

In dem Briefwechsel ging es nach Rosenstocks Aussage (Briefe, S. 638) »um die ewig typischen, überpersönlichen Fragen des Daseins von Jude und Christ inmitten der Völkerwelt, um ihre ›theologische Existenz heute‹. Dank der überalltäglichen isolierenden Hochspannung der Seelen in jener Zeit blieb den Briefen jede Rücksicht auf äußeren Nutzen oder Schaden fremd. Die Judenfrage und die Christenfrage treten also in einer rein nach innen gewendeten Form auf, wie das sonst bei der Art des Gegenstandes nie möglich ist... Deshalb ist aber auch das Subjektive und persönliche Element in diesen Briefen nichts, was den Leser beirren sollte. Sondern dies Element stellt nur den unentbehrlichen Brennstoff dar, ohne den sich auch und gerade das sachlichste Zwiegespräch nicht entzünden kann. Auch seine Leidenschaftlichkeit darf nicht über seine objektive Wahrheit hinwegtäuschen«.

In diesem »Duell zwischen zwei Gläubigen« ging es hart auf hart. In Rosenstocks scharfen, manchmal sehr abschätzigen Bemerkungen über das Judentum sind Spitzen eines überzeugten Konvertiten zu vernehmen, die Zeugnis ablegen vom Erringen des wahren Glaubens durch einen Menschen, der nicht als Christ geboren war: »Ich weiß«, sagt er (Briefe, S. 682), »daß Juda alle ›Völker‹ überdauern wird, aber nicht habt Ihr die Möglichkeit zur Theologie, zur Wahrheitsforschung, so wenig wie zur Schönheit. Ihr sollt euch kein Bildnis machen. Um diesen Preis darf der Ewige Jude *leben*. Weil er so grenzenlos am Leben hängt, ist es ihm gewährt. Er ist aber dazu verdammt zu leben, im Schweiße seines Angesichts und überall borgend, überall Anleihen machend an all dem, was das Leben erst lebenswert macht. Der Jude stirbt für kein Vaterland und für keine Mission. Er lebt deshalb, weil er die Schranke des Lebens nicht erlebt, von einer gespenstischen Widerspiegelung alles wirklichen Lebens, das ohne das Todesopfer und die Nähe des Abgrundes undenkbar ist. Damit Juda lebe, hängt der einzelne Jude von dem Erfolge, von der Zahl seiner Kinder, ab. Er ist ein Paragraph des Gesetzes, c'est tout« (Briefe, S. 682). Dieser »gespenstischen Widerspiegelung alles wirklichen Lebens« im Leben des einzelnen Juden stellt Rosenstock die Gesamtkonzeption der Kirche gegen-

---

26 Wie intensiv er sich mit Schelling befaßt hat, davon zeugt seine Arbeit »Das älteste Systemproblem des deutschen Idealismus«, in: *ders.*, Kleine Schriften, Berlin 1914, S. 230–277, in der er Schelling als den wirklichen Verfasser eines Manuskripts aus der Feder angeblich des jungen Hegel erwies.
27 Vgl. dazu Briefe, s.o. Anm. 4, S. 711 und Kleine Schriften, s.o. Anm. 26, S. 383.
28 Darmstadt 1924.
29 Vgl. etwa Kleine Schriften, s.o. Anm. 26, S. 388.

über, in der die Einzelseele als Glied des großen Corpus fungiert. »Dieses ›im Einzelnen das Ganze haben‹ und doch nicht haben ist das Geheimnis der Kirche, und zwar unterscheidet sie sich darin von allen bloß objektiven Geistesgebilden (Staat, Kunst, Religion im hegelschen, liberalen Sinne); denn sie *spricht* und läßt den einzelnen als Mikrokosmos *sprechen* und im Makrokosmos *leben*« (Briefe, S. 684).

Durch solchermaßen harte Angriffe läßt sich Rosenzweig aus seiner anfänglichen Reserve locken und entfaltet seine Ideologie, in der das Judentum dem Christentum nicht nur ebenbürtig an die Seite tritt, sondern mehr und mehr eine Vorrangstellung einnimmt. Es ist erstaunlich, wie wenig Rosenzweig in seiner Erwiderung auf derart polemische Äußerungen, die im Lichte der heutigen Situation teilweise tragisch und tragikomisch anmuten, auf den Umstand anspielt, daß Rosenstock Konvertit ist.

Allerdings verbat er sich energisch Rosenstocks Briefanrede »Mitjude« (Briefe, S. 655): »Das ist mir gefühls- und denkmäßig gleich unerträglich. Sie können für mich nichts andres sein als *Christ*; ... ich erkenne diesen missionstheologischen Begriff des ›Christen aus Israel‹ nicht an (weil er positiv ist, und der Jude zwischen Kreuzigung und Wiederkunft für die christliche Theologie nur negativen Sinn haben kann)« (Briefe, S. 659). Umgekehrt vermag er den jüdischen Proselytismus, der zwar nicht mit dem wohl kritisch betrachteten, missionarischen Impetus wie im Christentum, aber doch vorhanden ist, in seine Anschauung einzuordnen. Er verwischt nicht die grundsätzliche Geschiedenheit beider Gemeinden: »Die religionsgesetzliche Tradition ist dabei in dieser Grenzfrage, wie mir scheint, durchaus konsequent, sie muß die Möglichkeit des Proselytentums offenhalten, um des messianischen Charakters des Judentums willen, wonach der Blutzusammenhang ja nur um seiner symbolischen Bedeutung willen aufrechterhalten wird; nur muß sie mit aller Strenge darauf sehen, daß der ›Proselyt‹ eben nur ›kommt‹, nicht geholt, nicht ›bekehrt‹ wird, denn er ist eben ein Gleichnis der proselytischen Menschheit am ›Ende der Tage‹« (Briefe, S. 693).

Dann, am »Ende der Tage«, da Gott »alles in allem« und einzig (Sach 14) sein wird, sind Judentum und Christentum vereinigt, aber in der Weltzeit bleiben sie geschieden. Denn während das Christentum ausgeht zu den Völkern der Welt, um sie zu bekehren und zum Vater zu bringen, also ständig unterwegs ist, befindet sich das Judentum von Anbeginn am Ziel, im Zentrum, braucht also keine Heils-»Geschichte« zu durchlaufen, sondern nur in seiner Erwähltheit zu verharren. Diese Konzeption von den beiden Gemeinden – der einen eignet der »ewige Weg«, der anderen »ewiges Leben«[30] – hat Rosenzweig eindrucksvoll durchgeführt im dritten Teil des »Stern der Erlösung«. Dort sind Judentum und Christentum als komplementäre Gegensätze dargestellt[31], wie er sie schon in der Auseinanderset-

---

30 Vgl. *N. Rotenstreich*, Jewish Philosophy in Modern Times, New York 1968, S. 205–215.
31 Zu Rosenzweigs Grundhaltung in dieser Frage vgl. *S. Schwarzschild*, Rosenzweig on Judaism and Christianity, Conservative Judaism 10 (1956), bes. S. 42–45.

zung mit Rosenstock auffaßte[32], auch wenn er die eigene Position in polemischer Schärfe behaupten konnte: Der Judenstolz gründet sich auf dreierlei: »1. daß wir die Wahrheit haben, 2. daß wir am Ziel *sind* und 3. wird jeder beliebige Jude im Grunde seiner Seele das christliche Verhältnis zu Gott ... eigentlich höchst kümmerlich, armselig und umständlich finden, daß man es erst von einem, seis wer er sei, lernen müsse, Gott unsern Vater zu nennen; das ist doch, wird der Jude meinen, das Erste und Selbstverständlichste – was braucht es einen Dritten zwischen mir und meinem Vater im Himmel. Das ist keine moderne Apologetenerfindung, sondern der einfache jüdische Instinkt, gemischt aus Unbegreiflichfinden und mitleidiger Verachtung« (Briefe, S. 672; vgl. S. 687). Zu dieser Überzeugung war er bereits 1913 gelangt, und auf sie gründete sich offenbar sein Entschluß, nicht Christ zu werden, sondern Jude zu bleiben. Damals schrieb er an R. Ehrenberg, den dritten Partner des Leipziger Nachtgesprächs: »Was Christus und seine Kirche in der Welt bedeuten, darüber sind wir einig: Es kommt niemand zum Vater denn durch ihn ... Es *kommt* niemand zum Vater – anders aber, wenn einer nicht mehr zum Vater zu kommen braucht, weil er schon bei ihm *ist* ... Und dies ist nun der Fall des Volkes Israel (nicht des einzelnen Juden)« (Briefe, S. 73). Als Jude wird man in die am Sinai geschlossene Glaubensgemeinschaft von Gott und Volk geboren. Judesein ist askriptiv, es ist ein natürliches Phänomen. Christ wird man durch einen Akt des Eintritts in die elektive Gemeinschaft der an Jesus Glaubenden, durch eine Wiedergeburt, nachdem man als Heide (oder Jude) geboren wurde. Hierin liegt der Ausgangspunkt der Scheidung von Judentum und Christentum, die in der Geschichte parallel zueinander laufen und sich weder treffen können noch sollen.

Damit ist dem jahrhundertelangen Wettkampf zwischen Judentum und Christentum die Grundlage entzogen; jede Gemeinde hat ihre Bestimmung an dem ihr eigenen Ort, so daß beide einander nicht nur nicht stören, sondern ergänzen[33]. Es entsteht ein Wettbewerb um Toleranz, in dem schließlich die bessere Religion sich bewähren wird. Der Weg wird frei für die Gegenüberstellung eines Dogmas des Judentums über sein Verhältnis zur Kirche und des Dogmas der Kirche über ihr Verhältnis zum Judentum (Briefe, S. 669). Fast genial gründet Rosenzweig diese Bezogenheit aufeinander auf eine kühne Interpretation des Verses Joh 14,6, legt sie also gleichsam dem Begründer des Christentums selbst in den Mund. Mit dieser Auffassung widerspricht Rosenzweig aber nicht nur der traditionellen jüdischen, sondern auch dem Wortsinn des Verses[34]. Dessen erste Hälfte lautet nämlich: »Ich bin der Weg, die Wahrheit und das Leben«; dies

---

32 Vgl. Briefe, s. o. Anm. 4, S. 179.
33 W. *Herberg*, Judaism and Christianity: Their Unity and Difference, JBR 21 (1953), bes. S. 75f hat diese ausgewogene Beziehung nachgezeichnet.
34 Vgl. dazu zuerst *J. Taubes*, The Issue between Judaism and Christianity, Commentary 16 (1953), bes. S. 526–528.

spricht einer Gemeinde, die für sich »ewiges Leben« außerhalb von Christus reklamiert, eindeutig die Existenzberechtigung ab. Eben das Christentum beansprucht für sich die vorweggenommene Erlösung, wie sie Rosenzweig dem Judentum zuteilt.

Mit seiner Darstellung des Judentums als einer in sich ruhenden Gemeinde, allem zeitlichen Geschehen entrückt, formulierte Rosenzweig eine ausgesprochene Exils-Ideologie. Für das gebildete, assimilierte deutschjüdische Bürgertum seiner Zeit mochte eine solche als die angemessenste, wenn auch nicht als die ausschließliche Möglichkeit jüdischen Selbstverständnisses erscheinen, aber bei unvoreingenommener Prüfung etwa der biblischen und der nachbiblischen messianischen Zeugnisse hätte er festgestellt, daß dies keineswegs zu aller Zeit die vorherrschende Tendenz war. Dieser Einseitigkeit verdankt sein System seine eindrucksvolle Geschlossenheit, aber sie beschränkt es auch auf seinen weltgeschichtlichen Ort, von dem es nicht – jedenfalls nicht als ganzes – auf eine gewandelte jüdische und weltpolitische Realität übertragbar ist.

Rosenzweigs Geschichtsauffassung, von der her er Judentum und Christentum ihre komplementär-partikularen Funktionen zuweist, geht in erheblichem Maß von christlichen Voraussetzungen aus. Bei der Eigenständigkeit von Rosenzweigs philosophischem Denken mag solche Abhängigkeit zunächst überraschen; angesichts seines weltanschaulichen Hintergrunds, der von einer durch und durch christlichen Kultur bestimmt und insbesondere von Hegel geprägt war, wird sie jedoch verständlich. Rosenzweig hatte sich die christliche Geschichtsschau zu eigen gemacht: das Christentum als die herrschende, multinationale Weltreligion, das Judentum machtlos, gebunden an das jüdische Volk, das im Unterschied zu anderen Völkern nicht durch gemeinsame Sprache und Territorium geeint ist. Er gibt freimütig zu, daß das moderne Judentum in seiner christlichen Umwelt eine marginale Stellung einnimmt. Selbst gegen die Bezeichnung des Judentums als Paria-Volk, wie sie Max Weber[35] vornahm, wehrte sich Rosenzweig nicht, äußerte er sich doch selbst in ähnlicher Richtung Rosenstock gegenüber: »Gewiß, es ist alles Handlangerarbeit, was wir leisten; wir müssen das Urteil annehmen, wie es über uns gefällt wird, wir können uns nicht selbst beurteilen (weil es nicht unsre eigene Geschichte ist, an der wir wirken)« (Briefe, S. 690).

Die geschichtliche Realität lief dem Judentum zuwider, und da Rosenzweig sich deren Urteil unterwarf, meinte er eine Zeitlang, seinen Weg im Christentum suchen zu sollen. Doch nachdem er zu der Erkenntnis gelangt war, daß das Judentum eben nicht im Bereich der historischen Fakten beheimatet ist, sondern im Transzendenten wurzelt, fochten ihn kirchliche Machterweise in Geschichte und Gegenwart nicht mehr an[36].

---

35 M. Weber, Gesammelte Aufsätze zur Religionssoziologie III: Das antike Judentum, Tübingen 1923.
36 Zusammenfassend dazu Clawson, s. o. Anm. 18, S. 95–97.

Im Unterschied zum Christentum, das in der geschichtlichen Zeit lebt, lebt das Judentum in einer kalendarischen, durch Tradition und Glauben bestimmten sakralen Zeit, die frei ist vom Geschehen und es überragt.

Auf das Christentum angewandt, bezieht Rosenzweigs methodologisch durchaus anfechtbares Vorgehen seine Berechtigung aus dem besonderen Charakter seiner personhaften Auseinandersetzung mit ihm sowie aus der Großartigkeit seiner Gesamtkonzeption. Dem Islam gegenüber, mit dem ihn kein existentielles Band verknüpfte, kommt dessen Schwäche deutlicher zum Ausdruck[37]. Rosenzweigs Beschäftigung mit arabischer Sprache und muslimischer Kultur während des Studiums und im Krieg war eher spielerischer Natur. Bei seiner außerordentlichen Begabung bot ihm die Materie keine erheblichen Schwierigkeiten, aber zu tieferem Eindringen sah er sich nicht motiviert. Vielmehr übernahm er auch hier die einschlägigen Urteile und Termini der Wissenschaft des christlichen Abendlands[38]. Unter Zuhilfenahme seiner reichen Intuitionsgabe ordnete er den Islam als eine natürliche Religion in sein Schema ein (im zweiten Teil des »Stern der Erlösung«), dessen bipolare Anlage seine Gleichordnung als welterobernde, monotheistische Religion von vornherein ausschloß.

Nachdem Rosenzweig Judentum und Christentum, die beiden Religionen, die ihn angingen, in ihre wesensmäßig verschiedenen Sphären verwiesen hatte, brauchte er keinen fruchtlosen Kampf mehr gegen christliche Überzeugungen zu führen, sondern war frei, innerhalb der zwar nicht selbstgewählten, aber als göttliche Bestimmung angenommenen Grenzen an die Gestaltung des jüdischen Seins zu gehen. »Alles [was Rosenstock angeführt hatte] ist wahr, und die Welt zieht die Konsequenzen, selbst wenn einzelne unter uns sich für ihre Person dagegen sträuben (nicht ich). Aber daß wir *überhaupt* irgendwie am Leben der Völker (und damit je länger je mehr am christlichen Leben) passiv teilnehmen, das ist unvermeidlich, wenn anders wir überhaupt leben sollen (und daran hängen wir allerdings ›grenzenlos‹), aber ... nicht aus Lebenshunger, sondern aus Lebenspflicht (metaphysischer Pflicht, ›Verdammtheit‹ nach eurer, ›Erwähltheit‹ nach unsrer Auffassung) ... Aber neben diesem, im tiefsten Sinn unsittlichen Leben nach außen gibt es ein rein jüdisches Leben nach innen, alles, was eben der Erhaltung des Volks, seines ›Lebens‹, soweit sie nicht nach außen *erkauft*, sondern im Innern *erarbeitet* werden muß, dient« (Briefe, S. 690f).

Vor einer Flucht in die Innerlichkeit bewahrte ihn jedoch seine tiefe Verwurzelung in der deutschen Kultur und Gesellschaft. 1916 äußerte Rosenzweig – vielleicht aus dem Empfinden des Zurückgesetztseins heraus –

---

37 Diesen Punkt hat zuerst *Taubes*, s.o. Anm. 34, S. 528 scharf herausgearbeitet.
38 *I. Maybaum*, Trialogue between Jew, Christian and Muslim, London 1973, S. 50–55 weist (von Rosenzweig nicht wahrgenommene) Übereinstimmungen in Rosenzweigs und im islamischen Gesetzesverständnis auf.

noch eine gewisse Zurückhaltung dem Staatsapparat gegenüber: »Wie weit der Jude an dem Leben der Völker teilnimmt, das schreibt nicht er sich, sondern das schreiben sie ihm vor... Ich persönlich... stelle mich zum Staat rein pflichtmäßig (legal), habilitiere mich deshalb nicht an deiner Universität, trete *nicht* als Kriegsfreiwilliger ein, sondern gehe zu dem Internationalen Roten Kreuz. Zur deutschen Kultur habe ich ein intensives Dankbarkeitsverhältnis; nimmt sie meine Gaben... an, gut; wenn nicht, auch gut; es würde mir nichts ausmachen, sie in dauernder Anonymität zu veröffentlichen...« (Briefe, S. 691f). Schon wenige Jahre später hatte er diese Hemmung überwunden. 1920 schrieb er an R. Hallo: »Glaub mir: Es käme mir jetzt gar nicht darauf an, mich als Jude an einer deutschen Universität für Philosophie oder Geschichte zu habilitieren. Ich werde es kaum tun, denn meine Sehnsucht und mein Herz zieht mich zu Juden unmittelbar, darauf freue ich mich einfach; das andre *könnte* ich eben bloß. Aber den *Mut* dazu hätte ich jetzt auch...« (Briefe, S. 382).

Schon in der Korrespondenz mit Rosenstock kam Rosenzweig von den negativen Implikationen seines Systems auf die positive Aufgabe jüdischen Lebensvollzugs, der in einer offenbarten Gesetzgebung wurzelt: »An mir liegt es, ob ich Individuum das metaphysische Schicksal (das ›Joch des Himmelreichs‹), zu dem ich von Geburt berufen bin, auch auf mich nehmen, ›principaliter und essentialiter jüdisch leben will‹... Der Kreis des Institutionellen erleichtert die Durchführung solchen Willens; ich würde für mich nicht den Mut zu dem Schritt haben, den Buber mit seinem größeren Besitz an ererbter Tradition und (als Zionist) jüdischem Betätigungsfeld wagen konnte« (Briefe, S. 692f). Auch wenn Rosenzweig den Weg zum Zionismus nicht als Lösung ansah, wußte er doch, daß er »die emanzipierte Form der messianischen Bewegung« ist (Briefe, S. 708) und daß er »heute das jüdische Haus« darstellt, soweit er schon »Resultat« geworden ist (Briefe, S. 710).

Persönlich stand Rosenzweig dem politischen Zionismus fern; nicht nur, weil ihm die bitteren Erfahrungen des Nationalsozialismus erspart blieben. Er konnte sich nicht mit ihm identifizieren, weil dieser das jüdische Volk zur aktiven Teilnahme an aktuellen Geschichtsereignissen drängte, denen es nach Rosenzweigs Konstruktion doch entrückt und wesensfremd sein sollte. Dessen ungeachtet hat er die Zionssehnsucht in Juda Halevis Liedern in unnachahmlicher Weise nachgestaltet[39]. Seine Übersetzungen bezeugen seine innige Vertrautheit mit der deutschen wie mit der hebräischen Sprache. Während Rosenstock unter dem Schatten der politischen Ereignisse gegenüber seiner früheren Philosophie, nach der »Sprache Blut und Leben der Gesellschaft ist«, eine gewisse Reserviertheit entwickelte und im »Zusammenbruch der deutschen Sprache zwischen 1933–1939 eines der radikalsten Ereignisse aller Zeiten im Gebiet des Geistes und der Sprache« sah, vermochte Rosenzweig noch in seinen letzten

---

39 *J. Halevi*, Zweiundneunzig Hymnen und Gedichte, Berlin 1927.

Lebenstagen zwischen Nation und Kultur, deren Träger die Sprache ist, zu scheiden. Am 6.10.1929 schrieb er an seine Mutter, reagierend auf Vorwürfe eines nicht genannten Korrespondenten: »Mein Deutschtum wäre doch genau, was es ist, auch wenn es kein Deutsches Reich mehr gäbe. Sprache ist doch mehr als ›Blut‹ . . .« (Briefe, S. 631).

Seine Liebe zur hebräischen Sprache, wie sie in Kultur und Geschichte verwurzelt ist, kommt in einem kleinen Gedicht zum Ausdruck, das er der jüdischen (israelischen) Channa Rowina fünf Tage vor seinem Tode widmete (Briefe, S. 633), nachdem sie ihm an seinem Krankenbett hebräische Gedichte rezitiert hatte:

»Urenkelkind du unsres alten Stammes
Urahnin du hebräischen Trauerspiels,
Dank, daß erquickt ich ward aus deiner Hand.«

13

Gott und Mensch
Eine zeitgenössische jüdische Sicht

Meine Ausführungen zum Thema »Gott und Mensch im zeitgenössischen jüdischen Denken« sind starken Einschränkungen unterworfen. Im Judentum lassen sich zahlreiche Varianten und Nuancen unterscheiden, alle im Grunde genommen legitim, in mitunter scheinbar widersprüchlichen Konzeptionen und Interpretationen der Beziehung des Menschen zu Gott – sowohl aus einer historischen Perspektive als auch auf der Ebene der Gegenwart.

»Es ist gerade der Reichtum an Widerspruch, der laut werdenden Meinungen, der von der Tradition umfaßt und in unbefangenster Weise bejaht wird ... [Die Tradition] bewahrt die widersprüchlichen Meinungen mit einem Ernst und einer Unerschrockenheit, die erstaunlich ist, gleichsam als ob man nie wissen könne, wo eine einmal verworfene Meinung doch noch zum Grundstein eines ganz neuen Gebäudes werden könne.«[1]

Solche scheinbaren oder tatsächlichen Widersprüche treten in den ältesten jüdischen, d.h. biblischen Traditionen (Gen 1 und 2) zum Vorschein, die sich mit der Definition der Position des Menschen vor Gott befassen. Es ist dabei für unser Anliegen ohne Belang, daß die moderne Wissenschaft diese Traditionen in der Genesis zwei unterschiedlichen Quellen oder literarischen Fäden zuschreibt, welche in das Gewebe des Buches eingewoben wurden. Was aber in dem vorliegenden Kontext wohl von Bedeutung ist, ist die klare Dualität, die von den Tradenten der biblischen Literatur ohne Einwand und ohne irgendeinen Versuch, die Unterschiede zu mildern, akzeptiert wurde. Diese zwei Konzeptionen spiegeln sich in anderen Schichten der hebräischen Schriften wider und lassen sich später in Hauptströmungen der jüdischen Anthropologie unterscheiden.

Gen 2,7 spricht vom Menschen als einem Geschöpf, das aus Staub, d.h. aus toter Materie, erschaffen ist (vgl. Hi 42,6), um damit seine Ohnmacht vor Gott hervorzuheben. Einige jüdische und auch nicht-jüdische Denkrichtungen entwickelten die Konzeption des »aus Staub gemachten Menschen« in zahllosen Motiven und Sprachbildern. Sie geben einer Einstellung Ausdruck, die den Wert des Menschen auf weniger als ein Nichts reduziert, bereits bevor er wieder zu dem Staub zurückgekehrt ist, aus

---

1 G. Scholem, Tradition und Kommentar als religiöse Kategorien im Judentum, Eranos-Jahrbuch 31, Zürich 1962, S. 30.

dem er kam: »Denn Erde bist du, und zur Erde mußt du zurück« (Gen 3,19). Die Literatur der dissidenten nachbiblischen Gemeinde von Qumran, beispielsweise die sog. Sektenregel, nimmt ihren Ausgang von dem obigen Text in Gen 2 und stellt den vom Weibe geborenen Menschen als eine Gestalt dar, die vom Schöpfer wie eine Knetmasse gebildet, aus Staub, d. h. aus toter Materie, geformt wurde: »Er, seine Form ist aus Staub und Nahrung der Würmer seine Gestalt. Er, ein Gebilde, bloß geformter Lehm, und zum Staube hin zieht es ihn wieder!« (1QS XI,21f[2]; vgl. Gen 2,7). Die Frau an des Mannes Seite wird dort (Gen 2,21f) als sekundär gebildet dargestellt. Sie wurde aus einer Rippe des Mannes geformt, eine Beschreibung, die das Gefühl der Hilflosigkeit verstärkt. Die Hilflosigkeit, die dem »aus Staub gemachten Menschen« innewohnt, geht dann auch auf alle »vom Weibe geborenen Menschen« (Hi 14,1) über (Gen 4,1f). Die weitere menschliche Entwicklung ist damit vom direkten göttlichen Schöpfungsakt losgelöst: Das direkte Einwirken Gottes auf die Entstehung des Menschen wird weniger sichtbar, um so deutlicher wird das Unvermögen des aus dem Weibe geborenen Menschen herausgestellt. Diese Schilderung enthüllt eine durchaus pessimistische Einschätzung des Menschen und der Rolle, die ihm im Universum zugedacht ist. Sie bewirkt eine Stimmung von Resignation, das Hinnehmen eines vorgegebenen Zustands der Dinge, in dem der Mensch – sich ständig dessen bewußt, daß er nur Staub ist (Ps 103,14; Hi 10,9; 30,19) – sich unablässig vor Gott erniedrigen muß (Gen 18,27; Ps 22,30) und sich immer verpflichtet sieht, seine Hoffnung auf Erlösung einzig in Gottes Gnade und liebende Güte zu legen.

Der Parallelbericht in Gen 1,26–31 hat einen ganz anderen Klang. Er spricht davon, daß der Mensch nach dem Ebenbilde Gottes erschaffen ist. Von Anfang an bildet die Dualität von Mann und Frau ein grundlegendes, von Gott gegebenes Merkmal des Menschseins. Mann und Weib wurden in derselben Weise geschaffen, nicht aus präexistenter Materie, sondern *ex nihilo* mittels einer souveränen Handlung Gottes. Diese unterscheidet sich in ihrem Wesen von dem wesentlich weniger direkten *fiat*, durch welches die Elemente, die Vegetation sowie alle andere Kreatur geschaffen wurden. Die Überlieferung definiert die Stellung des Menschen als Herrscher der erschaffenen Welt –

». . . über die Fische im Meer und die Vögel des Himmels, über das Vieh und alle Tiere, die auf der Erde sich regen . . ., alles Kraut, das Samen trägt . . . und alle Bäume, an denen samenhaltige Früchte sind . . .« (Gen 1,28f)

Er ist ein Regent, der seine Macht und seine Funktion von Gott, dem Schöpfer, dem Herrscher über den Kosmos, ableitet. Der Mensch wird Gottes Partner. Diese Schilderung bindet Gott an den Menschen, indem sie diesen zum Vollzieher von Gottes Herrschaft auf Erden macht. Die dem

---

[2] Vgl. *J. Maier*, Die Texte vom Toten Meer, München 1960.

Menschen zugedachte Rolle, von Gott abgeleitete Macht über seine Mit-Kreaturen auszuüben, beinhaltet eine implizite Definition der Aufgaben des Menschen im Leben und in der Geschichte. Es ist ihm aufgetragen, in der erschaffenen Welt die Ordnung zu bewahren, die von Gott zur Zeit der Schöpfung errichtet wurde, und als Partner Gottes die konstituierenden Regeln der Kosmogonie in der Geschichte auszuführen. Diese Idee bewirkt ein handlungsbetontes, diesseitsorientiertes Menschenbild vor und nahe bei Gott.

Die unbekümmert *optimistische* Einstellung, die sich in der Vorstellung von dem »im Ebenbilde Gottes geschaffenen Menschen« widerspiegelt, kann bewirken, daß der Mensch danach strebt, »wie Gott zu sein« (Gen 3,5), indem er eine ihm von Gott verliehene Eigenschaft so mißversteht, als würde sie ihm kraft seines eigenen Wesens zustehen. Solch menschliche Hybris wird in der biblischen Literatur durch die Erbauer des Turmes von Babel exemplarisch dargestellt (Gen 11,1–9) sowie durch die Könige von Babylon (Jes 14,13f), Tyrus (Hes 28,1ff) und Edom (Jer 49,16; Ob 1,4; vgl. Hab 2,9). Die Hybris, die sich aus der Vorstellung »Mensch wie Gott« ableitet, führt den Menschen in Versuchung, den Himmel zu erstürmen. Seine Strafe ist sein Fall: Indem er »zu Boden geschmettert [wird]« (Jes 14,12; vgl. Hes 28,8), wird er daran erinnert, daß er aus Staub gekommen ist und zu Staub zurückkehren muß.

In diesem Aspekt der obigen Tradition ist die Dualität der scheinbar widersprüchlichen negativen und positiven Vorstellungen des »Menschen vor Gott«, wie sie oben dargestellt wurden, eigentlich aufgelöst. In der Tat werden diese Auffassungen im jüdischen Denken als komplementär wahr genommen, nicht als sich gegenseitig ausschließend. In der Betrachtung der Stellung des Menschen im Universum harmonisiert der Psalmist die beiden obigen, scheinbar divergierenden Schöpfungsberichte und Einschätzungen des Menschen im Buche Genesis in bestechend prägnanter Form:

»Wenn ich schaue Deine Himmel, das Werk Deiner Finger,
den Mond und die Sterne, die Du hingesetzt hast.
Was ist doch der Mensch, daß Du seiner gedenkst,
und des Menschen Kind, daß Du Dich seiner annimmst?
Du machtest ihn wenig geringer als Engel,
mit Ehre und Hoheit kröntest Du ihn.
Du setztest ihn zum Herrscher
über das Werk Deiner Hände,
alles hast Du ihm unter die Füße gelegt:
Schafe und Rinder allzumal,
dazu auch die Tiere des Feldes,
die Vögel des Himmels, die Fische im Meer,
was da die Pfade der Fluten durchzieht.« (Ps 8,4–9)

In den Worten eines modernen jüdischen Denkers: »Im Judentum erhält mit dieser Aufgabe des Weges, mit diesem Gebote der Tat alle Religiosität ihren Rhythmus, ihre stetige Bewegung ... Die Welt erfaßt hier den Menschen mit ihrer Unendlichkeit und Ewigkeit, aber er selbst soll sie auch erfassen, ein Unendliches, Ewiges in ihr verwirklichen. Glaubend erfährt er den Sinn der Welt, und handelnd will er ihr den Sinn geben ... Die Einheit von beidem mit all ihrer Paradoxie, ihrer Spannung und ihrer Gewißheit ist die Religiosität des Judentums.«[3]

Diese Beobachtungen beweisen zur Genüge, daß es im Rahmen dieser kurzen Darlegung nicht möglich ist, auch nur den Hauptströmungen jüdischen Denkens über das Thema »Gott und Mensch« gerecht zu werden. Eine Auswahl ist unerläßlich. Deshalb will ich mich auf die Darlegung eines Standpunktes beschränken, der sich weitgehend mit meiner eigenen Einstellung deckt. Es sei von vornherein zugestanden, daß dieses Vorgehen dazu tendiert, eine durchaus subjektive Note anklingen zu lassen. Dies scheint jedoch unvermeidlich zu sein. Denn die Wahrnehmung Gottes durch den Menschen spiegelt ohne Zweifel grundlegende Wertvorstellungen und Denkweisen seiner Erziehung und seines sozialen Gefüges wider. Ich spreche also über »Gott und Mensch« als israelischer Jude, der durch die geistige Tradition der westlichen Kultur geformt wurde und sich ihr aus Neigung und vom Beruf her zugehörig fühlt. Damit läßt sich wohl eine Tendenz erklären, die in meinen Ausführungen zutage tritt, nämlich die besondere Betonung einer nicht-mystischen, eher rationalistischen Interpretation der gegenseitigen Beziehung von Gott und Mensch, wobei das o. g. »aktivistisch-optimistische« Konzept des Menschen gegenüber dem »passiv-pessimistischen« überwiegt. Ich glaube, daß meine Gedanken über »Gott und Mensch« in nicht geringem Ausmaß mit Denkmodellen übereinstimmen, die ganz grundlegend für die Geisteshaltung und das religiöse Denken der alten Israeliten waren. Dieses Gedankengut hat mit Sicherheit das spätere jüdische Denken und den Glauben entschieden beeinflußt, trotz veränderter Existenzbedingungen des Judentums und neuer theologischer und philosophischer Einsichten, die in der Vergangenheit wie auch heute zu Neuinterpretationen und Umgestaltungen des biblischen Erbes führten bzw. führen. Aber es scheint, daß *ein* grundlegendes Prinzip das Judentum in seinen Hauptströmungen über all die Jahrhunderte hinweg charakterisiert: Der jüdische Glaube ist auf den Menschen oder auf die menschliche Gemeinschaft gerichtet und ist nicht vorwiegend theozentriert: »Das Leben des Menschen, den Gott geschaffen hat, daß er ihn finde, seine Religiosität und nicht das Leben des Gottes ist so im Judentum

---

3 L. Baeck, Das Wesen des Judentums, Frankfurt ²1922, S. 128. Der Gedanke wird noch deutlicher in der englischen Übersetzung von V. Grubenwieser u. a.: »Judaism balances in an even rhythm the sense of man's having been created by God and man's ability himself to create. Though Judaism sees the world as laying hold of man, it also sees man as laying hold of the world. Though man may experience the meaning of the world through faith, he gives meaning to the world through action« (L. Baeck, The Essence of Judaism, New York 1948, S. 121).

der eigentliche Inhalt der Religion.«[4] Oder, um eine besonders scharfe Definition von Abraham Heschel anzuführen: »Die Bibel spricht nicht nur von der Suche des Menschen nach Gott, sondern auch von Gottes Suche nach dem Menschen ... Die gesamte menschliche Geschichte, wie die Bibel sie sieht, kann in einem Satz zusammengefaßt werden: Gott ist auf der Suche nach dem Menschen.«[5]

Die Erfahrung eines Lebens in der erneuten autonomen jüdischen Gesellschaft im Lande der Bibel ruft eine Empathie mit biblischen Glaubensmaximen hervor, trotz der historischen, gesellschaftlichen und intellektuellen Kluft, die das Damals vom Heute trennt und die überbrückt werden muß, selbst wenn dies nie vollständig erreicht werden kann. Die biblische Literatur wie das Judentum als Ganzes ist nicht monolithisch, sondern vermittelt uns eine Mannigfaltigkeit von Gedanken über »Gott und Mensch«. Das kann nicht Wunder nehmen, da es sich um Traditionen handelt, welche die Geschichte einer lebendigen und daher vielgesichtigen Gesellschaft über nahezu ein Jahrtausend aufzeichnen. Die Weisheitsliteratur und die Psalmen scheinen *grosso modo* eine Denkweise widerzuspiegeln, die die Gotteserfahrung des Menschen grundsätzlich eher aus der Sicht des Individuums als aus der Sicht eines in einer Gemeinschaft oder festgefügten Gesellschaft stehenden Menschen betrachtet. In den Psalmen trägt dieses Konzept mehr einen personalistischen Charakter, gelegentlich ins Spirituelle hineinspielend, während die Weisheitsliteratur mehr eine spekulativ-pessimistische oder rationalistisch-pragmatische Auffassung der Position des Menschen gegenüber Gott zum Ausdruck bringt. Diese Unterschiede in der Betonung ändern nichts Wesentliches an der individuumsorientierten Ausrichtung, welche die Weisheitsliteratur durchdringt und auch für die Psalmen richtungweisend ist. Dieses Charakteristikum unterscheidet diese biblischen Literaturgattungen von der Historiographie, der Propheten- und der Gesetzesliteratur. Diese zeigen ein anderes, auf die Gesellschaft gerichtetes Konzept des Menschen und seiner Beziehung zu Gott. Hier wird der Mensch nicht als einzelner gesehen, der Gott ausschließlich oder überwiegend als Individuum erfährt, sondern vor allem als Mitglied einer definierbaren, zuordnenden gesellschaftlichen Struktur – Familie, Stamm, Volk oder Nation –, der sich Gott in geschichtlichen Begebnissen offenbart. Die Gruppe oder Gemeinschaft vermittelt zwischen dem einzelnen und Gott. So wird ein Maß von Objektivität in die Ehrfurcht einflößende Begegnung mit Gott eingeführt, die – würde sie vom einzelnen allein in seiner Subjektivität erfahren – eine überwältigende Wirkung auf ihn hätte. Eine solche direkte Begegnung von Angesicht zu Angesicht kann lediglich von besonders inspirierten Personen bestanden werden, etwa von Mose (Num 12,8) und einigen anderen großen bibli-

---

4 Ebd., S. 90.
5 Vgl. A. *Heschel*, Gott sucht den Menschen. Eine Philosophie des Judentums, Neukirchen-Vluyn ²1989.

schen Gestalten, ausgezeichneten rabbinischen Weisen oder Mystikern. Aber ungeschützt durch die abschirmende *Sym-pathie* der Gruppe können sogar solche hervorragende einzelne einer unmittelbaren Begegnung mit Gott in seiner Herrlichkeit nicht standhalten. Eine talmudische Tradition berichtet, daß dies die Erfahrung jener Weisen war, die ein besonders tiefes Verständnis der Wege Gottes durch eine meisterhafte Interpretation Seiner heiligen Tora erreicht hatten. Von den vier Lehrern, denen es gegeben war, in den Pardes, das Reich der göttlichen Weisheit einzugehen, war es allein Rabbi Akiba, der größte unter ihnen, der »unbeschadet hinein- und unbeschadet herausging«. Das Los der anderen drei war schwer: Ben Azai starb, Ben Somas Geist geriet in Verwirrung und Ben Abuja verlor seinen Glauben (tHag 2,3, ed. Zuckermandel, S. 234; vgl. jHag 2,1 [77b]).

Die Gotteserfahrung des einzelnen im Rahmen seiner Gemeinschaft bewirkt nicht nur eine Stärkung seiner selbst, sondern erzielt auch eine Stützung der Gemeinschaft der Gläubigen. Das in der Gemeinschaft geteilte Erleben Gottes wirkt als einende Kraft, sowohl auf der Achse der synchronen Gemeinschaft als auch auf der diachronischen Achse der Geschichte. Gott ist der Angelpunkt der Gemeinschaft, dem sich jedes Gemeinschaftsmitglied zuwendet. Er ist der Brennpunkt und Spiegel aller auf Gott gerichteten Aufmerksamkeit jedes einzelnen Mitglieds und personalisiert so den an sich unpersönlichen Charakter der Gesellschaft. Dieses Zusammentreffen findet seinen Ausdruck in dem Gebot »Liebe deinen Nächsten wie dich selbst« (Lev 19,18), in dem das Gebot der Gottesliebe einen Widerhall findet. Die Maxime soll nicht allein die Beziehung zwischen Mensch und Mensch bestimmen, sondern auch zwischen Gruppen und Gesellschaften[6], nicht nur auf der Ebene der Gleichzeitigkeit, sondern auch als ein Prinzip, das die Beziehung zu früheren und künftigen Generationen bestimmt. Die Beziehung zwischen Kollektiv und Gott hilft dem Menschen, das Fragmentarische des individuellen Lebens und die Einsamkeit durch die synchronische und diachronische Weitergabe von traditionellen Werten zu überwinden. In diesem Kontext wird Gott, der Schöpfer des Menschen und der Menschheit, als der Vater des Volkes erfahren, als König und Herrscher des Universums: ». . . das ist zu einem untrennbaren Ausdrucke wie zu einem unzerlegbaren Worte geworden: er ist im Himmel und doch unser Vater, er ist der Welten Herr und doch unser Gott . . . er ist der Erhabene und doch zugleich der Nahe. Das Bild von Hoheit und Innigkeit in einem war darin gegeben.«[7]

All dies führt zu einem in seinem Wesen handlungsorientierten, nicht zu einem quietistisch-meditativen Verständnis von Gott und Mensch und ihren gegenseitigen Beziehungen. Ebenso wie Gott sich selbst in Ereignissen zu erkennen gibt, welche das Fortschreiten der menschlichen Gesellschaft in der Geschichte formen, so ist der Mensch aufgerufen,

---

6 Vgl. *G.F. Moore*, Judaism, Vol. II, Cambridge 1927, S. 156.
7 *Baeck*, s.o. Anm. 3, S. 111.

seinen Glauben an Gott durch sein Verhalten, seine Einstellungen und seine Taten im sozialen Leben zu verdeutlichen. Der jüdische Glaube konzipiert das Wohl des Menschen in der Geschichte und seine künftige Erlösung vorwiegend in Begriffen der Gemeinschaft. Der Mensch ist für seine Taten verantwortlich, weil sie seine persönliche Beziehung zu seinem Schöpfer bestimmen. Die jüdische Lehre betont die gegenseitige Verantwortung zwischen den Menschen in der Gemeinschaft: כל ישראל ערבים זה לזה »Ganz Israel ist füreinander verantwortlich«. Ebenso betont sie den Einfluß, welchen die Taten und Handlungen des einzelnen, seine Beachtung oder Mißachtung von Gottes Geboten auf das Schicksal seiner Gemeinschaft haben.

Soziales Bewußtsein und Verantwortung sind die wahren Grundlagen der jüdischen Religion. Soziales Handeln ist das Herzblut des jüdischen Gottesglaubens. Aus diesen Prinzipien erklärt sich der hohe Wert, den das Judentum einer institutionalisierten, im Unterschied zu einer sich frei gestaltenden Beziehung zwischen Mensch und Gott zuweist. Da diese Beziehung durch die Gesellschaft vermittelt wird, muß sie in einem bestimmten Rahmen von gesetzlichen Geboten und Verboten eingebunden sein. Die Liebe Gottes zum Menschen äußert sich in dem Gesetz, das Gott dem Menschen gab, damit er nach ihm lebe. Die Liebe des Menschen zu Gott erreicht eine greifbare Bedeutung in seinem Festhalten an den göttlichen Geboten als individuelles Mitglied eines strukturierten sozialen Organismus.

Aus diesen Vorstellungen erwächst auch das Verständnis vom Gebet im Judentum. In seinem grundlegendsten Aspekt beinhaltet das Gebet den Charakter einer spontanen Handlung des Menschen als Individuum, durch das er seiner Ehrfurcht und Dankbarkeit Gott gegenüber Ausdruck gibt, seinem Schöpfer, dessen überlegener Macht er sich unterwirft und an dessen Willen er festhält. Das Gebet ist von des Menschen Not oder seelischer Erregtheit bestimmt. So gesehen ist Gebet ein *ad hoc* formulierter Ausdruck eines präexistenten persönlichen Gefühls, das der Situation entspricht, aus der heraus es entstand.

In der Tat kennt das Judentum das spontane Gebet als ein Bindeglied zwischen Mensch und Gott. Aber das größere Gewicht liegt auf dem Gebet als Institution, in welchem Spontaneität, Individualität und der sporadische Charakter durch stereotype Formulierungen, durch Universalität innerhalb der Grenzen der Gemeinde oder sogar darüber hinaus und durch Regelmäßigkeit ersetzt werden. Das institutionalisierte Gebet entspringt nicht einer spezifischen Situation, in der sich der Mensch nach einer höchst intensiven Verbindung mit Gott sehnt. Vielmehr ist es ein Mittel zur Erreichung einer stabilen, gleichmäßig fließenden Beziehung zu Gott, an der alle Gemeindemitglieder Anteil nehmen können. Durch seine Beständigkeit, Standardisierung und Regularität dient das institutionalisierte Gebet weniger als Ausdruck dessen, was die Individualität des Menschen ausmacht, sondern mehr als Ausdruck dessen, was Menschen gemeinsam ist, Menschen, die als Kollektiv Gott erfahren. Gebet offenbart den gemeinschaftlichen Geist und stärkt das gemeinsame Suchen nach Gott. Es ist, so wie Gott selbst, ein primärer Sozialisierungsfaktor des Kollektivs, d.h. des jüdischen Volkes. Das institutionalisierte Gemeindegebet beleuchtet den Gemeinschaftsrahmen, in dem die Gott-Mensch-Beziehung ausgeübt wird.

14

Kritische Anfrage der jüdischen Theologie an das europäische Christentum

I

Die Formulierung des Themas als »Kritische Anfrage der jüdischen Theologie an das europäische Christentum« ist eigenartig unscharf. Die Gegenüberstellung von ›jüdischer Theologie‹ auf der einen und ›Christentum‹ auf der anderen Seite scheint mir an einem historischen Mißverständnis zu kranken. Die Frage ist noch nicht geklärt, ob, seit wann und in welchem Maße eine ›jüdische Theologie‹, zumindest eine systematische Theologie, überhaupt existiert. Auch wenn wir davon ausgehen, daß es eine solche gibt, bleibt immer noch fraglich, inwiefern eine ›jüdische Theologie‹ die Einstellung der Juden zum Christentum bestimmt hat; denn von jüdischer Seite ist die kritische Anfrage mehr existentiell als theologisch bedingt. Es ist ›das Judentum‹, welches das ›europäische Christentum‹ befragt und in Frage stellt, nicht die ›jüdische Theologie‹. Vielleicht verhält sich dies gerade auf der Seite des Christentums anders. Es unterliegt wohl kaum einem Zweifel, daß das europäische Christentum in seinen Anschauungen, seiner Geschichte, seinem ganzen Sein weitgehend von der christlichen Theologie geprägt ist. Europäische Kultur und Zivilisation sind christliche Kultur und christliche Zivilisation und stehen auf den Grundlagen des christlichen Glaubens, wie sie die christliche Theologie erarbeitet hat. Sachgemäßer formuliert, lautet unser Thema daher: »Kritische Anfrage des Judentums an die europäische christliche Theologie«.

In dieser Definition ist die ›theologische Dimension‹ des Judentums durchaus enthalten; zugleich wird – aufgrund des eben angesprochenen determinierenden Einflusses des christlichen Glaubens auf die europäische Kultur – auch die historisch-existentielle Dimension der ›christlichen Theologie‹ nicht aus dem Auge verloren, nur der Schwerpunkt verlagert. Befragt wird nunmehr eine mehr oder weniger prominente Schicht von christlichen europäischen Denkern, die weitgehend verantwortlich ist für die Gestaltung dessen, was wir Europa nennen, nach der Einstellung des europäischen Christentums zum Judentum, zu dem Juden. Aber der Fragesteller ist, wie gesagt, nicht ein Mann vom Fach, der ›jüdische Theologe‹ – also nicht ein religiöser Virtuose, wie ihn Max Weber benannt hätte –, sondern die Gesamtheit des Judentums, eine Realität, deren Geschichte – als Gemeinschaft und als einzelne – entscheidend von der europäisch-christlichen Theologie beeinflußt worden ist.

Auf dem Hintergrund unserer geschichtlichen Erfahrung ist es unvermeidlich, daß die ›kritische Anfrage‹ des Judentums an die europäische christliche Theologie oft zu einer ›Anklage‹ wird. Ich habe aber keineswegs die Absicht, hier den Leidensweg des Judentums im Lebenskreis des europäischen Christentums zu rekapitulieren. Soweit das berechtigte Schuldgefühl bei christlichen Theologen und Denkern, sowie bei Christen überhaupt, noch vorhanden ist, bringt es eine Katharsis mit sich, die eine willkommene Selbstkritik theologischer Einstellungen nach sich zieht. Ich sage mit Bedacht »noch vorhanden ist«, denn es läßt sich ja nicht übersehen, daß dieses Schuldgefühl einer Erosion ausgesetzt ist, die zum Teil psychologisch motiviert ist, zum Teil von politischem Opportunismus diktiert wird. Wo dieses Schuldgefühl verdrängt ist – unter Berufung auf ahistorische Ideologien, die das Geschehene als irrelevant betrachten, oder aufgrund einer Beschaulichkeit, die sich vom Gestern nicht das geruhsame Heute verderben lassen will –, dürfte es wohl zwecklos sein, geschichtlich, selbst von der neuen und neuesten Geschichte her, zu argumentieren.

Meine ›kritischen Anfragen‹ richten sich auf einige Grundbegriffe, Doktrinen und Dogmen, die das Christentum von seiner Entstehungszeit her bestimmt haben und die besonders deutlich im Verhalten des europäischen, also des westlichen Christentums zu uns, den Juden, zum Ausdruck gekommen sind. Ich möchte betonen, daß es sich um ›kritische Anfragen‹ handelt, die – wenn auch manchmal etwas scharf formuliert – im Grunde darauf ausgehen, durch Klärung der Atmosphäre eine neue Basis für ein besseres Verstehen und eine bessere Zusammenarbeit zu schaffen. In diesem Zusammenhang bezeichnet ›kritisch‹ einen Versuch, dem Gesprächspartner behilflich zu sein, sich seiner geistigen Prämissen bewußt zu werden, soweit sie sich auf das Los andersdenkender Menschen ausgewirkt haben. Ich erwarte, daß auf gleiche Art und Weise auch das Judentum und jüdische Denker vom Christentum, und zwar nicht nur vom europäischen Christentum her, kritisch angesprochen werden. ›Anfrage‹ fordert hier nicht eine sofortige Antwort; eine solche zu geben, wäre bei dem Umfang und der Tiefe des Problems, um das es uns hier geht, einfach unmöglich. Anfrage soll hier vielmehr zur Selbstbesinnung anregen, die Anfrage von außen soll zu einer Selbstanfrage führen – und dies alles im Rahmen nicht einseitigen ›Belehrens‹, sondern eines auf Gegenseitigkeit beruhenden Dialogs.

Bei unserer Begegnung werden die kritischen Anfragen an das europäische Christentum oder an die europäischen christlichen Theologen nicht nur vom Judentum oder dem ›jüdischen Theologen‹ gestellt, sondern auch von afrikanischen christlichen Theologen. Mit dadurch bedingt wird sich unser Gespräch insbesondere auf die diesen drei Gruppierungen gemeinsame Hebräische Bibel gründen. Während sich im europäischen oder westlichen Christentum die seit Marcion bekannte und markante Abkehr von der Hebräischen Bibel wieder kundzugeben scheint, läßt sich, wenn ich recht unterrichtet bin, in der afrikanischen Theologie und mehr noch in der afrikanischen Christenheit eine außerordentlich starke Ausrichtung auf das Alte Testament feststellen. Etwas kraß ausgedrückt könnte man wohl sagen, daß das westliche Christentum im Prinzip die Verbreitung des vorwiegend im Neuen Testament wurzelnden christlichen Glaubens in der heidnischen Welt fortführt, während das afrikanische Christentum eher an das ursprüngliche, aus der Hebräischen Bibel hervorgegangene Judenchristentum anknüpft.

Das unmittelbare Angesprochen-Sein von der Hebräischen Bibel, das die afrikanische Theologie und das afrikanische Christentum mit dem Judentum teilen bzw. gemeinsam haben, während für das europäische Christentum und die europäische Theologie das Neue Testament weitaus bedeutender und ausschlaggebender war und ist, läßt sich vielleicht folgendermaßen erklären: Auf der einen Seite, also was Juden und Afrikaner betrifft, handelt es sich um askriptive fundamentale Gemeinschaften, deren Lebensauffassungen und zum Teil auch Lebensbedingungen sich in den Traditionen der Hebräischen Bibel wiederfinden lassen. Diese Gemeinschaften können sich, zumindest teilweise, mit den biblischen Persönlichkeiten und den sozialen Strukturen, die der Hebräischen Bibel zugrunde liegen, identifizieren. Eine solche Identifikation ist, jedenfalls auf breiter Basis, mit dem Neuen Testament kaum möglich. Franz Rosenzweig hat diesen Umstand kurz und prägnant formuliert: »Christliche Kirche, christlicher Staat, christliche Wirtschaft, christliche Gesellschaft – all das war und ist vom Neuen Testament aus nicht zu begründen, weil dieses die Welt schlechthin in der Krise sieht, vor das Gericht gestellt; im Gegensatz zu seinen pointierten Paradoxen bot die aus der ganzen Breite eines Volkslebens und in der ganzen Breite einer Nationalliteratur erwachsene jüdische Bibel mit ihrer selbst noch in der scheidenden und ausscheidenden prophetischen Polemik lebendigen tiefen Schöpfungsgläubigkeit tragfähigen Grund für ein Bauen in und an der Welt.«[1] Die jüdische Bibel umfaßt die Totalität menschlichen Seins, während das Neue Testament, so scheint mir, auf Spitzenleistungen religiösen Erkennens hinzielt und auf sie aufbaut. Die jüdische Bibel bejaht den *Menschen* in seiner fehlerhaften Existenz; das Leben als solches wird geheiligt. Weder der Mensch noch die Gesellschaft sind dem Begriff der Erbsünde unterworfen, die eine prinzipiell pessimistische Einstellung zum Leben und zum Menschen hervorrufen muß. Die alttestamentliche Literatur, mit Ausnahme vielleicht der Weisheitsschriften, ist von Grund auf optimistisch. Eine solche Einstellung führt hin zu einem Aktivismus, der auf der Überzeugung beruht, daß Welt und Mensch trotz ihrer Sündhaftigkeit zu retten sind. Die jüdische Bibel kennt keine makellosen Heiligenfiguren. Das biblische Ideal ist der gottgehörige Mensch in seiner historischen anthropologischen Beschränktheit. Kein Mensch ist völlig böse, kein Mensch völlig gut. Der Mensch bleibt Mensch und wird als solcher bejaht. Der einzelne und die Gemeinschaft,

---

[1] *F. Rosenzweig*, Weltgeschichtliche Bedeutung der Bibel, in: *ders.*, Kleinere Schriften, Berlin 1937, S. 125.

das Volk, sind vielschichtig; aufgrund ihrer jeweiligen Verhaltensweisen werden sie unterschiedlich eingeschätzt. Hinter den alttestamentlichen Traditionen stehen Lebenserfahrungen, die auch der moderne Mensch nachvollziehen kann, ohne sich deswegen zu einem ›religiösen Virtuosen‹ ausbilden zu müssen. Diesem allumfassenden Reichtum stehen, um mit Rosenzweig zu sprechen, die ›pointierten Paradoxa‹ des Neuen Testaments gegenüber. Es sind die Grundlagen eines Glaubenssystems, einer theo-logia, also Aussagen über Gott und den makellosen Gottessohn in schärfster Opposition zu dem sündenbeladenen Menschen, der selbst und allein seine Seele nicht retten kann; seine Rettung kann vielmehr nur durch göttliche Gnade bewirkt werden. Die Hebräische Bibel gründet in einer Symbiose von Werten und Unwerten, von Glauben und Zweifel, von Gut und Böse, von Engeln und Dämonen. Das Neue Testament ist durch Dichotomien ausgezeichnet, durch Gegensätze, zwischen denen sich der Mensch zu entscheiden hat, da sie sich gegenseitig ausschließen. Die Hebräische Bibel erkennt dies *und* das an, das Neue Testament fordert dies *oder* das.

Die dem christlichen Glauben inhärente Tendenz zur Stellung von Alternativen wurde durch die philosophisch bedingte und vielleicht auch geschulte Methodik und Systematik des religiösen Denkens vermutlich verstärkt. Das Denken in Gegensätzen brachte Doktrinen hervor, die nur *einen* Standpunkt, nur *einen* Gedanken, nur *eine* Glaubensart als wünschenswert und verfechtbar, dagegen alle entgegengesetzten Auffassungen als verwerflich, falsch, ja als abwegig und ketzerisch darstellten. Ich will hier keine lange Reihe von solchen Gegensatzpaaren anführen, sondern mich damit begnügen, den Blick auf einige Grundpfeiler dieses Systems zu lenken. Da in allen Fällen die christliche Position der dem Judentum zugeschriebenen diametral entgegensteht, resultiert ein solches Denken fast zwangsläufig nicht nur in Verwerfung der Judenheit, sondern verurteilt das Judentum überhaupt als unzulängliche Religion oder als eine ketzerische Abart der christlichen Erkenntnis. Diese Abwertung brachte nicht nur die Verdammung des Judentums in der Frühen Kirche mit sich, jenes Judentums, das die neue Gute Botschaft, das Evangelium, nicht annehmen wollte, sondern bestimmte auch die Position des Juden in der christlichen europäischen Welt während des gesamten Mittelalters bis in die Neuzeit. Ich werde auf dieses Phänomen noch zurückkommen, möchte aber zunächst einige der problematischen Punkte hervorheben, die das eben Angedeutete exemplarisch wiedergeben.

Der Hebräischen Bibel und dem Neuem Testament, dem Judentum und Christentum gemeinsam ist die Auffassung vom ›Heiligen‹ als der Quintessenz des Lebens. Dies führt aber im Judentum nicht zu einer Negation des ›Profanen‹. Der Jude wendet sich nicht ab vom profanen Leben, sondern bemüht sich, es zu formen durch das ›Heilige‹, das somit nicht nur eine Parzelle im Pluralismus des wirklichen Lebens ist. Bildlich und paradigmatisch ausgedrückt: Auch der Geldwechsler hat ein Recht auf seinen

Platz im Tempel oder in der Synagoge, die auch als Lehrhaus dient. Nur dort kann ihm geholfen werden, seinen Weg zu Gott und zu einem rechten Leben wiederzufinden. Umkehr und Buße sollen sich in den Situationen abspielen, in denen die Schuld begangen worden ist. Die Hoffnung auf ein Jenseits ist nicht so zugespitzt, daß sie das Diesseits negiert, sondern das Jenseits wird aufgefaßt als eine Vollkommenheit, die sich in das Hier und Jetzt erstrecken und es gestalten soll. Das Judentum hat aus seiner Bibel gelernt, ›in der Geschichte‹ zu leben, und sich dieses Erbe zu eigen gemacht. Und Geschichte ist real, nicht nur ›Heils-Geschichte‹. Das schließt aber keineswegs die Wirksamkeit des Heils und des Heiligen in der Geschichte aus. Der Begriff der ›Heilsgeschichte‹ an sich, der durch die protestantische Theologie in das Studium und die Interpretation der Hebräischen Bibel hineingetragen wurde, stammt eigentlich aus dem Neuen Testament und zeigt, in welchem Maße das Verstehen der jüdischen Bibel in der ›alttestamentlichen Wissenschaft‹ durch den Umstand beeinflußt wurde, daß die Exegeten ihren geistigen Mittelpunkt im Neuen Testament haben.

Ähnlich verhält es sich mit der Dichotomie von Geschichte im Gegensatz zur Eschatologie. Wiederum ist klar, daß Judentum wie Christentum, jüdische und christliche Religion, einen Glauben entwickelt haben, der auf eine transhistorische Zeit hinzielt, die den geschichtlich realen Situationen unendlich überlegen ist. Der Unterschied scheint nun darin zu liegen, daß sich der christliche Glaube durch eine ›ungeduldige Eschatologie‹ auszeichnet. Er ist eine Religion des kurzen Weges mit radikaler Ethik, die unmittelbar ins Gottesreich mündet. Im Unterschied dazu kann man das Judentum als eine Religion des langen Weges mit gemäßigter, dem Leben angemessenerer Ethik bezeichnen. Das Judentum nimmt Geschichte ernst. Das Leben hier auf Erden ist nicht ein Vorraum, den man durcheilen muß, um so schnell wie möglich an das eschatologische Heilsziel zu gelangen. Geschichte ist vielmehr die ununterbrochene Kette von realiter gewesenen und seienden Ereignissen, nicht eine Erzählung von Historien, in denen das Wunderbare das Reale bei weitem überwiegt. Diese Geschichte umfaßt eine natürliche Gemeinschaft, nicht eine Jüngerschaft oder eine aus berufenen Gläubigen bestehende kleine oder auch große Herde. Geschichte wird getragen von Familien, von Stämmen, von einem Volk. In diesen sozialen Einheiten sind die gesellschaftlichen Ideale des Judentums konzipiert. Zölibat und Mönchtum dagegen wurden im Judentum nie als Höchstleistungen menschlichen Lebens aufgefaßt. Der Begriff ›Gemeinde‹ trifft auf das Judentum eigentlich erst zu, seit es seine ursprünglichen historischen sozialen Strukturen eingebüßt hatte. Die Entgegensetzung von ›Kirche‹ und ›Synagoge‹ ist eine Erfindung der europäischen Theologie. In der Sicht des Judentums ist das Gegenstück zur ›Kirche‹ das ›Volk‹ oder der ›Staat‹, ein Begriff, der nur in der staatlosen Zeit durch ›Knesset Israel‹, also die ›Gemeinschaft Israels‹, ersetzt wurde.

Im Christentum brachte die Verlagerung des Schwerpunkts von

Volk auf Gemeinde, von Staat auf Kirche, den Verzicht auf die ›Macht‹ mit sich, die dem Staat gebührt, jedenfalls solange dieser sie rechtmäßig handhabt. Statt ›Geschichte‹ zu gestalten, ließ die Kirche, zumindest in der Theorie und Theologie, ›Geschichte über sich ergehen‹ und erhob damit das Leiden zu einem Glaubensideal. Eine ›Gemeinde‹ oder Kirche braucht – im Unterschied zu einem Staat oder Volk – kein Land; die Grenzen der Kirche sind die Grenzen der Ökumene. Damit wird auch der ›Partikularismus‹, der für die Hebräische Bibel charakteristisch und von ihr ins Judentum übernommen worden ist, zu einem minderwertigen Gegenstück des Universalismus gemacht. ›Tora‹ und ›Gesetz‹ werden überflüssig oder werden vergeistigt, denn sie waren und sind die Grundfesten der sozialen Modelle von Volk, Staat, Familie. Aber sie waren und bleiben die entscheidenden Maßstäbe für das Zusammenleben von Mensch und Mensch, Stamm und Stamm und eigentlich auch Staat und Staat in allen Epochen der jüdischen Geschichte. Im Christentum werden die ihrer unmittelbar dezisiven Funktion beraubten Begriffe ›Tora‹ und ›Gesetz‹ durch ›Liebe‹ und ›Erlösung‹ überhöht. Dem ›Gesetzesglauben‹ tritt ein seiner historischen Konkretheit entkleideter ›Prohetenglaube‹ gegenüber. ›Materie‹ wird durch ›Geist‹ überboten, und Mythosglaube ersetzt den Rationalismus, der insbesondere das rabbinische Judentum auszeichnet.

II

Diese Auswahl von Paradoxen und Paradoxien zeigt, worum es geht. In allen diesen Dingen stellt das Judentum im christlich-theologischen Denken den negativen Pol dar, während der christliche Glaube den positiven für sich beansprucht. Ich bin mir bewußt, daß die Kontrastsituation, wie ich sie hier dargelegt habe, nicht uneingeschränkt anzunehmen ist.

Natürlich gab und gibt es unterschiedliche Strömungen innerhalb des Christentums, die sich verschiedentlich auf für das Judentum charakteristische Stellenwerte beziehen, und andererseits fehlen auch im Judentum nicht Tendenzen, die auf für das Christentum typische Stellungen hinzielen. Mir geht es darum aufzuzeigen, wieweit die christliche Theologie einen ideologischen Standpunkt einnimmt, der in jener ungeduldigen Ethik gründet, von der ich eben gesprochen habe, einen Standpunkt, der zu Überheblichkeit gegenüber dem auf ›Praxis‹ und ›Realgeschichte‹ ausgerichteten Judentum führen muß. ›Ortho-Doxie‹ wird von ihnen höher eingeschätzt als ›Ortho-Praxie‹.

Damit erhebt sich aber die Frage: Kann ein solches System von Idealpositionen als Basis und Struktur einer natürlichen Gemeinschaft dienen? Eigentlich ist es nicht erstaunlich, daß Kirchen, die noch auf natürlichen Gemeinschaften (Stämmen oder Völkern) fußen, wie dies in Afrika der Fall ist, in einem solchen System kaum befriedigende Richtlinien für ihre geschichtliche Existenz *hier und jetzt* finden können.

Das Judentum hingegen will, wenn ich es recht sehe, diese und dergleichen Paradoxien nicht als Opposition von Werten betrachten; es läßt Kontraste und Kontradiktionen als existentielle Gegensätze bestehen und versucht gleichzeitig, sie komplementär zu verarbeiten. Somit wird verständlich, warum gerade natürliche Gemeinschaften von der jüdischen Bibel so unmittelbar angesprochen werden. Sie bietet nämlich ein allumfassendes geschichtlich-kulturelles Panorama, das Bild einer religiösen Zivilisation. Die Vielfalt des Bildes, die Bejahung des Menschen und seiner gesellschaftlichen Strukturen, die durch die Geschichte hindurch im wesentlichen die gleichen geblieben sind, ermöglichen dessen Anpassungsfähigkeit an neue Situationen, im Mittelalter wie in der Neuzeit, für das Judentum wie für die afrikanische Christenheit. Es ist dies das Bild eines Volkes, in dessen Mitte Gott wohnt als Brennpunkt der Volksgemeinschaft. Diese wird geeint vornehmlich durch das Band der gemeinsamen Gotteserfahrung, auch wenn sie durch geistige Koryphäen vermittelt wurde. Nur hervorragende Gestalten wie die Patriarchen, Moses, der Vater der Propheten, und die anderen Propheten haben Gott als Individuen erfahren. Diese Persönlichkeiten sind extraordinär und werden als solche geehrt, mitunter in Zweifel gezogen, sogar gehaßt. Keiner von ihnen ist ein Idealtyp, an den man sich angleichen will.

Der Jude – in biblischer wie in nachbiblischer Zeit – lebt in der *Gemeinschaft*. Sein Glaube gewinnt Gestalt in dieser Gemeinschaft, deren Los wiederum von seinem Leben und seinem Tun abhängt. Er ist direkt verantwortlich für die Geschichte seines Volkes. Das Individuum an sich ist demgegenüber eine Abstraktion. Der Mensch ist nicht oder nur selten allein; nur Gott ist allein und einzig. Eine Ideologie, die auf das von der Gemeinschaft abstrahierte Individuum hinzielt, ist dem Judentum fremd. Sie untergräbt das Solidaritätsbewußtsein und den Glauben an eine gemeinsame Zukunft.

Ich würde sogar soweit gehen zu sagen, daß eben dieses Bejahen des Lebens (wie es ist), das Annehmen des Pluralismus von Werten und Unwerten, voneinander polar entgegengesetzten Begriffen, der Versuch, mit Synthesen und nicht mit systematischen Theologien zu leben, das Judentum vor den Gefahren einer übermäßigen Dogmatisierung bewahrt hat. Glaube in theologischer Fassung droht nämlich in Theorie umzuschlagen, und theoretische Wahrheiten lassen keine Wahl; sie verabsolutieren, machen intolerant und oft unfrei. Die Individualisierung, Resultat des Sich-Abwendens von existentiell Erfahrbarem und Erfahrenem im Leben des Menschen innerhalb seiner partikulären Gemeinschaft, führt auf eine universale Glaubensgemeinde, die zu den natürlichen gesellschaftlichen Strukturen im Gegensatz steht. Das Judentum weiß um diesen unmittelbaren Zusammenhang von religiösem Gebaren des einzelnen und geschichtlich-gesellschaftlicher Existenz in der Gemeinschaft. Moses Heß hat es als »die größte Strafe, ... die unser Volk immer am tiefsten gebeugt hat« bezeichnet, »daß wir seit dem Verlust unseres Landes Gott nicht mehr als Nation durch Institutionen dienen können ...«[2]

Meine Darlegung dieser Auffassung ist wohl auch in ihrer etwas überspitzten und gleichzeitig beschränkten Form dazu angetan, auf die relative Abwertung der Hebräischen Bibel in der westlichen christlichen Tradition einiges Licht zu werfen. Die vorherrschende logisch-systematisch geprägte europäische Theologie begegnet in der Hebräischen Bibel weniger einer existentiell erfahrenen und ›verstandenen‹ Geschichte als vielmehr einer objektiv ›erklärbaren‹ Historie, um Bultmanns Unterscheidung zu gebrauchen. Geschichte beginnt für den Christen mit Golgatha. Er identifiziert sich – was auch im kirchlichen Ritus zum Ausdruck kommt – mit Kreuz und Auferstehung, mit Ostern und Pfingsten. Dagegen ›weiß‹ er nur um den Auszug aus Ägypten, um Sinai, die Landnahme, die Zerstörung des Tempels und des judäischen Königreichs. Aber nur Identifizierung, nicht ein distanziertes Wissen, kann zur Grundlage für Glaubenswerte, für theologische Ideen werden. Eine westliche christliche Befreiungstheologie kann nicht mehr natürlich in der Exodustradition wurzeln, noch kann das allgemeine Recht des Menschen auf Freiheit aus den Bestimmungen des Buches Exodus abgeleitet werden, wie dies im Judentum geschieht. In bester jüdischer Tradition führt etwa der mittelalterliche Exeget Raschi[3] das Verbot, sich zum Knecht zu machen, sich zu versklaven, auf die Sinai-Offenbarung zurück, in der sich Gott sein Volk zu eigen gemacht hat. Wer auf das Recht verzichtet, frei zu sein, dessen Ohr soll durchbohrt werden: »Das Ohr, das am Sinai hörte ›denn mir eignen die Söhne Israels als Knechte‹, und dieser Mensch ging hin und verkaufte sich einem (menschlichen) Herrn, dessen Ohr soll durchbohrt werden.«[4] Auf diese Befreiungstheologie gründet sich die Einzigkeit eines natürlichen Gemeinwesens, des jüdischen Volkes; moderne Befreiungsbewegungen in der nicht-weißen Welt und vor allem in Afrika fühlen sich von ihr in besonderer Weise angesprochen, weil es sich auch bei ihnen um Gemeinschaften, um Völker handelt. An ihre Stelle setzt die europäische Theologie individualisierte Paradigmen und Losungen, die aus der Erfahrung der frühen christlichen Geschichte stammen. Ihr Motto lautet: ›Jesus frees and unites‹, nicht Exodus und Sinai.

Hier stoßen wir auf ein Hauptproblem, das die Beziehungen des Judentums zum westlichen Christentum und zur westlichen christlichen Theologie belastet: Das ›Alte‹ Testament wird als durch das ›Neue‹ überlebt gesehen. Die Kirche eignete sich Israels Heilsbotschaft an. Die Kirche wird das wahre Israel. Das ›Alte Testament‹, Israel und seine Geschichte, gelten nur noch als Vorausspiegelungen des in Jesus von Nazareth voll-

---

2 M. Hess, Jüdische Schriften, hg. von Th. Zlocisti, Berlin 1905, S. 44.
3 Bedeutendster Kommentator von Bibel und Talmud des 11. Jahrhunderts in Frankreich.
4 Raschi zu Ex 21,6, gestützt auf Mechilta; angeführt wird Lev 25,55.

kommen realisierten Gottesbundes. *Novum testamentum in vetus latet, vetus testamentum in novum patet.* An diesem Punkt beginnt die Anfrage des Judentums an die westliche Christenheit eigentlich kritisch zu werden, denn die ›Vererbungstheologie‹ ist seit Marcion weitgehend durch eine ›Verwerfungstheologie‹ ersetzt worden, die dem Juden als Individuum, als Volksgemeinschaft, als Träger eines Glaubens die Existenzberechtigung abspricht.

Der Neue Bund macht den Alten obsolet, ersetzt ihn. Der Jude wird bestenfalls noch mit Paulus als »Bruder in Abraham« angesehen. Aber man teilt mit ihm weder die nachabrahamitisch-biblische Geschichte noch die der nachexilischen, d. h. nachbiblischen, rabbinischen Periode. Die vom Judentum geschichtlich erfahrene Kontinuität, die von Abraham über Sinai und Zion nach Jabne/Jamnia und von dort in Mittelalter und Neuzeit führt, wird im Christentum durch eine antigeschichtliche Diskontinuität ersetzt. Zwischen Abraham und den Propheten sowie zwischen den Propheten und Jesus klafft der Abgrund einer partikulär jüdischen Geschichte. Der Schwerpunkt der Glaubenserfahrung wird von Sinai und Zion nach Golgatha verlegt, und von Abraham nach Golgatha führt direkt keine Brücke. Der Jude wird als der ›ewig andere‹ gebrandmarkt, als der ewig Verworfene inmitten der christlichen Welt. Hier liegen die Wurzeln des Antijudaismus, in den der vorchristliche heidnische Antijudaismus mit christlichen Vorzeichen übernommen wurde. Sein Ergebnis sind »die greulichen antijüdischen Hetzreden des alten Luther, die Judenverfolgungen nach der Reformation und die Pogrome in Osteuropa« in der Formulierung von Hans Küng. »Die Kirche«, so Küng, »hat wohl mehr Märtyrer umgebracht als hervorgebracht.«[5]

Der moderne Antijudaismus des ungläubigen Christen oder des Ungläubigen allgemein, also Antijudaismus ohne christliches Vorzeichen, äußert sich als Antisemitismus. Um noch einmal Küng zu zitieren: »Der nazistische Antijudaismus [lies: Antisemitismus] war das Werk gottloser antichristlicher Verbrecher. Aber: Ohne die fast zweitausendjährige Vorgeschichte des ›christlichen‹ Antijudaismus, der auch die Christen in Deutschland an einem überzeugten und energischen Widerstand auf breiter Front hinderte, wäre er unmöglich gewesen! ... Keine der antijüdischen Maßnahmen des Nazismus – Kennzeichnung durch besondere Kleidung, Ausschluß von Berufen, Mischeheverbot, Plünderungen, Vertreibungen, Konzentrationslager, Hinmetzelungen, Verbrennungen – war neu. Dies alles gab es schon im sogenannten ›christlichen‹ Mittelalter (das große vierte Laterankonzil 1215!) und in der ›christlichen‹ Reformationszeit. Neu war nur die rassistische Begründung: vorbereitet vom französischen Grafen Arthur Gobineau und vom Deutsch-Engländer Houston Stewart Chamberlain, im Nazi-Deutschland dann durchgeführt in grauenvoller organisatorischer Gründlichkeit, technischer Perfektion und

---

5 *H. Küng,* Christ sein, München/Zürich 1974, S. 160.

furchtbarer Industrialisierung des Mordens. Nach Auschwitz gibt es nichts mehr zu beschönigen: Um das klare Eingeständnis ihrer Schuld kommt die Christenheit nicht herum.«[6] Antisemitismus ist säkularisierter und ideologisch unterbauter Antijudaismus. Aus ihm erwächst jetzt, wie wir es in unseren Tagen sehen, der Antisemitismus der Nicht-Europäer, der Nicht-Weißen, der Rassismus eines Idi Amin oder eines Gaddafi, der sich auf den weißen Juden zuspitzt. Dieser ideologische Rassismus ist die Basis der Israelfeindschaft, wie sie sich jetzt in der Dritten Welt ausbreitet. Jene Theologie, oder wie es Küng ausdrückt, »jene Pseudo-Theologie, welche die alttestamentliche Heilsgeschichte in eine neutestamentliche Fluchgeschichte uminterpretierte«, wird jetzt in eine politische Verdammung des gegen alle Erwartung wiedererstandenen Staates Israel transformiert. Hier kreuzen sich die Wege von Theologie und Ideologie, von Glauben und Säkularismus. Ursprüngliche Glaubensdogmen werden Träger von ideologischen Vorurteilen. Theologische Hybris vermählt sich mit ideologischem Haß, beide verstärkt durch politischen Opportunismus.

Antijudaismus ist ›Haß an sich‹; mit den Vorzügen oder Mängeln des Judentums hat er nichts zu tun. Und weil Antijudaismus Haß in reinster Form ist, ist er auch ein absoluter Maßstab der Moralität. Wenn die hier gezeichnete Entwicklungsreihe auch nur annähernd richtig ist, dann trifft dies in nicht geringerem Maße auf die moderne Israelfeindschaft zu. Ebenso wie »aller Antijudaismus« ist sie »Verrat an Jesus selbst«, um wieder mit Küng zu sprechen[7].

Dies sind einige von den Punkten, zu denen Juden den europäischen christlichen Theologen kritisch befragen müssen. Ich bin mir völlig bewußt, daß das hier gezeichnete Bild nicht typisch, ja noch mehr: daß es ein Zerrbild ist, weil es nur die negativen Züge in der christlichen westlichen Theologie wiedergibt ohne Rücksicht darauf, daß ein großer Teil der modernen christlichen Theologen sich eindeutig von den eben geschilderten Prämissen abgewandt hat. Dies rührt wenigstens teilweise daher, daß die Problematik der europäischen Theologie eine andere geworden ist. Die Frage nach der Stellung von Christ und Jude ist in den Hintergrund getreten. Weit größer ist das Interesse an einer christlichen Ökumene, an einem Versuch, die durch die Kirchengeschichte bedingte interne Entfremdung von divergierenden Glaubensauffassungen innerhalb des Christentums zu mildern. Außerdem stellt sich ein neues Problem des ›ewig anderen‹; das ist der nicht-weiße Christ, der Afrikaner und der Asiate, der bis vor kurzem noch völlig am Rande der weißen christlichen Welt lebte und zu dem das Verhältnis daher relativ wenig belastet ist. Aber mit der Verdrängung bzw. Rationalisierung des zerrütteten christlich-jüdischen Verhältnisses ist die Gefahr nicht gebannt, daß in Augenblicken der Krisis, in Not- oder

---

6 Ebd., S. 161.
7 Ebd., S. 162.

Drangzuständen Strömungen die Oberhand zu gewinnen drohen, in denen die negativen Züge wieder zum Durchbruch kommen.

Die moderne Erforschung der Bibel im christlichen Sinne des Wortes, vor allem die historische Exegese, hat zweifellos ein neues Verständnis für die Entwicklungsgeschichte des christlichen Glaubens hervorgebracht. Die rückblickende Untersuchung der Entwicklungsphasen bringt den Theologen wohl oder übel auf das ›Alte Testament‹, d. h. auf die jüdische Bibel zurück, mit der er sich erneut auseinandersetzen muß. Bisweilen führt dies zu neuerlicher Ablehnung, zu einem neuen Marcionismus, öfter jedoch zu dem ernsthaften Versuch, das alte Erbe von neuem zu assimilieren. Hier gewinnt der Dialog mit dem Judentum wieder Bedeutung. Die Geschichtsbezogenheit des Judentums wird verständlicher, weil auch das Christentum einen neuen Bezug zur Geschichte entwickelt. Hierin sehe ich den Ansatzpunkt für eine neue Möglichkeit des Verstehens. Der Kampf gegen den Antijudaismus in weiten europäischen theologischen Kreisen stützt sich auf einen modernen ›Humanismus‹ religiöser Färbung.

III

Die Ideologien und die Theologien des westlichen oder nordatlantischen Christentums sind zum Teil von farbigen oder schwarzen Christen übernommen worden. Dies ist nicht verwunderlich, denn das afrikanische und asiatische Christentum ist ursprünglich aus den Missionsbestrebungen europäischer Kirchen hervorgegangen, die die Gute Botschaft, das Euangelion, in die nicht-weißen Kontinente brachten. Aber im Lauf der Zeit ist besonders in Afrika ein autochthones Christentum entstanden, das gewisse, mitunter markante Unterschiede zum weißen Christentum aufweist. Das zeugt von einer willkommenen Emanzipationsbewegung, die für die Auffassung von Christentum nicht weniger bedeutsam sein kann als, vergleichsweise, die selbständige Entwicklung eines orientalischen Judentums neben und vielleicht auch im Gegensatz zum westlichen Judentum. Das Kolorit dieses Christentums, ähnlich wie das des orientalischen Judentums, trägt deutlich abweichende Züge in Grundbegriffen und Grundhaltungen, in bezug auf theologische Fundamente, manchmal auch Dogmen oder Doktrinen, die in den monolithischen klassischen Traditionen des Judentums bzw. des Christentums zum Ausdruck kamen. In diesem Zusammenhang ist die Auffassung des ›Alten Testaments‹ als einer Ideenquelle, welche die afrikanisch-christliche sowie die orientalisch-jüdische Glaubensweise wesentlich geprägt hat, von entscheidender Bedeutung. Hier öffnen sich Pforten für ein weitgehendes, tiefes Einvernehmen zwischen afrikanischer Theologie und jüdischem Glauben, afrikanischem Christentum und westlichem wie auch orientalischem Judentum.

Die Hoffnung darauf gründet sich insbesondere auf das Verständnis der Hebräischen Bibel, das im Judentum und (soweit ich sehen kann) auch im afrikanischen Christentum anders gelagert ist als im europäischen Christentum. Juden und christlichen Afrikanern, eigentlich allen Farbigen gemeinsam ist die Stellung des ›Beisassen‹, des Außenseiters gegenüber dem westlichen Christentum, unabhängig von den internen Unterschieden, die dieses Außenseitertum kennzeichnen. Das mag wohl damit zusammenhängen, daß die afrikanische Gesellschaft oder die afrikanischen Gesellschaften nicht weniger auf der Suche nach ihrer Identität sind als die jüdische Gemeinschaft. Diese Identität wird in beiden Fällen freimütig und uneingeschränkt als eine partikulare bezeichnet. Man ist sich und will sich seiner Besonderheit und Eigenart bewußt sein und will diese keineswegs verheimlichen oder unterdrücken: Partikularität ist die Grundlage der Gemeinschaft: des Stammes, des Volkes oder eines Staates im Entstehen. Hier wie dort wie diese Partikularität in keiner Weise als Hindernis aufgefaßt, das einem universalistischen Glauben im Wege stehen könnte. Ganz im Gegenteil wäre zu sagen, daß für Primäreinheiten wie das biblische Israel und das jüdische Volk, ähnlich wie für die afrikanischen natürlichen Gemeinschaften, das Universale nur mit Hilfe des Partikularen erreichbar ist. Partikularität und Universalismus ergänzen sich hier, genau wie dies in der biblischen Lebensauffassung und im biblischen Glauben der Fall ist[8].

Das natürliche Lebensbild einer wirklichen historischen Gemeinschaft, das sich in der Hebräischen Bibel darbietet, liegt dem afrikanischen Selbstverständnis näher als die auf eine von Gläubigen konstituierte Elitegemeinde zugespitzte Atmosphäre des Neuen Testaments. Wie im alten Israel, und weitgehend auch im späteren Judentum, schätzt der Afrikaner Familie und Familienbande sehr hoch ein. Die Verwandtschaftssysteme oder lineage systems, die Genealogien der Tallensi, der Nuer oder der Tiv[9] erinnern den Forscher an die großen alttestamentlichen Genealogien, die eine Stammes- und Volkszugehörigkeit festlegen und belegen. Aber nicht nur auf den Forscher kann diese Ähnlichkeit ihren Eindruck nicht verfehlen. Noch stärker muß sie den einfachen Leser ansprechen, der hier in den alten Quellen Gesellschaftsmodelle und Denksysteme vorfindet, die ihm aus seinem eigenen Leben vertraut sind. Die Leviratsehe[10], für den modernen Theologen und den modernen Christen allgemein nicht weniger als für den modernen Juden eine völlig fremdartige Erscheinung und ein Stein des Anstoßes, wird bei den meisten Afrikanern durchaus keinen Wider-

---

8 Vgl. *S. Talmon*, Partikularismus und Universalismus aus jüdischer Sicht, in diesem Band S. 159–165.
9 Vgl. u. a. *A.R. Radcliffe-Brown – D. Forde*, African System of Kinship and Marriage, London 1950; *F. Eggan*, The Hopi and the Lineage System, in: Social Structure, Studies presented to A.R. Radcliffe-Brown, ed. by *M. Fortes*, Oxford 1949, S. 121ff; *E.E. Evans-Pritchard*, The Nuer, Oxford 1940; *E. Colson*, The Plateau Tonga of Northern Rhodesia, Manchester 1962; *A.R. Radcliffe-Brown*, Structure and Function in Primitive Society, Glencoe, Ill. 1952; *I.G. Peristiany*, The Social Institutions of the Kipsigis, London 1939.
10 Dazu Dtn 25,5–10.

stand und keine Befremdung hervorrufen, da dergleichen Institutionen ihnen aus ihrer eigenen Tradition bekannt sind.

Hier wie dort ist das Einfache, Klare, unmittelbar Wahrnehmbare im Leben noch nicht durch eine Theologie oder durch Methodik und Philosophie verunklärt und kompliziert worden. Das äußert sich darin, wie wenig in der jüdischen Bibel und im modernen afrikanischen Denken die Tendenz des europäischen Geistes zur Abstraktion vertreten ist. Gedanken und Ideen sind konkrete, faßbare ›Dinge‹. Ein Beispiel dafür ist das Verständnis von ›Zeit‹ und ›Geschichte‹. In Zukunft oder Vergangenheit fernliegende Perspektiven sind irrelevant. ›Zeit‹ ist etwas Konkretes. Zeit ist nur, was wir erkennen und wissen. Zukunft, geschweige denn eine ferne Zukunft, die wir als Eschaton bezeichnen würden, existiert nicht als solche. Kurz und prägnant hat dies John Mbiti ausgedrückt: »Nach unserer Definition besteht ›Zeit‹ aus Geschehnissen, und da künftige Geschehnisse noch nicht stattgefunden haben, ist die Zukunft als notwendige Fortführung der Zeit virtuell nicht vorhanden. Die Zukunft hat keine eigenständige Existenz, denn die Geschehnisse, welche die Zeit ausmachen, haben in ihr noch nicht stattgefunden, und wenn sie erst stattfinden, handelt es sich nicht mehr um Zukunft, sondern um Gegenwart und Vergangenheit.«[11] Eine ähnliche Auffassung von ›Zeit‹ scheint mir in der jüdischen Bibel vorzuliegen. Vergangenheit, Gegenwart und Zukunft sind Kategorien, die der Mensch erkennen und erleben kann. ›Zeit‹ erstreckt sich sowohl nach vorwärts als auch nach rückwärts auf drei Generationen. Der zeitliche Horizont des Menschen beträgt daher ungefähr sieben Generationen, die sich jeweils zum Teil überschneiden. ›Vergangenheit‹ sind die Tage meines Vaters, meines Großvaters und vielleicht Urgroßvaters; ›Zukunft‹ ist die Lebenszeit meines Sohnes, meines Enkels und Urenkels. Es gilt als ein ganz außergewöhnlicher Segen, auch noch die vierte Generation nach sich selbst zu erleben, wie es Josef nach Gen 50,23 gegeben war.

Daher ist die ›Endzeit‹ in Reichweite des Menschen. Sie ist nicht eschatologisch im ahistorischen oder metahistorischen Sinn des Wortes. Somit ist die eigene Lebenserfahrung ausschlaggebend auch für die Konzeption eines Lebens nach dem Tode, in einer anderen Welt. Darüber hat sich das alte Israel, zumindest bis zum Ende der biblischen Zeit, wenig Gedanken gemacht. Erst in dem letzten Kapitel des Buches Daniel (Kap. 12), das zu dem Teil des Buches gehört, der wohl schon aus der hellenistischen Epoche stammt, wird ein Auferstehen nach dem Tode angesprochen. Aber auch da wird kein detailliertes Bild gezeichnet, sondern der Eindruck vermittelt, daß diese zukünftige Situation von der jetzigen nicht grundverschieden sein wird: Gerechte und Bösewichter wird es auch dann geben. Ähnlich verhält es sich mit dem ›alttestamentlichen Messianismus‹: Im Prinzip gibt der messianische Gedanke einer Hoffnung auf eine Situation

---

11 *J.S. Mbiti*, Eschatology, in: *K.A. Dickson – P. Ellingworth* (eds.), Biblical Revelation and African Beliefs, London 1969, S. 211–235.

Ausdruck, die zwar besser, aber nicht grundverschieden sein wird von den Zeitumständen der Autoren der messianischen Texte in der Hebräischen Bibel. Der Sohn oder vielleicht der Enkel des derzeitigen Königs, der enttäuscht hat, wird als der ersehnte Restaurator des einstmaligen Wohlstandes des Volks erhofft. Das Bild des Lebens im 'acharit hayamim, in den ›kommenden Zeiten‹, bzw. in einer messianischen Zukunft ist von der geschichtlichen Lebenserfahrung geprägt. Grundsätzlich betrachtet ist es eine verbesserte, ja wohl entscheidend verbesserte Ausgabe geschichtlich schon erfahrener Situationen[12]. Ähnliche Auffassungen scheinen mir im afrikanischen Denken vorzuliegen. In eschatologischen Mythen von Auferstehung nach dem Tode findet sich die Dimension einer letztlichen Erlösung kaum. Ganz im Gegenteil – um wiederum Mbiti zu zitieren – »das Leben im Jenseits ist das getreue Abbild des gegenwärtigen; es erregt weder Hoffnung noch Sehnsucht.«[13]

Auch in der Beziehung zum Numinosen läßt sich eine gewisse Gleichartigkeit der jüdisch-biblischen Auffassung und der afrikanischen feststellen. Die Grenze zwischen Gott und Mensch ist klar gezogen: Kein Gott kann Mensch werden, kein Mensch kann Gott werden. Es gibt – abgesehen von der prähistorischen, vorsintflutlichen Zeit (Gen 6,1–4) – keine Heroen, Mischwesen, die von Mensch und Gott gezeugt sind. Die Hebräische Bibel macht selbst Moses, den größten Menschen der jüdischen Geschichte, zum Sünder, um damit der Gefahr vorzubeugen, daß er zum ›Heiligen‹ oder zu einem Semigott erhöht wird. Der Begriff des ›Heiligen‹, der göttliche Dimensionen erreicht, ist dem jüdischen und, wenn ich recht sehe, auch dem afrikanischen Denken fremd. Trotz alledem lebt Gott in seinem Volke. Er ist Mitglied seines Volkes, zieht vor ihm her in den Krieg und trauert mit ihm um den Verlust des Staates und des Tempels. Dieser philosophische oder theologische Widerspruch stört den jüdischen so wenig wie den afrikanischen Menschen. Das Leben ist voll von Widersprüchen, und Glaube ist Leben. Darin konvergieren ›heilig‹ und ›profan‹ nicht als zwei voneinander zu scheidende Dimensionen, sondern als Werteebenen, die sich dauernd, zu jeder Zeit und in jeder Lage, überschneiden[14]. Glaube wird kaum systematisiert noch dogmatisiert; er wird gelebt.

Die Art und Weise, wie Glaube als konstante Komponente alltäglichen Lebens gelebt werden muß, ist festgelegt durch Brauch und Gesetz der Vorväter, deren Leben als Vorbild für konkrete eigene Lebenssituationen dient. Den Reichtum des Lebens erfährt der biblische Mensch inmitten seiner Gemeinschaft, nicht als einzelner. Der einzelne ist der Schnittpunkt, in dem sich die Waagerechte der gegenwärtigen Gesellschaft mit

---

12 Vgl. *S. Talmon,* Typen der Messiaserwartung um die Zeitenwende in: Probleme biblischer Theologie (FS G. von Rad), hg. von H.W. Wolff, München 1971, S. 571–588.
13 *Mbiti,* s.o. Anm. 11, S. 169; vgl. ferner *ders.,* Eschatologie und Jenseitsglaube, in: H. Bürkle (Hg.), Theologie und Kirche in Afrika, 1968, S. 211–235.
14 *S. Talmon,* Jerusalem – Glaube und Geschichte«, Zur Debatte 6 (1976), Nr. 3, S. 1–3.

der Senkrechten der Vätertraditionen trifft. Der Rahmen, in dem sich diese Symbiose vollzieht, ist die Familie, der Stamm, das Volk und der Staat. Ähnlich wie in der Hebräischen Bibel steht hier im Mittelpunkt des afrikanischen Denkens die Gemeinschaft, wiederum die Familie, der Stamm, das Volk, der Staat, nicht das abstrahierte ›Individuum‹. Die ›Kirche‹ kann hier kaum eine existentielle Funktion erfüllen, noch vermögen die neutestamentlichen Historien die für dergleichen Lebenssituationen notwendigen Prototypen darzubieten. Stark betont ist das Geschichtsbewußtsein, wenn auch vielleicht nur in dem beschränkten zeitlichen Umfang, von dem ich vorhin gesprochen habe, und nur direkt auf eine verhältnismäßig kleine Gemeinschaft bezogen. Auch dies steht in krassem Gegensatz zu der individualisierten und individualisierenden europäischen Theologie, die mitverantwortlich ist für den Verlust des Geschichtsbewußtseins, der den modernen oder postmodernen europäischen Menschen kennzeichnet. Individuen haben Biographien, aber keine Geschichte; Biographien wiederum bilden keine Gemeinschaft. Krasser Individualismus fördert nicht Verantwortlichkeit für eine Gemeinschaft, sondern führt zu einer Atomisierung des Lebens, die für die westliche Gesellschaft so typisch ist.

Wie weit afrikanische Lebens- und biblisch-jüdische Geschichtserfahrung zusammengehen, zeigt sich auch in einigen ganz konkreten Phänomenen der gesellschaftlichen Existenz hier und dort. Die Erfahrung der Sklaverei, die für den Afrikaner wie für den schwarzen Amerikaner ein formativer Begriff ist, auch wenn sie persönliche Sklaverei nie erfahren haben, ist dem biblischen Schrifttum und der Geschichtserfahrung des jüdischen Volkes in der biblischen Zeit prototypisch inhärent. Wie im modernen Afrika oder unter den amerikanischen Negern ist ›Befreiung‹ nicht Emanzipation des einzelnen, sondern Liberation der Gemeinschaft. Es sind Völker, die frei werden wollen und um ihre Freiheit kämpfen. Für diese modernen Lebenssituationen ist der Auszug aus Ägypten symbolisch ungleich stärker wirksam als etwa die christliche Vorstellung der Erlösung des Einzelmenschen. Es ist ja wohl kaum ein Zufall, daß die typischen Negro Spirituals in Amerika ihr Material und ihre Motive vorwiegend aus der alttestamentlichen Literatur und den altisraelitischen Lebenserfahrungen schöpfen. Der Unterdrücker von heute wird mit dem Pharao der Vorzeit identifiziert, und ihm (wie dem Pharao damals) wird zugerufen: »Let my people go«. Der Auszug aus Ägypten, der Auszug eines ganzen Volkes, muß afrikanische Stämme und Völker ansprechen, die genauso um die Emanzipation einer Gemeinschaft kämpfen, wie es das Judentum seit Beginn des Zionismus tut – ein Vorgang, den Leo Pinsker als ›Autoemanzipation‹ des jüdischen Volkes bezeichnet hat[15].

Wie das Judentum kennt das Afrikaner- oder Negertum eine Diaspora. Afrikaner haben als Neger in den Vereinigten Staaten und auch in

---

15 L. *Pinsker*, Autoemancipation. Mahnruf an seine Stammesgenossen von einem russischen Juden, Berlin 1882 (verschiedene Nachdrucke).

anderen Ländern ›Ghettoleben‹ erfahren, genauso wie die Juden. Weder das eine noch das andere wird vom westlichen Christentum geteilt. ›Diaspora‹ und der komplementäre Begriff ›Heimkehr ins Land‹ sind für die Hebräische Bibel und die jüdische Existenz in der Geschichte charakteristisch, haben aber keinen Anhaltspunkt im Neuen Testament. Dem afrikanischen Bewußtsein sind sie durch die jüdische Lebenserfahrung und mit typisch jüdischer Terminologie vermittelt worden. ›Black diaspora‹ und ›black ghetto‹ sind jüdische Konzeptionen mit schwarzem Vorzeichen. Es kann nicht verwundern, daß das Ende der Sonderexistenz, das Ausbrechen aus den Ghetto-Mauern in den Negro Spirituals mit der Erfahrung Israels zur Zeit der Eroberung Kanaans gleichgesetzt werden. Heute wie damals sollen die Mauern (Jerichos) fallen: »and the walls came tumbling down«.

Man könnte sagen, daß der afrikanisch-christliche Glaube ähnlich wie die biblische und entsprechend die jüdische Einstellung stärker auf das Hier und Jetzt orientiert ist als auf ein Dann und Dort. Im Mittelpunkt des Glaubens steht das diesseitige Leben; Gut und Böse werden hier belohnt und hier bestraft; der Mensch sucht nach Gleichgewicht in seinem jetzigen Leben. Die folgende Aussage über eine afrikanische Religion ließe sich mit nur wenigen Änderungen auch auf den biblischen Glauben beziehen: »Der Glaube der Gä an Vergeltung nach dem Tode ist nicht annähernd so stark wie der Glaube an Vergeltung zu Lebzeiten und die Gefahr, daß Bosheit mit dem Tod selbst geahndet wird.«[16] Noch umfassender und bestimmter drückt es K.A. Dickson aus. »Es ist unleugbar, daß die Luft des Alten Testaments sich in Afrika besser atmen läßt als die des Neuen ... Das liegt daran, daß die alttestamentliche Weltanschauung in vieler Hinsicht an die afrikanische anklingt.«[17]

Zusammenfassend läßt sich aufgrund dieser Gegenüberstellung von Parallelen in der afrikanischen Denkweise, die sich im afrikanischen Christentum ausgeprägt hat, mit der Atmosphäre der Hebräischen Bibel im Kontrast zur europäischen Theologie vielleicht dies sagen: Ein gegenseitiges Verständnis zwischen verschiedenen Glaubensweisen, die entweder Varianten eines gemeinsamen Glaubenskerns oder wesentlich unterschiedliche Glaubenserkenntnisse sind, läßt sich unter Umständen erreichen, wenn wir unseren Blick mehr auf die Pänultima-Stufe des aktuellen Lebens richten, als uns auf eine aktive Vorbereitung der ›Endzeit‹ zu konzentrieren. Vorbehalt und Selbstbegrenzung im Planen der indefiniten Geschichte läßt Raum für Variationen und Anpassung, durch die fundamentale Gegensätze zumindest teilweise überbrückbar sind. Damit will ich keineswegs einem unfruchtbaren Relativismus das Wort reden. Zwar können Glaubensaussagen und Glaubensgrundlagen nur in beschränktem Ausmaß relativiert werden, aber die Bereitschaft, Horizonte variabel zu

---

16 M.J. Field, Religion and Medicine of the Gä People, London 1937, S. 202.
17 K.A. Dickson, (ed.), Akan Religion and the Christian Faith, Accra 1965, S. 19.

halten, könnte doch dazu führen, daß das Partikulare und Subjektive in unserem eigenen Universalismus von allen Seiten anerkannt wird. Der Universalitätsanspruch des eigenen Glaubens muß im Lichte anderer Universalitätsansprüche verstanden werden. Ist das nicht der Fall, wird der eigene Universalitätsanspruch partikularistisch, isolationistisch und gründet sich auf einen Absolutheitsanspruch, der jeder egalitären oder demokratischen Weltanschauung widerspricht.

Diese hier gedrängt vorgelegten kritischen Anfragen des Judentums an die europäische christliche Theologie möchte ich mit einem Satz schließen, den wiederum Hans Küng ausgezeichnet formuliert hat: »Eine rückhaltlose Anerkennung des zweifellos rigorosen und anspruchsvollen (jüdischen) Partners in seiner religiösen Eigenständigkeit ist Voraussetzung für ein echtes Gespräch zwischen Christen und Juden.«[18] Mutatis mutandis gilt dies auch für das Gespräch zwischen afrikanischen und westlichen Christen.

---

18 *Küng*, s. o. Anm. 5, S. 163.

15

Wissenschaft vom Judentum und christliche Theologie: Prinzipien und Probleme einer Zusammenarbeit

Die Eröffnung des Instituts für Jüdisch-Christliche Forschung (IJCF) in Luzern kann mit Recht als ein Meilenstein auf dem langen Weg bezeichnet werden, den Juden und Christen miteinander, nebeneinander und oft getrennt in Opposition und Feindschaft durch eine fast zweitausendjährige Geschichte gewandelt sind.

Auf dem Hintergrund unserer geschichtlichen Erfahrungen ist es unvermeidlich, daß bei der Eröffnung eines Instituts für Jüdisch-Christliche Forschung auf Prinzipien hingewiesen werden muß, die der geplanten ›Forschung‹ als Richtlinien dienen sollten. Ebenso ist es notwendig, daß von jüdischer Seite her auch kritische Fragen oder Anfragen an die christlichen Partner gestellt werden. Daß dergleichen Anfragen oft in Anklagen auslaufen können, braucht wohl nicht erwähnt zu werden. Es wäre aber völlig verfehlt, den Leidensweg des Judentums im Lebensraum und Machtbereich des Christentums zu rekapitulieren. Er kann, schlagwortartig, in einem pointierten Satz des umstrittenen Schweizer Theologen Hans Küng zusammengefaßt werden: »Die Kirche hat wohl mehr Märtyrer umgebracht als hervorgebracht.«[1] Ebensowenig wäre es angebracht, gerade hier eine Anklage gegen die christliche Theologie oder gegen christliche Theologen zu erheben wegen der Verheimlichung oder der Unterschätzung des jüdischen Substrats im christlichen Glauben und der Mißdarstellungen des Judentums und seiner Lehren, an denen es leider auch in unserer Zeit nicht fehlt. Kritik muß geübt werden und wird auch geübt. Sie kann, vor allem, wenn es eine Selbstkritik ist, zu einer Katharsis führen, die neue Verständigungsmöglichkeiten eröffnet. In seiner bahnbrechenden »Christlichen Theologie des Judentums«[2], die jetzt auch in einer englischen Fassung vorliegt[3], hat Clemens Thoma einen Wegweiser für eine solche Verständigungsmöglichkeit von Juden und Christen gesetzt. Wir haben Grund zu hoffen, daß die von ihm begonnene Arbeit in dem von ihm geleiteten Institut fortgeführt und weiterentwickelt werden wird.

Die Problematik einer christlich-jüdischen Forschung kann hier nur angeschnitten und nicht in der ihr gebührenden Tiefe und dem erforderli-

---

1 *H. Küng*, Christ sein, München/Zürich 1974, S. 160.
2 *C. Thoma*, Christliche Theologie des Judentums, Aschaffenburg 1978; vgl. FrRu 30 (1978), 56ff.
3 *C. Thoma*, A Christian Theology of Judaism, New York 1980.

chen Umfang untersucht werden. In meinen Bemerkungen beabsichtige ich nicht, einem jüdischen Konsensus Ausdruck zu geben. Ich bezweifle, daß ein solcher besteht. Ich möchte nur einige Gedanken vorlegen, die mich, einen auf seiner Tradition bestehenden und in ihr wurzelnden Juden, beschäftigen.

Das Luzerner IJCF hat sich ein doppeltes Ziel gesetzt, entsprechend dem zweisträngigen erneuten christlichen Interesse am Judentum und seinen Lehren einerseits und an Juden in der Gegenwart, an dem jüdischen Volk und seiner Geschichte andererseits:

1. Das eine Vorhaben – in dem Bericht der »Arbeitsgruppe Theologische Fakultät« an den Regierungsrat des Kantons Luzern so formuliert: ». . . . damit aus den beidseitigen Traditionen Grundlagen für ein praktisches Zusammengehen von Juden und Christen in wichtigen Menschheitsanliegen erarbeitet werden können« – hat eine existentielle Ausrichtung. Auf diesem Gebiet kann sich das Institut in eine geistige Strömung einordnen, die seit einigen Jahrzehnten im Fluß ist. Sie resultiert aus einem Sich-Besinnen der Kirchen in bezug auf ihre Einstellung zum Judentum, das in entscheidender Weise von der diabolischen Erfahrung des Holocaust ausgelöst wurde. Die Konzilserklärung »Nostra aetate«, das Vatikanpapier aus dem Jahre 1975, Erklärungen und Hirtenbriefe der französischen, deutschen und amerikanischen Bischofskonferenzen, der deutschen evangelischen Kirche, der rheinischen Synode, ein Papier des Weltkirchenrates, das noch ratifiziert werden muß, und viele andere Dokumente und Publikationen, die hier nicht aufgezählt werden können[4], Konsultationen von jüdischen Gremien mit repräsentativen Komitees der katholischen, protestantischen, orthodoxen, anglikanischen, lutherischen und evangelikalen Kirchen legen beredtes Zeugnis ab von einer neuen Aufgeschlossenheit der christlichen Welt dem Judentum gegenüber[5]. Die-

---

4 Es liegen mehrere Sammlungen dieser Dokumente vor, von denen nur einige hier vermerkt werden sollen: *H. Croner*, Stepping Stones to Further Jewish-Christian Relations, An Unabridged Collection of christian Documents, New York 1977 (vgl. FrRu 29 [1977], S. 153); *F. Mußner*, Traktat über die Juden, München 1979 (vgl. FrRu 30 [1978], S. 37ff); *M.-Th. Hoch / B. Dupuy*, Les Eglises devant le Judaïsme – Documents Officiels 1918–1978, Paris 1980. Das Israel Interfaith Committee bereitet eine Ausgabe dieser Dokumente in hebräischer Sprache vor.
5 Siehe u. a. die folgenden Berichte: Jewish-Christian Dialogue – Six Years of Christian-Jewish Consultations, published by the International Jewish Committee on Interreligious Consultations and the World Council of Churches, Sub-unit on Dialogue with the People of Living Faiths and Ideologies, Geneva 1975 (vgl. dazu: Das Internationale kath.-jüdische Verbindungskomitee. Die 6. Tagung, die 9. Tagung, FrRu 32 [1980], S. 73–76); Von Vorurteilen zum Verständnis – Dokumente zum jüdisch-christlichen Dialog, hg. von *F. v. Hammerstein*, Frankfurt a.M. 1976 (vgl. dazu: FrRu 28 [1976], S. 115); A Christian Orthodox/Jewish Encounter, Lucerne, Switzerland, The Greek Orthodox Theological Review 24 (1979), S. 4 (vgl. FrRu 29 [1977], S. 37f); Anglicans and Jews, First Jewish-Anglican Consultation: Law and Religion in Contemporary Society, Christian-Jewish Relations 14 (1981), S. 1. Laufende Berichte über christlich-jüdische Begegnungen werden in verschiedenen Publikationen geliefert. Besonders hervorzuheben sind: Freiburger Rundbrief, hg. von *G. Luckner – C. Tho-*

se Neuorientierung wird unterbaut durch ein sich immer stärker entfaltendes Bewußtsein der Gleichberechtigung aller Menschen unbeeinträchtigt von Rassen- und Glaubenszugehörigkeit. – Der von Christen ausgehende Impuls stieß auf die unverzügliche Bereitschaft von Juden, die ausgestreckte Hand zu ergreifen, in dem Versuch, die verheerenden Ereignisse unserer eigenen Zeit wie der Vergangenheit zu verarbeiten – nicht zu vergessen –, um ein erneutes Zusammengehen von Christen mit Juden zu ermöglichen.

Diese positiven Entwicklungen dürfen aber nicht zu einer Vogel-Strauß-Politik führen. Das christlich-jüdische Gespräch hat in vielen Kreisen eine Atmosphäre von gegenseitigem Verständnis und von Freundschaft erzeugt. Es wäre aber verhängnisvoll zu glauben, daß wir auf diesem Gebiet schon sechs Werktage hinter uns haben und uns nun am siebten gelassen auf unseren Lorbeeren ausruhen können. Alte Vorurteile sind nur zum Teil behoben. Die Arbeit wird von einer verhältnismäßig kleinen Schar von Juden und Christen getragen. Sie hat zur Zeit nur einen marginalen Einfluß auf ererbte Denkweisen der Vielen – Christen und Juden. Es ist eine Sisyphus-Arbeit. Neue Vorurteile gesellen sich zu den überlieferten oder ersetzen die, mit denen aufgeräumt wurde. Eine antihistorische Ideologie und Lebenseinstellung, eine teuflische Revision der kontemporären Geschichte – die Verleugnung des Holocaust – gefährden die in der Nachkriegsepoche gesäte Saat der Aussöhnung und bereiten wiederum den Boden vor für die Einpflanzung von Judenhaß, Antisemitismus und die Entlegitimisierung Israels.

Diese Umstände allein wären ein ausreichender Grund für die Eröffnung eines Instituts für Jüdisch-Christliche Forschung, das es als seine Aufgabe ansieht, »ein praktisches Zusammengehen von Juden und Christen in wichtigen Menschheitsanliegen« zu erarbeiten. Es geht darum, bestehende Mißverständnisse zu bereinigen, bösartigen Verleumdungen die Spitze zu brechen und durch eine intensive Aufklärungsarbeit die Basis für eine möglichst reibungslose Koexistenz von Juden und Christen zu schaffen. Dieses Ziel muß unter dem Drang der Umstände kurz gesteckt werden, damit es, zumindest halbwegs, schon ›in unseren Tagen‹ erreicht werden kann. Die praktische Ausrichtung bedarf eines tragfähigen religionsphilosophischen Unterbaus, damit sie sich nicht in schwärmerisch-pauschalisierende, wenn auch gutgemeinte Aussagen verläuft, mit denen man an die Wurzeln der Problematik nicht herankommt. Nichts liegt mir ferner, als den Menschen, die in das christlich-jüdische Gespräch eingespannt sind, nur eine praktisch-pragmatische Motivation zu unterschieben. Aber die Erfahrung lehrt, daß in den notwendigerweise zeitlich beschränkten Begegnungen, in denen dieses Gespräch ausgetragen wird, der erforderliche religionsphilosophische Unterbau sich nicht erarbeiten läßt. Dies kann

ma; Christian Jewish Relations, A Documentary Survey, published by the *Institute of Jewish Affairs* (London).

nur in einer langfristigen Zusammenarbeit von christlichen und jüdischen Theologen und Wissenschaftlern im Rahmen von dafür zuständigen Institutionen erreicht oder teilweise erreicht werden.

2. Diese Betrachtungen lenken unseren Blick auf das zweite Ziel, das sich das Institut für Jüdisch-Christliche Forschung gesteckt hat, nämlich »den religiösen christlichen und jüdischen Verständigungsbemühungen eine solide theologische Fundierung« zu geben. Notabene, der »Forschung« soll dieses Institut dienen, ausgetragen in der Zusammenarbeit von christlichen und jüdischen akademisch geschulten Kräften.

Die geplante Zusammenarbeit kann, in gewissem Ausmaß, auf ein sich im Gang befindendes Zusammendenken und auf Veröffentlichungen aufbauen, wie das schon erwähnte Buch von Clemens Thoma, neben dem man noch eine ganze Reihe von Publikationen sowohl christlicher als auch jüdischer Autoren erwähnen könnte. Ich muß mich hier damit begnügen, auf die bei Thoma angeführten Namen und Werke hinzuweisen, zu denen noch etliche, die z.B. Franz Mußner in seinem »Traktat über die Juden« (1979) anführt, hinzugefügt werden können. Die Arbeit des Luzerner Instituts beginnt also wahrlich nicht ab nihilo. Trotzdem erheben sich Fragen, die man bei der Planung der Forschung im Auge behalten muß. Erlauben sie mir, nur einige kurz anzumelden:

a) Wer arbeitet mit?

Das Institut wird von der Theologischen Fakultät Luzern gefördert und ist in sie eingebaut. Damit sind das erforderliche Minimum von christlichen Mitarbeitern an dem Unternehmen und die Grundbedingungen für die Heranziehung eines wissenschaftlichen Nachwuchses sichergestellt. Man darf auch erwarten, daß das Institut eine Anziehungskraft für christliche Theologen und Studenten im deutschen Sprachraum und vielleicht auch darüber hinaus entwickeln wird. Aber wie soll die Zusammenarbeit mit jüdischen Forschungskräften gesichert werden? Ist die hierzu notwendige Infrastruktur in der Schweiz, ja in Europa insgesamt vorhanden? Es scheint mir, daß auch ein verschworener Optimist diese Frage nicht mit einem klaren »Ja« zu beantworten wagte. Die Situation kann sich natürlich in einer nahen oder fernen Zukunft ändern. Aber unter den zur Zeit herrschenden Bedingungen ist es eine conditio sine qua non, daß das Institut eine internationale Ausrichtung bekommt. Das reichhaltige Reservoir von jüdischen Gelehrten in Israel und in den Vereinigten Staaten von Amerika soll für seine Arbeit aktiviert werden. Ich hege keinen Zweifel, daß bei einer solchen Ausweitung des Mitarbeiterkreises das Luzerner Institut sich als ein wahrlich ökumenischer Brennpunkt der jüdisch-christlichen Forschung etablieren wird.

b) Die Ausrichtung der Forschungsarbeit

Meine Bemerkungen beziehen sich auf die Frage der Zusammenarbeit von »christlicher Theologie« und der »Wissenschaft vom Judentum«.

Mit diesen absichtlich gewählten, unterschiedlichen Begriffen will ich weder der christlichen Theologie die Wissenschaftlichkeit absprechen noch postulieren, daß es keine jüdische Theologie gebe, die ein Partner in dem Unternehmen sein kann. Es ist wohl schon so, daß die traditionelle jüdische Gelehrsamkeit eine Theologie im Sinne einer Systematischen Theologie nicht vorgelegt hat. Aber es fehlt in der Neuzeit nicht an offensichtlichen Ansätzen, eine jüdische Theologie zu entwickeln, auf die die von Clemens Thoma gelieferte Definition einer christlichen Theologie anwendbar ist: »Theologie ist eine sich nach der Offenbarung richtende, normierende Wissenschaft, deren Bezugspunkte zwar geschichtlicher Natur sind, deren Richtlinien aber nicht nur von den variablen Ergebnissen der Geschichtswissenschaften bestimmt werden können.«[6] So würden etwa auch die Begründer der Wissenschaft vom Judentum argumentiert haben, die das Judentum rein in seinen geistigen idealen Erscheinungen konzentriert sahen. Damals ging es darum, dem Judentum und seinen Lehren eine Eintrittskarte in die Welt der Universitäten zu verschaffen. An die Stelle von Talmud-Akademien (Jeschivot) setzte man Jüdische Hochschulen. Wie einst Josephus Flavius das Judentum für seine damalige Umwelt hellenisierte, so ›westernisierte‹ man es im 19. Jahrhundert durch die Anpassung seiner Darstellung an die in der christlichen Theologie vorherrschende Wertskala und die Interpretationsmethoden. Man hoffte, auf diesem Wege eine Symbiose zwischen Judentum und Menschentum (lies: Deutschtum) zu schaffen. Ob dieser Versuch glückte, ist eine umstrittene Frage. Einer der hervorragendsten Judaisten unserer Zeit, Gershom Scholem, beurteilt den Sachverhalt negativ[7]. Diese Phase der Wissenschaft vom Judentum fand im 20. Jahrhundert ein vorzeitiges und tragisches Ende. Die grausame Vernichtung der europäischen Juden beraubte sie ihrer Träger und ihrer Infrastruktur.

Neben diesem von außen auf sie wirkenden Faktor muß auch ein innerer in Betracht gezogen werden. Dürfen wir annehmen, daß jene theologisch-apologetische Auffassung einer Wissenschaft vom Judentum sich in der gleichen Richtung weiterentwickelt hätte, wenn es ihr gegeben gewesen wäre, sich weiterzuentwickeln? Hätte die Idealisierung und Verklärung des Judentums, die der Wissenschaft vom Judentum eigentümlich war, nicht letzten Endes zu einer Liquidation geführt? Gotthold Weil berichtet von einem Gespräch, das er zu Beginn unseres Jahrhunderts mit seinem Lehrer Moritz Steinschneider führte, in dem der damals schon sehr alte Herr seine eigene Überzeugung kurz und prägnant zusammenfaßte: »Wir haben nur noch die Aufgabe, den Überresten des Judentums

---

6 *Thoma*, s.o. Anm. 2, S. 44.
7 G. *Scholem*, Juden und Deutsche, Neue Rundschau 77 (1966), S. 547–562 = ders., Judaica II, Frankfurt a.M. 1970; *ders.*, Juden und Deutsche: Rückblick und Ausblick, in: *ders.*, Deutsche und Juden, Frankfurt a.M. 1967, S. 21–48.

ein ehrenvolles Begräbnis zu bereiten«[8]. Daß es zu diesem Begräbnis nicht kam und daß, ganz im Gegenteil, die Wissenschaft vom Judentum unter dem Zeichen einer lebenskräftigen Renaissance steht, resultiert aus der Wiederherstellung des jüdischen Volkes zu einem lebenden Organismus. Die Neubelebung hat also vorzüglich sozialpolitische Gründe. Wir müssen den Umschwung in Betracht ziehen, der diese Wissenschaft von innen her ergriffen hat und dem in der Arbeit des IJCF Ausdruck gegeben werden sollte. Jüdische Theologie ist mit Geschichte und Soziologie unzertrennbar verflochten. Der jüdische Glaube lebt in und mit der Geschichte des jüdischen Volkes[9]. Seine Erforschung liegt im Bereich der Geschichtswissenschaften und wird in der Tat von deren »variablen Ergebnissen«[10] aufs tiefste beeinflußt. Franz Rosenzweig hat dieses Charakteristikum anhand eines Vergleichs des Neuen Testaments mit der Hebräischen Bibel illustriert: »Christliche Kirche, christlicher Staat, christliche Wirtschaft, christliche Gesellschaft – all das war und ist vom Neuen Testament aus nicht zu begründen, weil dieses die Welt schlechthin in der Krise, vor das Gericht gestellt, sieht; im Gegensatz (da)zu ... bot die aus der ganzen Breite einer Nationalliteratur erwachsene jüdische Bibel mit ihrer selbst noch in der scheidenden und ausscheidenden prophetischen Polemik lebendigen tiefen Schöpfungsgläubigkeit tragfähigen Grund für ein Bauen in und an der Welt.«[11] Mit dieser Kontrahierung allein, die durch viele andere Unterschiedlichkeiten unterbaut werden kann, lehnt Rosenzweig als Jude implicite die christlich-dogmatische Feststellung ab: Novum testamentum in vetere latet, vetus testamentum in novo patet.

Das »Bauen in und an der Welt« ist ein geschichtlicher Vorgang, der seinen Ausgangspunkt im biblischen Zeitalter hat, aber weit über es hinausreicht. Diesen Weg durch die Geschichte sind Christentum und Judentum auf ihnen eigenen, partikularen Pfaden gegangen. Für das Judentum führt der Weg in direkter Linie von Abraham zu Mose und Sinai, David und Zion, zum Bau und der Zerstörung Jerusalems und des Tempels, über Jamnia-Jabne ins Mittelalter nach Spanien und Frankreich, Worms, Wilna, in der Neuzeit nach Los Angeles, New York und Auschwitz, zurück zu dem Lande Israel und zu einer neuen Wissenschaft vom Judentum. Der christliche Theologe, der statuiert (ich zitiere Clemens Thoma): »Die ganze jüdische ... Geschichte muß im theologischen Blickwinkel bleiben«[12], bezeugt in der Tat ein Verständnis des Judentums, das eine fruchtbare Zusammenarbeit in Aussicht stellt. Für den jüdischen Theologen, der in der heutigen Wissenschaft vom Judentum steht, ist aber der »Blickwinkel« ei-

---

8   Zit. in: *G. Scholem*, Wissenschaft vom Judentum einst und jetzt, in: ders., Judaica I, Frankfurt a. M. 1963, S. 152f.
9   S. dazu den in Anm. 8 erwähnten Aufsatz von Scholem.
10 *Thoma*, s.o. Anm. 2, S. 44.
11 *F. Rosenzweig*, Weltgeschichtliche Bedeutung der Bibel, in: ders., Kleinere Schriften, Berlin 1937, S. 125.
12 *Thoma*, s.o. Anm. 2, S. 44.

ne nicht genügende Ausgansposition. Für ihn steht Geschichte im Mittelpunkt, auch des theologischen Denkens: »Die Wissenschaft vom Judentum«, sagt Gershom Scholem, »bedeutet für uns Erkenntnis unserer eigenen Wesensart und Geschichte; das ist es schließlich, worauf es, in einem Satz gesagt, ankommt.«[13]

Die Bibel weiß, daß das bereits existierende Volk Israel das Fundament seines Glaubens, die Tora, am Sinai empfing. Geschichte ging der Religion voran[14]. Eine jüdische Theologie muß von dem Wissen um die Geschichte ganz und gar durchdrungen sein. Anders formuliert es Scholem: »Das jüdische Volk, das in seiner Gesamtheit etwas sehr Lebendiges war (und ist, S.T.), mehr als irgendein für alle Zeit festliegendes Phänomen oder gar eine theologisch in einer Formel definierte oder doch definierbare Sache, dieses jüdische Volk stellte (und stellt, S.T.) ein Problem dar, das weit über die Aufgaben hinausging (und -geht, S.T.), die die Theologen des Judentums sich stellten«[15].

So betrachtet, kann das Studium der Theologie des Judentums eine fruchtbringende Verschmelzung der zwei Aufgaben erzeugen, die sich das Luzerner Institut gestellt hat. Wenn die Interdependenz von Theologie und Geschichtswissenschaft, wenn die Verflechtung von Glaube und Gesellschaft und ihre gestaltende Einwirkung aufeinander[16] der Arbeitsplanung als Richtschnur dienen, dann wird die Forschung, die sich um »eine solide theologische Fundierung« bemüht, in der Tat einen höchst wertvollen Beitrag zur Erarbeitung von »Grundlagen für ein praktisches Zusammengehen von Juden und Christen« leisten. Theorie und Praxis konvergieren, der Blick richtet sich auf die »Einheit von Lehre und Leben«[17].

3. Eine letzte Bemerkung: Das Ziel der Arbeit ist die »theologische Fundierung« eines »Zusammengehens von Juden und Christen«, nicht eine Unitarisierung der unterschiedlichen Glaubensweisen. Darum soll der Schwerpunkt des Forschungsunternehmens in der Epoche liegen, in der der Bruch zwischen Judentum und Christentum zu einer historischen Tatsache wurde. Juden und Christen anerkennen die Heiligkeit der Hebräischen Bibel – des Alten Testaments. Wir sind »Brüder in Abraham«. Aber zwischen Abraham und Jesus klafft der Abgrund einer Geschichte, die nach R. Bultmann für das Judentum eine existentiell erfahrene und ›verstandene‹ ist, für das Christentum eine objektiv ›erklärbare‹ Historie. Die Mitte der jüdischen Existenz sind Sinai und Zion, des Christentums – Gol-

---

13 *Scholem,* s.o. Anm. 8, S. 148.
14 Vgl. *Y. Kaufmann,* The Religion of Israel, transl. (from the Hebrew) and abridged by M. Greenberg, Chicago 1960, bes. S. 212ff.
15 *Scholem,* s.o. Anm. 8, S. 149f.
16 Grundlegend für die Erkenntnis dieser Interdependenz ist die Forschungsarbeit von Max Weber, vor allem *ders.,* Das antike Judentum, Gesammelte Aufsätze zur Religionssoziologie, Bd I, Tübingen 1920/21, dazu die Aufsatzsammlung: Max Webers Studie über das antike Judentum. Interpretation und Kritik, hg. von *W. Schluchter,* Frankfurt a.M. 1981.
17 *M. Hess,* Rom und Jerusalem (1861), Neuausgabe Tel Aviv 1935, S. 81.

gatha. In jüdischer Sicht führt keine direkte Brücke von Abraham zu Jesus. Für den Christen beginnt die Heilsgeschichte auf Golgatha[18]. Die Klärung der Hintergründe der Wegscheidung – in der nachexilischen biblischen und der sogenannten ›intertestamentarischen‹ Epoche – ist der Ansatzpunkt für das Erarbeiten eines neuen Zusammengehens von Juden und Christen. Der Schwerpunkt des Unterfangens liegt in der Zeit der Rabbinen und des frühen Christentums.

Ein großer Fortschritt wird ohne Zweifel durch die Arbeit des Instituts erreicht werden, wenn sie die Strömung im Christentum stärkt, die »die jüdische Verwurzelung des Christentums als eine heilvolle Tatsache ansieht«, und »dem Durchschnitts-Christen ... bewußt (macht), daß Jesus, Petrus und Paulus Juden waren«[19]. Aber der Nachdruck muß dabei genauso auf »Juden« als, aus jüdischer Sicht, auf »waren« gelegt werden. Titel wie »Der gute Jude Paulus«[20], »Jesus der Pharisäer«[21] oder »Der Rabbi von Nazaret«[22] sind zwar Erstaunen erregend und deswegen anziehungskräftig, sprechen aber weniger als die halbe Wahrheit. Paulus ist nicht »Apostat *oder* Apostel« – wie das Thema eines vor wenigen Jahren in München veranstalteten christlich-jüdischen Treffens formuliert wurde[23], sondern für das Judentum ist er ›Apostat‹, für das Christentum ›Apostel‹. Die Identität des Christentums einerseits und des Judentums andererseits sollen nicht durch eine Überbelichtung des von beiden geheiligten Erbes in den Schatten gestellt werden. Die großen Linien der beiden gemeinsamen ›universalistischen‹ Glaubenswerte dürfen die unterschiedlichen ›partikularen‹ Karrees nicht verdecken, denn (so definiert habe ich es, wie mich dünkt, einmal bei Theodor Mommsen gelesen): »Der liebe Herrgott steckt im Detail.«[24]

---

18 Vgl. *S. Talmon*, »Kritische Anfrage der jüdischen Theologie an das europäische Christentum, in diesem Band S. 209–225, bes. S. 216.
19 *D. Flusser*, Einführung zu Thoma, s.o. Anm. 2, S. 8f.
20 *M. Barth*, Der gute Jude Paulus, in: Richte unsere Füße auf den Weg des Friedens (FS Helmut Gollwitzer), München 1978, S. 107–137.
21 Ein Verständnis der Lehren Jesu auf dem Hintergrund der pharisäischen Tradition darf nicht pauschalisierend zu seiner Identifizierung als Pharisäer führen.
22 *P. Lapide*, Der Rabbi von Nazaret, Wandlungen des jüdischen Christusbildes, Trier 1974.
23 Paulus – Apostat oder Apostel? Jüdische und christliche Antworten, hg. von *F. Henrich*, Regensburg 1977.
24 *Scholem*, s.o. Anm. 8, S. 164 berichtet, daß im Namen von Aby Warburg überliefert wird: »Gott wohnt im Detail.«

Stellenregister

Genesis

Reference	Page
1–10	51
1–2	201–204
1,20–25	51
1,20	50f
1,21	51
1,24	51
1,26–31	202
1,27	50
1,28f	202
1,28	51
1,30	51
2,1–3	43
2,7	50.201f
2,9	19.52
2,17	19
2,19	51
2,21f	202
3,5	203
3,5ff	27
3,14f	163
3,19	202
3,20	52
3,22	52
3,24	52
4,1ff	51
4,1f	202
4,1	19.52
4,3ff	163
4,17	19
4,25	19
4,26	22
5,11	54
5,22	56
6,1–4	222
6,3	51f.54
6,9	56
7,1ff	27
7,21b–22a	51
8,17	50
9,1ff	27
9,2–4	51
9,5–6	51
9,10	51
9,12	51
9,15	51
9,16	51
9,21–23	18
11,1–9	164.203
12,1	66–68
14	87–89.115
14,15	52
14,22	52
15	66
15,13f	66
15,18	27.66
16,7	21
16,13	21f
17,1f	56
17,1	17
17,6	141
17,16	141
17,9–14	41
18,21	19
18,27	202
19,5	19
19,8	19
21,4	41
21,23	22
22	88f
23	89
23,1	53
24,16	19
24,40	57
25,7	53
25,8	54
25,17	53
29,11–22	27
30,39	115
31,8	115
31,17	55
32,25–33	27
32,31	28
34	41
35,7	18
35,9	17
35,16	18
35,28	53
35,29	54
38	93
38,28	19
42,1f	53
42,9	18
42,12	18
43,8	53
46,4	21
46,6f	108
47,8f	53
47,19	53
48,15f	57
49,1	107
50,23	108.221
50,26	54

Exodus

Reference	Page
1–20	42
3,1–4,17	20
6,3	17.20.22.25
11,2	66
11,3	66
12,35–38	66
15,4ff	125
15,11	24
15,13	66
15,17	66
15,5f	44.46.186
15,5	164
19,6	44.141
20,5	108
20,8–11	43
20,26	18
21,6	216
24,7	46.138.153
31,12–17	43
32,32	53
33,11	26.45.139
33,17	25
33,19–23	25
33,20	26
34,7	109

Leviticus

Reference	Page
5,1	19
11,10	51
11,29–46	50

11,46	51	30,15	52	12,11	120
16,5	58	30,16	58	14,38	19
18,6–19	18	30,19	52	16,18	44
19,18	206	31,29	107	17,26	52f
20,11	18	32,6	52	18,28	19
20,17	18	32,7f	66	22,17	19
20,18–21	18	32,20	108	23,22	19
25,18–19	120	32,29	108		
25,55	206	32,39	59	2. Samuel	
26,5	120	33,5	164	3	93
		33,6	53.55	3,2–5	117
Numeri		33,9	19	3,3	117
12,6	19	34,7	54	5,1–5	89
17,7f	45	34,10	25.45	5,4–9	88
12,8	25f.139.205			5,14	117
13,22	106	Josua		6,20	18
14,18	108	2,18	54	7	105
21,18	120	2,21	54	11–12	117
23,9	148	3,10	52	12	105
23,10	107	10	89	12,24f	117
24,3–4	18	22,22	23	12,24	116
24,16.17	18	24,29	54	12,25	116
24,16	20	24,31	19	14,13	19
24,17	21			15	116
24,20	107	Richter		17,23	55
31,18	19	2,7	19	18,18	59
31,35	19	5,30	112	21,17	117
		6,22.23	25	22,16	51
Deuteronomium		6,24	116	22,32	24
3,24	24	8,32	54	24	105
4,1	57f	9,27	112	24,18–25	89.115
5,4	29	11,39	19		
5,9	108	12,14	108	1. Könige	
5,12–15	43	16,7–9	54	1	105.116
5,16	57	18–21	184	1,4	19
5,26	52f	18,7	120	2,35	116
5,33	57f	18,27f	120	5,1–5	122
6,6	47	19,10–12	89	5,5	81.120
7,6	164	21,19–22	112	5,9–14	114
8,1	57f	19,22	19	6–8	89
10,8f	57	19,25	19	11	105
11,31f	57f	21,11	19	12,2	115
12,10	120	21,12	19	14	105
14,2	164			17,17ff	59
16,20	57	Ruth		18	23
18,15.18	25	1,20–21	21	18,39	23
20,16	51	4	93	19,11–13	25
23,1	18			20,7	19
25,5–10	220	1. Samuel		20,22	19
25,5f	58	1,19	19		
26,18	164	2,8	120	2. Könige	
27,20	18	2,30	57	4,18ff	59
29,2	19	3,7	18f.19	5,7	19
29,21	107	3,21	28f	10,30f	108
30,15ff	57	4,18	54	13,20f	59

17,41	108	9,11	25	78,6		107
18,32	53	10,9	202	78,54		52
19,4	52	12,21	120	80,19		55f.58
19,16	52	14,1–2	52	83,12		120
20,1ff	53	14,1	202	84,3		52
20,5	59	14,7	52	84,9–12		23
20,7	59	14,14	52	85,7		55f
21,16	88	27,3	51	87,5f		115
24,17	116	30,11	54	89,7		24
25	73	30,19	202	89,49		53
25,12	75	32,8	51	90,10		54
		33,4	51	91,1		21
1. Chronik		34,14	51	92,15		54
1,1	40	37,10	51	98,2–3		19
3,19	125	38–39	25	98,2		19
4,40f	120	38,41	115	100,3		23
5,40f	116	39,3	115	103,14		202
8,40	108	42,6	201	103,17		108
15f	89	42,12f	107	107,40		120
16,39	93	42,15	107	109,13		107
17,20	24	42,16	53.107.108	110,1–4		115
22	89	42,17	54	110,4		89
23,1	54			113,8		120
28,7	108	*Psalmen*		115,17f		58
		4,2	116	116,9		57f
2. Chronik		6,6	58	118,9		120
6,14	24	8,4–9	203	118,17		58
20,22f	68	11,2	54	119		116
24,15	53f	16,11	58	122		88
36,20	68	17,14	108	126,5f		112
36,21–23	68	18,16	51	128,6		108
36,21	68.78	18,32	24	132,12		108
36,23	40.125	22,30	202	132,17		117
		26,3	57	137		78
Esra		30,4	56.59	139,13		52
1,1–3	68	33,19	56	139,16		53
1,1	125	36,10	52f	142,6		58
1,4–6	66	37,37f	107	143,11		56
3,2f	78	41,3f	56	146,2		120
3,8–4,5	78	41,6–9	59			
4,2	75	42,3	52	*Sprüche*		
5,6	78	47,10	120	2,5		20
9,2	46.102.124	50,1	23	2,19f		58
		56,14	57f	3,16f		55
Nehemia		68,15	21	3,18		52
4,5	15	68,16f	90	4,4		58
		69,28	53	4,22		58
Hiob		71,19	24	6,23		58
1,2	107	71,20	56.59	7,2		58
1,21f	55	72	120	8,16		120
3,1ff	55	72,1ff	114	8,35		58
4,9	51	72,1–7	113	10,11		53
4,21	54	72,2–7	122	11,28		117
8,6	115	72,18	23	11,30		52
9,10	25	76,3	87	12,3		117

12,13	117	11	114	44,10		24
12,28	52	11,1–10	118	44,24		59
13,14	53	11,1–5	112–114.118.	44,26ff		125
13,22	108		123.133.165	45,1		68
14,3	114	11,1	117	45,11		51
14,27	53	11,6ff	115	45,14		24
15,4	52	11,6–9	113.118.	45,19		116
16,22	53		122.124.133	45,22		24
16,31	54	11,10	114.118.123f	46,9		24
17,6	108	11,12f	165	47,2		18
19,6	120	12	124	47,3		18
20,27	51	13,2	120	49,8		51
20,29	54	13,6	21	52,7		125
21,21	58	14,4ff	53	52,13		114
22,17	185	14,11	53	53,11		114
23,18	54.108	14,12	203	54,13		146
24,14	54.108	14,13f	203	56,1–8		95
24,20	108	14,15	53	56,3–5		59
25,7	120	14,30	120	57,2		125
28,2	52	16,4–5	116	57,19		125
		17,12–14	112	58,2		116
Kohelet		19,24f	165	60		94
3,20	52	23,15	78	60,17		125
3,21	52	23,17	78	61,10		117
6,5	19	26,14	58	62,2		116
8,16	19	26,19	59	65,20		54
9,5	52	29,15	19	65,25		122
		30,33	51	66,10–13		97
Jesaja		32	121	66,12		125
1	124	32,1–10	119	66,13		96
1,26	115	32,1f	123	66,14		96
2–11	124	32,1–2	118			
2,1ff	118	32,1	114	Jeremia		
2,1–4	120f.124.165	32,3–7	118–120	2,9		106
2,2	94	32,8	115	2,13		52
2,3	186	32,9–14	120	2,19		19
2,4	112	32,15–20	119f	3,17		94
2,22	51	38,1ff	53	5,1		19
3	46.90	38,9–21	59	8,3		52
4,3	53	38,9	54	10,10		52f
5,12–13	15	38,10	54	10,12–13		25
6,9	19	38,16f	55	11,20		116
6,12–13	124	38,16–20	58	13,22		18
6,13	46.102	40,3	101	17,13		52
7,4–9	94	40,5	18	18,1ff		50
7,14–16	124	40,18	24	18,6		51
7,14	112f.115	41,20	19	21,8		52f
9,1–4	111.118	42,1–4	112	22,4		96
9,3	112.114	42,1	114	23,5f		113.123
9,4	112	42,5	51	23,5		117
9,5f	112f.122f	43,1	51	23,6		123
9,5f	112f	43,21	51	23,20		107
9,5	112.114f	44,2	51	25,11f		78.125
9,6	112.114.116	44,8	24	27,7		108
11–16	124	44,9	19	29,4–7		76

29,6 108
29,7 78
29,8–9 77
29,10–14 78
29,10 78.125
29,11 55
29,12–14 79
29,21ff 77
29,15 77
30,8 112
30,24 107
31,17 108
31,32 115
31,38–40 95
32,37 120
33,14–16 113
33,15f 123
33,15 117
33,16 123
35,6 108
39,1–10 73
39,10 75
39,11 78
40 75
40,1–6 78
41–43 71
41,4f 75
44,15–18 71
49,16 203
49,31f 120
50,7 115
52,1–16 73
52,16 75
52,24–30 73

Ezechiel
1,24 21
3,10ff 77
4,4f 102
10,5 21
11,14–25 77
13,22 58
16,36–37 18
18,20–24 57
20,7–9 67
20,11 58
20,23f 67
20,34 67
20,35 26
20,41 67
20,42 67
21,20 106
21,34 106
23,18–19 18
23,25 107
23,29 18
28,1ff 203
28,8 53.203
28,25f 120
33,10–20 57
33,15 58
34,25–28 120
35,5 106
37,11 54
37,14 59
37,24–28 113.122
37,25 108
38f 67
38,8.11f 67
38,8–16 120
38,8.16 107
39,26–29 67
47,9 51

Daniel
2,28 107
6,21 53
6,27 63
8,17 106
8,19 106
8,21 72
9,2 78
9,21 78
9,24f 113
10,14 107
10,17 51
11,27 106
11,40 106
12,1 53
12,2 59
12,4 106
12,9 106

Hosea
2,1 52
2,23–25 125
3,4f 107
4,1 20
6,1f 55
6,6 20

Joel
1,3 107
1,15 21
3,1ff 96
3,16 96
4,18 125

Amos
1,1 106
4,2 107
4,13 25
5,4–6 52
5,4 47
5,6 52
5,8 25
5,14 47.52f
5,15 53
5,18–20 106
8,10 107
9,1 107
9,5–6 25
9,13–14 125

Obadja
1,4 203

Jona
4,3 55
4,8 55

Micha
4,1ff 118
4,1–5 124
4,1–4 165
4,1–3 120.121
4,2 94
4,3–5 187
4,3 112
4,4f 121.129.164
4,4 122
4,9–14 124
5,1–4a 123f
5,1f 112
5,2 123
5,3 123
5,4 113.116

Habakuk
2,6 57
2,9 203

Haggai
1,1 116
1,3–6 125
1,7 125
1,9–11 125
2,9 106.125
2,15–19 125
2,15 124
2,18 124
2,20–23 81
2,21f 125
2,23 117.123.125
1,12 116

1,14	116	14,5	106	Hebräerbrief	
		14,17	94	7,1f	88
Sacharja					
1,4	105	Maleachi		Damaskusschrift (CD)	
1,7–17	81	2,5	55.125	1,1ff	102
1,12	78.125	3,16	53		
1,15	125	3,17	164	Gemeinderegel (1QS)	
2,1–4,14	78	3,23f	105.184	XI,21	202
2,2–4,12f	125				
3; 4; 6; 8	103	Matthäus		Babylonischer Talmud (b)	
3,8	117.123.125	23,29	88	Yoma 9b	72
3,10	125			Sota 48b	72
4,6	123	Johannes		Sanhedrin 12b	72
6,9–8,23	78	14,6	196		
6,11	116				
6,12f	123	Apostelgeschichte		Jerusalemer Talmud (j)	
6,12	117.125	17,25–28	160	Hagiga 2,1[77b]	206
6,13	103.116.125			Megilla 4,1[74b]	36
7,5	78.125	Römer			
7,12	105	9,4f	160	Tosefta (t)	
8,12	103.125	11,28f	160	Hagiga 2,3	206
8,19	125			Sota 8,3	185
9,9f	116	Galaterbrief		Sota 13,2	72
9,10	116	4,22–26	92	Sota 48b	72
10,12	57				
12,1	50	1. Timotheusbrief		Seder Olam Rabba	
14	88	2,4	160	30	72

Verzeichnis der Erstveröffentlichungen

Grundzüge des Offenbarungsverständnisses in biblischer Zeit
Zuerst erschienen in: Offenbarung im jüdischen und christlichen Glaubensverständnis, hg. von J. Petuchowski – W. Stolz, Freiburg/Basel/Wien 1981, S. 12–36

Tora als Begriff und Lebensprinzip in der Hebräischen Bibel
Torah as a Concept and Vital Principle in the Hebrew Bible, GOTR 24 (1979), S. 271–288 (für die vorliegende Veröffentlichung neu bearbeitet)

Die Wertung von ›Leben‹ in der Hebräischen Bibel
Vortrag im Rahmen eines Treffens in der Evangelischen Akademie Arnoldshain. Zuerst erschienen in: Der Herr des Lebens. Jüdische und christliche Interpretationen in der Ökumene, hg. von H.-G. Link – M. Stöhr, Frankfurt a.M. 1985, S. 14–30 (für die vorliegende Veröffentlichung neu bearbeitet)

›Exil‹ und ›Rückkehr‹ in der Ideenwelt des biblischen Israel
Unter dem Titel »›Exil‹ und ›Rückkehr‹ in der Ideenwelt des Alten Testaments« zuerst erschienen in: R. Mosis (Hg.), Exil – Diaspora – Rückkehr. Zum theologischen Gespräch zwischen Juden und Christen (Schriften der Katholischen Akademie in Bayern, Bd. 81), Düsseldorf 1977, S. 30–54

Die Bedeutung Jerusalems in der Bibel
Zuerst erschienen in: Jüdisches Volk – Gelobtes Land, hg. von W.P. Eckert – N.P. Levinson – M. Stöhr, München 1970, S. 135–152

Biblische und frühnachbiblische Messias- und Heilserwartungen
Vortrag im Rahmen eines Treffens in der Katholischen Akademie in Bayern. Unter dem Titel »Der Gesalbte Jahwes. Biblische und früh-nachbiblische Messias- und Heilserwartungen« zuerst erschienen in: Jesus – Messias? Heilserwartungen bei Juden und Christen, hg. von F. Henrich, Regensburg 1982, S. 27–68

Martin Buber als Bibelinterpret
Zuerst erschienen in: Leben als Begegnung. Ein Jahrhundert Martin Buber (Veröffentlichungen aus dem Institut Kirche und Judentum, Bd. 7), hg. von P. von der Osten-Sacken, Berlin 1975, S. 42–54

Zur Bibelinterpretation von Franz Rosenzweig
Zuerst erschienen in: Der Philosoph Franz Rosenzweig (1886–1929). Internationaler Kon-

greß – Kassel 1986, Bd. 1: Die Herausforderung jüdischen Lernens, hg. von *W. Schmied-Kowarzik*, Freiburg/Basel/Wien 1988, S. 273–285

Partikularität und Universalismus aus jüdischer Sicht

Particularity and Universality – A Jewish View. Vortrag im Rahmen eines Treffens des International Jewish Committee for Interreligious Consultatons (IJCIC) mit dem Weltkirchenrat in Genf. In für den Druck bearbeiteter Form zuerst erschienen in: Jewish-Christian Dialogue. Six Years of Christian-Jewish Consultations, hg. von *G.F. Riegner – F. von Hammerstein*, Genf 1975, S. 36–42. In deutscher Übersetzung zuerst erschienen in: FrRu 28 (1976), S. 33–36

Utopie und Wirklichkeit im Denken Martin Bubers

Vortrag zur Eröffnung der Martin-Buber-Ausstellung in Worms am 16. 7. 1978. Zuerst erschienen in: Toleranz heute – 250 Jahre nach Mendelssohn und Lessing (Veröffentlichungen aus dem Institut Kirche und Judentum, Bd. 9), hg. von *P. von der Osten-Sacken*, Berlin 1979, S. 127–136

Sakralisierung der Geschichte und Säkularisierung des Glaubens im jüdischen Denken als Hintergrund der Gesellschaftsauffassung in Israel

Unter dem Titel »Sakralisierung der Geschichte und Säkularisierung des Glaubens im jüdischen Denken als Hintergrund der Gesellschaftsauffassung im modernen Israel« zuerst erschienen in: *S. Talmon – G. Siefer* (Hg.), Religion und Politik in der Gesellschaft des 20. Jahrhunderts. Ein Symposion mit israelischen und deutschen Wissenschaftlern, Bonn 1978, S. 134–147

Das Verhältnis von Judentum und Christentum im Verständnis Franz Rosenzweigs

Vortrag im Rahmen eines Franz-Rosenzweig-Treffens in der Katholischen Akademie »Die Wolfsburg«. In für den Druck überarbeiteter Form zuerst erschienen in: Offenbarung im Denken Franz Rosenzweigs, hg. vom *Bistum Essen, Katholische Akademie »Die Wolfsburg«*, Essen 1979, S. 119–142 (für die vorliegende Veröffentlichung erneut bearbeitet)

Gott und Mensch. Eine zeitgenössische jüdische Sicht

Unter dem Titel »Gott und Mensch – eine zeitgenössische jüdische Ansicht« zuerst erschienen in: Wie gut sind deine Zelte, Jaakow (FS R. Mayer), hg. von *E.L. Ehrlich – B. Klappert – U. Ast*, Gerlingen 1986, S. 185–190

Kritische Anfragen der jüdischen Theologie an das europäische Christentum

Vortrag im Rahmen eines Treffens in der Evangelischen Akademie Arnoldshain. In für den Druck überarbeiteter Form zuerst erschienen in: Israel hat dennoch Gott zum Trost (FS Schalom Ben Chorin), hg. von *G. Müller*, Darmstadt 1978, S. 139–159. Nachgedruckt in: Einladung ins Lehrhaus. Beiträge zum jüdischen Selbstverständnis, hg. von *W. Licharz – M. Stöhr* (Arnoldshainer Texte, Bd. 4), Frankfurt a.M. 1981

Wissenschaft vom Judentum und christliche Theologie: Prinzipien und Probleme einer Zusammenarbeit

Zuerst erschienen in: FrRu 34 (1982), S. 12–15

Jüdische Beiträge zum Alten Testament

Shemaryahu Talmon
Gesellschaft und Literatur in der Hebräischen Bibel
Gesammelte Aufsätze Band 1
Neukirchener

Shemaryahu Talmon
Gesellschaft und Literatur in der Hebräischen Bibel

Gesammelte Aufsätze, Bd. 1
Information Judentum, Bd. 8
234 Seiten, Paperback
DM 62,–

Diese Aufsätze des international bekannten israelischen »Alttestamentlers« sind ein Beitrag zum besseren Verständnis der israelischen Gesellschaft, ihrer Geisteswelt, ihrer Denkweise. Im Zentrum des Interesses Talmons steht die gegenseitige Abhängigkeit von Gesellschaft, Geschichte und Literatur der alttestamentlichen und nachalttestamentlichen Überlieferungen.

Inhalt

Die vorexilische Zeit
Königtum und Staatsidee im biblischen Israel – »In jenen Tagen gab es keinen *melech (König)* in Israel« (Ri 18–21) – Die Kalender- und Kultreform Jerobeams I. – Der judäische ʿ*am haʾares* (»Volk des Landes«) in historischer Perspektive

Die nachexilische Zeit
Jüdische Sektenbildung im Frühstadium der Zeit des Zweiten Tempels. Ein Nachtrag zu Max Webers Studie »Das antike Judentum« – Biblische Überlieferungen zur Frühgeschichte der Samaritaner – Kalender und Kalenderstreit in der Gemeinde von Qumran – Die Entstehung des Gebets als Institution in Israel im Licht der Literatur von Qumran – Typen der Messiaserwartung um die Zeitwende

neukirchener

Altes Testament (Theologie)

Rolf Rendtorff
Kanon und Theologie
Vorarbeiten zu einer Theologie des Alten Testaments
208 Seiten, Paperback,
DM 49,80

Mit diesen Beiträgen arbeitet Rolf Rendtorff seinen Neuansatz einer »Theologie des Alten Testaments« aus, wie er schon mit der »Einführung« in das Alte Testament (³1988) entwickelt wurde. Die Themen konzentrieren sich demzufolge auf forschungsgeschichtliche und methodologische Fragestellungen und auf zentrale Aspekte einer »Theologie des Alten Testaments« wie »Offenbarung und Geschichte«, »Schöpfung und Heilsgeschichte« und »Bund«.

Rolf Rendtorff, geb. 1925, nach dem Krieg Studium in Kiel, Bethel, Göttingen und Heidelberg. 1950 Promotion in Heidelberg, 1953 Habilitation in Göttingen. 1958 Professor für Altes Testament an der Kirchlichen Hochschule Berlin, seit 1963 an der Universität Heidelberg (em. 1990). Mehrere Studienaufenthalte an der Hebräischen Universität Jerusalem und Gastprofessuren in den USA. Mitglied des Council of the World Union of Jewish Studies. Vorsitzender der Studienkommission Kirche und Judentum der EKD.

Christlich-jüdischer Dialog

Hans-Joachim Kraus
Rückkehr zu Israel
Beiträge zum christlich-jüdischen Dialog
Neukirchener

Hans-Joachim Kraus
Rückkehr zu Israel
376 Seiten, Paperback, DM 88,–

Hans-Joachim Kraus ist einer der Pioniere des christlich-jüdischen Dialogs in der Nachkriegszeit. Seine grundlegenden Beiträge und Studien waren bisher nicht oder nur schwer greifbar. Jetzt liegt der lang erwartete Sammelband vor. Er umfaßt theologische und historische Arbeiten aus vier Jahrzehnten.
Es ist aber keine »einsame Zwiesprache«, die in den neunzehn Kapiteln geführt wird. Im Jahre 1953 erlebte Kraus einen ausführlichen Dialog mit Martin Buber; in den Jahren 1963–1972 hatte er das Glück, sehr intensive Gespräche mit dem Freund Robert Raphael Geis (Kap. XVI) und anderen jüdischen Gelehrten, u.a. mit Eva Reichmann und Ernst Ludwig Ehrlich, führen zu können. Juden bedürfen des Dialogs mit den Christen nicht; sie leben auf dem ureigensten Grund ihren Glaubens. Christen hingegen können ihren Weg nur finden, wenn sie im Gespräch mit Israel selbstkritisch werden und sich auf die »Wurzel« des Lebens der Kirche neu verweisen lassen (Röm 9–11).

Hans-Joachim Kraus, geb. 1918, seit 1954 Ordinarius für Altes Testament in Hamburg, seit 1968 für Reformierte Theologie in Göttingen (em.); ehem. Vorsitzender der Moderamens des Reformierten Bundes.

neukirchener

Hauptprobleme alttestamentlicher Theologie

Klaus Koch
Spuren des hebräischen Denkens
Beiträge zur alttestamentlichen Theologie.
Gesammelte Aufsätze, Bd. 1
Herausgegeben von Bernd Janowski und Martin Krause
322 Seiten, Paperback,
DM 90,–

Die unter dem Titel »Spuren des hebräischen Denkens« zusammengestellten Aufsätze Klaus Kochs haben Forschungsgeschichte gemacht. Sie behandeln Hauptprobleme alttestamentlicher Theologie der letzten drei Jahrzehnte.

I *Hebräische Sprache und hebräisches Denken* (Gibt es ein hebräisches Denken? / Die hebräische Sprache zwischen Polytheismus und Monotheismus / Gibt es ein Vergeltungsdogma im Alten Testament?) – II *Tatsphäre und Gemeinschaftstreue* (Wesen und Ursprung der »Gemeinschaftstreue«... / Der Spruch »Sein Blut bleibe auf seinem Haupt« / Die Entstehung der sozialen Kritik bei den Profeten) – III *Rein und Unrein, Heilig und Profan* (Tempeleinlaßliturgien und Dekaloge / Sühne und Sündenvergebung / Haggais unreines Volk) – IV *Schöpfung und Geschichte* (Gestaltet die Erde, doch heget das Leben! / Der Güter Gefährlichstes, die Sprache, dem Menschen gegeben... / Qädäm).
Jeder Teil der Aufsatzsammlung wird vom Autor gesondert eingeleitet. Ein bibliographischer Anhang rundet den Band ab und macht ihn zu einem Studien- und Arbeitsbuch.

Klaus Koch, Dr. theol., ist Professor für Altes Testament und Altorientalische Religionsgeschichte an der Evang.-Theol. Fakultät der Universität Hamburg.

neukirchener